21世纪高等院校法学精品资源共享课教材

婚姻家庭继承法学案例教程

（第四版）

主　编　张　力

副主编　李　俊

群众出版社

·北　京·

图书在版编目（CIP）数据

婚姻家庭继承法学案例教程 / 张力主编 . —4 版 . —北京：群众出版社，2021. 9
ISBN 978-7-5014-5669-7

Ⅰ.①婚…　Ⅱ.①张…　Ⅲ.①婚姻法—案例—中国—高等学校—教材②继承法—案例—中国—高等学校—教材　Ⅳ. ①D923.05

中国版本图书馆 CIP 数据核字（2021）第 116466 号

婚姻家庭继承法学案例教程（第四版）
主编　张　力

出版发行：群众出版社
地　　址：北京市西城区木樨地南里
邮政编码：100038
经　　销：新华书店
印　　刷：北京市科星印刷有限责任公司

版　　次：2021 年 9 月第 1 版
印　　次：2021 年 9 月第 1 次
印　　张：15. 5
开　　本：787 毫米×1092 毫米　1/16
字　　数：377 千字

书　　号：ISBN 978-7-5014-5669-7
定　　价：51. 00 元

网　　址：www.qzcbs.com
电子邮箱：qzcbs@ sohu.com

营销中心电话：010-83903991
读者服务部电话（门市）：010-83903257
警官读者俱乐部电话（网购、邮购）：010-83901775
法律图书分社电话：010-83905745

婚姻家庭继承法学案例教程
(第四版)

主　编：张　力

副主编：李　俊

撰稿人：(以撰写章节先后为序)
曹贤余　张华贵　朱　凡　李　俊
陈　苇　杜江涌　石　雷

目　录

扫一扫
查看补充资料

第一版序言

2001年4月，经全国人大常委会通过颁布的修订后的《中华人民共和国婚姻法》，对我国婚姻家庭继承领域出现的新情况、新问题进行了规范。为指导司法实践，我国最高人民法院于2001年和2003年先后颁布了《关于适用〈中华人民共和国婚姻法〉若干问题的解释（一）》和《关于适用〈中华人民共和国婚姻法〉若干问题的解释（二）》。为了指导高等学校法学专业的学生学习“婚姻家庭继承法学”课程，加强理论联系实际，提高学生分析、解决婚姻家庭继承问题的能力，我们依据最新法律、法规和司法解释的精神，对2004年8月西南政法大学教材委员会审定在校内印刷、供全校学生使用的《婚姻家庭继承法学案例教程》进行修改、补充，撰写完成了此《婚姻家庭继承法学案例教程》教材。并且，为便于学生进一步研究学习，我们在附录中选编了有关的婚姻家庭继承法律、法规和司法解释。

本书既可作为高等学校法学专业本科生的案例教学用书，也可作为研究生的学习参考书，还可作为司法实务部门办理婚姻家庭继承案件时的参考书。由于我们水平有限，若有不妥之处，恳请读者指正。

本书各单元作者撰稿后，由主编负责统一修改、定稿。各单元的撰稿人如下：

第一单元：胡平、曹贤余；

第二单元：张华贵；

第三单元：朱凡；

第四单元：李俊；

第五单元：曹贤余；

第六单元：陈苇、杜江涌；

第七、八单元：皮锡军；

第九单元：杜江涌。

附录的婚姻家庭继承法律、法规和司法解释，由陈苇、杜江涌选编。

胡　平

2005年5月

第二版序言

为了指导高等学校法学专业的学生学习“婚姻家庭继承法学”课程，2005年8月群众出版社出版了我们编写的《婚姻家庭继承法学案例教程》。自本书出版后，在我校“婚姻家庭继承法学”课的教学实践环节中，教师们采用本书作为指导学生进行案例讨论的教材。教师通过组织学生进行课堂案例讨论，理论联系实际分析问题，增强了师生互动环节，提高了学生分析、解决婚姻家庭继承实际问题的能力。我校的“婚姻家庭继承法学”课程，于2006年被评为“西南政法大学校级精品课程”，于2007年被评为“重庆市市级精品课程”。

本书自2005年出版以来，已经过去五年了。这五年期间，在婚姻家庭继承法领域，有部分法律、法规和司法解释已经被修改或废止，有部分新的法律、法规和司法解释已经颁行，并且在我国社会现实生活和司法实践中，也出现了一些婚姻家庭继承方面的新情况、新问题。因此，我们根据最新颁行的法律、法规和司法解释，结合婚姻家庭继承方面的新情况、新问题，对本书第一版的部分内容进行了修改和补充，以满足教学、学习及研究的需要。本书既可作为高等学校法学专业本科生的案例教学用书，也可作为研究生的学习参考书，还可作为司法实务部门办理婚姻家庭继承案件时的参考书。在此必须说明，为保护当事人的隐私和避免发生误会，本书采用的案例一般都经过了专门改编，其中的当事人和法院均为化名，请勿对号入座。

本书第二版修改、补充的新内容，由陈苇、李俊、杜江涌共同撰写，最后由陈苇统一修改、定稿。由于我们的学识和水平有限，本书的内容如有不妥之处，恳请读者指正。

本书各单元的撰稿人如下：

第一单元：胡平、曹贤余；

第二单元：张华贵；

第三单元：朱凡；

第四单元：李俊；

第五单元：曹贤余；

第六单元：陈苇、杜江涌；

第七、八单元：皮锡军；

第九单元：杜江涌。

附录的婚姻家庭继承法律、法规及司法解释，由陈苇、杜江涌选编。

陈　苇

2010年7月

第三版序言

第三版序言

为了指导高等学校法学专业的学生学习“婚姻家庭继承法学”课程，2005年8月群众出版社出版了我们编写的《婚姻家庭继承法学案例教程》。自本书出版后，在我校“婚姻家庭继承法学”课的教学实践环节中，教师们采用本书作为指导学生进行案例讨论的教材。教师通过组织学生进行课堂案例讨论，理论联系实际分析问题，增强了师生互动环节，提高了学生分析、解决婚姻家庭继承实际问题的能力。西南政法大学民商法学院婚姻家庭继承法及妇女理论教研室教师主讲的“婚姻家庭继承法学”课程，先后于2006年被评为“西南政法大学校级精品课程”，于2007年被评为“重庆市市级精品课程”，于2012年被评为“重庆市市级精品资源共享课”。

本书自2005年8月出版第一版以来，于2010年9月经过修改补充出版第二版，距离现在已经过去六年多了。在此期间，随着我国经济社会生活的发展，民众婚姻家庭观念的变化，婚姻家庭继承领域出现了一些新情况、新问题。为适应调整我国婚姻家庭继承新情况、新问题的需要，我国婚姻家庭继承关系的部分法律、法规和司法解释已经被修改或废止，另有部分新的法律、法规和司法解释已经颁行。因此，我们根据最新颁行的相关法律、法规和司法解释，结合我国婚姻家庭继承方面的新情况、新问题，对本书第二版的内容再次进行了修改和补充，以出版第三版。为更好地满足教学、学习和研究的需要，对于本书第三版的结构体系，我们在继续保持原书结构体系的基础上，对其部分结构做了一定的补充。除第九章之外，在其余各章都分别增加了“基本理论概述”和“相关裁判实例摘录”这两个组成部分。本书既可作为高等学校法学专业本科生、研究生课程的教学用书或参考用书，也可作为司法实务部门处理婚姻家庭继承案件的参考书。

在此必须说明，为保护当事人的隐私和避免发生误会，本书采用的示范案例与讨论案例一般都经过了专门改编，其中的当事人和法院均为化名，请勿对号入座。同时，在本次修改中增加的“相关裁判实例摘录”则选编自真实案件，但对其判决部分的法律法规没有采用简称，以便让学生明确制作法律文书必须使用法律法规的全称。这有利于读者对相关司法实务有更为直观的了解，也有利于在课堂讲授中为学生提供第一手的分析素材。

本书第三版修改、补充的新内容，由陈苇、李俊、杜江涌共同撰写，第一单元至第四单元由李俊进行修改补充，第五单元至第九单元和附录的法律、法规及司法解释由杜江涌进行修改补充，最后由陈苇进行统一修改补充后定稿。由于我们的学识和水平有限，本书的内容如有不妥之处，恳请读者指正。

本书各单元的撰稿人如下：

第一单元：胡平、曹贤余；

第二单元：张华贵；

第三单元：朱凡；

第四单元：李俊；

第五单元：曹贤余、陈苇、杜江涌；

第六单元：陈苇、杜江涌；

第七、八单元：皮锡军；

第九单元：杜江涌。

附录的婚姻家庭继承法律、法规及司法解释，由陈苇、杜江涌选编。

最后，我代表本书的全体作者对2016年9月前来西南政法大学民商法学院婚姻家庭继承法及妇女理论教研室进修的山西长治学院的裴宝莉老师和西南政法大学民商法学院硕士研究生白玉同学为本书全文进行的认真校对工作表示衷心的感谢！并且，我代表本书的全体作者对群众出版社的编辑老师们的辛勤编辑工作表示衷心的感谢！

陈　苇

2016年11月18日

第四版序言

随着《民法典》颁布，婚姻家庭继承法正式回归民法。作为一部固根本、稳预期、利长远的基础性法律，《民法典》的实施，对完善中国特色社会主义法律体系、构建社会主义法治国家有重要意义。为正确审理婚姻家庭纠纷案件，最高人民法院颁布《关于适用〈中华人民共和国民法典〉婚姻家庭编的解释（一）》。因此，依据最新法律、法规、司法解释，结合我国婚姻家庭继承方面的新情况、新问题，我们对2017年出版的《婚姻家庭继承法学案例教程（第三版）》内容进行修改与完善后出版第四版，以供政法院校师生、实务人员学习参考。

为保护当事人隐私与个人信息，本书的示范案例与讨论案例都经过了专门加工，其中的当事人、法院均为化名，请勿“对号入座”。同时，本书“相关裁判实例摘录”皆源于真实案例，为了让读者对司法实务有更为直观的认知，案例中所涉及的相关法律、法规、司法解释，我们都采用全称。此外，鉴于《民法典》施行时间较短，不少最新案例缺乏典型性。因此，我们决定对部分旧案例进行改编，引用新法条、吸收新观点、介绍新理论，实现旧案新说。在论述过程中，对于“未入典”的原司法解释，我们进行类型化分析以选择适用：其一，对于原司法解释过于抽象、不周延，不足之处已被民法典完善的，不再适用。其二，原司法解释内容与《民法典》条文冲突，或者已经完全背离民法立法精神，应予以废止的，不再适用。其三，与《民法典》条文不冲突，或者实质上构成了对《民法典》条文的细化的，虽不能作为裁判依据，但可以作为司法审判经验，在裁判说理中予以适用。其四，司法解释对原民事基本法的缺漏进行完善，但是《民法典》继续沿用原民事基本法规定，作为司法审判经验，在裁判说理中予以适用。

西南政法大学民商法学院婚姻家庭继承法及妇女理论教研室开设的“婚姻家庭继承法学”课程，由全体教研室老师担任主讲教师，通过我们的努力取得如下成绩：2006年被评为“西南政法大学校级精品课程”，2007年被评为“重庆市市级精品课程”，2012年被评为“重庆市市级精品资源共享课”；教学团队在2012年被评为“重庆市市级教学团队”。此外，为满足学生自主学习的需要，2017年9月本门精品课程的网络学习资源已全部上传到西南政法大学教务处的“课程中心”（网址：http://cc.swupl.edu.cn/G2S/site/preview#/rich/v/126071？currentoc=246），供大家下载学习。必须说明，相较前三版教材，本版新增二维码扫描功能，通过扫描二维码，读者可以获得最高人民法院发布的与《民法典》婚姻家庭编、继承编相关的部分指导案例与公报案例，方便读者进行拓展阅读。

本教材由张力担任主编，李俊担任副主编。此次参与教材修订的人员及分工如下：曹贤余修改第一单元、第五单元；张华贵修改第二单元；朱凡修改第三单元；李俊修改第四单元；陈苇、杜江涌修改第六单元；杜江涌修改第九单元；石雷撰写第七单元、第八单元。基于此，张力主编对全书各章内容进行统一审阅、修改补充并定稿，收集最高人民法院发布的指导案例与公报案例，汇总形成二维码补充资料。

对于本书的编写，我们虽力求体系完整、逻辑严谨、论证科学，由于我们学识与水平有限，本书内容如有不足之处，恳请各位读者指正！

张　力

2021 年 7 月 4 日

第一单元
违反婚姻法基本原则案例

基本理论概述

婚姻法，是指调整婚姻关系和家庭关系的法律规范的总和。婚姻法的基本原则是婚姻家庭立法的指导思想，也是制定婚姻家庭法和政策的依据，决定着婚姻家庭立法的性质和内容，也是解释和适用婚姻法的依据。

我国《民法典》[①] 第一千零四十一条规定："婚姻家庭受国家保护。实行婚姻自由、一夫一妻、男女平等的婚姻制度。保护妇女、未成年人、老年人、残疾人的合法权益。"这是我国婚姻法规定的四项基本原则。

为了保障这些基本原则的贯彻实施，我国《民法典》第一千零四十二条又特别作出规定："禁止包办、买卖婚姻和其他干涉婚姻自由的行为。禁止借婚姻索取财物。禁止重婚。禁止有配偶者与他人同居。禁止家庭暴力。禁止家庭成员间的虐待和遗弃。"

主要相关法律、法规及司法解释链接

《民法典》

第一千零四十一条　婚姻家庭受国家保护。

实行婚姻自由、一夫一妻、男女平等的婚姻制度。

保护妇女、未成年人、老年人、残疾人的合法权益。

第一千零四十二条　禁止包办、买卖婚姻和其他干涉婚姻自由的行为。禁止借婚姻索取财物。

禁止重婚。禁止有配偶者与他人同居。

禁止家庭暴力。禁止家庭成员间的虐待和遗弃。

第一千零四十三条　家庭应当树立优良家风，弘扬家庭美德，重视家庭文明建设。

夫妻应当互相忠实，互相尊重，互相关爱；家庭成员应当敬老爱幼，互相帮助，维护

① 编者注：①在本书正文中，为了表述方便，除"相关裁判实例摘录"部分保持判决书的原样外，书中涉及我国法律均用简称，如《中华人民共和国民法典》简称《民法典》，以此类推，不再一一注明。②2021 年 1 月 1 日，《民法典》正式施行，《民法通则》等 9 部法律同时废止，最高人民法院对新中国成立以来现行有效的 591 件司法解释及相关规范性文件进行了全面清理，具体司法解释和规范性文件的效力情况详见《最高人民法院民法典贯彻实施工作领导小组办公室关于为确保民法典实施进行司法解释全面清理的工作情况报告》。本书行文中可能涉及已失效的法律法规和司法解释，不再一一标注。

平等、和睦、文明的婚姻家庭关系。

《反家庭暴力法》

第二条　本法所称家庭暴力，是指家庭成员之间以殴打、捆绑、残害、限制人身自由以及经常性谩骂、恐吓等方式实施的身体、精神等侵害行为。

第三条　家庭成员之间应当互相帮助，互相关爱，和睦相处，履行家庭义务。

反家庭暴力是国家、社会和每个家庭的共同责任。

国家禁止任何形式的家庭暴力。

第三十七条　家庭成员以外共同生活的人之间实施的暴力行为，参照本法规定执行。

《刑法》

第二百五十八条　【重婚罪】有配偶而重婚的，或者明知他人有配偶而与之结婚的，处二年以下有期徒刑或者拘役。①

第二百六十一条　【遗弃罪】对于年老、年幼、患病或者其他没有独立生活能力的人，负有扶养义务而拒绝扶养，情节恶劣的，处五年以下有期徒刑、拘役或者管制。

《最高人民法院关于适用〈中华人民共和国民法典〉婚姻家庭编的解释（一）》（以下简称《民法典婚姻家庭编司法解释（一）》）

第一条　持续性、经常性的家庭暴力，可以认定为民法典第一千零四十二条、第一千零七十九条、第一千零九十一条所称的“虐待”。

第二条　民法典第一千零四十二条、第一千零七十九条、第一千零九十一条规定的“与他人同居”的情形，是指有配偶者与婚外异性，不以夫妻名义，持续、稳定地共同居住。

第三条　当事人提起诉讼仅请求解除同居关系的，人民法院不予受理；已经受理的，裁定驳回起诉。

一、干涉婚姻自由案例

基本理论概述

根据我国《民法典》第一千零四十一条的规定，婚姻自由是我国宪法赋予公民的一项基本权利，也是我国婚姻法的一个重要原则，该原则对于建立和巩固以爱情为基础的婚姻关系，保障当事人的合法权益，具有十分重要的作用。

婚姻自由具体指当事人有权按照法律的规定，自主自愿决定自己的婚姻问题，不受任何限制和干涉，包括结婚自由和离婚自由两方面的内容。婚姻自由既是法律赋予当事人的一项合法权利，在行使时亦需受到法律的约束。

---

①　最高人民法院于1994年12月14日在《关于〈婚姻登记管理条例〉施行后发生的以夫妻名义非法同居的重婚案件是否以重婚罪定罪处罚的批复》中规定：新的《婚姻登记管理条例》（1994年2月1日民政部发布）发布施行后，有配偶的人与他人以夫妻名义同居生活的，或者明知他人有配偶而与之以夫妻名义同居生活的，仍应按重婚罪定罪处罚。但此规定已于2013年1月18日废止。

示范案例一

干涉婚姻自由，法律如何规制？

王小强与肖采芬在打工时经人介绍相识后恋爱，两人相处一段时间后产生矛盾。2021年1月，肖采芬提出分手，并把王小强给的0.7万元彩礼退回。事后，王小强几次对肖采芬提出要求和好，均遭到肖采芬拒绝。不久，王小强得知，肖采芬将于2021年4月25日与本镇的一男青年按当地风俗摆酒席结婚。王小强对前女友与其分手后将与他人结婚气愤不已，觉得自己的感情受了欺骗，于是产生了破坏婚礼、强抢新娘的念头。婚礼当天，王小强召集自己的几个弟兄在半道上拦截送亲队伍，强行把肖采芬挟持回家并强迫她与王小强成婚，意图“生米煮成熟饭”。肖采芬不从，王小强将其打晕后由人搀扶着在其兄的主持下“拜了天地”。当地公安机关接到报警后，赶到王小强家解救了肖采芬，这场“抢亲”的闹剧才告结束。

请问：王小强的行为属于什么性质的行为？为什么？

分析意见：

本案中王小强等人的行为属于暴力干涉他人婚姻自由的行为。

所谓婚姻自由是指当事人有权按照法律的规定，自主自愿地决定自己的结婚或离婚问题，任何第三人包括当事人的父母都不能侵犯法律赋予当事人的婚姻自由权利，婚姻当事人的任何一方也无权对他方加以强制。婚姻自由既是我国宪法赋予当事人的一项基本权利，也是我国婚姻法的一个重要原则，该原则对于建立和巩固以爱情为基础的婚姻关系，保障当事人的合法权益，具有十分重要的作用。为保证婚姻自由原则的实施，我国《民法典》第一千零四十二条第一款规定：“禁止包办、买卖婚姻和其他干涉婚姻自由的行为。禁止借婚姻索取财物。”我国现行《刑法》第二百五十七条规定：“以暴力干涉他人婚姻自由的，处二年以下有期徒刑或者拘役。犯前款罪，致使被害人死亡的，处二年以上七年以下有期徒刑。第一款罪，告诉的才处理。”

本案中，王小强在肖采芬拒绝与其和好并将与他人结婚的情况下，使用暴力手段强行挟持肖采芬，并强迫肖采芬与其结婚，其行为明显是对肖采芬婚姻自由权利的侵害，具有违法性。如果肖采芬向司法机关提起刑事诉讼，则可依照暴力干涉婚姻自由罪的规定追究王小强的刑事责任。

示范案例二

违反婚姻自由的离婚协议是否有效？

张某与刘某于2013年结婚，婚后育有一女，后双方因性格不合常为家务琐事争吵，最终导致感情不和。为此，张某曾于2020年9月向法院起诉要求离婚，后经家人劝解撤回起诉。2020年12月31日，在双方家人的调解下，为促进双方当事人和好，双方就财产及子女抚养问题签订了一份协议，协议内容如下：如果张某再次提出离婚，两人婚前婚后所有财产均归刘某所有，张某不得请求分割共同财产，女儿由刘某直接抚养，张某不得有任何异议。协议签订后，双方的关系并无改善，张某于 2021 年 4 月再次向法院起诉离婚。在诉讼过程中，张某以上述协议是在双方家人调解的情况下，为不伤家人情面所签，并非自己的真实意思表示，且协议内容违反法律的规定，应属无效协议为由，要求获得女儿的直接抚养权并按法律规定分割财产。刘某虽表示同意离婚，但坚持按照协议的约定确定财产归属及女儿的抚养权。

请问：该案应当如何处理？

分析意见：

该协议因限制他人婚姻自由而无效，法院应当支持张某的诉求。

婚姻自由原则是指婚姻当事人有权根据法律的规定，自主自愿地决定自己的婚姻问题，不受任何人的强制和非法干预。本案的争议焦点主要是协议是否违法的认定。本案中，原、被告双方通过协议约定：只要原告再次提起离婚的要求，两人所有婚前婚后财产均归刘某所有，张某不得请求分割共同财产，女儿由刘某直接抚养。由于是否离婚在订立协议时尚不确定，因此该协议属于附生效条件的民事行为。但协议所附条件是原告提出离婚，实质上是被告以财产和子女抚养权的归属来限制原告提出离婚的权利，此条件违背了婚姻法的婚姻自由原则，婚姻自由包括离婚自由，指夫妻感情破裂时，任何一方当事人有权要求离婚，他人不得以任何理由和任何方式限制当事人的这种离婚意愿。

综上，婚姻自由原则是婚姻法上的一项重要原则，婚姻自由是法律赋予当事人的基本权利，任何人不得任意干涉。本案中被告对于原告离婚自由的限制显然违反了我国法律制度，因此不能得到法院的支持。

讨论案例

1. 如何处理换亲引起的纠纷？

某村村民肖长贵与龙道全各有一子一女，均已达婚龄，尚未婚配。因家境贫寒，两家儿子均已年过三十还未找到合适的结婚对象。2021 年 1 月，两家商议换亲，决定肖长贵的女儿肖英与龙道全的儿子龙建，龙道全的女儿龙芳与肖长贵的儿子肖强联姻，互免“彩礼”，同一天办理结婚登记和举行婚礼。经各自征求子女意见，两家儿子甚为高兴，龙芳也自愿与肖强结婚。唯有肖英不同意与龙建成亲，便遭到父母的打骂。不久，肖长贵、龙道全两人各自要求自家的子女四人共同去办结婚登记，当时虽肖英内心对此婚姻坚决不愿意，但在父母的打骂、威逼下，她被迫也一起到了婚姻登记机关，因婚姻登记机关审查不严，给两对青年发了结婚证。

婚礼当天，龙芳与肖强欢天喜地接受了亲友的祝福，而肖英被父母胁迫到龙家与龙建举行了婚礼，并被限制人身自由强行同居。五天后，肖英乘龙家不备，深夜跑回娘家，哭诉在龙家所受的折磨和蹂躏，肖长贵夫妻既后悔换亲给女儿带来的痛苦，又担心龙芳也会因此不辞而别而左右为难。肖英见父母犹豫不定，便向县法院起诉，坚决要求与龙建离婚。龙道全见肖英坚决要与龙建离婚，觉得吃亏，便闯入肖家，强行将龙芳带走，并胁迫龙芳也向法院起诉与肖强离婚。龙芳不从，龙道全便以自己的名义起诉，要求法院判决女儿龙芳与肖强离婚。

请问：肖强与龙芳、肖英与龙建的婚姻，各属什么性质的婚姻？法院依法应如何处理本案？

2. 在校大学生可以结婚吗？

某高校本科三年级学生王顺和女友朱小琼在校相恋数年。往年在毕业临近时，学校里很多情侣都在毕业前夕上演“劳燕分飞”的悲剧。王顺和朱小琼两人也即将走出校门去找工作，为了减少不必要的波折，两人决定在毕业前结婚。就在他们憧憬着未来的幸福生活时，其听说在校大学生禁止结婚。于是，他们二人来到当地的一家律师事务所进行咨询。

请问：如果你是律师事务所的工作人员，你将如何回答他们的问题？

相关裁判实例摘录①

郭某某与徐某某合同纠纷案

原告郭某某、被告徐某某于1994年12月31日登记结婚，婚后育有一女。2013年4月25日，徐某某出具保证书一份，内容为：“为逃避债务，徐某某与郭某某协议离婚，徐某某保证2014年年底前与郭某某复婚。办理离婚手续时支付给郭某某20万元，如果2014年年底不能复婚，徐某某须另支付给郭某某30万元。”2013年4月26日，原、被告协议离婚，双方签署的离婚协议对子女安排、财产处理进行约定；徐某某已向郭某某支付前述保证书提及的20万元。2016年4月6日，原告向一审法院提起离婚后财产纠纷诉讼，一审法院经审理于2017年4月7日作出（2016）鲁0103民初2408号民事判决，判决驳回原告的诉讼请求，该判决现已生效。2017年5月4日，原、被告签署和解协议书一份，主要内容涉及诉讼处理、离婚前财产分配、徐某某支付郭某某补偿款47万元的前提条件及履行等问题。

郭某某向一审法院起诉请求：判令被告支付款项30万元。

一审法院认为，我国婚姻法规定的婚姻自由原则由结婚自由和离婚自由共同构成，当事人的自愿是实现婚姻自由的前提条件。涉案保证书虽由徐某某出具，但“……徐某某保证2014年年底前与郭某某复婚……如果2014年年底不能复婚，徐某某须另支付给郭某某30万元”的承诺内容系对婚姻关系的缔结附加了财产条件，违反了前述原则，应为无效。再者，通过原、被告签订的离婚协议书、和解协议的内容可以看出，双方离婚并未使郭某某付出过多的金钱，故原告依据涉案保证书要求被告支付30万元，于法无据，一审法院不予支持。基于以上分析，一审法院对被告提出的关于诉讼时效的抗辩意见不予处理。判决：驳回原告郭某某的诉讼请求。案件受理费2900元（已减半），由原告郭某某负担。

郭某某不服山东省济南市市中区人民法院（2020）鲁0103民初13111号民事判决，向二审法院提起上诉。二审法院于2021年1月19日立案后，依据《全国人民代表大会常务委员会关于授权最高人民法院在部分地区开展民事诉讼程序繁简分流改革试点工作的决定》，依法适用第二审程序，由审判员独任进行了审理。本案现已审理终结。

郭某某上诉请求：1. 撤销（2020）鲁0103民初13111号判决书，并依法改判被上诉人支付上诉人30万元；2. 一审、二审诉讼费全部由被上诉人承担。事实和理由：原判决认定事实不清，适用法律错误，应当依法查明事实后改判。双方离婚是在徐某某欺骗郭某

① 摘自中国裁判文书网，（2021）鲁01民终787号。

某的前提下造成的，徐某某在给郭某某出具保证书时，并没有打算与郭某某复婚，所谓的保证书中“复婚”的条件根本不是保证书的本意，也没有违反离婚自由原则，既然该承诺自始至终徐某某都没有打算履行，就不能视为违反婚姻自由，相反，徐某某对此行为要承担违约责任。同时，由于徐某某通过不正当的手段骗取郭某某与其离婚，给郭某某及女儿造成了严重伤害。

徐某某辩称，一审法院认定涉案保证书违反婚姻自由原则是正确的，因为结婚和离婚是上诉人与被上诉人两个人的事，双方离婚不能认为是被上诉人的欺骗行为；同时，双方在 2017 年 5 月 4 日签订了和解协议书，一次性了结了债权债务，本案也已过诉讼时效。

在二审法院审理期间，当事人围绕上诉请求依法提交了证据。二审法院组织当事人进行了证据交换和质证。上诉人提交了一组证据并已经被上诉人质证。对上述材料的效力及所证明的事实二审法院部分予以评判。此外，二审法院对一审法院查明的其他事实予以确认。

二审法院认为，本案的争议焦点系涉案保证书的效力问题。根据法律规定，我国实行婚姻自由的婚姻制度，婚姻自由包括结婚自由与离婚自由。本案中，被上诉人徐某某在保证书中承诺，“如果 2014 年年底不能复婚，徐某某须另支付给郭某某 30 万元”。上述承诺系对其是否与郭某某复婚的人身性权利附加了额外的财产性义务，违背我国婚姻法关于离婚自由的规定，故一审法院认定上述承诺无效并判决驳回郭某某的诉讼请求并无不当。

综上所述，上诉人郭某某的上诉理由不能成立，对其上诉请求应予驳回；一审判决认定事实清楚，适用法律正确，应予维持。依照《中华人民共和国民事诉讼法》第一百七十条第一款第一项之规定，判决如下：

驳回上诉，维持原判。

二审案件受理费 5800 元，由上诉人郭某某负担。

本判决为终审判决。

二、借婚姻索取财物、返还彩礼案例

基本理论概述

借婚姻索取财物，是指婚姻当事人一方向对方索要一定的财物作为同意结婚条件的行为。借婚姻索取财物是对婚姻权利的滥用，违背婚姻自由原则。由于此种行为往往影响当事人婚姻自由权利的实现，具有极大的危害性，因此，我国《民法典》第一千零四十二条将其明确规定为禁止行为。如果在结婚后，一方要求离婚的，应按自主婚姻处理，经人民法院调解无效时，应按我国《民法典》第一千零七十九条规定的原则判决是否准予离婚。离婚时，婚前一方向对方索要的财物，按最高人民法院司法解释的规定处理。借婚姻关系索取的财物，可酌情返还。

“彩礼”的表述并非一个规范的法律用语，一般指按照当地习俗由婚姻一方当事人（往往是男方）在婚前向对方给付的一定数量的财物，人民法院审理的彩礼纠纷案件的案由按照有关规定属于“婚约财产纠纷”。

示范案例一

借婚姻索取的财物，离婚时应否返还？

孙谊大学毕业后在某企业工作，每月收入5000多元。2019年1月，经人介绍与某高校大学二年级女生王娅相识，并确立了恋爱关系。王娅提出，因其父母是下岗工人，所以孙谊每月要给她提供生活费600元，婚前必须购置70平方米以上商品房一套和家具、家电等生活用品，毕业后即结婚，否则终止恋爱关系。王娅的父母表示同意他俩恋爱结婚，但要求每月给付他们生活费400元，不然就不准双方恋爱结婚。孙谊再三说明，他和父母都是一般职工，收入不高，经济上难以满足这些条件，但王娅及其父母毫无体谅之意。孙谊考虑到自身已近而立之年，且相貌平平，恋爱多次受挫，只得被迫同意了王娅及其父母的要求，并签订了书面协议。此后，孙谊节衣缩食，按时给付和筹集购房等费用。2020年5月，王娅毕业前夕，一再催促孙谊购房和准备结婚用品。孙谊无奈，购置了价值70万元的按揭15年的商品房一套，向亲友借得20万元付了首付款，用他这些年节余的钱简单进行了装修并购置了结婚用品。同年7月，王娅毕业工作后，双方办理了结婚登记。婚后，王娅提出双方收入归各自所有，在家庭生活中，她每月只付200元生活费，其余家庭费用由孙谊负担。孙谊对此不同意，王娅便以离婚相要挟。孙谊考虑到他已为王娅在经济上支付了几万元，为了维持夫妻关系，只得被迫在财产约定协议上签了字。2021年2月，孙谊因经济上不堪重负，向法院起诉，要求与王娅离婚。并要求王娅退还他婚前支付的生活费及利息等3万元。在审理中，王娅表示双方毫无感情，同意离婚，但不同意退还婚前支付的生活费。经法院调解无效，判决双方离婚，并由王娅退还孙谊婚前向她及其父母支付的生活费2万元。

请问：法院的判决是否正确，为什么？

分析意见：

这是一起借婚姻索取财物和因婚后经济纠纷引起的离婚案件，法院的判决公正、合法。

第一，我国《民法典》明令禁止借婚姻索取财物。我国《民法典》第一千零四十二条第一款规定：“……禁止借婚姻索取财物。”所谓禁止借婚姻索取财物，是指婚姻当事人一方向对方索要一定的财物，以此作为同意结婚的条件的行为。如果不满足一方或其父母索要财物的要求，便终止恋爱关系。在现实生活中，通常是女方向男方索要财物，有的女方父母也从中索要一部分作为同意结婚的条件，但结婚是双方自愿，无包办、强迫的行为。

借婚姻索取财物不同于买卖婚姻，也不同于婚前一方主动赠与对方或其近亲属的行为，更不同于恋爱中一方要求对方购置住房、家庭用品等行为。借婚姻索取的财物是归索要方所有或支配，给付方是被迫而为。本案中的王娅及其父母要孙谊在王娅毕业前每月向他们提供生活费共计1000元，如果孙谊不同意，王娅便要与他终止恋爱关系。孙谊为了与王娅结婚，只得被迫同意此要求，因此，王娅及其父母的行为属于借婚姻索取财物的行为。至于王娅要求孙谊婚前必须购置住房和家庭用品，这一行为是不顾孙谊的经济条件的过高要求，因为婚前购置住房及家庭用品，仍属购置一方的婚前财产，归购置一方所有，仅供婚后双方使用。

借婚姻索取财物的行为，双方当事人结婚是自主自愿的并无包办强迫，但为什么我国《民法典》明令禁止这种行为？因为此行为具有一定的危害性。首先，违背社会主义婚姻基础的要求。在社会主义条件下，婚姻应当以爱情为基础，只有坚持这一基础，婚后夫妻感情才能巩固、深化、持久，才能夫妻恩爱、家庭和睦。借婚姻索取财物的行为是将婚姻建立在给付金钱的基础之上，从实质上说，是婚姻当事人一方（通常是女方）将自身当作商品，讨价还价，进行交易。这不仅有违社会主义婚姻制度，而且会腐蚀人的灵魂，败坏社会风气和社会道德，婚姻基础极不牢固，容易引起婚姻解体。其次，增加婚姻当事人的经济负担，造成婚后生活困难。当前不少收入不高的婚姻当事人为了满足另一方索要财物的要求，只得被迫向亲友借贷，造成婚后债台高筑，生活困难，容易引发经济纠纷，影响家庭的正常生活。最后，容易导致违法犯罪发生。一些收入不高的当事人，为了满足对方索要财物的要求，在无法借贷的情况下，不惜以身试法，进行盗窃、抢劫、敲诈勒索等犯罪，造成"未进洞房，先进牢房"的后果。因此，我国《民法典》为了倡导以爱情为基础的婚姻，禁止借婚姻索取财物。

第二，借婚姻索取财物，离婚时应当依法返还。借婚姻索取财物，离婚时应否返还，我国《民法典》没有明确规定。但是最高人民法院的历次司法解释均规定，应酌情返还。因此，借婚姻索取财物的，财物应予返还。本案中王娅及其父母在王娅结婚前向孙谊索要的3万元生活费，由于双方结婚只有半年，且王娅大学毕业后已工作并有固定收入，具有返还能力，所以，法院酌情判决王娅返还2万元是正确的。

示范案例二

彩礼的认定及返还的法定条件是什么？

原告王鹏和被告徐丽丽经人介绍于2015年11月19日相识随即订婚，订婚时被告向原告索要彩礼款10万元。订婚当天被告收到彩礼款1万元，小相钱0.2万元，装烟钱0.2万元。2016年3月16日，原、被告办理了结婚登记手续，2016年3月26日，原、被告举行婚礼后在原告父亲住房的西屋居住生活。结婚前10天左右被告又收到彩礼款9万元。在原、被告结婚前原告父亲又购买豪爵银豹牌二轮摩托车一台（现由被告父母保管，价值为0.2万元），其他家电、家具等由原告父母购买（现原告保管）。原、被告结婚后先期夫妻感情尚可。而后因琐事原、被告曾发生口角、打架。2017年10月，原、被告用被告收到的彩礼款购买了五菱荣光牌微型面包车一台（现由原告保管）。2020年10月，双方发生口角后，被告回娘家与原告分居至今。原告为结婚向他人借款11万元至今未偿还。

现原告向法院提起诉讼，要求判决离婚并返还彩礼。

请问：原告应否得到法院支持，为什么？

分析意见：

原告能获得法院支持。被告索要的彩礼款10万元应酌情予以返还，对原告父亲在原、被告结婚前购买的摩托车应认定为原告婚前财产，被告也应返还给原告。理由如下：

首先，原告王鹏和被告徐丽丽经人介绍相处仅三个多月便登记结婚。由于婚前双方相互了解不够，婚后在日常生活中又未建立起真挚的夫妻感情，在共同生活期间曾因琐事而发生口角、打架，于2017年10月双方分居至今。分居后如果原、被告已无和好可能，法院调解无效，可以确认其夫妻感情确已破裂。原告的离婚请求应予支持。

其次，对在原、被告订婚时被告向原告索要彩礼的行为，已违反了我国婚姻法关于借婚姻索取财物的规定，且造成了原告家庭生活困难。根据《民法典婚姻家庭编司法解释（一）》第五条规定："当事人请求返还按照习俗给付的彩礼的，如果查明属于以下情形，人民法院应当予以支持：（一）双方未办理结婚登记手续；（二）双方办理结婚登记手续但确未共同生活；（三）婚前给付并导致给付人生活困难。适用前款第二项、第三项的规定，应当以双方离婚为条件。"

因此，对被告索要的彩礼款10万元应酌情予以返还。但考虑到原、被告已用彩礼款购买了面包车，并由原告使用和管理的实际情况可判决该车归原告所有。对原告父亲在原、被告结婚前购买的摩托车应认定为原告婚前财产，被告也应返还给原告。

讨论案例

1. 是借婚姻索取财物，还是婚前赠与？

2019年5月，吴明与郑霞经人介绍相识。在两人谈恋爱期间，吴明先后主动给郑霞买了手表、金银首饰及高档衣物等价值共计5.2万元的物品。2019年9月，两人登记结婚。由于双方性格不合，婚后纠纷不断。2021年2月，郑霞向法院起诉，要求与吴明离婚。吴明认为，双方婚前不够了解，草率成婚，婚后又未建立起夫妻感情，同意离婚，但要求郑霞返还恋爱期间给付的手表、金银首饰等价值5.2万元的财物，并提供了购物发票凭证。郑霞认为，这价值5.2万元的财物，是吴明为讨好她、培养感情而主动赠送的，因此，不同意返还。

请问：郑霞婚前收受吴明价值5.2万元财物的行为应属于何种性质，法院依法应当如何处理？

2. 婚约解除时，赠与的财物如何处理？

2020年1月，刘兰和童刚经人介绍认识并确立了恋爱关系。同年5月，两人在双方父母的主持下订立了婚约。在恋爱期间，童刚给刘兰买了价值约1万元的手机、首饰等物品。童刚第一次见刘兰的父母时，送给刘兰的父母2000元现金和一台空调。在随后的相处过程中，刘兰发现童刚性格暴躁，而且在生活上有一些不良的习惯。而童刚也发现刘兰做事比较任性，不像与其初始交往时那么温柔体贴。为此，两人经常吵架。2021年春节，刘兰提出两人终止恋爱关系。童刚对此表示同意，并要求刘兰返还手机、首饰以及2000元现金和空调等财物，却遭到刘兰的拒绝。

请问：童刚可以请求刘兰返还上述财物吗？为什么？

相关裁判实例摘录①

常某1、胡某婚约财产纠纷案

原告与被告常某1于2020年4月17日经媒人屈某介绍相识，后双方确定了恋爱关系。2020年4月21日，原告为被告常某1购买黄金戒指、黄金项链支出7095元，购买黄金手镯支出9890元，共计16985元。原告和被告常某1订婚时，被告常某1收到订婚礼金10001元。2020年4月23日，原告父亲以银行转账的方式向被告常某1转款15万元。2020年4月27日，被告常某1购买了空调、挂烫机、电热水器、茶吧机、洗衣机、冰箱等电器，共计21494元。2020年5月1日，原告和被告常某1在原告所在村按照习俗举行了婚礼。在当天的婚礼上，原告母亲给了被告常某1一个9888元的红包。原告和被告常某1举办婚礼后开始共同生活。后原告和被告常某1发生矛盾，被告常某1回到其母亲家。2020年9月8日，被告常某2（常某1父亲）将被告常某1送回原告家，向原告出具借条一张。该借条显示："因孩子婚礼钱花费20万元，若孩子到男方家不好好过，彩礼一分不少退回，孩子因想家回来两个月不过分。我常某2本人以房子来抵押。"媒人屈某在上述借条上签字。原告和被告常某1于2020年9月底前分手。自2020年5月2日起到9月底，原告以微信转账或红包的形式多次向被告常某1转款。原告于2020年10月28日向法院提起民事诉讼。在庭审中，原告认可被告常某1所购买的空调、挂烫机、电热水器、茶吧机等电器均在其家中，并表示被告常某1的家电可按发票显示的数额从应退款项中抵扣；原告称其给被告常某1的"三金"为黄金戒指、黄金项链和黄金手镯，但被告常某1称其收到的"三金"为黄金戒指、黄金吊坠和黄金手镯；证人屈某出庭作证称被告常某2出具的借条，并非借款。2020年11月16日，被告常某1向原告退还黄金手镯一个，原告经辨认后向被告常某1出具了收条。被告常某1称黄金戒指丢失，可按原告购买时的价格予以赔偿，并提交购买戒指时的标签，该标签显示戒指价值2378元。另查明，原告支付诉前财产保全费1564元。原告和被告常某1未办理结婚登记，双方向该院提交的购物发票均系后期补开的。

胡某向一审法院起诉请求：1. 判令被告返还原告订婚彩礼、"三金"及其他各项所花费的费用合计208750元；2. 本案诉讼费及保全费由被告承担。

一审法院认为，当事人按照习俗给付的彩礼，是以缔结婚姻关系为目的而为的附条件赠与行为。在本案中，原告或其父母向被告常某1给付财物的目的是让原告与被告常某1结婚，但原告和被告常某1未办理结婚登记。依据《最高人民法院关于适用〈中华人民共和国婚姻法〉若干问题的解释（二）》第十条的规定，原告主张被告常某1返还给付的彩礼的诉讼请求，于法有据，法院予以支持。关于彩礼的数额问题，原告父亲向被告常某1转款的15万元，双方均无异议，法院予以认定；对于订婚礼金10001元及婚礼当天的红包9888元，因有证人屈某出庭作证，且符合农村结婚的习俗，法院予以认定；对于原告自2020年5月2日起到9月21日向被告常某1以微信红包或转账的方式所支付的款项，因发生在两人举行婚礼之后的共同生活期间，且在庭审中，原告称有些是日常生活开

① 摘自中国裁判文书网，（2021）豫03民终45号。

支，故对这部分款项，法院不予认定，上述款项共计 169889 元。“三金”属彩礼范畴。原告主张“三金”为黄金戒指、黄金项链、黄金手镯，并提交了付款记录和发票予以佐证，被告常某 1 辩称其仅收到黄金戒指、黄金吊坠、黄金手镯，但未举证证明。一般情况下，吊坠与项链是配套的，又结合农村结婚的习俗，原告仅为被告常某 1 购买吊坠而不购买项链的可能性不大，故法院对原告主张的“三金”予以认定。因被告常某 1 已将手镯退还原告，故被告常某 1 还应退还原告戒指和项链。被告常某 1 称戒指丢失，虽然其庭后提交了戒指的价格标签，但未举证证明其所提交的价格标签对应的戒指系原告所主张的戒指。故对该戒指，被告常某 1 可按原告提供的发票显示的戒指价格予以赔偿。结合原告和被告常某 1 对婚约解除的过错程度及双方共同生活的情况，法院酌定被告常某 1 向原告退还款项 152900 元及戒指一枚和项链一条。关于被告常某 1 留在原告家中的电器，被告常某 1 主张抵扣应退的款项，原告亦同意按发票数额抵扣，经抵扣后，被告常某 1 应退还原告款项 131406 元（152900 元-21494 元）。因原告未举证证明其向被告常某 2 给付财物，故对原告主张被告常某 2 承担退还财物的诉讼请求，法院不予支持。综上所述，依据《中华人民共和国婚姻法》第三条，《中华人民共和国民事诉讼法》第六十四条，《最高人民法院关于适用〈中华人民共和国婚姻法〉若干问题的解释（二）》第十条的规定，判决：一、限被告常某 1 于判决生效后 10 日内退还原告胡某款项 131406 元及黄金戒指一枚（价值 2791 元）、黄金项链一条（价值 4304 元）。二、驳回原告胡某的其他诉讼请求。如果未按判决指定的期间履行给付金钱义务的，应当依照《中华人民共和国民事诉讼法》第二百五十三条之规定，加倍支付迟延履行期间的债务利息。案件受理费 2216 元、保全费 1564 元，由原告胡某负担 1280 元，被告常某 1 负担 2500 元。

常某 1 不服河南省新安县人民法院（2020）豫 0323 民初 3200 号民事判决，向二审法院提起上诉。二审法院立案受理后，依据《全国人民代表大会常务委员会关于授权最高人民法院在部分地区开展民事诉讼程序繁简分流改革试点工作的决定》，本案适用普通程序，由审判员独任审理。上诉人常某 1、原审被告常某 2 的共同委托诉讼代理人刘某，被上诉人胡某的委托诉讼代理人贾某到庭参加诉讼。本案现已审理终结。

常某 1 上诉请求：1. 撤销一审判决发回重审或改判为减少退还彩礼 14192 元；2. 判决被上诉人承担一、二审诉讼费。事实与理由：一审判决事实不清，证据不足，适用法律错误，请求二审法院支持其上诉请求。一审认定“原告母亲给常某 1 一个 9888 元的红包”不是事实。证人屈某与被上诉人是同村邻居，并未直接见到原告母亲把红包给上诉人，该认定证据不充分。另，一审对被上诉人给上诉人的“三金”包括黄金项链的认定，缺乏证据，没有法律依据。

胡某答辩称，上诉人的上诉没有事实依据，一审庭审中，已经查明彩礼给付的事实，上诉人也未对证人出具的证言提出任何异议，也未提交证据证明。结合上诉人父亲常某 2 向答辩人出具的借条，也可证实答辩人以结婚为目的，给付上诉方的彩礼至少 20 万元。后上诉人不与答辩人领取结婚证，其依法提起诉讼。请求二审法院查明事实，依法驳回上诉人的上诉请求。

二审法院二审期间，双方当事人未提交新的证据，二审法院对一审法院审理查明的事实予以确认。

二审法院认为，国家提倡婚姻自由，禁止买卖婚姻，禁止借婚姻索取财物。以结婚为目的按照习俗给付对方的财物应当认定为彩礼；双方未办理结婚登记手续的，当事人请求返还按照习俗给付的彩礼，应予支持。本案中，被上诉人胡某向上诉人常某1给付彩礼金150000元、订婚礼金10001元及婚礼当天的红包9888元和购买“三金”为黄金戒指、黄金项链、黄金手镯的事实，有双方的陈述、证人屈某的证言、付款记录和购物发票等证据予以佐证，一审法院予以采信，并依法扣除上诉人常某1用于结婚购置家电等花费的21494元，确定应由常某1退还胡某131406元及黄金戒指一枚、黄金项链一条（其余黄金饰品已返还）适当，予以确认。常某1上诉主张其未收到黄金项链的上诉意见，仅有本人陈述，无其他证据予以证实且与查明的事实相矛盾，二审法院不予采信。关于常某1主张结婚当天未收到胡某母亲给付的红包9888元的上诉理由，鉴于当地结婚习俗以及被上诉人胡某的陈述、证人屈某的证言等，对胡某母亲给付该红包的主张，一审法院予以采信，并无不当。常某1的该上诉理由，证据不足，不予采纳。综上所述，常某1的上诉请求不能成立，应予驳回；一审判决认定事实清楚，适用法律正确，应予维持。依照《中华人民共和国民事诉讼法》第一百七十条第一款第一项规定，判决如下：

驳回上诉，维持原判。

二审案件受理费155元，由常某1负担（已交纳）。

本判决为终审判决。

三、重婚案例

基本理论概述

重婚，是指男女一方或双方有配偶者又与他人结婚的行为。根据这一概念，重婚具有以下特征：

第一，当事人一方或者双方为有配偶者。

第二，实施了违反一夫一妻制的行为。

需要特别说明的是，最高人民法院曾于1994年12月14日在《关于〈婚姻登记管理条例〉施行后发生的以夫妻名义非法同居的重婚案件是否以重婚罪定罪处罚的批复》中指出：新的《婚姻登记管理条例》（1994年2月1日民政部发布）发布施行后，有配偶的人与他人以夫妻名义同居生活的，或者明知他人有配偶而与之以夫妻名义同居生活的，仍应按重婚罪定罪处罚。但该项规定已被《最高人民法院关于废止1980年1月1日至1997年6月30日期间发布的部分司法解释和司法解释性质文件（第九批）》的决定废止（发布日期：2013年1月14日，实施日期：2013年1月18日），故自2013年1月18日之后，有配偶者与他人以夫妻名义的同居生活不能再以重婚罪定罪处罚。也就是说在2013年1月18日之前的重婚，是指男女一方或双方有配偶者又与他人结婚或与他人以夫妻名义共同生活的行为。

示范案例一

未离婚与他人共同生活是否构成重婚?

被告谢某与原告张某于 2018 年 1 月结婚，婚后育有一子。2020 年 8 月以来，被告谢某在未与妻子张某离婚的情况下，隐瞒他已婚的事实与另一女性周某在同县他镇以夫妻名义共同生活。张某发现后，要求以重婚为由与谢某离婚，并主张精神损害赔偿费 2 万元。

请问：本案中谢某与周某是否构成重婚?

分析意见：

重婚分为法律上的重婚与事实上的重婚。对法律上的重婚，其认定关键在于当事人是否办理了结婚登记，有配偶者与配偶以外的其他人只要办理了结婚登记，无论是否同居、是否公开举行婚礼都构成法律上的重婚。对事实上的重婚，其认定关键则在于看有配偶者是否在前婚未解除时，又与他人未办理结婚登记就以夫妻名义共同生活。在现实生活中，重婚的表现形式大多数为事实上的重婚。但需要特别强调的是，在 2013 年 1 月 18 日之后，由于相关司法解释的废除，事实上的重婚之规定已不再被适用，即在此时间后，有配偶者与他人以夫妻名义的同居行为不再被认定为重婚行为。在本案中，谢某与周某虽以夫妻名义共同生活，但并未办理结婚登记，且时间在 2013 年 1 月 18 日之后，故谢某与周某并不构成重婚。根据我国《民法典》第一千零四十三条、第一千零七十九条的规定，谢某与周某的行为构成有配偶者与他人同居。该行为为我国法律所禁止。

示范案例二

表兄妹以夫妻关系同居已四十多年，一方又与他人登记结婚是否属于重婚?

朱明强与唐明芳系姨表兄妹关系，两人青梅竹马、两小无猜，成年后自由恋爱，双方父母都认为他俩结合会“亲上加亲”。1980 年 10 月 1 日，朱明强已年满 20 岁，唐明芳已年满 18 岁，双方的父母备办酒席，宴请亲友为他俩举行了婚礼。此后，两人即以夫妻关系同居生活，并生有一子一女。当地乡政府曾以二人未登记结婚和无计划生育为由，给予了罚款处罚。村委会认为他俩是表兄妹同居，因此，不给他们的子女上户口，不让唐明芳落户，不分给其母子三人责任地，全家四人仅靠朱明强一人承包的土地生活，生活极端困难，双方经常为此吵架、打架。1982 年以来，他俩多次去乡政府申请补办结婚登记，以便给唐明芳和子女落户，承包土地，解决生计问题，但婚姻登记机关认为双方不符合结婚条件，不给补办结婚登记。朱明强见补办结婚登记无望，全家生计难以维持，逐渐变得脾气暴躁，经常因家庭琐事毒打唐明芳，虽经亲友多次劝解，仍不悔改。2020 年 1 月，唐明芳再次被朱明强毒打后，不堪忍受，便对亲友及朱明强声称：“乡村干部一直不承认我们是夫妻，今后我们两人一刀两断，各自另找对象成家。”从此，她便回娘家居住，发誓绝不再回朱家。朱明强多次前往赔礼道歉，要求恢复同居，均遭唐明芳及其父母等亲属拒绝。同年 8 月，唐明芳与同村丧偶男子黄清华登记结婚。2020 年 9 月，朱明强得知此事后遂向县法院起诉，要求追究唐明芳与黄清华的重婚罪，并宣告他俩的婚姻无效。

一审法院经审理认为，朱明强与唐明芳是三代以内旁系血亲，又未达法定婚龄以夫妻关系同居，属于非法同居关系，唐明芳与黄清华婚姻关系合法，因此判决驳回朱明强的诉讼请求。朱明强不服，以“我们以夫妻名义同居已四十多年，早已是事实婚姻”为由提出上诉。二审法院认为，朱明强与唐明芳属于事实婚姻，双方未经法定程序离婚，唐明芳单方声明脱离同居关系无效，唐明芳在事实婚姻期间，又与黄清华登记结婚，双方构成重婚。但由于唐明芳系不堪忍受家庭暴力而重婚，不以重婚罪论处，在民事上宣告唐明芳与黄清华的婚姻无效。

请问：一审法院与二审法院的判决，哪一个是正确的，为什么？

分析意见：

一审法院的判决适用法律不当，二审法院的判决合法。

第一，认定本案当事人是否符合结婚条件，应当适用1950年《婚姻法》的规定。本案当事人朱明强与唐明芳是1980年10月1日起以夫妻名义同居的，虽然同年9月10日已颁布了1980年《婚姻法》，但是该法第三十七条规定：“本法自一九八一年一月一日起施行。一九五〇年五月一日颁行的《中华人民共和国婚姻法》，自本法施行之日起废止。”按照这一规定，朱明强、唐明芳两人以夫妻名义同居，应按1950年《婚姻法》规定的结婚实质要件认定和处理。首先，双方已达法定婚龄。1950年《婚姻法》第四条规定：“男二十岁，女十八岁，始得结婚。”朱明强、唐明芳同居时，双方符合法定婚龄规定。其次，双方无法律规定的禁止结婚情形。1950年《婚姻法》第五条规定的禁止血亲结婚的范围，只禁止直系血亲、同胞兄弟姐妹和同父异母或同母异父的兄弟姐妹结婚。“其他五代以内的旁系血亲结婚问题从习惯。”朱明强、唐明芳是表兄妹，属于三代以内的旁系血亲。由于在我国历史上，盛行“表兄爱表妹，天生的一对”的习惯，民众中以表兄妹结婚为主的“中表婚”较为普遍，个别王朝虽明令禁止，但受传统习惯的影响，终被解禁。在1949年中华人民共和国成立初期，这一习惯仍难以用法律禁止，因此，1950年《婚姻法》作了“从习惯”的规定，即习惯上允许结婚的为合法，习惯上不允许结婚的为不合法。在我国历史上，兄弟姐妹、堂兄弟姐妹、伯叔姑与侄子女间、舅姨与外甥子女间等五代以内的旁系血亲在习惯上是不允许结婚的，但表兄弟姐妹在习惯上允许结婚，根据1950年《婚姻法》规定允许遵从此“从习惯”。本案当事人朱明强与唐明芳以夫妻名义同居时，符合1950年《婚姻法》规定的结婚实质要件，只是未办结婚登记而缺乏婚姻成立的形式要件。

第二，朱明强与唐明芳已经构成事实婚姻关系。结婚登记一直是我国婚姻法规定的婚姻成立的唯一形式要件。但由于受几千年仪式婚的影响，一些群众尤其农村的群众法制观念不强，结婚时“重仪式轻登记”。不少人结婚只举行婚礼，不办结婚登记，便以夫妻关系同居，组成家庭。为了稳定婚姻家庭，保护妇女和子女权益，1950年《婚姻法》实施后至1994年《婚姻登记管理条例》施行前的历次司法解释均对此类婚姻关系承认为事实婚姻，系“比照”合法婚姻处理而具有合法婚姻的效力。朱明强与唐明芳1980年10月同居时，已符合当时《婚姻法》规定的结婚条件，只是未办理结婚登记，因此，双方已构成事实婚姻关系。

第三，唐明芳与黄清华的结婚登记属于重婚行为。所谓重婚，是指有配偶者又与他人结婚，或明知他人有配偶而与之结婚的行为。这里所指的有配偶者，是指无配偶的男女已按法定程序登记结婚和1994年《婚姻登记管理条例》施行前形成事实婚姻的男女，在一方未死亡或双方未离婚前均属于有配偶者。这里的结婚，是指有配偶者又与他人登记结婚或以夫妻名义同居。前者为法律上的重婚，后者为事实上的重婚，均属重婚行为。即使重婚的另一方无配偶，如果其明知对方有配偶而与之登记结婚，也会构成重婚罪。唐明芳在事实婚姻关系存续期间，未办离婚手续，又与黄清华登记结婚，此属于法律上的重婚。由于本案当事人朱明强只起诉要求追究唐明芳、黄清华的重婚罪，并要求宣布该重婚无效，在审理中，唐明芳也未反诉要求离婚，因此，二审法院在民事上判决宣告唐明芳与黄清华婚姻无效，解除双方的重婚关系是符合法律规定的。

第四，重婚行为不一定会构成重婚罪。违法行为与犯罪行为是两个既有联系又有区别的概念。没有违法行为不能构成犯罪，但是违法行为未达到法律规定的违法程度也不构成犯罪。重婚行为与重婚罪也是如此。我国现行《刑法》第二百五十八条规定："有配偶而重婚的，或明知他人有配偶而与之结婚的，处二年以下有期徒刑或者拘役。"这一条文虽然没有规定重婚行为的违法程度，但当时的司法解释有明确规定。唐明芳是在长期受到朱明强打骂的情况下离开朱明强，回娘家后才与黄清华办理结婚登记重婚的。而黄清华也与当地乡村干部一样，认为朱明强与唐明芳不是夫妻，只是同居关系，故不属于明知对方有配偶者。因此，二审法院鉴于双方重婚的原因特殊，对唐明芳和黄清华均不以重婚罪论处。

第五，婚姻登记机关拒绝对朱明强、唐明芳补办结婚登记是正确的。朱明强与唐明芳是1980年《婚姻法》实施生效后才要求补办结婚登记的。无论是1980年《婚姻法》还是现在的《民法典》都规定："禁止直系血亲和三代以内的旁系血亲结婚。"所谓三代以内的旁系血亲，是指同源于祖父母、外祖父母的旁系血亲，即伯叔姑与侄子女、舅姨与外甥子女、兄弟姐妹、堂兄弟姐妹、表兄弟姐妹。自1980年《婚姻法》以后禁止三代以内旁系血亲结婚，这是由于1950年《婚姻法》已贯彻实施了30年，经过了广泛的宣传和科学知识的普及，广大群众已经认识到近亲结婚往往会危害下一代的健康。从实质上说，禁止三代以内旁系血亲结婚，就是坚决禁止习惯上的表兄妹间的"中表婚"。因为在我国民间其他三代以内的旁系血亲，在习惯上都是不允许结婚的。

综上所述，朱明强与唐明芳在1980年《婚姻法》生效后才申请补办结婚登记，不符合法律规定的结婚条件，因此，当时婚姻登记机关拒绝办理是合法的。

必须指出，我国《民法典》第一千零四十九条规定："要求结婚的男女双方应当亲自到婚姻登记机关申请结婚登记。符合本法规定的，予以登记，发给结婚证。完成结婚登记，即确立婚姻关系。未办理结婚登记的，应当补办登记。"《民法典婚姻家庭编司法解释（一）》第七条规定："未依据民法典第一千零四十九条规定办理结婚登记而以夫妻名义共同生活的男女，提起诉讼要求离婚的，应当区别对待：（一）1994年2月1日民政部《婚姻登记管理条例》公布实施以前，男女双方已经符合结婚实质要件的，按事实婚姻处理。（二）1994年2月1日民政部《婚姻登记管理条例》公布实施以后，男女双方符合结婚实质要件的，人民法院应当告知其补办结婚登记。未补办结婚登记的，依据本解释第三条规定处理。"可见，1994年《婚姻登记管理条例》公布实施以前，男女双方已经符合结婚实质要件的，按事实婚姻处理，即使双方未补办结婚登记，该事实婚姻关系也具有与合法婚姻相同的效力。

讨论案例

1. 冒名顶替结婚登记后，一方又与他人以夫妻名义同居是否属于重婚？

女青年陆芳经父母包办与素不相识的张春订婚。张春因左眼失明，担心陆芳知道后不愿结婚，便叫23岁的弟弟张健经常与陆芳会面交谈。陆芳觉得“张春”高中文化，能说会道，体贴人，又会木工，经济收入不错，便欣然答应了这门亲事。2020年12月，张春叫张建代其与陆芳申请办理结婚登记，因婚姻登记员是张家的亲戚，明知是冒名顶替，也为“张春”、陆芳办理了结婚证。2021年春节前夕，在张家举行的婚礼中，陆芳发现新郎不是与其恋爱、登记的“张春”，才明白她受了欺骗，她当即大哭大闹然后跑回了娘家。事后，她找到张健说：“恋爱、登记我都认定的是你，我要与你结婚。”张健从内心也爱慕陆芳，两人便在镇上租房以夫妻关系同居生活。张春持结婚证多次气势汹汹去镇上要陆芳回去同居，均遭陆芳拒绝，为此发生纠纷。2021年5月，张春向法院起诉，要求追究张健与陆芳的重婚罪。

请问：张春与陆芳是否存在婚姻关系？张健与陆芳是否构成重婚？人民法院依法应当如何处理本案？

2. 本案被告是否构成重婚罪？

原告张燕青与被告贝进刚各自丧偶，双方经人介绍于2002年登记结婚，婚后未生育子女。2021年2月25日，在未与原告解除婚姻关系的情况下，被告外出务工时与认识的另一离婚妇女在某县务工工地以夫妻名义共同生活。2021年4月5日，原告以被告犯重婚罪为由向该县人民法院提起控诉。原告要求追究被告重婚罪并请求损害赔偿。

请问：原告的诉讼请求能否得到法院支持？为什么？

3. 重婚事由消失是否属于“法定的无效婚姻情形已经消失”？

被告赵某故意伪造身份证、户籍信息，隐瞒她已婚的事实与原告张某交往，并于2020年3月1日与原告在民政局登记结婚。原告张某于2021年才发现被告赵某已于2017年2月10日和案外人田某在株洲县登记结婚并生育了小孩，原告认为被告故意隐瞒和违法重婚的行为给原告造成了极大的伤害，故原告向法院提起诉讼，请求法院依法判决原、被告的婚姻关系无效。该案在审理过程中，经审理查明，案外人田某和被告赵某已于2020年9月6日经某人民法院调解离婚。

请问：原、被告的婚姻关系是否无效？

相关裁判实例摘录①

佟某、张某离婚纠纷案

张某与佟某于××××年登记结婚，××××年××月××日婚生一子佟乐，现年29岁。佟某在未与张某办理离婚手续的情况下，于2007年至2018年间与沈某以夫妻名义共同居住生活，并于××××年××月××日生育一子佟冰。2019年10月8日佟某因犯重婚罪被葫芦岛市某区人民法院判处有期徒刑十个月。佟某判刑前系葫芦岛市某银行职工。二人现有房屋所

① 摘自中国裁判文书网，（2021）辽14民终1194号。

有权人为佟某，登记时间为 2017 年 8 月 31 日，以住房公积金贷款方式购买坐落于葫芦岛市某区某单元的楼房一座，抵押开始时间为 2018 年 9 月 7 日，办理住房公积金贷款时房屋评估价为 304142.16 元，截至 2020 年 11 月 12 日已还利息 15967.60 元，本金 27879 元，尚欠本金 212121 元未还，截止到 2020 年 7 月 10 日止佟某住房公积金账户余额为 100 元。2017 年 9 月 6 日提取住房公积金 160600 元，部分用于购房，其余支付儿子上学费用及其他日常支出。

张某向一审法院起诉请求：1. 依法判令与佟某离婚；2. 依法分割共同财产；3. 支付精神损失费 50000 元；4. 由佟某承担诉讼费用。

一审法院认为，佟某在未与张某办理离婚手续的情况下与他人以夫妻名义共同居住生活，并因犯重婚罪被判处刑罚，可以认定二人夫妻感情已经破裂，张某要求与佟某离婚于法有据，应予支持；关于张某要求分割共同财产及住房公积金的请求，对于 2017 年 9 月 6 日佟某以购房为由提取的住房公积金 160600 元，佟某辩称此款未实际购房，该楼房非其本人所有，只是用于清偿借他人房屋的贷款和供孩子读书、老家盖房欠款及做生意的欠款。因葫芦岛市某区某单元的房屋是以住房公积金贷款方式购买，并于 2017 年 8 月登记在佟某名下，且张某也承认在孩子上学期间佟某履行了抚养义务，可以认定佟某提取的 160600 元住房公积金除部分用于购买楼房外、其余用于支付孩子上学费用及其他日常生活费等，所以佟某称此款未实际购房，只是借用他人房屋提取公积金用于还债的主张不予采信。张某及佟某均未提供证据证明双方名下还有其他财产，故二人现有的夫妻共同财产为佟某名下楼房已支付现金额及佟某名下住房公积金账户尚存余额。双方对办理公积金贷款时房屋评估价值 304142.16 元均认可，尚欠贷款本金 212121.00 元均无异议，故该楼房已经支付的现金额 92021.16 元及住房公积金账户余额 100 元为二人现有夫妻共同财产，应予以分割。张某明确表示只要求以货币折价的方式分割该楼房，故酌定该楼房归佟某所有，尚欠银行贷款由佟某负责偿还，佟某应给付张某楼房折价款 46010.58 元及住房公积金款 50 元；关于张某要求精神损失费的请求，因佟某重婚导致二人离婚，佟某存在过错，张某的该项请求于法有据，酌定由佟某赔偿张某 20000 元。因佟某未提供存在因夫妻共同生活所负债务的相关证据，故对佟某要求张某承担共同债务的主张不予采信。综上，依照《中华人民共和国婚姻法》第三十二条第三款第一项、第三十九条、第四十六条，最高人民法院《关于人民法院审理离婚案件如何认定夫妻感情确已破裂的若干具体意见》第九条规定，判决：一、准予张某与佟某离婚；二、登记在佟某名下，坐落于葫芦岛市某区某单元楼房归佟某所有，楼房尚欠银行贷款由佟某偿还，佟某于本判决生效后十日内给付张某楼房折价款 46010.58 元及住房公积金款 50 元；三、佟某于本判决生效后十日内给付张某精神损害赔偿金 20000 元。案件受理费 300 元，由佟某负担。

上诉人佟某因与被上诉人张某离婚纠纷一案，不服葫芦岛市某区人民法院（2020）辽 1404 民初 1136 号民事判决，向二审法院提起上诉。二审法院于 2021 年 4 月 8 日立案后，依法组成合议庭进行了审理。本案现已审理终结。

佟某上诉请求：撤销原判，依法改判。事实与理由：1. 坐落于葫芦岛市某区某单元的楼房原评估价为 304142.16 元，申请重新评估。2. 夫妻共同债务公积金贷款 212121 元及银行贷款 425000 元，应属夫妻共同债务，应由双方共同偿还。3. 不应给付精神损失费。4. 张某房屋及财产尚未查清。

张某辩称，一审判决认定事实清楚，适用法律正确，应予维持。佟某在与张某分居期间，于2018年9月7日用住房公积金贷款购买了坐落于葫芦岛市某区某单元房屋。在办理贷款时，该房屋的评估价格为304142.16元。截至2020年11月12日住房贷款尚欠本金212121.00元，扣除尚欠本金，楼房的现价值92021.16元。因该楼房是用住房公积金贷款取得，应当属于夫妻共同财产，张某应当分得其中二分之一即46010.58元。张某在诉讼时主张依法分割住房公积金，经法院认定佟某已经取出公积金160600元，佟某是开具了单身证明骗取的，张某应当分得其中二分之一即80300元。一审法院考虑佟某有用住房公积金贷款支付儿子抚养费的可能，对抚养费的具体支付数额无法认定，故判决房产的现价值为夫妻共同财产，实际上是偏袒了佟某。因此不存在重新评估的必要。对于佟某上诉称贷款425000元，是佟某与沈某非法同居期间为养狐狸而贷款，张某不知情，不属于夫妻共同债务。佟某因犯重婚罪被判处有期徒刑十个月，根据相关法律规定，应当支付张某精神抚慰金。张某名下无任何房产及财产，是借住其父母的楼房居住。

二审法院二审期间，当事人未提交新证据。二审法院二审查明事实与一审查明的事实一致。

二审法院认为，佟某在一审中提出涉案房屋价值应当按照评估价计算，双方对此最终达成一致意见，而佟某现又申请重新评估，根据禁止反言原则，对其主张不应支持。对于公积金贷款，因一审判决该楼房归佟某所有，并对双方共同还房贷部分进行了分割，故剩余房贷应由佟某继续偿还。对于商业贷款，佟某并未提供证据证明存在该笔贷款，亦未证明该贷款是用于夫妻共同生活或共同经营活动，故对其主张不予支持。对于精神损害赔偿问题，佟某在与张某婚姻关系存续期间，又与他人以夫妻名义共同生活，对于双方离婚具有严重过错，其应当给付张某精神损害赔偿金。关于双方是否还有未分割的共同财产问题，佟某未提供证据证明张某名下还有其他财产，应当承担举证不能的法律后果。综上，原审判决认定事实清楚，适用法律正确，上诉人佟某的上诉理由不能成立。依照《中华人民共和国民事诉讼法》第一百七十条第一款第一项之规定，判决如下：

驳回上诉，维持原判。

二审案件受理费300元，由佟某负担。

本判决为终审判决。

四、有配偶者与他人同居案例

基本理论概述

根据《民法典婚姻家庭编司法解释（一）》第二条之规定，所谓“与他人同居”的情形，是指有配偶者与婚外异性，不以夫妻名义，持续、稳定地共同居住。在现实生活中也称为“姘居”，俗称“包二奶”“包二爷”。其特征主要有四：第一，主体中至少有一方有配偶。第二，同居的对象是婚外异性，不能是同性。第三，无论是否以夫妻名义保持

同居关系。[1] 第四，同居关系持续稳定。

示范案例一

夫妻“忠诚协议”，是否具有法律效力？

2012年12月，原告庄女与大学同学陆男在经历了3年的爱情长跑后，终于幸福地结为夫妻。婚后，两人的感情一如在大学校园里那般如胶似漆，陆男还时不时给庄女制造一些浪漫的惊喜。然而，由于丈夫陆男是某医院的主治医师，工作比较忙，在外面的应酬也比较多，庄某总有一种不安全感，担心陆男在外面会有越轨的行为。2014年1月，陆男参加完一个同学聚会后，庄女在他的衬衣上发现了女人的口红印，当天两人便大吵了一架。此事之后两人虽然和好如初，但庄女仍觉得不踏实。后来，在朋友的建议下，庄女想与丈夫签订一份夫妻“忠诚协议”，以保证其丈夫对其感情万无一失。经过沟通，陆男认为这对于庄女也是一种承诺，于是便同意了，双方约定的违约金为人民币55万元。

2015年10月中旬，陆男所在的医院想通过对员工的培训来提升医院的医疗水平，由于陆男是医院的业务骨干，所以医院便派遣包括陆男在内的几名医生到美国进修，期限为1年。在医院的安排下，陆男与几个同事一起来到了美国。对英语口语较为生疏的陆男为了不耽误学习，通过当地的中介机构找到了一名英文系华裔女大学生当英文辅导老师。谁料两人日久生情，几个月下来，陆男便与这个女大学生住到了一起。而此时，在国内的庄女也听说了陆男的一些情况。

2016年11月，陆男回国，庄女为此事与陆男争吵，但最终在陆男的苦苦哀求下，庄女还是原谅了陆男，毕竟，她不愿意放弃对丈夫的爱。她认为，既然丈夫已经认识到了他的错误，就应该给他一个改过自新的机会。孰料，从2021年1月开始，庄女获知，陆男又时常借口工作而夜不归家，却是与另一女性在外租房同居生活。在几番交涉无果后，庄女拿出了当初签订的夫妻“忠诚协议”，要求陆男依照当时的约定支付违约金，在被陆男拒绝后，她到法院起诉，请求法院判决陆男支付约定的违约赔偿金55万元，但没有提出离婚的诉讼请求。

在法庭辩论中，原告庄女提出，该夫妻“忠诚协议”是当时在与陆男双方自由协商的基础上订立的，且不违反法律的规定，如今被告陆男的行为已违背了当时的协议，所以应该依约定支付给原告55万元违约金。被告陆男则认为，该夫妻“忠诚协议”固然是双方自愿签订的，但这是关于人的感情的规定，且是对人的自由的限制，不能适用我国《民法典》合同编的相关规定，同时由于感情不是法律调整的对象，所以应该依法认定该协议无效。鉴于原告与被告之间的争议焦点是夫妻“忠诚协议”的效力这一目前法律尚无规定的问题，且经法院调解双方不能达成一致意见，所以法院将择期宣判。

请问：夫妻“忠诚协议”，是否具有法律效力？

---

① 但2013年1月18日前，此第三项为不以夫妻名义保持同居关系。

分析意见：

这是一起因有配偶者与他人同居，违反夫妻“忠诚协议”而引发的案件。

目前，我国一些夫妻为了维持感情而签订“忠诚协议”的情况并不鲜见。在现代社会，随着经济文化的发展，人们的思想观念发生了很大的变化，对婚姻家庭的态度也产生了潜移默化的影响，婚姻家庭关系的不稳定性与日俱增。我国《民法典》第一千零四十三条规定：“家庭应当树立优良家风，弘扬家庭美德，重视家庭文明建设。夫妻应当互相忠实，互相尊重，互相关爱；家庭成员应当敬老爱幼，互相帮助，维护平等、和睦、文明的婚姻家庭关系。”第一千零九十一条规定：“有下列情形之一，导致离婚的，无过错方有权请求损害赔偿：（一）重婚；（二）与他人同居；（三）实施家庭暴力；（四）虐待、遗弃家庭成员；（五）有其他重大过错。”《民法典婚姻家庭编司法解释（一）》第四条规定：“当事人仅以民法典第一千零四十三条为依据提起诉讼的，人民法院不予受理；已经受理的，裁定驳回起诉。”在本案中，尽管被告与他人同居的行为为我国法律所禁止，但由于原告没有提出离婚，所以不能适用我国《民法典》第一千零九十一条的规定，不能请求离婚损害赔偿。而原告请求法院依据夫妻双方签订的“忠诚协议”，判决陆男支付约定的违约赔偿金，这涉及该夫妻“忠诚协议”是否具有法律效力的问题。对此，我国《民法典》及司法解释均无规定。

关于夫妻“忠诚协议”的性质和效力，目前我国学术界和司法界，主要有以下两种对立的观点：

一种观点认为，“忠诚协议”当属无效。有人认为，《婚姻法》规定“夫妻应当相互忠实”而非“必须忠实”，“应当”意在提倡，只有“必须”才是法定义务。法律允许夫妻对财产关系进行约定，但不允许通过协议来设定人身关系。人身权是法定的，不能通过合同来调整。还有人认为，“忠诚协议”虽不违法，但这种协议应由当事人本着诚信原则自觉履行，法院不能赋予“忠诚协议”强制执行力。否则，必然面临一个尴尬而危险的举证困难和一系列社会负面影响，应当考虑赋予“忠诚协议”强制执行力可能发生的巨大社会成本。另有人认为，“忠诚协议”主张的侵权损害赔偿欠缺法律依据，不在我国《民法典》第一千零九十一条规定的离婚损害赔偿之列。“忠诚协议”限制了当事人的人身自由，法律不能通过合同契约的方式剥夺当事人享有的人身自由这一基本宪法权利，故“忠诚协议”当属无效。①

另一种观点认为，应当对“忠诚协议”认定为有效。有学者指出，夫妻之间订立“忠诚协议”并不违法。因为夫妻忠实本来就是法律规定的内容，属于法律明确的要求，协议双方等于把法定的义务变成了约定的义务。法院应当予以认可。② 有学者认为，对于夫妻双方自愿签订的“忠诚协议”，人民法院经审理查明确实属于夫妻双方的真实意思表示的，应当予以支持。因为人民法院承认该“忠诚协议”有关财产赔偿约定的效力。这既符合婚姻家庭法律规定的精神，又符合社会主义婚姻道德的要求，也未破坏社会公序良俗，可以保障婚姻法有关“夫妻应当相互忠实”规定的实现，有利于弘扬夫妻相互忠实

---

① 参见《法律能干预婚外情吗?》，载《中国青年报》综合新闻版 2002 年 12 月 31 日。

② 李明舜：《妇女权益法律保障研究》，国家行政学院出版社 2003 年版，第 399 页。

的道德风尚，有利于维护平等、和睦、文明的婚姻家庭关系，促进和谐社会的构建。[①] 有法官主张：倾向于对“忠诚协议”认定为有效。因为其符合婚姻法的基本精神，是对婚姻法中“夫妻应当相互忠实”规定的具体化。也正是由于夫妻签订了具体的协议，使得婚姻法上原则性的夫妻忠实义务具有了可诉性。法律也未明文禁止当事人自行约定。“忠诚协议”的约定与婚姻法的基本精神相吻合，给付金钱具有违约赔偿性质，这种协议应当受到法律保护。因此，法院应当认定这种“忠诚协议”有效。至于违反“忠诚协议”行为的举证问题，根据“谁主张，谁举证”的原则，法院当然不会依职权去调查。如果当事人一方主张另一方违反“忠诚协议”但没有相应的证据予以证明，其只能承担败诉的后果，法院又怎么会陷入“尴尬而危险”的举证困境中呢？[②]

示范案例二

婚姻关系存续期间双方出轨致离婚，前妻能否索赔？

黎捷与王伟原系夫妻关系，双方于 2014 年 8 月底结婚，2021 年年初办理了离婚登记。登记离婚时，双方协议约定因王伟婚外情给黎捷身心造成严重伤害，王伟自愿支付黎捷精神损害赔偿金人民币 5 万元作为补偿。

此后，王伟未按该约定支付补偿款，黎捷多次催收未果，于是诉至法院。在庭审中，双方承认离婚前于 2019 年年底开始分居，至 2021 年年初才正式办理离婚手续。黎捷自认其在离婚前的分居期间就已与他人同居，但表示她与王伟分居的原因就是由于王伟有婚外情的过错行为，且在分居期间她多次向王伟提出过离婚，离婚时她并不知道自己已经怀孕。

请问：法院能否支持原告的诉求？为什么？

分析意见：

法院应判决驳回黎捷的诉讼请求。理由如下：

王伟辩称，当时与黎捷双方签订登记离婚的协议时，是在王伟本人有婚外情的过错行为的前提下签订的，他作为过错方同意支付给黎捷补偿款 5 万元。黎捷与现任丈夫结婚并生下小孩后，王伟从时间上推算出其在未离婚时亦有与人同居的过错，因而拒付补偿款。

对此，黎捷的解释是她要开始过新生活，不能因为王伟不同意签订离婚协议而被无限期拖延。但这并不能掩盖黎捷存在的过错，黎捷完全可以通过法律途径解决双方的离婚问题。黎捷在与王伟离婚时隐瞒了其亦有在婚姻期间与他人同居存在过错的事实，致使王伟违背真实意思而与其签订离婚协议同意支付补偿款 5 万元，我国《民法典》规定，夫妻双方应互相忠实，相互尊重。现夫妻双方均对婚姻不忠，均有过错行为，根据我国《民法典》第一千零九十一条规定：“有下列情形之一，导致离婚的，无过错方有权请求损害

---

① 参见陈苇的发言纪要，载罗杰：《最高人民法院关于适用〈中华人民共和国婚姻法〉若干问题的解释（三）（征求意见稿）专家论证会纪要》，西南政法大学外国家庭法及妇女理论研究中心网，http://www.swupl.edu.cn/mweb/wgjtf/content.asp? cid = 821305199&id = 959379247，上网时间：2010 年 6 月 15 日。

② 参见吴晓芳：《当前婚姻家庭案件的疑难问题探析》，载《人民司法》（应用版）2010 年第 1 期，第 54-56 页。

赔偿：……（二）与他人同居……”《民法典婚姻家庭编司法解释（一）》第九十条规定：“夫妻双方均有民法典第一千零九十一条规定的过错情形，一方或者双方向对方提出离婚损害赔偿请求的，人民法院不予支持。”因此，该协议支付补偿款的内容无效。对于王伟的辩解，人民法院应予以采信，应判决驳回黎捷的诉讼请求。

讨论案例

1. 对“婚外恋”者提出的离婚请求，应当如何处理？

方雨红与肖长乐登记结婚后，一度感情较好，生有一女，现年4岁。2019年1月，方雨红在舞厅结识了外地来此经商的个体老板薛洪贵，双方陷入了情网。不久，两人即公开以情人关系在薛洪贵的住所同居。经肖长乐多次规劝，方雨红虽有时回家与肖长乐过夫妻生活，但却仍继续与薛洪贵同居生活。2021年1月，薛洪贵回外地与其妻离婚后，与方雨红商议，让她也与其夫离婚，然后两人就登记结婚，做名正言顺的夫妻。方雨红遂以夫妻感情破裂为由，向法院起诉，坚决要求与肖长乐离婚，并表示不要共同财产中自己的份额，女儿由父亲直接抚养，她每月给付抚养费700元。在审理中，肖长乐考虑到女儿年幼，需要母亲抚育，婚后夫妻感情尚好，只是因方雨红与薛洪贵同居才导致夫妻感情发生了变化，因此坚持不离婚。法官告知肖长乐：如果法院判决离婚，是否要求方雨红承担损害赔偿费。肖长乐表示，其既然不愿离婚，还提什么损害赔偿费。法院经审理认为，该夫妻结婚时间不长，女方因“婚外恋”而提出离婚，经多次调解和好无效，夫妻感情确已破裂，遂判决双方离婚，夫妻财产、子女抚养费亦参照方雨红起诉书提出的处理意见进行判决。肖长乐不服，向二审法院提出上诉。

请问：一审法院的判决是否正确？为什么？

2. 为了断“婚外情”而签下的补偿费协议，是否有效？

2019年10月，陈小姐在工作之余认识了来该地做生意的杨先生，两人互有好感。在双方交往的过程中，杨先生声称其已经离婚，并出示了离婚证（后来证实为假证），有意与陈小姐正式交往。于是，两人开始了同居生活。陈小姐一心希望能与杨先生结婚，并于2020年1月怀上了他的孩子。但杨先生事实上并没有与妻子离婚，在陈小姐怀孕后杨先生就明确地告诉她，他不会离婚与她组成新家庭，让她去做人工流产。为了解除同居关系，双方经协商达成书面协议，约定由杨先生支付给陈小姐20万元作为补偿。基于此协议以及该协议所附的欠款条，陈小姐向法院起诉，要求杨先生支付为解除同居关系双方自愿约定的补偿费20万元。杨先生辩称，协议和欠款条是迫于原告及其亲戚、朋友的压力而写，并不是其真实的意思表示。并认为陈小姐知道其婚姻、家庭状况，并非上当受骗，而且陈小姐在与其交往的同时也有其他异性朋友，不能确定孩子就是被告的，故请求法院驳回原告的诉讼请求。

请问：本案应当如何处理？

3. “有配偶者与他人同居”是否包括同性同居？

刘某（男）与黄某（女）一直在深圳打工，2019年8月上旬，二人经媒人介绍相识，并逐渐确立恋爱关系。2021年3月22日，双方在民政部门办理结婚登记手续。新婚阶段，夫妻关系和睦。后来，刘某发现妻子常常去朋友张某（女）家打牌，夜不归宿，且妻子与其没有了往日的亲密，遂怀疑妻子有了外遇。经深入调查，刘某发现黄某和她的朋友张某不是普通朋友关系，而是情人关系，二人早已同居。刘某无法接受这一事实，将黄某告上法庭诉求离婚，并要求赔偿其精神损失费2万元。被告黄某辩称，其和刘某结婚后，起初尚好，慢慢地刘某对自己不理不睬，加之生活与工作的压力，其想找个同性好友倾诉，以获得心理和生理上的安慰。于是，其在性取向上渐渐有了双性恋的倾向，现在同意离婚。但是，坚决不愿赔偿原告刘某的精神损失费，因为其是和同性同居，并没有和丈夫之外的异性发生过性关系，所以，其不应当赔偿原告的任何精神损失费用。

请问，该案应当如何处理?

相关裁判实例摘录①

杜某某、王某某赠与合同纠纷案

原告王某某和被告刁某某系夫妻关系，二人于2009年5月20日登记结婚，婚后育有三子，于2016年12月26日离婚后，又于2017年2月9日登记结婚。被告刁某某与被告杜某某2015年相识后交往，2017年11月至2018年1月二被告在德州租房同居生活。被告刁某某于2015年12月16日通过其建设银行62×××37账户向被告杜某某的62×××71账户转款10万元，于2016年2月5日通过其工商银行卡向被告杜某某转款10万元，被告刁某某代被告杜某某分别于2016年10月23日、10月31日向彭某某支付某养生足疗店转让费共计97514元。

2017年7月28日，被告刁某某与扬州某汽车工程有限公司签订《承包合作协议》，承包该公司玻璃钢车间加工，该公司委托蒋某某、蔡某某分别于2017年7月28日、8月25日、8月28日、9月29日将承包费10万元、10万元、10万元、311300元转账至被告刁某某指定的被告杜某某尾号为6425的建行银行卡中，共计转款611300元；委托蔡某某分别于2017年11月2日、2017年12月1日、2018年1月5日、2018年2月9日、2018年2月12日将承包费共计1580205.92元支付至杜某某尾号为0672的农业银行卡中。两张银行卡共计收到承包费2191505.92元。

被告杜某某通过农行卡于2017年11月2日、2017年12月1日、2018年1月5日、2018年2月9日分别支付工人工资135000元、368000元、266000元、39300元，共计808300元；被告杜某某通过建行卡于2017年8月28日分四笔共计支付工人工资75500元，2017年8月25日分六笔共计支付工人工资110007.96元，2017年9月29日支付工人工资271000元，共计456507.96元。上述农行银行卡和建行银行卡共支付工人工资1264807.96元。被告杜某某多次向被告刁某某微信转款共计242592元。

2017年12月3日，被告杜某某全款购买汽车一辆，车牌号为鲁N×××××，登记在被告杜某某名下，其中花费购车款184020元、汽车装饰5980元、保险费6443.47元、购置税15728.21元，以上共计212171.68元。购车款是用被告杜某某尾号为0672的农行卡支付的。该卡在2017年11月30日账户余额为11.82元，2017年12月1日蔡某某向该账户转账695147.03元，除此之外截至买车付款之日无其他资金进项。

一审法院另查明，被告刁某某在2017年10月前后因涉及其他诉讼案件，银行账户被

① 摘自中国裁判文书网，(2021) 冀11民终336号。

冻结，其指定工程回款转入杜某某账户。截至 2018 年 1 月 30 日，杜某某尾号为 6425 的建行银行卡账户余额为 1242.46 元，尾号为 0672 的农行卡 2018 年 8 月 3 日账户余额为 0 元。

王某某向一审法院起诉请求：①请求认定被告刁某某对被告杜某某 70 万元的赠与行为无效；②要求被告杜某某返还 70 万元，或归还汽车、返还 50 万元；③本案诉讼费由二被告承担。

一审法院认为，本案中被告刁某某赠与被告杜某某大额财产及车辆，显然不是因日常生活需要而处理夫妻共同财产的行为，其未经妻子原告王某某同意，将夫妻共有财产赠与被告杜某某，侵害了原告王某某的合法财产权益，且该赠与行为也违反了公序良俗的法律原则，故其赠与行为无效。被告杜某某应予返还赠与财产。

关于赠与财产：一、关于剩余的工程款。因被告刁某某、杜某某之间存在不正当的男女关系，双方认识往来较久且曾同居生活，被告刁某某虽将共计 2191505.92 元的工程款转入其指定的被告杜某某银行账户，被告杜某某支付工资款 1264807.96 元、向被告刁某某微信转账 242592 元，购买鲁 N×××××车辆花费 212171.68 元，剩余的款项为 2191505.92-1264807.96-242592-212171.68=471934.28 元。被告杜某某抗辩称该款项二被告已经共同消费完毕已不存在，从双方提交的证据来看，自 2017 年 7 月 28 日第一次转工程款至 2018 年 9 月 11 日原告王某某起诉之日，两张银行卡消费、转账记录近千余次，最后余额已接近为零，无明显的大额转账记录。且被告刁某某和被告杜某某于 2015 年相识，2017 年 11 月至 2018 年 1 月同居生活，同居生活之前二人已有亲密关系，被告杜某某用工程款支付二人的生活花费符合情理。原告方未能举证证明被告杜某某有转移财产的行为，对被告杜某某的抗辩应予支持。

二、关于鲁 N×××××车辆，该车辆购车款共计 212171.68 元，来源于蔡某某 2017 年 12 月 1 日转入的被告刁某某的 695147.03 元工程款。该车辆系被告刁某某向被告杜某某的赠与财产，被告杜某某应予返还。

三、关于被告刁某某向被告杜某某 2015 年 12 月 16 日、2016 年 2 月 5 日转账的共计 20 万元，被告杜某某抗辩该款是被告刁某某为让杜某某离婚自愿给付杜某某前夫的离婚费用，但未提交证据，且为了离婚给付费用亦违反公序良俗，该赠与无效，该款属于被告刁某某向被告杜某某的赠与财产，被告杜某某应予返还；关于刁某某代替杜某某向彭某某支付某养生足疗店转让费共计 97514 元，该款是被告刁某某向被告杜某某的赠与财产。因现在店铺已关闭，该款属已花费的钱款。综上所述，尚存在的被告刁某某向被告杜某某赠与的钱财有：鲁 N×××××车辆一辆、现金 20 万元。

关于赠与财产是否全额返还的问题。若赠与财产全部返还，势必助长婚姻关系中强势一方随意赠与钱物、发展婚外不正当男女关系，分手后其家庭毫无经济损失的情形蔓延。鉴于导致该赠与行为无效的主要原因是被告刁某某明知自己有配偶与被告杜某某婚外同居，在维系二被告关系上被告刁某某负有主要过错，被告杜某某亦存在一定过错。因此酌定已消费的款项应由被告刁某某承担还款责任（原告王某某可另行主张权利）。被告杜某某应返还原告王某某 20 万元和鲁 N×××××车辆一辆。

综上所述，原告王某某要求被告杜某某返还赠与财产 20 万元及鲁 N×××××车辆一辆的诉讼请求，有事实依据和法律依据，应予支持。原、被告其他之诉证据不足，不予支持。一审法院依照《中华人民共和国民法总则》第八条、《中华人民共和国婚姻法》第十七条、《最高人民法院关于适用〈中华人民共和国婚姻法〉若干问题的解释（一）》第十七条和《最高人民法院关于适用〈中华人民共和国民事诉讼法〉的解释》第九十条之规定，判决：

一、确认被告刁某某对被告杜某某的赠与行为无效；

二、被告杜某某于判决书生效后十日内向原告王某某返还赠与财产 20 万元及鲁N×××××车辆一辆，并协助原告王某某办理车辆过户手续；

三、驳回原告王某某其他的诉讼请求。

案件受理费 10800 元，保全费 4120 元，共计 14920 元，由原告王某某负担 4263 元，由被告杜某某负担 10657 元。

杜某某不服河北省故城县人民法院（2020）冀 1126 民初 895 号民事判决，向二审法院提起上诉。二审法院于 2021 年 1 月 21 日立案后，依法组成合议庭，于 2021 年 3 月 17 日开庭进行了审理。上诉人杜某某的委托诉讼代理人张某某、被上诉人王某某的委托诉讼代理人吴某某到庭参加诉讼。原审被告刁某某经二审法院传票合法传唤，无正当理由拒不到庭。本案现已审理终结。

杜某某上诉请求：1. 撤销河北省故城县人民法院（2020）冀 1126 民初 895 号民事判决，驳回被上诉人的诉讼请求；2. 一、二审诉讼费用由被上诉人承担。事实和理由：①一审法院的案由为赠与合同纠纷，王某某没有提供证据证实刁某某将财产赠与杜某某的事实。2015 年 12 月 16 日、2016 年 2 月 5 日转账的两个 10 万元并不属于赠与财产的范畴，涉案 20 万元款项均是在 2016 年 12 月 26 日刁某某与王某某离婚登记之前，王某某没有提供证据证明在 2016 年 12 月 26 日双方离婚时尚有财产未分割，涉案的 20 万元是否属于赠与财产一审法院未查清。杜某某和刁某某之间的银行卡交易明细只能证实双方存在款项往来，杜某某有出借银行账户的行为，不能体现赠与行为，二人同居期间的日常花销王某某无权要求返还。退一步讲，刁某某的赠与并不必然侵犯王某某的夫妻共有财产权，刁某某作为夫妻一方应享有部分财产的独立处分权。刁某某与王某某的夫妻共同财产总额较大，刁某某在本案中单独处分的财产较之夫妻共同财产比例较小，该赠与并不必然损害王某某的夫妻共有财产权。而且，即使刁某某侵犯了王某某的夫妻共有财产权，也应由刁某某承担责任。②王某某诉称刁某某赠与车辆没有事实依据，涉案车辆应属杜某某个人所有。杜某某购买汽车及装饰、保险、购置税花费均是通过其农业银行账户支付，没有从刁某某账户取款，该车辆登记在杜某某名下，应认定为杜某某个人财产。③王某某提供的证据不足以证实刁某某赠与财产给杜某某的主张。④案件受理费、保全费 10657 元由杜某某承担明显不公平。一审法院没有根据案件的具体情况决定当事人各自承担的诉讼费数额，应当判令王某某承担对应的案件受理费。综上，综合案件事实和全案证据分析，一审法院没有保护杜某某的财产权利，王某某提供的证据不能证实刁某某将财产赠与杜某某的事实，将涉案的鲁 N×××××车辆归王某某所有明显不成立，完全失去法律的公正性。

王某某答辩称：1. 杜某某认可与刁某某的不正当关系，刁某某将 100 多万元的巨额款项汇至杜某某账户，应当认定为一种赠与行为。2. 我方提供的杜某某尾号为 0067 的银行卡流水显示，该银行卡在收到刁某某工程款之前余额仅有 62 元，该银行卡除工程款之外再无其他进项。因此，杜某某名下车辆的购买款项显然是出自刁某某的工程款。3. 一审判决认定刁某某转至杜某某账户的近50万元款项已经由二人共同消费完毕，显然超出了日常消费水平，而刁某某替杜某某支付足疗店转让费97514元也应属于可返还部分，但本案已历经两年有余，我方不愿过多追究，因此没有提起上诉。要求二审法院维持一审判决。

刁某某未向二审法院陈述意见。一审中完全认可王某某的诉讼请求。

二审法院二审期间，当事人没有提交新证据。杜某某在一审庭审中认可刁某某分别于2015年12月16日、2016年2月5日向其转账支付的共计20万元是为了让其与前夫离婚而给其前夫的补偿费用，二审中又主张用于支付刁某某的工人工资。

二审法院对一审法院查明的事实予以确认。

另查明：本案所涉鲁N×××××汽车已由刁某某在未经杜某某同意的情况下从云南省某县开到河北省某县，该车由刁某某实际控制。

二审法院认为，刁某某在与王某某夫妻关系存续期间与杜某某同居，违反了《中华人民共和国民法典》关于“有配偶者禁止与他人同居”的规定，其将共同财产给予杜某某系擅自处分夫妻共同财产，该行为侵害了王某某对夫妻共同财产的合法权利，王某某有权主张杜某某返还财产。

关于刁某某2015年12月16日、2016年2月5日分两笔向杜某某转账支付的20万元是否应予返还的问题。杜某某一审中主张该20万元是用于其离婚而支付给前夫的补偿费用，但该行为违反了公序良俗的法律原则，应视为刁某某私自以夫妻共同财产赠与杜某某，杜某某应予返还。虽然杜某某二审中又主张该部分款项已经用于刁某某的工程支出，但未提供证据证明，且与本案所查明的事实不符，二审法院对此不予采纳。

关于登记在杜某某名下车牌号为鲁N×××××的汽车应否返还问题。根据本案查明的事实杜某某用于支付购车款、装饰、保险、购置税等款项的银行卡在2017年11月30日账户余额为11.82元，除2017年12月1日收到刁某某的承包费695147.03元之外，该银行卡无其他进项，杜某某购置车辆花费无疑是刁某某的收入所得，该部分款项亦应认定为王某某与刁某某的共同财产，王某某有权要求杜某某返还。车辆已经登记在杜某某名下，杜某某本应返还购车款项，但一审判决判令返还车辆。考虑到该车辆杜某某已经使用很长时间，车辆折旧后价值已经贬损，返还车辆更有利于杜某某，而王某某亦未提起上诉，本应对一审法院将车辆所有权返还王某某的处理结果予以认可。鉴于车辆早就由刁某某实际控制，判令杜某某返还车辆不妥，杜某某应协助王某某办理车辆过户手续。

一审判决未按照王某某诉讼请求得到支持的比例确定诉讼费用的负担不妥，二审法院予以纠正。

综上所述，杜某某的上诉请求大部分不能成立，一审判决认定事实清楚，但判决结果部分不当，二审法院予以纠正。依照《中华人民共和国民事诉讼法》第一百七十条第一款第一项、第二项规定，判决如下：

一、维持河北省故城县人民法院（2020）冀1126民初895号民事判决第一项、第三项；

二、变更河北省故城县人民法院（2020）冀1126民初895号民事判决第二项为：上诉人杜某某于本判决生效后十日内返还被上诉人王某某款项人民币20万元，并协助王某某将鲁N×××××汽车过户到王某某名下。

三、驳回上诉人杜某某的上诉请求。

一审案件受理费 10800 元、保全费 4120 元，共计 14920 元，由上诉人杜某某负担 8504 元、由被上诉人王某某负担 6416 元；二审案件受理费 7060 元，由上诉人杜某某负担。

本判决为终审判决。

五、家庭暴力及虐待案例

基本理论概述

根据我国《反家庭暴力法》第二条之规定，家庭暴力是指家庭成员之间以殴打、捆绑、残害、限制人身自由以及经常性谩骂、恐吓等方式实施的身体、精神等侵害行为。

虐待则是指行为人经常以打骂、冻饿、禁闭、强迫过度劳动、有病不给治疗或其他方式，折磨、摧残家庭成员，对其身体、精神等方面造成伤害后果的行为。

虐待与家庭暴力一样，行为人与受害人双方都是家庭中互有权利义务的家庭成员，都会给受害人造成伤害后果，两者的区别主要在于：其一，虐待行为的表现方式具有多样性，包括作为与不作为，而家庭暴力均为作为之行为；其二，虐待行为具有长期性和经常性，家庭暴力则往往具有偶发性，经常性谩骂除外。

示范案例一

如何向法院申请人身保护令？

28 岁的女子李某，和丈夫宋某结婚 4 年多。近一年来，丈夫对她多次进行谩骂、殴打，还将她捆绑起来实施家暴。2020 年 3 月 15 日，丈夫再次对她进行打骂，实在无法忍受的李某，被逼从家中四楼跳了下来，随后被送到医院进行救治。经诊断身体多处骨折。

让李某更没想到的是，在她住院治疗期间，丈夫宋某竟再次来到医院，对她和她的家人进行打骂，严重影响了李某的治疗及休养。李某依据《反家庭暴力法》向法院申请人身保护令。

请问：法院依法应当如何处理本案？为什么？

分析意见：

法院应当依照我国《反家庭暴力法》的相关规定，依法裁定出具《人身安全保护令》。裁定禁止李某的丈夫对她实施家庭暴力，禁止他骚扰、跟踪、接触李某及其近亲属。

2016 年 3 月 1 日，我国《反家庭暴力法》正式施行，这是我国第一部预防和制止家庭暴力的专门法律。在对家庭暴力行为的法律调控方面，该法的主要特点在于以下几个方面：

一是以法律形式明确家庭暴力范畴。“家庭成员之间以殴打、捆绑、残害、限制人身自由以及经常性谩骂、恐吓等方式实施的身体、精神等侵害行为”均属家庭暴力，把经常性谩骂、恐吓等精神侵害行为也纳入家庭暴力范畴。

二是凸显对弱势群体的特殊保护。未成年人、老人、残疾人、孕期和哺乳期的妇女、重病患者遭受家庭暴力的，应当给予特殊保护。

三是建立了强制报告制度。学校、幼儿园、医疗机构、居民委员会、村民委员会、社会工作服务机构、救助管理机构、福利机构及其工作人员在工作中发现无民事行为能力人、限制民事行为能力人遭受或者疑似遭受家庭暴力的，应当及时向公安机关报案。

四是创设了告诫书制度。对家庭暴力情节较轻，依法不给予治安管理处罚的，可以由公安机关对加害人出具告诫书。告诫书可以作为认定家庭暴力事实的证据。

五是建立完善了人身安全保护令制度。人身安全保护令是一种民事强制措施，即法院为了保护家庭暴力受害人及其子女和特定亲属的人身安全、确保婚姻案件诉讼程序的正常进行而作出的民事裁定。当事人受到家庭暴力或者面临家庭暴力现实危险时，可以向法院申请人身安全保护令。此外，《反家庭暴力法》还将适用范围扩大到家庭成员以外共同生活的人，规定家庭成员以外共同生活的人之间实施的暴力行为，参照《反家庭暴力法》规定执行。

从本案的具体情况看，我国《反家庭暴力法》第二十三条第一款规定“当事人因遭受家庭暴力或者面临家庭暴力的现实危险，向人民法院申请人身安全保护令的，人民法院应当受理”。宋某的丈夫对其妻子有明显的家庭暴力行为，且还在其住院治疗期间继续对她本人及其家属进行打骂，完全符合申请人身保护令的条件。另外，我国《反家庭暴力法》第二十九条明确规定：“人身安全保护令可以包括下列措施：（一）禁止被申请人实施家庭暴力；（二）禁止被申请人骚扰、跟踪、接触申请人及其相关近亲属；（三）责令被申请人迁出申请人住所；（四）保护申请人人身安全的其他措施。”就宋某的不法行为，其妻子可以选择该条前两项的禁止性措施来申请人身保护令，如有必要还可责令宋某迁出。

示范案例二

故意杀死施虐丈夫，可否被减轻处罚？

某市人民检察院起诉指控被告人张某称：2020年6月12日中午12时许，被告人张某由于不堪忍受其丈夫周某长期的打骂和虐待，趁周某醉酒后趴在饭桌上睡着之际，用铁锤猛击周某头部数下，致周某当场死亡。被告人张某在案发当日主动到派出所投案自首。张某的行为已触犯我国现行《刑法》第二百三十二条之规定，构成故意杀人罪，并具有第六十七条规定的减轻处罚的情节。

被告人张某对其行为不做任何辩解。

辩护人辩护意见：被告人张某的主观恶性比其他故意杀人犯的主观恶性要小。被告人张某是因不堪忍受被害人的打骂和虐待，离婚又怕儿女受伤害，不得已杀死被害人周某，法院应依法对被告人张某减轻处罚。

法院经审理查明：被告人张某与被害人周某（男，55岁）系夫妻关系，生有一子二女。婚后周某经常虐待、打骂被告人及其子女，曾将被告人一步一棒从车站打回他们家里，将女儿打得不敢回家，张某曾自杀未遂。张某多次提出与周某离婚，但周某以杀死全家相威胁而未果。2020 年 6 月 12 日晨，被害人周某在家中因琐事骂儿子周某华并向其要钱，周某华交给周某 300 元，周某边喝酒边把钱放到炉火里烧，周某华上前阻止，周某便拿炉铲子击打周某华，又拿菜刀欲砍伤被告人张某，被周某华拉开。张某遂产生杀死周某之念头。当天中午 12 时许，周某趴在饭桌上睡觉，周某华回房间午休，被告人张某趁机拿起一把铁锤，向周某头部猛击数下，致周某当场死亡。当日下午，被告人张某到龙凤公安分局卧龙派出所投案自首。案发后，周某的子女及其他亲属还有同村的村民联名要求从轻处罚被告人张某。

请问：本案依法应当如何处理？为什么？

分析意见：

故意杀人是非常严重的刑事犯罪，我国现行《刑法》第二百三十二条规定了较为严厉的刑罚。本案中，被告人张某乘被害人周某睡觉之际用铁锤击打其头部数下，致周某当场死亡，其行为已构成故意杀人罪。但是，本案的关键和争议的焦点是对被告人张某如何量刑，即本案是否属于情节较轻，是否具有应对张某减轻处罚的法定情形？

第一，本案不同于一般的故意杀人犯罪，是由家庭矛盾激化引起的故意杀人案件。1999 年 10 月最高人民法院的《全国法院维护农村稳定刑事审判工作座谈会纪要》① 规定，对于因婚姻家庭、邻里纠纷等民间矛盾激化引发的故意杀人犯罪，适用死刑一定要慎重，应当与发生在社会上的严重危害社会治安的其他故意杀人犯罪案件有所区别。

第二，被告人张某系临时起意、激愤杀人，主观恶性较小，犯罪情节较轻。自被告人张某与被害人周某结婚至本案发生，有证据证明她遭受了被害人的长期打骂和折磨，她提出离婚，其夫周某又以全家性命相威胁，致使其因无法忍受曾自杀（未遂）。面对长期的难以反抗的家庭暴力，张某在被逼无奈、情急之下才选择了以极端的方式剥夺了周某的生命，以求得家庭的安宁。

第三，被害人周某的行为具有严重过错。周某酗酒成性，经常对其妻子张某、子女施以家庭暴力，其妻子、子女长期生活在恐惧之中。案发前，被害人又无故殴打被告人，导致家庭矛盾再次激化，致使被告人临时起意，产生杀人之念头。

第四，被告人张某具有法定减轻处罚情节，在案发后主动到公安机关投案自首，如实供述了自己的犯罪事实，根据我国现行《刑法》第六十七条之规定，依法可以减轻处罚。

第五，社会公众对被告人寄予同情，社会危害性较小。在案发后，被害人周某的子女及其他亲属还有同村的村民联名要求从轻处罚被告人张某。

第六，妇女在家庭中往往处于弱势地位。在我国一些农村地区，法律知识普及不够，加上“男尊女卑”思想的残余影响，妇女在家庭中往往处于弱势地位。一些妇女由于受学历、阅历的限制，不知、不懂、不会用法律武器保护自己的合法权益，在被逼无奈下采

---

① 《最高人民法院关于印发〈全国法院维护农村稳定刑事审判工作座谈会纪要〉的通知》（法〔1999〕217 号）：各省、自治区、直辖市高级人民法院，解放军军事法院，新疆维吾尔自治区高级人民法院生产建设兵团分院；全国地方各中级人民法院，各大单位军事法院，新疆生产建设兵团各中级人民法院：现将全国法院维护农村稳定刑事审判工作座谈会纪要印发，望认真贯彻执行。1999 年 10 月 27 日。载 http：//blog. sina. com. cn/s/blog_ 68135ca00100jm7y. html，上网时间：2010 年 7 月 1 日。

取非法手段自救而触犯刑法的，司法机关在处以刑罚时，应当酌情考虑给予适当的减轻。

综上，人民法院虽确认被告已经构成故意杀人罪，但依法可以减轻处罚。

讨论案例

1. 因家庭暴力受伤，受害人不提出离婚是否有权单独请求损害赔偿？

徐永元和向春蕾两人都是中年离婚者，经人介绍两人相识。2019 年春节前，两人登记结婚，系再婚夫妻。徐永元在外资企业工作，每月收入 1 万多元，向春蕾是国有企业职工，每月工资 4000 多元，由于双方都要负担与原配偶所生子女的抚养费，经夫妻双方书面约定，各自收入归自己所有和支配。徐永元每月出 2000 元、向春蕾每月出 1000 元作为共同生活费用，由向春蕾掌握使用。徐永元是有名的“酒罐子”，经常酒后回家无故打骂向春蕾。2021 年年初，徐永元随单位领导在酒楼陪酒回家后，又对向春蕾骂骂咧咧，向春蕾回敬了几句，徐永元便操起铁杆一阵乱打，致使向春蕾左手前臂骨折，经手术治疗，花去医药费 1 万多元，徐永元分文不付，由向春蕾向亲友借支。同时，误工损失工资、奖金 2000 多元。由此，向春蕾要求徐永元赔偿经济损失 1 万元和精神损害费 2000 元，徐永元置之不理。向春蕾便以徐永元实施家庭暴力为由，向法院起诉，要求徐永元赔偿经济损失和精神损失费 1.5 万元。经法院审查后，裁定不予受理。

请问：法院不予受理是否合法，为什么？

2. 威胁可以被认定为一种家庭暴力手段吗？

原告郑某丽与被告倪某斌于 2019 年 2 月 11 日登记结婚，2020 年 5 月 7 日生育儿子倪某某。在原、被告共同生活期间，被告经常击打一个用白布包裹的篮球，上面写着“我要打死郑某丽”的字句。2021 年 2 月 23 日，原、被告因家庭琐事发生争执，后被告将原告殴打致轻微伤。2021 年 3 月 14 日，原告向法院提起离婚诉讼，请求法院依法判令准予原、被告离婚；婚生男孩倪某某由原告抚养，抚养费由原告自行承担；原、被告夫妻共同财产依法分割；被告赔偿原告精神损失费人民币 3 万元。

请问：法院依法应当如何处理？为什么？

相关裁判实例摘录[①]

方某 1、张某离婚纠纷案

方某 1 与张某于 2007 年相识，××××年××月××日登记结婚，双方于××××年××月××日生育女儿方某 2，于××××年××月××日生育儿子方某 3。

审理中，张某提交了方某 1 出具的保证书和照片、微信聊天记录等证据证实方某 1 与他人有婚外情，有家庭暴力、吸食毒品等行为。因上述等原因，方某 1 与张某婚后多次发生矛盾，目前双方已分居生活。

2014 年 8 月 11 日，方某 1 起诉要求与张某离婚，该案以方某 1 撤诉结案；2019 年 4 月 9 日，方某 1 再次起诉要求与张某离婚，该院于 2019 年 6 月 6 日判决不准双方离婚；2020 年 9 月 16 日，方某 1 提起本案诉讼。

---

① 摘自中国裁判文书网，（2021）鄂 01 民终 456 号。

关于离婚，张某同意离婚。

关于子女抚养，方某2和方某3目前均在天门江汉学校就读。方某1陈述在某汽车制造厂工作，每月收入5000元左右；张某陈述其在某职业学院从事烘焙蛋糕工作，每月收入3000元左右。张某主张方某2和方某3均由其抚养，要求方某1每月支付抚养费4000元；方某1同意方某2和方某3均由张某抚养，愿意每月承担子女抚养费2000元。双方就抚养费未能达成一致意见。

关于夫妻共同财产和债务，双方陈述婚后由方某1的父母出首付款购买了位于上海市嘉定区××室的房屋一套，权利人为方国某、李玉某、张某、方某1，共有情况为共同共有。张某主张该房屋共有的基础丧失，要求进行分割；方某1认为张某在购买房屋时没有任何出资，依法不应当分给张某。审理中，方某1与张某均陈述无夫妻共同债务。

张某主张方某1有婚内与他人同居及有严重的家庭暴力的行为，要求方某1赔偿精神抚慰金10万元。

方某1向一审法院起诉请求：1. 判决准予方某1与张某离婚；2. 婚生子方某3由方某1抚养，婚生女方某2由张某抚养；3. 本案诉讼费由张某承担。

一审法院认为，方某1与张某经婚姻登记机关登记结婚，其婚姻关系合法有效，依法应予保护。方某1与张某在生活中产生矛盾后，始终不能做到友好沟通、相互理解、彼此包容。在该院判决不准双方离婚后，二人的关系依然没有得到改善。张某在审理中同意离婚，该院认为方某1与张某的夫妻感情确已破裂，故对方某1要求与张某离婚的诉讼请求予以支持。

父母双方对子女均有抚养教育的义务，双方应从有利于子女身心健康的角度，妥善处理好子女的抚养权问题。双方均同意方某2和方某3由张某抚养，该院予以支持。为了孩子的健康成长，根据实际需要结合方某1的负担能力，该院酌定方某1每月支付方某2和方某3的抚养费各1200元。

关于张某主张的分割位于上海市嘉定区××室的房屋的主张，因该房屋系共同共有财产，涉及案外人利益，不宜在本案中进行处分，应另案主张权利。

关于张某主张方某1支付精神损害赔偿金10万元的请求，《中华人民共和国婚姻法》第四十六条明确规定了无过错方的损害赔偿请求权："有下列情形之一，导致离婚的，无过错方有权请求损害赔偿：（一）重婚的；（二）有配偶者与他人同居的；（三）实施家庭暴力的；（四）虐待、遗弃家庭成员的。"从张某提供的证据可以证实，方某1符合第二项和第三项的情形，考虑到方某1的过错程度及给张某造成精神损害的程度，该院酌定方某1给付张某精神抚慰金2万元。

综上，依照《中华人民共和国婚姻法》第三十二条、第三十六条、第三十七条、第四十六条及《中华人民共和国民事诉讼法》第六十四条第一款、第一百四十二条的规定，一审法院判决如下：一、准予方某1与张某离婚。二、未成年子女方某2由张某抚养，方某1每月向张某支付方某2的子女抚养费1200元，支付方式为自2020年12月起，每月的28日前支付，至方某2年满18周岁且能独立生活时止。二、未成年子女方某3由张某抚养，方某1每月向张某支付方某3的子女抚养费1200元，支付方式为自2020年12月起，每月的28日前支付，至方某3年满18周岁且能独立生活时止。三、方某1给付张某精神抚慰金2万元，于本判决生效后10日内支付。案件受理费减半收取计150元，由方某1负担。

方某1不服武汉市黄陂区人民法院（2020）鄂0116民初5123号民事判决，向二审法院提起上诉。二审法院于2021年1月7日立案后，依据《全国人民代表大会常务委员会关于授权最高人民法院在部分地区开展民事诉讼程序繁简分流改革试点工作的决定》，依法适用第二审程序，由审判员独任审理。本案现已审理终结。

方某1上诉请求：①维持武汉市黄陂区人民法院（2020）鄂0116民初5123号民事判决第一项，即准予方某1与张某离婚；②撤销武汉市黄陂区人民法院（2020）鄂0116民初5123号民事判决第二项，改判未成年子女方某2和方某3均由方某1抚养或对未抚养子女一方行使探望权的时间和方式进行判决；③撤销武汉市黄陂区人民法院（2020）鄂0116民初5123号民事判决第三项；④本案一、二审诉讼费用均由张某承担。

事实和理由：一、一审法院判决两未成年子女均由张某抚养不利于小孩的成长，且未对方某1探望权行使的方式和时间进行处理，系适用法律错误：①张某从事蛋糕烘焙工作，无营业执照，无此类工作经验，无稳定的客源，收入极不稳定，其自述每月收入3000元，养活自己都有困难，且其在武汉没有固定住所，还需要支付房租，因此张某无法负担两子女的学费和生活费。②女儿方某2已年满12周岁，儿子方某3也年满9周岁，均已超过8周岁，原审法院在判决由谁抚养前，未征求子女的意见系适用法律错误。③本案对子女抚养进行判决时，未对不直接抚养子女一方探望权行使的方式和时间进行处理，案结事未了。二、一审法院认定方某1存在“有配偶者与他人同居的”和“实施家庭暴力的”两种过错情形，系认定事实和适用法律错误。①根据《最高人民法院关于适用〈中华人民共和国婚姻法〉若干问题的解释（一）》第二条的规定，《婚姻法》第三条、第三十二条、第四十六条规定的“有配偶者与他人同居”的情形，是指有配偶者与婚外异性，不以夫妻名义，持续、稳定地共同居住。本案中方某1不存在上述情形，张某提交的证据均无法提供合法来源，不具有真实性，即便其提交的证据是真实的，也不能证明方某1存在“与婚外异性，不以夫妻名义，持续、稳定地共同居住”的情形，因此一审法院认定方某1存在“有配偶者与他人同居的”情形，进而判决其给付张某精神抚慰金系认定事实和适用法律错误。②根据《最高人民法院关于适用〈中华人民共和国婚姻法〉若干问题的解释（一）》第一条的规定，《婚姻法》第三条、第三十二条、第四十三条、第四十五条、第四十六条所称的“家庭暴力”，是指行为人以殴打、捆绑、残害、强行限制人身自由或者其他手段，给其家庭成员的身体、精神等方面造成一定伤害后果的行为。持续性、经常性的家庭暴力，构成虐待。本案中方某1亦不存在上述情形，张某提交的证据均无法提供合法来源，不具有真实性，因张某无法提交报警记录（事实上没有）和验伤记录（事实上也没有），即便其提交的证据是真实的，也不能证明方某1存在“以殴打、捆绑、残害、强行限制人身自由或者其他手段，给其家庭成员的身体、精神等方面造成一定伤害后果的行为”的情形，因此一审法院认定方某1存在“家庭暴力的”情形，进而判决其给付张某精神抚慰金系认定事实和适用法律错误。

张某辩称，一、被上诉人基于有利于子女健康成长的立场，主张抚养婚生子女方某2和方某3，上诉人在一审庭审中对此明确同意，双方对子女抚养权问题并无争议，一审判决两子女均由被上诉人抚养合理合法，不存在法律适用错误。二、一审法院认定上诉人存在“有配偶者与他人同居的”和“实施家庭暴力的”过错情形，依法有据，认定事实和适用法律正确。

二审法院二审期间，当事人围绕上诉请求依法提交了证据。二审法院组织当事人进行了证据交换和质证。方某1提交了其母亲名下的房屋及土地使用权证，拟证明方某1的家庭在武汉有固定住所，不用支付租金开支。张某认为该证据与本案无关联性。方某1的证据与本案待证事实无关联性，二审法院不予采信。

二审法院对一审法院查明的事实予以确认。

二审法院认为，双方当事人在一审均同意婚生子女由张某抚养，且从有利于子女身心健康的角度考虑，一审判决婚生子女均由张某抚养符合法律规定。方某1在一审未对探望权提出诉讼请求，一审法院未对探望权作出处理并无不当。本案系离婚纠纷，本案事实发生在《中华人民共和国民法典》颁布实施之前，根据《最高人民法院关于适用〈中华人民共和国民法典〉时间效力的若干规定》第一条第二款“民法典施行前的法律事实引起的民事纠纷案件，适用当时的法律、司法解释的规定，但是法律、司法解释另有规定的除外”之规定，本案应当适用事发当时现行有效的《中华人民共和国婚姻法》相关规定。《中华人民共和国婚姻法》第三十八条规定：“离婚后，不直接抚养子女的父或母，有探望子女的权利，另一方有协助的义务。行使探望权利的方式、时间由当事人协议；协议不成时，由人民法院判决……”《最高人民法院关于适用〈中华人民共和国婚姻法〉若干问题的解释（一）》第二十四条规定：“人民法院作出的生效的离婚判决中未涉及探望权，当事人就探望权问题单独提起诉讼的，人民法院应予受理。”依据上述法律规定，方某1在离婚后就行使探望权的方式、时间可以与张某协商，协商不成的，可以另行起诉。张某在一审提交的证据足以证明方某1存在婚内与他人同居及家庭暴力的行为，一审法院对精神抚慰金的处理具有事实依据。方某1的上诉理由不能成立。

综上所述，方某1的上诉请求不能成立，应予驳回；一审判决认定事实清楚，适用法律正确，应予维持。依照《中华人民共和国民事诉讼法》第一百七十条第一款第一项规定，判决如下：

驳回上诉，维持原判。

二审案件受理费300元，由方某1负担。

本判决为终审判决。

六、遗弃案例

基本理论概述

遗弃是指负有扶养义务的人，对年老、年幼、患病或其他没有独立生活能力的家庭成员，拒绝扶养的行为。这里所指的拒绝扶养应当包括三种情况：第一，人身遗弃，在人身方面拒绝照顾而将被扶养人置于无人看管照料之处，如车站、码头等地，抛弃被扶养人；第二，经济上拒绝供养；第三，生活上拒绝照料。

遗弃必须具备以下的特征：一是行为人与受害人间必须具有法定扶养义务。我国《民法典》规定，夫妻、父母子女、祖孙、兄弟姐妹之间有相互的扶养义务。只有符合一

定条件的义务人对权利人拒绝扶养才能构成遗弃。二是遗弃行为侵犯的客体是权利人的受扶养权。三是义务人主观方面必须具有故意。

示范案例一

母亲与他人同居，成年子女可以拒绝赡养母亲吗？

王小花与丈夫梁天平婚后育有一个儿子，名叫梁辉。2005 年 1 月，梁辉结婚后从家里搬出，分家时对家里的平房、承包田及毛竹山进行了分割。2011 年 6 月，梁天平去世后，家庭会议商定，梁天平在村里开办的一个加工厂折价人民币 1 万元由梁辉购买，梁辉每年给付母亲王小花稻谷 600 斤，并订立了书面协议。此后，协议大部分都得到了履行，但对给付母亲稻谷的义务梁辉却未履行。

自 2018 年 1 月起，王小花与本村村民丧偶老人查某同居，这引起梁辉的不满。梁辉认为其母的行为有伤风化，因此与母亲矛盾加深，不仅仍然拒绝履行给付母亲稻谷的义务，还强行占用了王小花的住房，使其流离失所。近年来，王小花患有角膜炎、妇科病、胆囊息肉等多种疾病，劳动能力下降，加上必需的治疗费用，导致其生活十分艰难。梁辉对于王小花的医疗费用则分文不付。2021 年 3 月，王小花以梁辉为被告诉至法院。

法院经审理认为，子女赡养扶助父母是法定义务，赡养扶助包括精神上慰藉、经济上供养、生活上照料三个方面的内容。即使与他人同居也非违法行为，在他们需要赡养时，子女同样应当赡养。原告王小花近年由于患有多种疾病导致生活困难，被告梁辉作为其子女应当履行必要的赡养义务。2021 年 4 月 7 日，法院判决被告梁辉每月给付原告王小花赡养费 100 元及稻谷 60 斤，并负担王小花此后医疗费的一半，同时判决被告梁辉 1 周内返还王小花的 1 间房屋。

请问：法院的判决是否正确，为什么？

分析意见：

法院的判决正确合法。

第一，赡养父母是子女应尽的法律义务。我国《民法典》第一千零六十七条第二款规定："成年子女不履行赡养义务的，缺乏劳动能力或者生活困难的父母，有要求成年子女给付赡养费的权利。"此规定表明，子女对父母的赡养是一项法律义务。子女对父母的赡养其内容包括经济上的供养、生活上的扶助和精神上的安慰。子女对父母给付赡养费是有条件的：①父母无劳动能力或生活困难；②子女有负担能力。凡具备这两个条件，子女都应承担起给付父母赡养费的义务。子女赡养的方式可以是多样的，既可以支付赡养费（包括父母的生活费、医疗费、住房、交通等必需的费用），也可以让父母直接住在子女家中予以生活供养。当子女不履行赡养义务时，父母有要求子女履行赡养扶助义务的权利。此外，目前在我国，双方均无配偶的人同居生活，法律不予禁止，因此王小花的同居行为不是违法行为。而梁辉是由母亲王小花含辛茹苦抚养成人的，应该尽赡养母亲的法定义务。所以，梁辉拒付赡养母亲日常生活之供养的稻谷和医疗费的行为是一种遗弃行为。

第二，解决子女不履行赡养义务的法律途径。依我国《民法典》规定，对具备法定条件的子女不履行赡养义务时，可通过两个法律途径解决：一是父母可以要求有关组织调解，即王小花可以请求村民委员会调解，要求梁辉履行法定义务。二是王小花可以将梁辉诉至法院，即通过诉讼方式要求梁辉履行法定的赡养义务，如果梁辉拒绝履行，王小花可以请求人民法院强制执行。

第三，遗弃行为情节恶劣的，还可追究其刑事责任。我国现行《刑法》第二百六十一条规定："对于年老、年幼、患病或者其他没有独立生活能力的人，负有扶养义务而拒绝扶养，情节恶劣的，处五年以下有期徒刑、拘役或管制。"这里所指的"情节恶劣"，是指行为人不履行扶养义务，造成受害人死亡（包括自杀）、流离失所、乞讨等情节，应按遗弃罪追究刑事责任。此外，根据我国《刑事诉讼法》的相关规定，遗弃罪既可以由受害人提起自诉，也可以由检察机关提起公诉。受害人自诉的，可以和解或撤诉。

示范案例二

故意让患精神病的妻子流落街头，是否构成遗弃？

9年前，刘军经人介绍认识了张梅。在两人交往之前，张梅已经明确告诉刘军她患有间歇性精神病，但刘军仍然决定跟她结婚。张梅怀孕后脾气变坏，时常与刘军吵架，并摔东西。为了保住胎儿，刘军将张梅送往精神病院进行疗养。由于经济困难，一段时间后刘军将张梅接回家。回家后，张梅仍时常发病，几年过去了，张梅的病情并没好转，刘军便将她锁在一间曾经用于养猪的房子里，每天除给她送两顿吃的外，基本上不再去看她。

2020年年底的一次朋友聚会上，刘军认识了管维珍。管维珍对刘军的遭遇很同情，两人相处一年多后，刘军希望能与其结婚，但咨询律师后才知道，由于张梅患有精神疾病，如他要离婚，必须为张梅找到适当的监护人才行。因张梅父母已过世，现在具有担任监护人资格的是张梅的妹妹张丽。张丽在听完刘军讲述他想与张梅离婚且今后由张丽担任张梅监护人的想法后，她当场拒绝，并表示今后要断绝与刘军的往来。为了离婚，刘军决定用张梅将张丽诱出。由于担心张梅在路上可能会出现精神失常的情况，刘军请求父亲刘坤帮忙实施计划。2021年3月某日，刘军驾车同父亲一起将张梅从家中带到张丽家住的公路附近。刘军将事先写有张丽联系电话和地址的布条挂在张梅身上，将她带下车子，随后以去给她买吃的为由驾车离开。刘军认为，只要人们看到张梅身上挂有联系电话和地址的布条，总会有人打电话给张丽让她来领走张梅的。刘军回家等了好几天，却始终没有接到张丽的电话。一周后，他向公安机关报警，谎称前几天张梅一人出去后就没有回来。公安机关经调查，证实在3月某日晚发生的一起交通事故中死亡的妇女正是张梅。因受不了良心的谴责，刘军和刘坤主动到公安机关交代了前述事情的经过。

请问：刘军的行为是否构成遗弃罪？为什么？

分析意见：

遗弃是指负有扶养义务的人，对年老、年幼、患病或其他没有独立生活能力的家庭成员，拒绝扶养的行为。行为人如将家庭成员中的婴儿、幼儿或生活不能自理的人丢弃在医院、车站、码头、街道或荒郊野外，以达到推卸扶养义务的目的，即构成人身遗弃，人身遗弃属于遗弃行为的一种。此外，经济上拒绝供养和生活上拒绝照料扶养权利人也构成遗弃。

我国现行《刑法》第二百六十一条规定："对于年老、年幼、患病或者其他没有独立生活能力的人，负有扶养义务而拒绝扶养，情节恶劣的，处五年以下有期徒刑、拘役或管制。”在本案中，刘军故意将精神病人张梅独自一人丢弃在公路旁，且不采取任何预防措施，这是对没有独立生活能力的家人的一种人身遗弃，并最终导致张梅遭遇交通事故死亡的严重后果，其行为情节恶劣，已经构成遗弃罪。

讨论案例

1. 拒绝抚养人工授精所生的儿子，是否构成遗弃？

张男和李女于2013年结婚，婚后多年不孕，经医院检查，张男无生育能力。2018年下半年，夫妻两人通过熟人到医院为李女实施人工授精手术2次，均未成功。2019年年初，夫妻两人再次到医院，找熟人又为李女实施第3次人工授精手术。不久，李女怀孕，于2020年1月生育一子。之后，李女辞去工作，全身心照顾孩子。张男经常借口工作忙而在外过夜。夫妻双方常为生活琐事发生争吵，又长期分居，致使双方感情急剧恶化。2021年5月，李女向法院提起诉讼，要求与张男离婚，理由是张男对她和儿子不管不问，对家人也漠不关心，并从2020年3月起，张男停止支付儿子的生活费，以致她和儿子生活十分困难。李女曾多次提出要求张男回来看望孩子均遭拒绝。张男认为人工授精未经他的书面同意，该孩子与他没有血缘关系，因此拒绝抚养。为此，夫妻两人长期争吵。所以，她起诉到法院，要求法院判决张男支付孩子的抚养费。

请问：张男与该人工授精生育的子女是否有父子关系？张男对孩子拒绝抚养是否构成遗弃？

2. 是遗弃，还是买卖儿童？

2020年冬，农村妇女付某在去县城赶集的路上看见路边放了个箩筐，里面放着一个婴儿。由于当时已经立冬，且当天正在下小雨，箩筐里的婴儿已经冻得哭不出声。婴儿的身上有张纸条，上面写着孩子的出生年月日以及“请求好心人收养这个孩子”的字样。付某觉得这个孩子太可怜了，就抱回家抚养。但是付某以打零工为生，微薄的收入显然不能满足两人的生活，孩子太小，付某不得不一直待在家里照顾他。2021年春，付某认为她已经无力抚养这个孩子，经人介绍，付某以她是该孩子亲生母亲的名义，将其以1万元的价格卖给了邻县的刘某。

请问：付某行为的性质应当如何认定？

相关裁判实例摘录①

武某、李某婚姻家庭纠纷案

李某与刘某系母子关系。刘某与武某于××××年××月××日登记结婚，××××年××月××日生育一子。2017年12月29日刘某突发脑出血住院治疗，其间武某收到单位捐款40000元，至2018年3月26日武某支付医疗费150956.41元、护理费5000元。2018年3月24日，武某出具“因武某一人抚养孩子，无力承担刘某后期治疗费，今后武某不能承担刘某后期治疗费”的说明，李某注明“我已知情”。同日李某出具收到武某100000元用于

① 摘自中国裁判文书网，（2021）津01民终607号。

刘某今后治疗费用的收条。后李某继续为刘某治疗。2018年3月26日至2018年8月6日李某为刘某支出医疗费、护理费185194.29元，2018年8月6日至2019年6月30日支出医药费7317.71元、护理费66000元、网购物品器材及挂号费用12444.39元，2019年7月至2020年5月10日支付护理费63200元，2019年5月至2020年6月为刘某支付养老医疗保险费13451.67元，为刘某支出2018年救护车费、2019年住院费11785.65元，2019年7月1日至2020年5月5日为刘某支出医药费7520.69元。李某已为刘某支出医疗费、护理费等各项费用共计366914.4元，扣除武某给付的100000元、单位捐款14530元、"水滴筹"56443元，李某实际为刘某支出各项费用195941.4元。

2019年2月13日李某作为申请人，以刘某为被申请人，向一审法院申请认定刘某为无民事行为能力人。刘某被鉴定为器质性意识障碍，目前无民事行为能力。2019年4月18日一审法院作出（2019）津0119民特7号民事判决，认定刘某为无民事行为能力人。2019年5月29日武某向一审法院提起离婚诉讼，案号为（2019）津0119民初6637号，2019年9月9日中止审理。2019年6月3日李某以武某、刘某为购房向其借款150000元未偿还为由诉至一审法院，并提供刘某2016年6月22日出具的借据予以证明。一审法院于2019年9月16日作出（2019）津0119民初6811号民事判决，判决武某、刘某偿还李某借款150000元。2019年10月23日李某申请执行，并冻结了武某的工资，现案件已终结本次执行程序。2019年7月4日李某以要求武某、刘某偿还垫付的医疗费、护理费为由提起本案诉讼。

李某向一审法院起诉请求：1. 判令武某偿还其为刘某垫付的治疗费、护理费等各项费用共计307011.93元；2. 诉讼费用由武某负担。

一审法院认为，本案为婚姻家庭纠纷。刘某生病后，李某尽心尽力、悉心照顾，还支付了巨额的医疗费用、护理费用等治疗费用。李某的行为是基于母子间血缘亲情的无私奉献，也是家庭成员相互帮助高尚道德品质的体现。在刘某生病治疗初期，武某悉心照顾和陪护，支付了部分治疗费用，履行了夫妻之间的相互抚养义务。随着治疗费用越来越多，武某以经济能力有限且需独自抚养孩子为由，向李某支付100000元后不再承担刘某的后续治疗费用，也没有照顾刘某。但生命至上，武某作为刘某的配偶及法定监护人，仍应履行夫妻之间的相互扶养义务，保护刘某的生命、积极为刘某治疗并负担治疗等费用。《中华人民共和国民法总则》第十条规定，处理民事纠纷，应当依照法律规定；法律没有规定的，可以适用习惯，但是不得违背公序良俗。本案中，对于李某为刘某治病所支付的医疗费、护理费等费用，武某应分担并予以返还。考虑到现武某独自抚养孩子，也需要一定的开支，一审法院酌定武某返还费用为李某支付治疗等费用总额的50%，即97970.7元。

综上，武某应向李某返还97970.7元，对于李某的其他诉讼请求，一审法院不予支持。经一审法院审判委员会讨论决定，依照《中华人民共和国民法总则》第十条规定，一审法院判决如下：一、武某于本判决生效之日起十日内向李某返还97970.7元；二、驳回李某的其他诉讼请求。如果未按本判决指定的期间履行给付金钱义务，应当依照《中华人民共和国民事诉讼法》第二百五十三条规定，加倍支付迟延履行期间的债务利息。案件受理费5905元，由李某、武某各负担2952.5元。

武某不服天津市蓟州区人民法院（2020）津0119民初1125号民事判决，向二审法院提起上诉。二审法院于2021年1月20日立案后，依法组成合议庭，开庭进行了审理。上诉人武某及其委托诉讼代理人李希金、被上诉人李某、原审被告刘某的法定代理人武某到庭参加诉讼。本案现已审理终结。

武某上诉请求：撤销一审判决，改判驳回被上诉人一审诉讼请求，一、二审诉讼费由被上诉人承担。事实和理由：李某自愿为刘某治病，所列开支是对刘某的赠与，不是借款。刘某生病后前期支出近30万元费用均为上诉人支付，后因上诉人无力承担及需照顾两个月大的孩子，与被上诉人达成一致，上诉人给付被上诉人100000元，后期治疗由被上诉人负责。被上诉人是自愿行为，且争议款项不是用于家庭生活，不是上诉人夫妻共同债务。

李某辩称，不同意上诉人的上诉意见，请求维持原审判决。上诉人一审提交的不是协议，是单方告知，后期怎么办并未约定，其也只是签字表示知情。父母对子女的抚养义务只在18周岁之前，成家之后生老病死是家庭义务。上诉人掌管大量家庭财产，虽然为刘某治病支付了一些，仍然有大量剩余。夫妻间有相互扶养义务，上诉人行为应视为遗弃。被上诉人支出的费用不是赠与，本人从未作出赠与表示。上诉人对夫妻共债有偿还义务，上诉状叙述毫无事实依据。

刘某的法定代理人武某未单独代刘某发表二审意见。

二审中各方当事人均未提交新的证据。上诉人武某当庭另主张护理费、养老医疗保险费不应支持。

二审法院二审与一审法院查明的事实一致。

二审法院认为，法律规定，夫妻有相互扶养的义务，夫妻间应当互相关爱，家庭成员间亦应敬老爱幼、互相帮助，维护平等、和睦、文明的婚姻家庭关系。上诉人武某之夫、被上诉人李某之子刘某因病支出较高医疗费用，武某、李某无论是基于法理还是情理均应倾力救助。李某为刘某支出医药费等款项共计195941.4元，武某作为刘某的妻子，应承担前文所述法定义务，作为与无民事行为能力人刘某共有家庭财产的管理人，亦应承担一定返还责任。一审法院考虑到武某生活和经济能力现状，秉承公序良俗原则，酌定武某返还部分，另一部分认定由李某分担，分析及论证结果是正确的。武某主张李某垫付费用的性质是赠与，没有事实依据。主张不返还护理费和养老医疗保险费，理由亦不充分。对武某的上诉请求，二审法院不予支持。

综上所述，武某的上诉请求不能成立，应予驳回；一审判决认定事实清楚，适用法律正确，应予维持。依照《中华人民共和国民事诉讼法》第一百七十条第一款第一项规定，判决如下：

驳回上诉，维持原判。

二审案件受理费2249元，由武某负担。

本判决为终审判决。

第二单元
亲属关系案例

基本理论概述

亲属关系是人类最为亲密的社会关系之一，亲属关系一般是因为婚姻、血缘和法律拟制而产生的。但并非所有具有婚姻、血缘联系的亲属关系都受到法律调整。法律意义上的亲属仅是指由法律确认的，因婚姻、血缘和法律拟制行为而产生的，相互之间有法律上的权利义务关系的社会关系。法学上的亲属具有三个显著特征：一是有固定的亲属称谓；二是亲属因特定原因而产生；三是亲属之间具有法律上的权利义务关系。

我国《民法典》首次对亲属的范围作出明确的规定，根据亲属产生的原因将亲属分为配偶、血亲和姻亲三类。

所谓配偶，是指男女因婚姻有效成立而在相互之间建立的亲属关系，双方互为配偶。配偶是亲属关系的核心，是发生血亲、姻亲的基础。

所谓血亲，是指相互间有血缘联系的亲属。按血缘的真假划分，血亲又分自然血亲和拟制血亲。自然血亲是指出自同一祖先，有真实血缘联系的亲属。父母与子女、兄弟姐妹等都是自然血亲。拟制血亲是指本无血缘联系或者本无该种血亲应当具有的血缘联系，而由法律确认其与某种自然血亲有同等权利义务的亲属。根据我国《民法典》第一千零七十二条和第一千一百一十一条的规定，我国法律确认的拟制血亲有两种：一是形成抚养教育关系的继父母和继子女；二是养子女与养父母及其近亲属。

所谓姻亲是指以婚姻为中介而产生的亲属，但配偶除外。根据姻亲的发生原因，可以将姻亲分为四种类型：血亲的配偶，即己身血亲的配偶（包括己身自然血亲、拟制血亲的配偶）如儿媳、女婿、嫂、姐妹夫、姑父、舅母、姨父、伯母等；配偶的血亲，即己身配偶的血亲，如公婆、岳父母、夫的兄弟姐妹、妻的兄弟姐妹等；配偶的血亲的配偶，是指己身与配偶的血亲的配偶，如妯娌、连襟等；血亲配偶的血亲，即己身与己身血亲的配偶的血亲的关系，如继兄弟姐妹关系，夫妻双方父母之间的关系（俗称亲家）。

主要相关法律、法规及司法解释链接

《民法典》

第一千零四十五条　亲属包括配偶、血亲和姻亲。

配偶、父母、子女、兄弟姐妹、祖父母、外祖父母、孙子女、外孙子女为近亲属。

配偶、父母、子女和其他共同生活的近亲属为家庭成员。

第一千零四十八条　直系血亲或者三代以内的旁系血亲禁止结婚。

第一千零七十二条 继父母与继子女间，不得虐待或者歧视。

继父或者继母和受其抚养教育的继子女间的权利义务关系，适用本法关于父母子女关系的规定。

第一千一百一十一条 自收养关系成立之日起，养父母与养子女间的权利义务关系，适用本法关于父母子女关系的规定；养子女与养父母的近亲属间的权利义务关系，适用本法关于子女与父母的近亲属关系的规定。

养子女与生父母以及其他近亲属间的权利义务关系，因收养关系的成立而消除。

一、亲等计算案例

基本理论概述

亲等是计算亲属亲疏远近的单位。亲等数小的，表示亲属关系亲近；亲等数大的，表示亲属关系疏远。亲等在法律上运用较广，诸如禁婚范围、亲属间的权利义务等，大都用亲等来限定。由于各国法律不同，使用的亲等制也不同，计算亲等的方法也不尽相同。国外通行的亲等的计算方法是世代亲等制，有罗马法和寺院法两种主要计算方法，以血缘联系为依据，以世代的多少来计算亲等，姻亲比照血亲计算亲等，配偶之间则无亲等。

我国《民法典》第一千零四十八条明确规定“直系血亲或者三代以内的旁系血亲禁止结婚”，表明我国是以代数来计算禁婚亲属的范围，也属于世代亲等制。我国婚姻家庭立法一直以“代”来表明亲属关系的亲疏远近，代数小的比代数大的亲属关系更近。计算方法是以血缘为依据，一辈为一代。计算直系血亲代数时，从己身开始往上或者往下数，计算旁系血亲代数时，需要先找到同源的亲属，然后按照直系血亲代的计算方法，从己身往上数到同源的亲属，记下代数；再从同源的亲属往下数到要计算的旁系血亲，记下代数。如果两边的代数相同，则用一边的代数，如果两边的代数不同，则取代数大的一边为代数。

示范案例

姑表兄妹是第几代的旁系血亲？

孟国兴的儿子孟元杰初中毕业后即与同村人一起外出打工，其间很少与家人联系，却与初中同学刘小娟联系频繁。刘小娟是孟元杰初中三年最要好的异性朋友，两人经常一起出去玩，一起探讨学习中遇到的问题，周围的同学经常取笑他们是最默契的“情侣”。当时两人还小，也没多想。后来，两人分别考上了不同的高中，彼此联系少了。2020 年国庆节，两人在打工的地方意外相遇，久别重逢十分高兴。经过一段时间的接触，两人彼此认定对方就是值得自己终身守候的人，于是准备春节回到家乡办理结婚手续。

按照当地风俗，结婚前男女双方父母必须见面。刘小娟的父母从闲谈中了解到，两家竟然还是亲戚。原来，刘小娟的妈妈与孟国兴是亲兄妹，当年因为家庭贫困的原因，刘小娟的母亲被送养到外地的一个朋友家。孟国兴成年后，其母亲才将其妹妹被送养的情况告诉他，嘱咐他有机会去看望这个妹妹。双方父母了解到这些情况后都大吃一惊，赶紧阻止孟元杰和刘小娟两人办理结婚登记。但两人都坚决不改变主意，并因此而十分痛苦。

请问：刘小娟和孟元杰可以结婚吗？

分析意见：

本案涉及要求结婚的当事人是否属于法律禁止结婚的近亲属问题。根据我国《民法典》第一千零四十八条之规定，直系血亲或者三代以内的旁系血亲禁止结婚。所谓直系血亲是指出自同一祖先，有直接血缘联系的亲属。包括己身所出和己身所从出的两部分血亲。己身所出的血亲，是指自己所生育的后代，如子女、孙子女、外孙子女、曾孙子女、外曾孙子女等。己身所从出的血亲，是指生育自己的各代血亲，如父母、祖父母、外祖父母、曾祖父母、外曾祖父母、高曾祖父母和外高曾祖父母等。这些亲属与自身有纵向的血缘关系，因此，都是直系血亲。所谓旁系血亲是指除直系血亲外，与自身出自同一祖先的血亲，如兄弟姐妹、侄子女、外甥子女、伯、叔、姑、舅、姨、表兄弟姐妹、堂兄弟姐妹等。旁系血亲之间有间接的血缘联系。

《民法典》禁止结婚的三代以内的旁系血亲，是指同源于祖父母、外祖父母的除直系血亲外三代以内的血亲。范围包括出自同一祖父母的叔、伯、姑、堂兄弟姐妹；出自同一外祖父母的舅、姨、表兄弟姐妹；出自同一父母的兄弟姐妹。旁系血亲代数的计算方法是：首先找到同源的直系血亲，再从己身往上数至同源的直系血亲，记下代数；再从同源的直系血亲往下数至要计算的旁系血亲，记下代数。如果两边的代数相同，则任何一边的数目即为他们的代数；如果两边的代数不相同，则以大的数目为其代数。例如，自身与姑表兄弟姐妹，是同源于祖父母的亲属，从己身往上数，己身为一代，数至祖父母，其代数是三代，再从祖父母下数，祖父母为一代，数至姑表兄弟姐妹为三代，两边的代数相同，因此自身与姑表兄弟姐妹是三代旁系血亲。

在本案中，刘小娟的母亲和孟元杰的父亲孟国兴是亲兄妹，刘小娟和孟元杰属于三代以内的旁系血亲。按照我国《民法典》的规定，刘小娟和孟元杰两人属于法律禁止结婚的近亲属，因此两人不能结婚。

讨论案例

1. 直系姻亲之间能否结婚？

河南某村农民张大勇有一子张安。在张安 10 岁时，其母亲因出车祸不幸去世。张大勇考虑到儿子年幼，如果再婚怕再婚的妻子对儿子不好，因此一直未再婚，自己含辛茹苦把儿子抚养大。张安 23 岁时经人介绍认识了邻村的姑娘李芳，两人见面几次对对方的印象都不错。因为在家乡找不到更好的工作，张安决定南下打工。走之前张安和李芳办理了结婚登记手续。张安走后，李芳作为儿媳住进了张家并在张家操持家务，张大勇也在生活中照顾李芳，两人相处融洽。两年后突然传来噩耗，张安在工厂工作时因厂房倒塌不幸去世。失去爱子的张大勇和失去丈夫的李芳都悲恸欲绝，两人互相安慰、互相鼓励走出心中的伤痛。此时李芳的家人劝李芳再婚，然而，经过两年多的相处，李芳已对张大勇颇有感情，因此不想回娘家，两人继续生活在同一屋檐下。而此时两人的感情已发生了变化，他们彼此照顾，互相关心，最后互表心意决定结婚。他们的决定遭到了亲朋好友的坚决反对，在婚姻登记机关申请登记时，登记员发现了他们曾经是翁媳关系，也劝他们放弃结婚。两人不清楚法律规定如何，因此向有关部门咨询。

请问：张大勇和李芳可否结婚，为什么？

2. 同父异母的姐妹所生子女能否结婚？

蔡勇的妈妈和高洁的妈妈是同父异母的姐妹。两家来往密切，蔡勇和高洁性格投缘，两人经常在一起讨论各种问题。2021 年，蔡勇去部队参军，家里人怕蔡勇参军后年纪大了不好找对象，想在蔡勇出发前把亲事给定了。正当家里人到处托人说媒时，高洁对蔡勇的妈妈说要嫁给蔡勇。而蔡勇也一直很喜欢这个比自己小 1 岁且很乖巧的表妹，于是向家里提出要娶高洁为妻。这一要求遭到长辈的极力反对，高洁的妈妈认为，两家有近亲属关系，不能结婚。蔡勇和高洁两人很苦恼。

请问：蔡勇和高洁能否结婚，为什么？

二、血亲关系案例

基本理论概述

血亲指有血缘联系的亲属，如父母、子女、伯、叔、姑、舅、姨、兄弟姐妹、表兄弟姐妹等都是血亲。按血缘的真假划分，血亲又分自然血亲和拟制血亲。

所谓自然血亲，是指出自同一祖先，有真实血缘联系的亲属，如父母与子女、兄弟姐妹、伯叔与侄子女、舅姨与外甥子女等都是自然血亲，不分父系、母系。自然血亲是因出生而产生的，无论是婚生的，还是非婚生的，也无论是全血缘（同父同母的兄弟姐妹），还是半血缘（如同父异母或同母异父的兄弟姐妹）都是自然血亲。

所谓拟制血亲，是指本无血缘联系或无该种血亲应具有的血缘联系，而由法律确认其与自然血亲有同等权利义务的亲属，故又称为“准血亲”“法定血亲”或“假血亲”。不同社会、不同国家的法律确认的拟制血亲范围不同。根据我国《民法典》第一千零七十二条和第一千一百一十一条的规定，我国法律确认的拟制血亲有两种：一是形成抚养教育关系的继父母和继子女；二是养子女与养父母及其近亲属。

示范案例一

张某与喻巧巧之间是何种亲属关系？

徐州市某县某镇农民谢子风和妻子刘长玲，在已经生有两个女儿的情况下，于 2006 年 5 月 2 日又生育了第三个女儿，为了不被查出来是超生，夫妻俩决定把这个孩子送人。谢子风夫妇连夜来到邻村的远房亲戚范富贵家，请求范富贵帮忙把孩子送人收养。范富贵则在村里四处散布他捡到了一个弃婴，谁愿意收养来找他的消息。邻村 55 岁的喻某夫妇结婚三十多年，一直没有生育，听说有人要送养孩子，闻讯赶来。喻某夫妇从范富贵家抱走孩子后立即到民政部门申请办理收养弃婴的登记。民政部门经公告无人认领后，该小女孩被取名喻巧巧并办理了收养登记，与户主喻某登记为父女关系。喻某夫妇对这个孩子非常疼爱，将其视如己出。后来由于性格不合的原因，喻某与妻子张某于2009年7月离婚。喻巧巧随张某一起生活。2010年5月，张某与刘建斌再婚，喻巧巧也随养母张某到刘建斌家，与继父刘建斌共同生活。

从孩子被送走以后，刘长玲后悔不已，日思夜想着流落在外的亲生女儿。刘长玲还偷偷去张某家看过女儿，见张某家经济条件较好，女儿在他们家不愁吃不愁穿，刘长玲才稍微放心。光阴似箭，转眼到了2019年，喻巧巧已经长成了一个活泼开朗的少女，而刘长玲一家通过做水产生意，腰包也渐渐鼓起来。刘长玲就想把她的亲生女儿给接回来，于是找到张某，要求把孩子领回家抚养并补偿张某这些年抚养女儿的费用等。张某坚决不同意，并说："女儿是我的心头肉，谁也别想抢走。要是为了钱，我当初离婚的时候就不会放弃补偿了！"见张某的态度如此坚决，刘长玲知道这样的方法行不通，就于2020年9月向当地的人民法院起诉请求确认该收养无效。一审法院判决该收养关系无效。根据判决，张某必须将喻巧巧返还给生父母谢子风和刘长玲抚养，刘长玲和谢子风夫妇补偿张某抚育费18万元。

张某因要和心爱的女儿分开，精神上非常痛苦。喻巧巧见母亲这样痛苦，询问原因，张某含泪告诉喻巧巧整个事情的经过。喻巧巧搂着张某，很坚定地说："我只有一个妈妈，你就是我的妈妈。我不离开你，我支持你去打官司。"有了女儿的支持，张某向某中级人民法院提起上诉，说明她收养喻巧巧符合收养条件且依法办理了收养弃婴的登记手续，是合法的；况且喻巧巧从生下来就一直与她一起生活，因此由张某抚养喻巧巧，对孩子的健康成长更为有利，而喻巧巧本人也表示不愿意与生母共同生活。该中级人民法院经过审理，最终撤销一审判决，驳回刘长玲和谢子风的诉讼请求。

请问：张某与喻巧巧之间形成何种亲属关系？二审法院的判决是否合法？为什么？

分析意见：

张某与喻巧巧之间因收养而形成了养母与养女的拟制血亲关系。二审法院的判决是合法的。

我国《民法典》第一千零九十八条规定："收养人应当同时具备下列条件：（一）无子女或者只有一名子女；（二）有抚养、教育和保护被收养人的能力；（三）未患有在医学上认为不应当收养子女的疾病；（四）无不利于被收养人健康成长的违法犯罪记录；（五）年满三十周岁。"第一千零九十七条规定："生父母送养子女，应当双方共同送养……"第一千一百零一条规定："有配偶者收养子女，应当夫妻共同收养。"第一千一百零四条规定："收养人收养与送养人送养，应当双方自愿。收养八周岁以上未成年人的，应当征得被收养人的同意。"第一千一百零五条第一款、第二款规定："收养应当向县级以上人民政府民政部门登记。收养关系自登记之日起成立。收养查找不到生父母的未成年人的，办理登记的民政部门应当在登记前予以公告。"第一千一百一十一条规定："自收养关系成立之日起，养父母与养子女间的权利义务关系，适用本法关于父母子女关系的规定；养子女与养父母的近亲属间的权利义务关系，适用本法关于子女与父母的近亲属关系的规定。养子女与生父母以及其他近亲属间的权利义务关系，因收养关系的成立而消除。"

在本案中，喻巧巧出生后，谢子风和刘长玲夫妇即将孩子抱往远房亲戚范富贵家，请求其帮忙把孩子送人。范富贵则谎称孩子是捡来的，喻某夫妇依法办理了收养弃婴的相关登记手续，且民政部门依法进行了公告，该收养行为符合我国《民法典》的规定，具有法律效力。并且喻巧巧自被收养以后随张某生活，与张某建立了深厚的感情，如现在改变其生活环境，势必对其心理造成不利影响。谢子风和刘长玲除喻巧巧外尚有其他子女需要抚养，而张某目前只抚养喻巧巧一人，喻巧巧亦明确表示不愿意随谢子风、刘长玲生活，故由张某继续抚养喻巧巧，对未成年子女的成长更有利。因此，二审法院撤销一审判决，对谢子风和刘长玲请求确认收养无效的请求不予支持，驳回其诉讼请求，这是有法律根据的。张某与喻巧巧之间的收养关系合法有效，其拟制血亲关系应当受到法律的保护。

示范案例二

父母子女关系可否因一方的声明而消灭？

现年67岁的退休老教师董谨有四个儿子，大儿子董刚在家种地，其余三个儿子均在外地的单位上班。2018年春节期间，董刚结婚后与父母分家独立生活。董刚经营一家五金店，由于缺乏做生意的经验，五金店生意惨淡，面临倒闭的危险。董刚见饭店生意火爆，几个开饭店的朋友都发财了，于是也想开饭店，但他没有经费，遂请求父亲董谨为其提供5万元资金帮助开饭店。董谨认为，董刚脾气暴躁，为人也不精明，不是做生意的料。而董刚的妻子经常在邻里之间说长道短，弄得邻居之间的关系不和，也留下了不好的名声。于是，董谨拒绝了董刚的要求。一直与父亲关系不好的董刚被激怒了。他觉得之所以就他一个人在家种地，就是因为董谨当年没有好好培养他，才使他没有弟弟们有出息，落到今天这么狼狈的境地。董刚越想越气愤，于是当着邻居的面，大声宣布要与父亲董谨断绝父子关系。2021年1月，董谨心脏病复发住进医院。董谨的老伴要求四个儿子轮流去医院照顾他们的父亲，遭到董刚的拒绝。董刚认为，他已经声明与父亲董谨断绝父子关系了，他已经没有照顾父亲的义务了。

请问：董刚声明断绝与董谨的父子关系有效吗？为什么？

分析意见：

本案涉及的是自然血亲关系的解除问题。本案当事人董刚采取单方声明的方式来断绝与董谨的父子关系是无效的，其原因是，董谨和董刚的父子关系属于自然血亲中的直系血亲关系，其消灭的原因只能是当事人一方死亡，不得人为自行解除。所谓自然血亲，是指出自同一祖先，有真实血缘联系的亲属，如父母子女、兄弟姐妹、叔伯与侄子女、舅姨与外甥子女等，都是自然血亲，不分父系、母系。自然血亲是因人的出生这一法律事实而产生的。只要出生这一事实发生，出生者就与其父母、兄弟姐妹、叔叔、伯伯等亲属之间存在自然的血缘联系，发生自然血亲关系，无须双方或对方认可，也不需要履行法律手续。因此，出生是自然血亲关系发生的唯一原因。自然血亲关系的消灭则只能是因为一方死亡，这是古今中外立法的通例。也就是说，自然血亲关系，除一方死亡外，不因为任何人为的原因而改变。父母子女关系不会因为父母离婚而消灭，也不会因为双方协议、一方声明或法院判决而解除。即使子女被他人收养，也仅是消除双方当事人之间的权利义务关系，因血缘联系而产生的父母子女的身份和称谓、法律上的禁婚效力以及对收养人的干预权利均不消灭。

因此，本案当事人董刚采取一方声明的方式来断绝与董谨的父子关系是无效的，他们之间的自然血亲关系和法定的权利与义务关系仍然存在。按照我国《民法典》的规定，他仍然负有赡养父亲的义务，所以，董刚应当承担照顾生病的父亲董谨的法定赡养义务。

讨论案例

1. 父母子女间的权利义务能否因女儿出嫁而解除？

钱老汉与妻子生育有两个儿子和一个女儿。2016 年年底钱老汉的妻子去世后，钱老汉就与小女儿一起生活，在外地工作的两个儿子只有在过节和周末才回家看看父亲。2019 年国庆节，钱老汉的小女儿嫁到外县后，回家的次数很少。两个儿子怕父亲一个人感觉孤独，就让父亲参加了家里附近的老年人俱乐部。2021 年 3 月，钱老汉在去俱乐部的路上被一辆违章行驶的出租车撞倒，导致右腿骨折。两个儿子闻讯赶往医院，钱老汉的女儿第二天也来到医院。三个人商量着如何照顾父亲，钱老汉的女儿说："我已经嫁出去，就没有照顾父亲的义务了，你们两个做儿子的应当承担照顾父亲饮食起居的责任。"钱老汉的两个儿子听了，很不高兴。他们认为，不管女儿有没有嫁出去，都应该承担赡养父亲的义务。钱老汉的三个子女为此当场就吵了起来。

请问：钱老汉的女儿出嫁后，是否就解除了父母子女间的权利义务关系？为什么？

2. 父母离婚后子女未随其父生活的，亲子关系是否仍然存在？

刘家泰与王兰离婚后，2 岁的女儿刘佳（后随继父改姓名为肖佳）随母亲王兰生活。刘家泰按离婚协议支付女儿的抚养费，并偶尔去看望女儿。后刘家泰与李玉结婚，两人婚后又生一女，名叫刘丽。22 年之后，刘丽参加了工作并已结婚成家，刘丽一家时常回来看望二位老人。已经结婚成家的肖佳也偶尔来看望父亲。但在女儿参加工作并结婚分家另过后，刘家泰与李玉却常常因生活琐事发生争吵，感情渐渐恶化，于 2018 年 1 月协议离婚。2019 年春节，刘家泰与潘琳再婚。2021 年 1 月，刘家泰因意外事故死亡，并留下了一笔遗产。当肖佳提出她是刘家泰的亲生女儿，依法享有继承权时，遭到了潘琳等人的强烈反对，认为肖佳的母亲早就与刘家泰离了婚，并且肖佳已改随继父姓，与刘家泰的亲子关系已经不存在了，没有资格继承刘家泰的遗产。

请问：肖佳与刘家泰之间的亲子关系是否仍然存在？为什么？

三、侵犯亲属权的案例

基本理论概述

亲属权是亲属间法定权利的一种泛称，本部分的探讨主要集中在"祭奠权"方面。祭奠，原意是为死去的人举行的仪式，表示追念，引申意义为表示对过去的人或者事情的一种缅怀行为。祭奠主要是一种民间的习俗，其含义非常广泛，主要是生者对死者寄托哀思的一种方式，是存在于人的内心的一种精神利益，并通过一定的形式表达出来，属于一种受习俗和道德调整的行为。

祭奠权也是一种民事权利，属于死者近亲属对死者寄托哀思的一种权利。法律之所以

从广义的祭奠行为中抽象出这一权利进行保护，是因为对死者的祭奠行为，对于死者近亲属人格的发展具有一定的影响，不仅涉及死者近亲属的内在人格利益，同时也可能影响到死者近亲属的外部社会评价。

示范案例

“祭奠权”被侵犯了，怎么办？

2020年国庆节，林玲带上父亲最爱吃的点心回家看望父亲。进门发现，只有继母一个人在家，林玲觉得很奇怪，就问道：“我爸呢？”继母支支吾吾半天没说话，林玲就更觉得奇怪了，一股不祥的预感袭上心头，追问之下，继母告诉林玲其父亲已经在两个月前去世，连遗体都火化了。听到这个消息，林玲很悲痛，亲生父亲去世其都未接到通知，她觉得继母做得太过分了。

林玲姐妹三人，其母早亡。林玲的父亲在是2009年暑假认识林玲的继母的，当时两人觉得双方都比较合适，于是产生了结婚共同生活的意愿。但两个长辈想要结婚的想法遭到林玲等姐妹的极力反对。林玲的父亲表示，他与林玲的继母结婚以后不需要女儿们供养。同时，林玲的父亲把家里的财产统计了一下，平均分给了三个女儿。林玲的父亲再婚后，三个女儿总是借口工作忙，很少回家，且回家后都不与继母说话。父女关系因此也受到了影响。

现在林玲只能靠翻看以前的老照片来回忆和悼念父亲，更让林玲生气的是，在父亲的家里，林玲留意到墙上连一幅父亲的挂像都没有。林玲很伤心，认为父亲去世继母都不告诉她，害她连父亲最后一面都没见到，而且遗体都火化了，以后想悼念父亲都不知道该去哪里。“连最后修补父女感情的机会都没有了，真是让人痛心！”林玲认为继母侵害了其对父亲的“祭奠权”，遂将继母告上法庭。

请问：本案应如何处理？

分析意见：

这是一桩涉及“祭奠权”的案件。我国现行法没有明文规定公民享有“祭奠权”。但立法没有明确规定的，并不表示该项权利不受法律保护。《民法典》第九百九十条第二款规定：“除前款规定的人格权外，自然人享有基于人身自由、人格尊严产生的其他人格权益。”原告主张的“祭奠权”可以被包含在“其他人格权益”的范围中。同时，“祭奠权”也是亲属权的一种表现形式。根据民法理论，人身权包含人格权和身份权两部分，而亲属权是身份权的一部分。亲属权除了配偶关系和亲子关系以外还包括其他近亲属之间的身份权，其内容涉及除了配偶和父母与子女之外其他近亲属之间的权利义务关系。亲属权包括尊敬权、帮助体谅权、扶养权、“祭奠权”等内容。《民法典》第十条规定：“处理民事纠纷，应当依照法律；法律没有规定的，可以适用习惯，但是不得违背公序良俗。”本案中林玲主张的所谓“祭奠权”，法律虽然没有明确规定，但按照我国民间的习惯，人死亡后，近亲属瞻仰死者的遗容、参加火化及悼念等是其享有的权利。对近亲属的“祭奠权”的剥夺，既违反了我国民间的善良风俗和社会公德，也会让相关近亲属的精神遭受巨大的痛苦。故本案中，原告林玲主张的“祭奠权”应当受法律的保护，侵权人应当承担相应的民事责任。

讨论案例

1. 私自火化遗体是否侵犯祭奠权？

某日，某殡仪馆应船主甲某的要求，将因发生水上交通事故而死亡的船员乙某的尸体接运至该殡仪馆冷冻。次日，甲某送来某地方海事机关出具的关于乙某因沉船而死亡的“死亡证明”，并在未通知死者亲属的情况下办理了火化交费手续，某殡仪馆遂将乙某的尸体火化。乙某的亲属丙某知悉后，便以某殡仪馆违反了国务院《殡葬管理条例》关于“火化遗体必须凭公安机关或者国务院卫生行政部门规定的医疗机构出具的死亡证明”的规定，属于擅自火化死者遗体，侵犯了他们向死者遗体告别的合法权益为由，诉至人民法院，要求判决某殡仪馆赔偿其精神损失费6万元。

请问：原告的诉讼请求可否得到支持，为什么？

2. 骨灰的法律属性应如何确认？

原告张某与被告张某涛系父子关系。2008年4月，原告委托其女张某兰购买了上海滨海古园某墓地。2019年2月12日，原告的妻子刘某（被告之母）去世，同年2月15日火化，骨灰暂寄存于殡仪馆。追悼会后，原、被告及其他亲属经商议，均同意于次年清明节时将刘某的骨灰落葬于滨海古园墓地。2020年11月25日，被告将刘某的骨灰从殡仪馆取走，但不同意将骨灰落葬，该骨灰现在被告处。故原告起诉要求被告将刘某的骨灰安葬到上海滨海古园墓地。

被告张某涛辩称，原告购买墓地的事是原告和其女儿商议的结果，张某兰自行操办后事，购买墓地的事也不让被告知道，还将墓碑上被告的刻字去掉，不告知被告墓碑正面刻写的内容，只要求被告分摊购买墓地的钱款。被告认为，被告的母亲生前并未委托张某兰办理其后事，被告作为家中长子，母亲后事应该由自己负责操办，且被告与原告同样享有对刘某骨灰的拥有权，被告有权利将母亲骨灰盒放在家中，等原告百年之后将父母的骨灰盒一起落葬。故不同意原告的诉讼请求。

请问：骨灰的法律性质应如何认定？原告的诉讼请求能否得到支持？

相关裁判实例摘录①

葛某华诉葛某富等一般人格权纠纷案

2003年4月27日，葛某荣、葛某华、葛某富之母王某兰死亡，葛某华参加葬礼，王某兰尸体火化后骨灰存放在新立村陵园，存放证由葛某荣保管。2007年4月23日葛某荣、葛某华、葛某富之父葛某锦死亡，葛某华没有参加葬礼，葛某锦尸体火化后骨灰存放在新立村陵园，存放证由葛某荣保管。2013年5月1日葛某荣死亡。庭审中，原告葛某华，被告葛某荣、葛某富双方均认可葛某华父母的骨灰在2012年时被葛某荣、葛某富扔到海河里。

一审法院认为，本案的争议焦点是葛某荣、葛某富将其父母的骨灰撒入海河的行为，

---

① 摘自天津市第三中级人民法院民事判决书。

对葛某华是否构成侵权。从葛某华诉称及庭审情况看，葛某华与葛某荣、葛某富因其父母财产问题发生家庭矛盾，2003 年 9 月葛某荣将其父葛某锦接走后，葛某华去看望其父葛某锦被葛某荣拒绝，后又通过中间人说和未果，双方矛盾未能缓和。之后，双方因上述财产问题导致民事诉讼，并引发其他民事诉讼，矛盾进一步加深。本案中，葛某华不能证明葛某荣、葛某富是违背其父母意愿，将其父母的骨灰撒入海河。故二人对葛某华不构成人格侵权。葛某华的全部诉讼请求，证据不足，不予支持。因此，一审判决：“驳回葛某华的全部诉讼请求。案件受理费减半收取 400 元，由葛某华负担。”

葛某华不服一审判决，提出上诉，二审法院经审理认为：社会主义核心价值观要求亲友之间应彼此尊重、相互信赖、友爱和睦。《中华人民共和国民法典》第九百九十一条规定，民事主体的人格权受法律保护，任何组织或者个人不得侵害。骨灰作为一种特定物，寄托着生者对死者的哀思，祭奠权是公民基于亲属关系以及其他关系而产生的对死者表示追思和敬仰的权利，各权利人应本着互谅互让、相互尊重的精神，给生者以慰藉，使故者得安息，不能牺牲他人的平等的权利。上诉人作为逝者葛某锦、王某兰之子，应享有对其父母祭奠的权利。但被上诉人葛某富及已故的葛某荣在未告知葛某华的情况下，将他们父母的骨灰在逝世五年后撒入海河，导致上诉人现在无处祭奠父母，丧失了对父母进行追思、追忆、悼念、寄托哀思的机会，给上诉人造成了一定程度的精神痛苦，被上诉人葛某富应承担相应的责任。被上诉人虽主张将骨灰撒入海河进行河葬是父母的遗愿，但并未提供证据予以证明，一审法院对此举证责任的分配不妥，本院予以纠正。因被上诉人邵某翠、葛某并非实际侵权人，故不应承担责任。葛某富作为实际侵权人应向上诉人赔礼道歉，并支付一定的精神损害抚慰金。赔礼道歉形式，本院酌情要求被上诉人葛某富进行书面道歉，内容应包含就本案行为向上诉人道歉的意思表示；关于精神抚慰金的具体数额，本院综合案件具体情况，酌定 10000 元。

综上所述，上诉人的上诉请求部分成立。依照《中华人民法共和国民法典》第九百九十一条，《中华人民共和国民事诉讼法》第一百六十九条第一款、第一百七十条第一款第二项规定，判决如下：

一、撤销天津市东丽区人民法院（2020）津 0110 民初 4507 号民事判决；

二、被上诉人葛某富于本判决生效之日起十日内，向上诉人葛某华进行书面赔礼道歉，内容应包含就本案行为向上诉人道歉的意思表示；

三、被上诉人葛某富于本判决生效之日起十日内支付上诉人葛某华精神损害抚慰金 10000 元；

四、驳回上诉人葛某华其他上诉请求及一审其他诉讼请求。

如果未按本判决指定的期间履行给付金钱义务，应当依照《中华人民共和国民事诉讼法》第二百五十三条之规定，加倍支付迟延履行期间的债务利息。

一审案件受理费 400 元，由上诉人葛某华负担 200 元，被上诉人葛某富负担 200 元；

二审案件受理费 800 元，由上诉人葛某华负担 400 元，被上诉人葛某富负担 400 元。

第三单元
结婚制度案例

基本理论概述

结婚又称婚姻成立，是指男女双方按照法律规定的条件和程序，建立夫妻关系的民事法律行为。结婚的概念，有广义与狭义之分。广义的结婚，包括婚约的订立和夫妻关系的建立两个方面。狭义的结婚，仅指夫妻关系的确立，不包括订婚。

主要相关法律、法规及司法解释链接

《民法典》

第一千零四十六条　结婚应当男女双方完全自愿，禁止任何一方对另一方加以强迫，禁止任何组织或者个人加以干涉。

第一千零四十七条　结婚年龄，男不得早于二十二周岁，女不得早于二十周岁。

第一千零四十八条　直系血亲或者三代以内的旁系血亲禁止结婚。

第一千零四十九条　要求结婚的男女双方应当亲自到婚姻登记机关申请结婚登记。符合本法规定的，予以登记，发给结婚证。完成结婚登记，即确立婚姻关系。未办理结婚登记的，应当补办登记。

第一千零五十条　登记结婚后，按照男女双方约定，女方可以成为男方家庭的成员，男方可以成为女方家庭的成员。

第一千零五十一条　有下列情形之一的，婚姻无效：

（一）重婚；

（二）有禁止结婚的亲属关系；

（三）未到法定婚龄。

第一千零五十二条　因胁迫结婚的，受胁迫的一方可以向人民法院请求撤销婚姻。

请求撤销婚姻的，应当自胁迫行为终止之日起一年内提出。

被非法限制人身自由的当事人请求撤销婚姻的，应当自恢复人身自由之日起一年内提出。

第一千零五十三条　一方患有重大疾病的，应当在结婚登记前如实告知另一方；不如实告知的，另一方可以向人民法院请求撤销婚姻。

请求撤销婚姻的，应当自知道或者应当知道撤销事由之日起一年内提出。

第一千零五十四条　无效的或者被撤销的婚姻自始没有法律约束力，当事人不具有夫妻的权利和义务。同居期间所得的财产，由当事人协议处理；协议不成的，由人民法院根据照顾无过错方的原则判决。对重婚导致的无效婚姻的财产处理，不得侵害合法婚姻当事人的财产权益。当事人所生的子女，适用本法关于父母子女的规定。

婚姻无效或者被撤销的，无过错方有权请求损害赔偿。

《未成年人保护法》

第十七条　未成年人的父母或者其他监护人不得实施下列行为：

……

（九）允许、迫使未成年人结婚或者为未成年人订立婚约；

……

《婚姻登记条例》

第六条　办理结婚登记的当事人有下列情形之一的，婚姻登记机关不予登记：

（一）未到法定结婚年龄的；

（二）非双方自愿的；

（三）一方或者双方已有配偶的；

（四）属于直系血亲或者三代以内旁系血亲的；

（五）患有医学上认为不应当结婚的疾病的。

《民法典婚姻家庭编司法解释（一）》

第五条　当事人请求返还按照习俗给付的彩礼的，如果查明属于以下情形，人民法院应当予以支持：

（一）双方未办理结婚登记手续；

（二）双方办理结婚登记手续但确未共同生活；

（三）婚前给付并导致给付人生活困难。

适用前款第二项、第三项的规定，应当以双方离婚为条件。

一、婚约案例

基本理论概述

婚约是男女双方以将来结婚为目的所作的事先约定。订立婚约的行为，称为订婚或定婚。婚约成立后，男女双方产生未婚夫妻身份。婚约一般具有以下特征：一是婚约当事人必须双方亲自订立且意思表示真实；二是婚约当事人双方不得有法定的婚姻障碍；三是婚约不是结婚的必经程序；四是婚约为非要式行为。法律没有规定婚约的形式，当事人可以采取各种方式订婚，凡口头、书面、仪式、交换信物等当事人认可的任何形式，都可视为婚约成立。我国现行法对于婚约的态度是订婚不是结婚的必经程序，当事人自愿订立婚约法律不予干涉，父母等监护人不得为未成年人订立婚约，婚约可双方当事人协议解除，也可一方通知对方即解除，婚约没有法律强制力，不得强制对方履行婚约等。

示范案例

婚约是否具有法律效力？

王男与张女是邻居，从小一起长大，双方的感情一直很好。2017 年 7 月，王男考取了省城的一所大学，张女则名落孙山。当时，王男 18 岁，张女 17 岁，张女的父母怕王男上大学后变心，便提议双方订婚，王男的父母一直很喜欢张女，就答应了。王男和张女双方也无异议。在王男上大学的前夕，双方家长为王男和张女举行了盛大的订婚仪式，并订立婚约一份，婚约中载明王男父母送给张女父母彩礼人民币 10 万元。王男去上大学前，张女父母给王男人民币 1 万元作为路费和上学期间的生活费。上大学后的最初一段时间，王男与张女的关系依然较好，王男大一、大二暑假就是在张女家中度过的，张女父母对未来的女婿热情接待，在此期间张女多次与王男出游，所需费用都由张女支付。在王男和张女分开的日子里，双方经常通过微信和电话的方式互致问候和思念之情，其间张女还多次给王男寄去不少生活用品。

2020 年下半年，王男在与同学外出访友时，认识了附近一所大学的女生秦某，双方一见如故，很快就成为好朋友，不久两人就出双入对，成了一对恋人。由此导致了王男和张女的交流和往来越来越少。王男告诉秦某他已经订婚，秦某最初不信，但王男拿出婚约时，秦某才相信这是事实，秦某非常苦恼，但秦某的同学告诉她，根据我国法律，婚约不受保护，秦某与王男才从婚约的烦恼中摆脱出来。王男经谨慎考虑，向张女提出了解除婚约的要求，张女坚决拒绝，并来学校找王男说理，双方为此大吵一场，两家父母虽然从中做了不少工作，但收效甚微。2021 年夏，王男与秦某毕业后共同留在某二线城市，不久王男与秦某登记结婚。张女一家知道此情况后非常气愤。张女起诉到法院，要求王男退还张家给予的 1 万元钱和偿还两个暑假在张家吃喝玩乐的费用 1 万元，以及支付张女“青春损失费”10 万元，张家订婚时收的彩礼因王男违反了婚约不予退还。王男反诉要求返还彩礼 10 万元。

请问：法院应当如何处理本案？

分析意见：

本案主要涉及两个问题：一是王男和张女的婚约是否具有法律效力？二是解除婚约后双方发生的财产纠纷如何解决？

首先，在我国婚约不具有法律效力。婚约是男女双方以将来结婚为目的而事先所作的约定，订立婚约的行为称为订婚，习惯上群众将订婚的男女双方称为“未婚夫妻”。在我国古代社会，订婚是缔结婚姻的必经程序，婚约具有强大的人身约束力。至现代社会，依民国时期 1930 年“民法亲属编”的规定，在法律上已不承认婚约是结婚的必经程序。婚约可由男女双方自愿订立，但结婚不以婚约为前提；婚约的形式无统一要求；婚约不得强迫履行；但无正当理由解约的，应负赔偿之责。① 1949 年中华人民共和国成立后，在婚姻立法方面一直没有关于婚约的规定。为了指导解决有关订婚产生的纠纷，中央人民政府法

① 参见胡平主编：《婚姻家庭继承法论》，重庆出版社 2000 年版，第 122-123 页。

制委员会在1950年6月26日公布的《有关婚姻法实行的若干问题与解答》中指出：“订婚不是结婚的必要手续。任何包办强迫的订婚，一律无效。男女自愿订婚者，听其订婚，订婚的最小年龄，男为19岁，女为17岁。一方自愿取消订婚者，得通知对方取消之。”1953年3月19日，中央人民政府法制委员会发布的《有关婚姻问题的解答》中，再次强调：“订婚不是结婚的必要手续。男女自愿订婚者，听其订婚，但别人不得强迫包办。”我国现行《未成年人保护法》第十七条规定父母或者其他监护人不得允许、迫使未成年人结婚或者为未成年人订立婚约。由上述规定可见，我国法律既不禁止订立婚约，也不鼓励订立婚约。订婚不是结婚的必经程序。男女双方自愿订婚并履行的，法律尊重当事人的选择。订婚后一方解除婚约的，只要有单方的意思表示即可解除。

其次，对于当事人在订婚过程中及以后发生的财产关系，应当区别情况加以处理：婚约期间双方的相互赠与，按照《民法典》合同编的赠与合同处理；一方出资，双方已经共同消费的财物一般不予返还；属于按照习俗给付的彩礼的，按照《民法典婚姻家庭编司法解释（一）》第五条处理。因此，张家送给王男1万元路费和生活费，以及张女寄给王男的生活用品等，不予返还。双方交往期间的日常消费，无须退还。对于“青春损失费”不予支持。对于10万元彩礼，由于双方未办理结婚登记手续，王男要求返还，法院应支持适当返还。

讨论案例

1. 婚约解除后能否请求返还“彩礼”？

2018年1月初，汪红军与姜小平经媒人撮合打算订婚。2018年1月15日，汪红军父母付给姜小平父母彩礼3万元。次日，二人逛街时汪红军送给姜小平价值3000元的手机一部。2018年2月18日，汪红军与姜小平订婚，汪红军支付订婚宴费用1.8万元。后来，由于汪红军与姜小平在交往中产生矛盾，双方于2018年7月算账退婚。2018年8月8日，姜小平退回汪红军彩礼3万元，但不同意分摊1.8万元宴席钱，并以手机已经丢失为由拒绝返还，汪红军遂向法院提起诉讼，要求姜小平分摊订婚宴费用1.8万元及返还手机。

请问：本案应当如何处理？

2. 彩礼返还请求权的主体应如何确定？

原告的次子与被告之女经人介绍相识，双方家庭商定择日为其子女举行订婚仪式。订婚之日，原告按照当地风俗交给被告礼金19.2万元，金项链、金手链各一条，金戒指一枚。当原告指定双方子女婚期时，被告拒绝。后原告诉至法院请求被告返还礼金19.2万元及金饰。一审法院根据上述事实认为：原、被告均是为其子女缔结婚姻产生的赠与纠纷。原告基于儿子成婚赠与财物给被告，是一种附条件的赠与，当所附条件不能成就，另一方应予返还。根据我国法律的规定，民事法律行为可以附条件，附条件的民事法律行为在符合所附条件时生效，现所附条件没有成就，原告请求被告酌情返还礼金19.2万元及黄金首饰，理由成立，予以支持。后被告不服提出上诉，认为一审将案由确定为赠与合同纠纷不妥，应属于适用法律错误。且本案诉讼主体应为婚约关系的当事人本人，而原审法院却以婚约双方当事人的母亲作为诉讼主体，属于遗漏主要当事人，违反了法定程序。

请问：被告的上诉理由是否成立，为什么？

相关裁判实例摘录①

曾某某与杨某某婚约财产纠纷案

原告曾某某向某区人民法院提起诉讼请求：1. 请求判决被告返还原告彩礼 8100 元、过节费 4900 元、订婚酒席 3980 元、婚纱照 10000 元、亲戚给付的红包 2000 元共计 28980 元；2. 判令被告返还购买贵重物品的款项 14300 元；3. 被告承担本案诉讼费用。庭审中增加诉讼请求：判令被告返还微信转账 4058 元。

事实和理由：原、被告于 2020 年 2 月 16 日经人介绍认识，于当年 3 月 3 日确定情侣关系。经过双方商量在当年 4 月 1 日举行订婚仪式，于当天向原告支付了诉讼请求中的相关彩礼。当年 5 月开始被告与原告共同生活近半年。共同生活期间，原告应被告要求拍婚纱照花费 10000 元，按被告要求，为其购买“三金”等贵重物品，在端午节、中秋节又给了被告过节费。同时，原告依被告要求多次通过微信转账支付给被告 4058 元。后因被告原因发生纠纷，被告即提出分手并搬出原告家中。因双方已分手，原、被告协商彩礼和“三金”退还，但被告一直以各种理由拒绝退还。遂诉至法院。

被告辩称：请求驳回原告的全部诉讼请求。理由是：原告所诉的彩礼不是彩礼，是一种赠送行为，且按照农村风俗被告也有礼尚往来；办酒席、拍婚纱照是原告的要求和安排；原告所诉的“三金”，虽然原告购买了，但原告没有交付被告；原告微信转账是事实，但是原告为了促进双方的感情而自愿赠送。

原告为支持其主张，举示证据如下：1. 微信聊天记录。证明原被告在微信上谈到了关于彩礼、“三金”等方面的问题。2. 酒店明细、取款记录。证明订婚酒席的开支。3. 摄影服务合同、支付宝票据、选片款银行卡票据。证明拍婚纱照的开支。4. 银行流水、票据、照片。证明购买贵重物品 14360 元。5. 微信截图。证明微信转账 4058 元。

被告质证认为：对原告举示的全部证据的真实性无异议，但原告谈及的彩礼并不是彩礼，双方均有礼尚往来的支出，且原告并未支付这么多，对原告亲戚给了红包 2000 元予以认可；原告办酒席、拍婚纱照所开支的费用和微信支付的款项，是原告自愿而不是被告要求；保证单上留被告的电话号码、名字和被告签了字，这只是因为将来是给被告，为了今后保养所以才由被告签字，但是“三金”是没有交付给被告的，拍结婚照时戴的戒指是在拍照后就还给了原告。

被告无证据。

法院经审理认定事实如下：当事人双方对婚约情况、同居生活的事实无争议，法院予以确认。争议的事实确认如下：订婚时，原告方办了订婚酒席，并根据风俗给付了被告、被告父母及亲戚相关礼金，原告认为共支付了 8100 元，被告则认为只有 3000 元左右，原告亲戚基于“改口费”习俗给付了被告共计 2000 元。端午、中秋等节日原告按习俗支付了过节费，原告认为支付了 4900 元，被告认为只有 1000~2000 元，且被告按礼尚往来也支付了原告方。订婚后，原、被告拍了婚纱照，由原告支付了相关费用。在日常生活中，原告通过微信多次转账 4058 元给被告开支。2020 年 3 月 25 日、7 月由原告出资购买了足

① 摘自中国裁判文书网，（2018）渝 0111 民初 7208 号，有改编。

金项链、挂坠、手镯等价值14000多元的物品，被告在商品保证单上签字，原告认为该物品由被告保管持有，被告则不予认可。订婚后，被告即与原告同居生活于原告家中，后于2020年10月因纠纷而搬出原告家。

庭审中，法院对原告主张由被告返还购买贵重物品的款项14300元的诉讼请求是否变更进行释明，原告坚持原诉讼请求而不变更。

法院认为，根据《民法典婚姻家庭编司法解释（一）》第五条规定“当事人请求返还按照习俗给付的彩礼的，如果查明属于以下情形，人民法院应当予以支持：（一）双方未办理结婚登记手续的……”所谓彩礼就是指按照风俗习惯以缔结婚姻关系为目的而由一方向另一方支付的金钱、财物等，由此可见支付彩礼的行为与一般意义上的赠与行为是不同的，其不仅有很强的风俗习惯，还有很强的依附条件，即为了缔结婚姻关系而支付相应的钱财。本案中，在订婚当天，原告及其亲戚给付被告及父母礼金、“改口费”红包等行为，就是按照当地传统的风俗支付的礼金，应当属于彩礼性质，由于此后原、被告未能登记结婚而解除了婚约，故原告请求由被告返还彩礼，符合法律规定，法院予以支持。但是，由于原、被告订婚后即同居生活，此后由于各方面原因而没有登记结婚实属结婚自由的选择，由于原、被告礼金金额存在争议，且原告也没有举示充分证据，故法院结合原、被告的陈述和订婚后已实际同居生活的客观实际，对原告的请求，法院决定酌定予以支持。对原告办理订婚酒宴、婚纱照所开支的费用，属于双方共同消费的费用，不属于彩礼范畴，对该项请求，法院不予支持；过节费是按照当地风俗而产生的具有联络情感、表达礼仪性质的费用，不属于彩礼性质，对该项请求，法院不予支持；对原告主张的微信支付的费用，属于原、被告在同居生活期间为增进感情的自愿行为，不属于彩礼性质，对其要求返还，法院不予支持；对原告主张由被告返还购买贵重物品款项的请求，从司法解释规定来看，其起诉的请求只能是返还物，而不是物的现金，经法院向原告释明后，原告仍坚持以原诉讼请求，故对原告的该项请求，法院不予处理。综上，根据《民法典婚姻家庭编司法解释（一）》第五条之规定判决如下：

一、由被告杨某某在本判决生效后15日内返还原告曾某某4000元。

如果赔偿义务人未按本判决指定的期间履行给付金钱义务的，应当依照《中华人民共和国民事诉讼法》第二百五十三条之规定，加倍支付迟延履行期间的债务利息。

二、驳回原告曾某某的其他诉讼请求。

案件受理费884元，减半收取为442元，由原告曾某某负担342元，被告杨某某负担100元。

二、结婚实质要件案例

基本理论概述

结婚的实质要件，是指男女双方本身的状况与相互之间的关系均符合婚姻法规定的可以确立婚姻关系的条件。婚姻法规定的结婚实质条件，包括必备条件和禁止条件。

结婚的必备条件，又称为结婚的积极要件，是当事人结婚时必须具备的不可缺少的条

件。婚姻法规定的结婚的必备条件有二，即必须男女双方完全自愿、必须达到法定婚龄。

结婚的禁止条件又称为结婚的消极要件或婚姻的障碍，是指当事人结婚时不得有法律规定的禁止结婚之婚姻障碍。根据我国《民法典》第一千零四十二条、第一千零四十八条的规定，结婚的法定禁止条件有二，即禁止一定范围内的血亲结婚、禁止有配偶者结婚。

示范案例

继父与继女，是否可以结婚？

苏某出生后不久，其生父死亡，其母亲刘某独自抚养苏某到10岁时，与同厂男工何某结婚。何某比刘某小5岁，性情温和，很喜欢小孩，对继女苏某非常疼爱。何某不但与刘某一起供养、照料苏某的生活，还经常给继女苏某辅导功课，苏某也非常喜欢继父，一家三口生活得幸福平静。但刘某在苏某16岁时被确诊为乳腺癌晚期，三个月后就去世了。刘某在去世前将已经渐渐长大懂事的女儿苏某托付给何某，何某承诺要将苏某抚养成年。苏某此后一直与何某共同生活，相依为命，继父与继女两人的感情也很好。多年来没有父亲又失去母亲的苏某非常珍惜现在的生活，对继父何某有一种很特殊的感情。苏某高中毕业后，在当地的一家大型超市找到一份工作。20岁的苏某给同事的印象是一个沉默、娴静、不太喜欢与人交往的女孩。每天下班后总是回到家里操持家务或读读小说，看看电视连续剧，与继父在一起的生活让她感到安心舒适。亲友给苏某介绍男友，均遭拒绝。在她的心中，继父是选择男友的唯一标准，他性格恬淡、温和，有修养，有爱心，有责任感，没有任何不良的习惯，苏某把与其年龄相仿的朋友一一与继父做比较，都感到不满意。渐渐地，苏某产生了一种想法，希望能够一辈子跟继父一起生活，或者嫁给继父。

请问：继父何某与继女苏某，是否可以结婚？

分析意见：

根据我国《民法典》的相关规定，继父何某与继女苏某不能结婚。

本案中的继父何某与刘某结婚时，继女苏某只有10岁，其后苏某与母亲、继父共同生活，继父何某承担了对继女苏某的抚养教育义务。在刘某去世后，何某还继续抚养继女苏某直至其成年。多年的扶养教育，已经使苏某与何某形成了法律拟制的直系血亲关系。我国《民法典》第一千零七十二条第二款规定："继父或者继母和受其抚养教育的继子女间的权利义务关系，适用本法关于父母子女关系的规定。"即父母子女直系血亲之间的禁婚规定，也同样被适用于形成抚养教育关系的继父母子女之间。

有人可能会问，由于苏某与何某没有自然血缘联系，所以他们结婚后不可能生育不健康的后代。甚至，苏某与何某做绝育手术不生育后代总可以结婚吧，禁止近血亲结婚不就是为了防止生育不健康的后代吗？那么，法律禁止苏某和何某结婚是不是没有科学根据呢？必须指出，我国《民法典》中关于禁止结婚的近亲属范围的规定，不仅要考虑当事人双方的近亲属血缘联系，以免今后的生育影响后代的健康，还要考虑的另一个因素就是人们的伦理道德观念。直系血亲之间不得通婚，这是我国民众普遍认同的婚姻伦理道德观念。而法律是人们的善良风俗能够容忍的伦理道德的底线。法律为人们行为制定准则的标准之一是人们的善良风俗习惯和伦理道德观念。因此，法律规定直系血亲的父母子女不能结婚，其中一个因素就是基于婚姻伦理道德观念的要求。由于继父何某与继女苏某属于法律拟制的直系血亲关系，所以，他们两人属于法律禁止结婚的对象范围。

讨论案例

1. 艾滋病病毒携带者，是否可以结婚？

马某在上高中时就是学校有名的“大姐大”，为了讲义气在同学中拉帮结派，搞得班上乌烟瘴气的。还没有毕业她就认识了一些社会上的“朋友”，他们带她吃喝玩乐，并教会她吸食毒品。为了吸毒，她不惜卖淫以获取足够的毒资。在强制戒毒中马某被发现已经感染艾滋病病毒。从戒毒所出来后，父母不允许她回家，马某只好在外暂时租房居住。住在隔壁的方某发现马某白天沉默寡言，夜晚经常哭泣，于是经常默默帮助马某。日子一长，两人都相互有了好感，经常在一起聊天。马某向方某说明其是艾滋病病毒携带者，但方某并没有因此中断与她的交往，而是更关心照顾她。堕入爱河的两人开始了长达两年的同居生活，现方某和马某决定申请结婚登记。经过婚前健康检查，方某并没有感染上艾滋病病毒，但马某依然是艾滋病病毒携带者。

请问：马某与方某可以结婚吗？

2. 如果表兄妹做绝育手术后坚决要求结婚，是否可予以登记？

张女与裴某是姨表兄妹。他们的母亲是同父异母的姐妹，早年两人一起出嫁到离家很远的同一个村里，平日里相互交往频繁，两家人关系一直非常融洽。张女从小与裴某一起长大，两人性情相投，感情也很好。张女与裴某的母亲都相信“亲上加亲”的说法，娶一个熟悉性情、知根知底的儿媳妇总比娶一个不了解的女孩好，另外也不必担心亲家难以相处，所以支持他们在一起。张女与裴某去办理结婚登记手续时，工作人员却告诉他们，因两人是三代以内的旁系血亲，近亲婚配会增加遗传病的遗传概率对后代不利，故依法不能结婚。张女与裴某感到难以接受，回家思前想后、权衡利弊后决定不要孩子也要与其所爱的人生活在一起。于是两人再次来到婚姻登记机关，说明双方愿意做绝育术后不生育孩子，坚决要求结婚。

请问：张女和裴某是三代以内旁系血亲吗？做绝育手术后的张女与裴某是否可以办理结婚登记？为什么？

相关裁判实例摘录[①]

董某某诉马某某婚姻无效纠纷案

原告：董某某，女，1982 年 1 月 15 日出生，汉族，不识字，户籍地宕昌县，现外出务工，无固定住所，农民。

被告：马某某，男，1978 年 2 月 16 日出生，汉族，不识字，住宕昌县，农民。

原告董某某与被告马某某婚姻无效纠纷一案，法院于 2020 年 10 月 22 日立案后，依法适用简易程序，公开开庭进行了审理。原告董某某、被告马某某均到庭参加诉讼，案件

① 摘自中国裁判文书网，（2020）甘 1223 民初 1377 号，有改编。

现已审理终结。

原告董某某向法院提出诉讼请求：要求法院判令原告与被告的婚姻无效。事实和理由：原、被告于2001年举办结婚仪式，并在宕昌县何家堡乡政府登记结婚，2003年6月10日生育女儿马某某1。婚后随着年龄的增长，原告才知道近亲属之间不能结婚，而原告的父亲和被告的母亲是亲姐弟，原告和被告属于近亲结婚，原告不能接受，只有起诉要求和被告离婚。

被告马某某辩称：他们不知道近亲属不能结婚的规定，他们是自由恋爱的，并且结婚后夫妻感情一直都很好，2012年原告突然外出，走的时候还把他们存的钱都取完了，具体金额他记不清了，现在他不同意离婚，如果他们的婚姻无效他也没办法，但孩子他要抚养，原告出门8年没管过孩子，他要求原告支付孩子8年的抚养费共8万元，并且原告要返还她走的时候取的钱。

当事人围绕诉讼请求依法提交了证据，法院组织当事人进行了证据交换和质证。对当事人无异议的证据，法院予以确认并在卷佐证。

根据当事人陈述和经审查确认的证据，法院认定事实如下：原告董某某的父亲和被告马某某的母亲系同胞姐弟关系，原、被告系三代以内的旁系血亲，2002年3月，双方在宕昌县何家堡乡政府登记结婚，2003年6月10日生育女儿马某某1。现原告提起诉讼，请求确认与被告的婚姻无效。

法院认为，原、被告系三代以内的旁系血亲，属于法律规定的禁止结婚的情形，虽然双方领取了结婚证，但双方的婚姻关系自始无效，依照《民法典》第一千零四十八、一千零五十一条、《民法典婚姻家庭编司法解释（一）》第九条之规定，判决如下：

原告董某某与被告马某某的婚姻关系自始无效。

三、结婚形式要件案例

基本理论概述

结婚的形式要件即结婚的程序，是法律规定的建立婚姻关系必须履行的法定手续，是婚姻获取社会承认的方式之一。我国《民法典》第一千零四十九条规定："要求结婚的男女双方应当亲自到婚姻登记机关申请结婚登记。符合本法规定的，予以登记，发给结婚证。完成结婚登记，即确立婚姻关系。未办理结婚登记的，应当补办登记。"为保证我国结婚登记制度的实施，1955年5月、1980年10月和1986年3月我国先后颁布了三部《婚姻登记办法》，1994年2月1日还颁布实施了《婚姻登记管理条例》，直到2003年10月1日施行《婚姻登记条例》，该条例是目前婚姻登记的唯一有效行政法规。

我国法律规定结婚必须履行的程序是进行结婚登记。因此，合法婚姻成立的唯一形式要件是登记。当事人只要依法办理了结婚登记后，夫妻关系即确立，而不管其是否举行了结婚仪式，或者是否同居生活。

示范案例一

夫妻身份应当从何时开始？

2015年年初，离婚男子韩某经人介绍，与邻县丧偶妇女侯某认识。双方交往一段时间后，彼此都比较满意。为了迎接新娘的到来，韩某翻盖家里的旧房子，并一直忙于修房子和布置新房。侯某也时常来帮忙，两人忙得不亦乐乎。

婚期将近，两人抽出时间办理各种相关手续，最后前往镇政府办理结婚登记。身份证、户口簿、婚姻状况证明书和婚检合格证书都带上了，结婚申请表也填好了，镇政府的工作人员经过审查认为他们符合结婚的法定条件，准予结婚。结婚证书都填好了，才发现没有带照片。工作人员只好遗憾地告诉他们今天办不了，明天把照片带来贴上才可以领取结婚证。

因为修房子和筹备婚礼酒席等事情，韩某和侯某忙都忙不过来，又想反正已经去登记了，晚一些时间去领结婚证也没什么关系，所以就迟迟没有去婚姻登记机关补交照片。再后来，房子修好了，婚礼也结束了，韩某与侯某两人却把补交照片取回结婚证的事情给忘记了。

2021年元旦后的一个周末，韩某去城里进货，不幸遭遇车祸死亡。悲恸欲绝的侯某前往处理后事，韩某的父母就到家里来帮忙。在安葬韩某一个月后，侯某接到通知去领取赔偿金，却被告知韩某的父母已经将全部赔偿金领走。侯某回家后，发现韩某的父母已经关闭了韩某经营的杂货店，并叫来了韩某家的亲属辱骂侯某并勒令其当日搬走。侯某争辩说，其作为韩某的妻子，有权继承韩某的部分遗产。更何况，家里的一些财产还是夫妻共同财产，别人无权擅自处分。可是，韩某家的亲属有人知道他们因为忘带照片而没有领结婚证的事，就要求她拿出结婚证来看。由于侯某拿不出结婚证，她就被韩某的亲属赶出了家门。

请问：侯某是韩某的合法配偶吗？为什么？

分析意见：

婚姻的有效成立，除必须符合结婚的实质要件外，还应当符合法律规定的形式要件。在我国，婚姻有效成立的形式要件是结婚登记，即要求结婚的男女双方必须亲自到婚姻登记机关进行结婚登记。结婚登记的程序分为三个环节：申请、审查和登记。婚姻登记机关对当事人的结婚申请进行审查，符合结婚条件的，应当即时予以登记，发给结婚证。结婚证是认定婚姻关系有效成立的法定证件。《民法典》第一千零四十九条规定："要求结婚的男女双方应当亲自到婚姻登记机关申请结婚登记。符合本法规定的，予以登记，发给结婚证。完成结婚登记，即确立婚姻关系……"可见，取得了结婚证，才能确立合法的夫妻关系，夫妻身份关系从取得结婚证时产生。

本案中，侯某与韩某虽然申请过办理结婚登记，并经过婚姻登记机关的审查双方当事人都符合结婚的实质要件，婚姻登记机关也准备予以办理登记。但是由于欠缺双方的照片，故没有取得结婚证。所以，侯某与韩某两人的婚姻没有依法成立，侯某与韩某之间还没有确立法律上的夫妻身份关系。由于侯某不具有韩某合法配偶即妻子的身份，因此不能享有配偶继承权。但侯某与韩某同居期间共同劳动创造的财产侯某享有共有权，可以请求析产；如果符合《民法典》第一千一百三十一条的规定还可以请求酌情分得韩某的遗产。

示范案例二

离婚后，慌称结婚证丢失补办结婚证的行为，是否具有法律效力？

2002年刘娣向人民法院提出与刘波离婚，经审理后法院于2003年2月作出了准予刘娣与刘波离婚的判决。刘娣与刘波离婚后不久又同居生活在一起。2016年2月27日，某市十里墩镇人民政府为刘娣与刘波出具了结婚证丢失证明，刘娣与刘波在某市民政局所属的婚姻登记机构，以结婚证丢失为由补了结婚证。2016年8月刘娣又诉至法院提出与刘波离婚，法院审理后认定刘娣与刘波于2016年2月27日补办结婚证具有婚姻登记（复婚）的法律效力，驳回了刘娣的离婚请求。刘娣于2021年2月2日向人民法院提起行政诉讼，要求撤销某市民政局2016年2月27日作出的为刘娣与刘波补发结婚证的婚姻登记行为。

分析意见：

人民法院应驳回刘娣的诉讼请求。理由如下：刘娣与刘波2003年被判决准予离婚后双方婚姻关系消灭。2016年2月27日双方到婚姻登记机构以结婚证丢失为由申请补证。从形式上看是申请补发结婚证，但其真意是自愿复婚。婚姻登记行为是对申请结婚双方当事人身份的确认，以行政确认的方式承认男女双方自愿结婚而产生的身份关系，结婚登记是外壳，保护的内核是男女结婚的真实意思。行政机关因受当事人欺骗而向当事人补发结婚证，但并不违反刘娣与刘波自愿合意复婚的意思。刘娣与刘波自愿复婚的形式表现为补办结婚证，不影响婚姻的成立，其形式上的不足可视为行政瑕疵，但应认定刘娣与刘波婚姻登记的法律效力。

讨论案例

1. 结婚登记后一方反悔，应当如何处理？

葛晨是县城水泥厂的工人，经人介绍，葛晨认识了乡村教师孙灵。孙灵在县城郊区某小学当代课老师，一直希望到县城的小学来工作。葛晨的姨父在县教育局工作，认识葛晨以后，孙灵经常要求葛晨去找他姨父帮忙解决工作调动问题，但其姨父则称孙灵只不过是葛晨的女朋友，如果是侄媳妇，可能会考虑帮助。葛晨把姨父的意思转告了孙灵。不久，孙灵听说有名额可以调到县城小学，为了实现此心愿，她同意与葛晨结婚。两人迅速办理了结婚登记，然后葛晨在孙灵的授意下找到姨父请求帮助。

孙灵考试失利，在小学老师的选拔中名落孙山，葛晨的姨父也帮不上忙。眼见进入县城小学无望，孙灵在失望中把过错归咎于葛晨和他的姨父，认为他们根本就不打算帮忙，只是为了让葛晨娶到媳妇才合伙骗她的。孙灵认为，既然结婚是建立在为其调动工作的基础上，是以能被调到县城小学工作为目的的，那么现在此婚姻就没有存在的必要了。于是，孙灵取消了即将举行的婚礼，并到婚姻登记机关以其被欺骗结婚为由，要求撤销结婚登记。在没有得到肯定的答复后，勃然大怒的孙灵在婚姻登记机关撕毁了结婚证，宣布她与葛晨不存在任何关系。

请问：结婚可以附条件吗？孙灵可以反悔请求撤销她与葛晨的婚姻吗？依法应如何处

理本案？

2. 未亲自办理结婚登记的婚姻，是否具有法律效力？

2019年年初，田某（男）与黄某（女）经人介绍认识，同年10月底两人决定结婚。因田某工作繁忙，遂准备好材料委托其在婚姻登记机关工作的朋友代为办理了结婚证。结婚后不久，两人的感情出现裂痕，在相持一段时间后，黄某向田某提出离婚，田某则以双方未亲自到婚姻登记机关办理结婚登记为由，向人民法院请求宣告婚姻无效。

法院对本案进行审理后，在处理意见上有分歧：

一部分法官认为田某与黄某的“婚姻”关系不属于无效婚姻，应驳回黄某的诉讼请求。因为我国《民法典》没有规定未亲自办理结婚登记的婚姻属于婚姻无效的情形。同时，根据《民法典婚姻家庭编司法解释（一）》第十七条的规定，当事人以《民法典》第一千零五十一条规定以外的情形请求确认婚姻无效的，人民法院应当判决驳回当事人的诉讼请求。

但另一部分法官却认为，由他人代为办理结婚证的行为违反了《民法典》第一千零四十九条结婚当事人应亲自到场办理结婚登记的强制性规定。结合我国《民法典》第一百五十三条第一款规定，违反法律、行政法规的强制性规定的民事法律行为无效。因此，对未亲自办理结婚登记的情形，虽然我国《民法典》并未规定其为无效婚姻，但其违反了法律的强制性规定，符合我国《民法典》第一百五十三条第一款规定的情形，应属无效民事行为，故未亲自办理结婚登记而他人代为办理的婚姻，应当被宣布为无效。

请问：本案应当如何认定和处理？

相关裁判实例摘录①

李某、苍溪县婚姻登记处、李某刚等婚姻登记撤销纠纷案

原告李某与第三人李某刚系堂兄妹关系。原告多年来一直随母亲在外务工生活。2005年6月27日，第三人李某刚、牛某欲登记结婚。因牛某未达到法定婚龄，便冒用原告身份在被告处办理了川（2005）广元苍结字第010××××号结婚登记证书。后二人为消除冒名登记结婚的事实，于2007年1月24日，再次冒用原告身份在被告处以协议方式办理了川（2007）广元苍离字第01××××号离婚登记证书。2008年2月15日，第三人李某刚、牛某以自己的名义在阆中市人民政府办理川（2008）南阆中结字第010××××号结婚登记证书。从2005年6月27日起牛某与李某刚以夫妻名义一直在一起生活。2010年11月24日，原告因自身需要，将户籍从四川省苍溪县迁移至山东省单县。2020年8月17日，原告欲在山东省单县登记结婚，在婚姻登记审查程序中被告知其系“离异”，且之后的户口本中婚姻状况栏里只能列明“再婚”。男友因此事暂时取消与原告登记结婚的念头和行为。原告认为，被告作为婚姻登记的法定行政机关，其工作人员在审查第三人结婚、离婚申请资料时，未对第三人提供的关于原告的户口本及身份证信息予以严格审查，更未要求第三人提供身份证原件，也未比对身份证头像，其审查程序严重违法且给原告造成严重的精神和财产损失。请求依法确认被告的具体行政行为违法并撤销。

---

① 摘自中国裁判文书网，（2021）川0824行初4号，有改编。

法院认为，根据《婚姻登记条例》的相关规定，申请结婚和离婚登记的双方当事人应当共同到婚姻登记机关申请办理并在办理时需出具本人的户口簿和身份证。婚姻登记管理机关应对申请人的证明材料和相关事项进行审查，符合《婚姻登记条例》相关规定的，方能给予办理登记并颁发结婚证书或离婚证书。但从本案来看，被告在办理第三人李某刚的结婚登记时，其所谓的结婚对象“李某”的身份证的签发时间是2005年7月31日，而结婚登记机关登记结婚的时间却是2005年6月27日。显然可以看出婚姻登记机关在办理李某刚的结婚登记时，只有李某刚一人的身份证明材料。故而被告所办理的李某刚与所谓“李某”的结婚登记违反了相关规定，其登记行为是一种违法行为。其违法所办理的第三人李某刚与原告李某之间婚姻登记不受法律保护。因为李某刚与李某之间所谓的婚姻已经不存在，现原告请求撤销其与李某刚之间的结婚登记已没有实际意义，其请求法院不予支持。因被告的违法行为给原告造成了一定的影响，原告请求被告予以弥补的请求符合法律规定，法院予以支持。

故此，依照《中华人民共和国行政诉讼法》第七十六条、《婚姻登记条例》第四条第一款、第五条第一款、第七条之规定，法院判决如下：一、被告苍溪县婚姻登记处于2005年6月27日颁发的川（2005）广元苍结字第010××××号结婚证书、2007年1月24日颁发的川（2007）广元苍离字第01××××号离婚证书违法并协助消除相关档案材料中的婚姻状态记录。二、驳回原告的其他诉讼请求。

四、无效婚姻与可撤销婚姻案例

基本理论概述

无效婚姻是指虽已办理结婚登记，但因当事人未到法定婚龄或者具有结婚的禁止条件，而自始不具有婚姻效力的男女两性结合。可撤销婚姻是指虽已办理结婚登记，但因当事人在结婚时受到胁迫，或者当事人一方在结婚前未告知另一方其患有重大疾病，受胁迫的当事人或者不知情的另一方当事人有权在法定期限内向人民法院请求撤销的婚姻。

根据我国《民法典》第一千零五十一条规定：“有下列情形之一的，婚姻无效：（一）重婚；（二）有禁止结婚的亲属关系；（三）未到法定婚龄。”我国《民法典》第一千零五十二条规定：“因胁迫结婚的，受胁迫的一方可以向人民法院请求撤销婚姻。请求撤销婚姻的，应当自胁迫行为终止之日起一年内提出。被非法限制人身自由的当事人请求撤销婚姻的，应当自恢复人身自由之日起一年内提出。”第一千零五十三条规定：“一方患有重大疾病的，应当在结婚登记前如实告知另一方；不如实告知的，另一方可以向人民法院请求撤销婚姻。请求撤销婚姻的，应当自知道或者应当知道撤销事由之日起一年内提出。”

根据我国《民法典》及相关司法解释的规定，无效婚姻和可撤销婚姻都只能由人民法院经审理后宣告。

示范案例一

母亲胁迫女儿结婚，该婚姻是否属于可撤销婚姻？

原告与被告于2017年8月经人介绍相识，2020年7月28日登记结婚。2021年3月，原告起诉到人民法院请求撤销其婚姻。庭审中双方均陈述登记结婚后未共同生活。原告陈述，在原、被告交往的三年中，双方父母在背后频繁地沟通和联系，交换子女的工作生活情况、双方家庭及社会关系情况，以及对原、被告未来生活的计划和安排。2020年4月，母亲催促原告结婚，原告实在受不了这种状态，提出结束这段恋爱关系，但母亲坚决反对，以脱离母女关系、不想活了等激烈言语相威胁，并在7月6日离家出走。母亲的逼迫行为使原告感到极度恐惧。经过与母亲多次交锋和痛苦的挣扎，原告心力交瘁，经受不住失去母亲、失去家庭的折磨，不得不违背其真实意愿于2020年7月28日与被告登记结婚。当天，母亲亲自带着原、被告到登记处，直到登记完成才离去。登记之后，原、被告双方仍无法建立感情，未举行婚礼，也没有同居。就胁迫的事实原告提供其母亲书写的信件作为证据，另，原告之母出庭作证陈述其胁迫原被告登记结婚的情况。现原告以其办理婚姻登记系受其母胁迫为由要求撤销婚姻登记，被告称办理结婚登记系自愿，其不曾胁迫原告结婚。

分析意见：

本案中原告主张其与被告结婚是受到其母亲的胁迫，故认为依据《民法典》第一千零五十二条的规定，其与被告之间的婚姻属于可撤销婚姻。对原、被告之间的婚姻是否可撤销，有两种不同的观点：

第一种观点认为原被告之间的婚姻不可撤销。依据是最高人民法院《民法典婚姻家庭编司法解释（一）》第十八条，将《民法典》第一千零五十二条所称“胁迫”解释为“行为人以给另一方当事人或者其近亲属的生命、身体、健康、名誉、财产等方面造成损害为要挟，迫使另一方当事人违背真实意愿结婚的”。本案中实施胁迫的并非被告及其家人，而是原告方的母亲，因此不构成行为人对另一方当事人进行胁迫。故一方当事人的母亲以脱离亲子关系等相威胁不属于《民法典》第一千零五十二条所称“胁迫”，原、被告之间的婚姻关系不可撤销。

第二种观点认为，原被告的婚姻关系可撤销。理由是原告与被告结婚不是完全自愿的，其婚姻关系违背了《民法典》第一千零四十六条规定的“结婚应当男女双方完全自愿”这一要件。虽然导致原告非自愿结婚并不是被告一方所致，但干涉子女结婚都是违反婚姻自由原则的行为，故因此而缔结的婚姻不应具有法律效力，一方要求撤销时，应予以撤销。

我们同意第一种观点，原被告的婚姻具有法律效力，不属于可撤销婚姻。虽然原告在缔结婚姻时受到其母亲的干涉，但其母亲的干涉行为不同于一方对另一方的强迫行为，其婚姻不构成可撤销婚姻。可撤销婚姻赋予被胁迫的一方以单方撤销权，但本案中另一方当事人不是有过错的胁迫方，因此不应由无过错的另一方来承担婚姻被撤销的不利后果。如果原告要求解除两人之间的婚姻关系，可以通过离婚程序解决。

示范案例二

女方能否以其结婚时未满法定婚龄为由，请求宣告婚姻无效？

陈某（女）与顾某（男）是同乡，两人同在广东某家玩具厂打工，两个人经常来往，互有好感，不久就确立了恋爱关系。为了节省生活费用，陈某与顾某合租住房，开始同居生活。2018 年年底，19 岁的陈某在亲戚的帮助下隐瞒真实年龄与顾某领取了结婚证。顾某认为结婚后陈某应该待在家里照顾公婆，可是陈某觉得她还年轻应当出去挣钱，双方因此产生了矛盾。2020 年 1 月，陈某向法院提起诉讼，以结婚登记时其未达到法定婚龄为由请求法院宣告其婚姻无效。

请问：人民法院对本案应当如何处理？

分析意见：

从本案的具体情况来看，人民法院不应该支持陈某请求宣告婚姻无效的诉讼请求。诚然，依据《民法典》第一千零五十一条第三项规定，结婚的当事人未到法定婚龄的，婚姻无效。陈某与顾某办理结婚登记时未达到法定婚龄，不符合结婚实质要件的要求，婚姻应属无效。但是根据《民法典婚姻家庭编司法解释（一）》第九条，对无效婚姻是采取宣告无效。即必须由适格的申请主体在导致婚姻无效的情形依然存在时向人民法院提出申请，经人民法院审理并依法宣告婚姻无效后，婚姻才自始无效。并且根据《民法典婚姻家庭编司法解释（一）》第十条规定："当事人依据民法典第一千零五十一条规定向人民法院请求确认婚姻无效，法定的无效婚姻情形在提起诉讼时已经消失的，人民法院不予支持。"

在本案中，陈某以她没有达到法定婚龄就登记结婚为由请求法院宣告婚姻无效，由于陈某在起诉时已经达到法定婚龄，不存在法定的无效婚姻情形，因此人民法院不应当支持陈某的诉讼请求。

讨论案例

1. 已经与人以夫妻名义同居后又与他人登记结婚的，该婚姻是否具有法律效力？

瞿某的妻子在 2016 年年初因病去世，剩下瞿某和不满 5 岁的女儿一起生活。瞿某一方面要经营家具门市，一方面要照顾年幼的女儿，实在忙不过来。于是招聘了一名助理张女帮忙。张女常主动帮助瞿某照顾孩子。对张女的好意，瞿某很感激，经过两年交往，瞿某正式向张女求婚，张女也高兴地接受了。为了办理结婚登记，张女回到老家去拿户口簿。张女回来后，好像有什么心事，整日心神不宁的。瞿某问她有什么不妥当的地方，她却说没有。

瞿某和张女顺利地办理了结婚登记手续，并定于 2019 年 5 月 1 日举行婚礼。婚礼的时间越来越近，本来应当感到幸福的新娘张女却越来越紧张和惶恐。举行婚礼的前一天，张女担心的事情终于发生了。一名三十多岁的男子带着几个精壮的小伙子登门"拜访"了瞿某和张女。这名男子声称张女是他的老婆，逃跑几年了终于找到，要求张女跟其回家，与瞿某解除婚姻关系，否则就要告他们重婚。原来这名男子彭某与张女从 2012 年 3 月开始以夫妻名义同居并育有一女，但女儿 2 岁时因车祸死亡。彭某为此将伤心欲绝的张女毒打一顿，并且经常以此为由毒打张女，双方感情急剧恶化，最后张女于2016年年初离家出走。这次张女回家乡拿户口簿，被彭某查出行踪，于是发生了以上一幕。

张女表示坚决不回去，瞿某不愿看到张女再受到彭某的虐待，也拒绝了彭某的要求。彭某带人砸坏了新房中的家具，留下威胁的话后扬长而去。为了不让瞿某受到重婚罪的处罚，张女第二天就与瞿某一起去婚姻登记机关，请求撤销结婚登记。

请问：张女与彭某之间是什么关系？张女与瞿某的结婚登记是否具有法律效力？张女与瞿某是否已经构成重婚罪？为什么？

2. 以自杀为由迫使对方结婚属于可撤销婚姻吗？

原告符少梅诉称：原告与被告在2019年4月经人介绍相识，相识后只见过几面。被告及家人认为2019年是个好年头，于是，被告多次要求与原告登记结婚，但原告认为双方相识时间不长，了解不深，未同意与其登记结婚。2019年8月29日，被告再次要求与原告登记结婚，原告开始不同意，被告就对原告说，如果其今天不登记结婚，被告的母亲就自杀，被告认为如果他母亲自杀了，其活在世上也就没有意思了，被告以死相逼，并在原告的面前表现出自杀的倾向，无奈之下，原告被迫在2019年8月29日民政局下班前与被告登记结婚。婚后双方没有共同生活，也没有共同财产和债务。符少梅于2021年1月向法院起诉，恳请撤销此婚姻。

请问：原告符少梅的诉讼请求能够得到支持吗，为什么？

相关裁判实例摘录①

杜某诉张某撤销婚姻纠纷案

某人民法院2021年1月11日受理原告杜某（男）诉被告张某（女）撤销婚姻纠纷一案。

原告杜某诉称：2019年6月原、被告经人介绍相识，2020年4月15日办理结婚登记手续。结婚登记完毕，被告即向原告告知了其存在严重先天性生理缺陷，不能生育。原告无法接受这一事实，随即取消了原定于2020年5月举行的婚礼宴请仪式。原告认为，被告在婚姻登记前未如实告知其患有重大疾病，主观上存在过错，符合请求撤销婚姻的事由。为此，原告起诉至法院，请求判令：一、撤销原、被告之间的婚姻关系；二、被告赔偿原告精神损害抚慰金20000元及物质损失30397元。庭审中，原告放弃第二项诉讼请求。

被告张某辩称：对原告陈述的事实无异议，同意撤销婚姻关系。

原告为支持其主张的事实，在举证期限内向法院提供了下列证据材料：

1. 结婚证一份，欲证明原、被告于2020年4月15日登记结婚的事实；
2. 微信聊天记录一份，欲证明被告在结婚登记前未如实告知原告其不能生育的事实；
3. 超声波检查报告单一份，欲证明被告复查病情的事实。

经质证，被告对上述证据无异议，法院予以确认。

被告未提供证据。

---

① 摘自中国裁判文书网，（2021）浙0109民初452号，有改编。

根据以上所确认的证据和双方当事人在庭审中的陈述，法院认定以下事实：原、被告于2020年4月15日登记结婚。2020年4月16日，被告告知原告其有先天性染色体问题，无卵巢，无法生育。2020年4月21日，被告的超声波检查报告单中的检查意见为“始基子宫可能”。此后，原、被告因婚姻及彩礼事宜产生纠纷。

法院认为：一方患有重大疾病的，应当在登记结婚前如实告知另一方；不如实告知的，另一方可以向人民法院请求撤销婚姻。请求撤销婚姻的，应当自知道或者应当知道撤销事由之日起一年内提出。本案中，根据双方当事人的陈述及原告提供的相关证据，能够证明被告患有先天性生殖系统疾病，且被告未将其患病一事在登记结婚前告知原告。被告在婚前隐瞒其患有先天性疾病且不能生育的事实，足以对原告的婚姻家庭生活造成损害，并影响到原告结婚的真实意思表示。现被告同意撤销婚姻，法院亦认为本案符合《中华人民共和国民法典》中关于撤销婚姻的法定情形，且未超过一年的撤销期限，故原告要求撤销婚姻的诉请符合法律规定，法院予以支持。被撤销的婚姻自始没有法律约束力，当事人不具有夫妻的权利和义务。据此，根据《中华人民共和国民法典》第一千零五十三条，《最高人民法院关于适用时间效力的若干规定》第一条之规定，判决如下：撤销杜某与张某之间的婚姻关系。

五、事实婚姻与非婚同居关系案例

基本理论概述

事实婚姻是相对于法律婚姻而言的，其概念有广义与狭义之分。广义的事实婚姻，是指男女双方未办理结婚登记，便以夫妻名义同居生活，群众也认为是夫妻关系的两性结合。狭义的事实婚姻，是指没有配偶的男女未办理结婚登记，便以夫妻名义同居生活，群众也认为是夫妻关系，并且双方符合我国法定结婚条件和时间要件的两性结合。

事实婚姻具有四个方面的特征：第一，欠缺结婚法定形式要件，即当事人双方未办理结婚登记手续。这是其区别于法律婚姻的主要特征。第二，具有目的性和公开性，即当事人双方具有长期共同生活的目的，并以夫妻名义公开共同生活，被群众公认为是夫妻关系。这是其区别于其他非婚两性关系的特征之一，如通奸具有隐蔽性；有配偶者与他人同居不具有终生共同生活的目的，且虽公开同居但相互间不以夫妻之名义。第三，符合法定结婚条件和符合法定时间条件。这是事实婚姻区别于同居关系的主要特征。根据《民法典婚姻家庭编司法解释（一）》第七条的规定，未办理结婚登记手续即以夫妻名义同居的，1994年2月1日民政部《婚姻登记管理条例》公布实施以前，男女双方已经符合结婚的实质要件的，可认定为事实婚姻关系。否则认定为同居关系。据此，构成事实婚姻的条件是双方在1994年2月1日前同居且双方符合法定的结婚实质要件。

非婚同居，指双方当事人未办结婚登记，自愿、稳定的长期共同生活形式。未办结婚登记，是非婚同居与婚姻关系的最主要区别。除狭义的事实婚姻外，其他以夫妻名义公开同居生活但未办理结婚登记的男女同居关系，均属于非婚同居关系。非婚同居关系包含以下特点：第一，非婚同居关系具有较稳定的长期共同生活关系。同居人的共同生活与婚姻

当事人的共同生活相似，一般应有比较稳定的长期共同生活，包括性生活及日常家庭经济生活。仅仅是短暂居住在一起，或是只有性的联系而没有共同的日常家庭经济生活，都不能构成同居关系。第二，非婚同居关系并非都是违法的。双方当事人均无配偶的同居关系，如恋爱同居关系、婚前同居关系等，不具有违法性；但双方或任一方当事人有配偶的同居，根据《民法典》第一千零四十二条第二款，均为法律所禁止的违法行为，即非法同居关系。第三，非婚同居关系不以夫妻名义同居为条件。如以夫妻名义的非婚同居关系当事人在向法院诉请离婚时，人民法院可以按《民法典婚姻家庭编司法解释（一）》，应当告知符合结婚实质要件的当事人，在案件受理前补办结婚登记，如果补办，按合法婚姻当事人起诉离婚处理；未补办的，人民法院不予受理其离婚的诉讼请求，已经受理的，裁定驳回起诉。而非以夫妻名义的非婚同居请求解除同居关系的，人民法院不予受理。

示范案例

宁顺与成某之间是否构成事实婚姻关系？

宁顺与被告宁某系父女关系。宁荣系宁顺的哥哥，原告成某的丈夫。宁荣 1992 年去世后，原告成某与宁顺、宁顺的妻子武芳、宁某共同生活。宁顺的妻子武芳于 2008 年去世后，成某与宁顺、被告宁某继续共同生活并于 2012 年开始经营废品收购站。2021 年 1 月 4 日，宁顺因病去世。成某认为其与宁顺之间虽未办理结婚登记，但共同生活 30 年之久，已经构成事实婚姻关系，并主张宁某名下银行存款 20 万余元系其与宁顺共同经营废品收购站的经营收益，故以法定继承纠纷为由诉至法院，要求分割宁某名下银行存款。

请问：宁顺与成某之间是否构成事实婚姻关系？

分析意见：

宁顺与成某之间不构成事实婚姻关系，理由如下：

首先，根据《民法典婚姻家庭编司法解释（一）》第八条的规定，未按《民法典》第一千零四十九条的规定办理结婚登记而以夫妻名义共同生活的男女，一方死亡后另一方以配偶身份主张享有继承权的，依据《民法典婚姻家庭编司法解释（一）》第七条的原则处理。

其次，根据《民法典婚姻家庭编司法解释（一）》第七条的规定，宁顺与成某之间如要构成事实婚姻关系必须满足如下条件：1994 年《婚姻登记管理条例》公布实施以前，以夫妻名义共同生活的男女双方均应符合结婚实质要件。但本案中，虽然宁顺与成某在一起共同生活，但并非以夫妻名义而是弟弟一家接纳照顾寡嫂而居住在一起。因此，既不符合“以夫妻名义共同生活”的要求，也因宁顺已有配偶而不符合男女双方均符合结婚实质要件的要求，故宁顺与成某之间不构成事实婚姻关系。

最后，如在武芳 2008 年去世后，成某与宁顺以夫妻名义共同生活，但因未办结婚登记手续，二人的关系也仅为非婚同居关系。

讨论案例

1. 非婚同居关系解除时所签订财产处理协议是否具有法律效力？

原告王小斌、被告罗立娟原系同居关系，双方于2015年开始同居，同居期间，双方于2016年10月购买住房一套。购买该房产时，原、被告共同支付了房产首付，并以被告罗立娟的名义办理了银行按揭贷款，向银行借款本金40万元，贷款期限30年。2017年年底，房产开发商将房产交付给原、被告，该房产不动产产权登记于被告罗立娟名下。2018年1月16日，原、被告自行解除同居关系，并于当日签订一份《离婚协议书》。该协议书约定，双方于2016年10月购买的住房一套归原告王小斌所有，由王小斌负责此后的银行按揭贷款清偿；在王小斌具备长沙地区购房资质后，罗立娟应将房产变更登记至王小斌名下。协议签订后，王小斌依约将银行贷款每月清偿数额汇至罗立娟银行还款账户，但罗立娟却并未将房产交付王小斌，且于2018年2月将房产租赁给罗立娟妹妹罗丽珍使用，双方并签订了一份10年的租赁合同，租金约定每月1000元。目前，王小斌已在长沙工作并交纳社会保险。王小斌向法院起诉请求：判令罗立娟履行协议，向王小斌交付房产。罗立娟辩称二人只是同居关系，没有结婚，名下的房产属于其个人财产。故约定将房产给王小斌属于赠与行为，她现在主张行使任意撤销权，不同意将其名下的房产赠与王小斌。

请问：本案应如何处理？

2. 同居关系解除时应如何处理子女问题？

李素梅、张明于2017年经人介绍相识，双方于2018年5月1日举行结婚仪式，2019年5月16日生育一女李某，两人至今未办理结婚登记手续。2020年8月31日，李某在中国科学技术大学附属第一医院安徽省立医院门诊接受治疗，经诊断其患有耳聋、大前庭导水管综合征。李某一直随母亲李素梅生活，2020年10月，李素梅起诉到人民法院，请求依法判决非婚生女由其抚养，张明支付抚养费及女儿的医疗费用。张明答辩称愿直接抚养女儿李某，要求李素梅返还彩礼款9万元、分割夫妻共同财产并支付女儿抚养费和医疗费。

请问：本案依法应如何处理？

相关裁判实例摘录①

姜某诉游某同居关系析产纠纷案

原告姜某（女）与被告游某（男）于2011年5月27日登记结婚，婚后育有一女名叫游某1。2013年10月21日，原、被告双方因感情不和办理离婚登记，并签订《离婚协议书》，其中对子女抚养及财产分割进行了约定："子女抚养：现有一女名叫游某1，1岁半，由女方姜某抚养至18岁，游某每月支付1500元抚养费至游某1年满18岁，18岁后有关费用双方日后协商。财产分割：因占地拆迁在张家坝的125m^{2}房子归女方姜某所有。"协议离婚后，原、被告双方仍然同居生活，但未进行复婚登记，并于2015年6月3日生下次女名叫游某2（系多重一级残疾人）。

---

① 摘自中国裁判文书网，(2020) 渝0235民初5754号，有改编。

位于云阳某地××房屋，原系游某的女儿游某2、游某的母亲、游某的外婆三人指标分得的房屋。2015年7月24日，游某以游某2的名义向云阳县青龙街道办事处缴纳了购房款89850元。2015年7月31日，游某为了与姜某复婚，便以姜某的名义与重庆市云阳县青龙街道办事处签订了《农转非住房安置统建优惠购房协议书》，约定对姜某进行安置购房，安置房面积为91.92平方米，地址位于云阳某地××房屋。姜某于2017年取得上述房屋不动产权证书，编号为渝（2017）云阳县不动产权第××号，权利人登记为姜某。

为给小孩游某2治病，游某、姜某商议卖掉该房屋。2015年8月5日，姜某与案外人王小平签订《房屋出售合同》，主要约定甲方姜某将位于云阳县某地的××房屋（91.92平方米）卖给乙方王小平。购房总款308800元整。付款方式：签合同时付房款298800元。合同尾部，姜某在甲方签字处签名并捺印，被告游某在甲方签字上注明：夫妻游某（并捺印），王小平在乙方签字处签名并捺印。当日，王小平通过银行汇款向被告游某支付25万元，并交付给游某现金48800元，共计298800元。此后，被告游某将房屋交付给王小平，王小平装修后从2016年入住至今。2017年7月28日，姜某与游某感情不和，遂离家出走。对家中小孩未尽抚养义务。

2020年9月14日，姜某向法院起诉提出诉讼请求：1. 判令被告支付原告购房款29.88万元；2. 本案诉讼费由被告负担。被告游某辩称，卖的房子本来就是小女儿的，卖后治病用了17万元，剩下的都用于家庭生活开支。

法院认为，游某与姜某于2013年10月25日协议离婚并办理离婚登记后，仍一直以夫妻名义同居生活，应认定为同居关系。在双方同居生活期间，又生育女儿游某2，游某用其女游某2、其母亲、其外婆三人指标取得征地安置房资格，并以游某2的名义支付了购房款，后游某又以姜某的名义取得了位于云阳某地××房屋产权。因此，虽然该房屋产权登记在姜某的名下，但综合房屋的出资情况、购房来源、购房协议书、房屋不动产权证等证据证实，宜认定为同居期间的共有财产。故对原告诉称位于云阳某地××房屋登记在其名下，并据此认定该房屋系个人财产的诉讼主张，没有事实和法律依据，法院不予支持。

对于同居关系析产纠纷，当事人得请求分割的财产应以同居结束时尚存的财产为限，并由提出主张的一方就同居期间是否存在共有财产事实承担举证责任。本案中，姜某现主张处理的涉案房屋属其个人安置房，卖房所得款项属于个人财产，游某应当予以返还。法院认为，游某、姜某卖房是为了给小孩治病，卖房后亦同居生活了长达两年之久，财产已经混同；同时对于已被处分的房产，姜某亦无证据证明卖房款至今尚存、未被消费完毕的事实，应当承担举证不利的法律后果。

综上所述，对原告的诉讼请求，没有事实和法律依据，法院不予支持。据此，依照《最高人民法院关于人民法院审理未办结婚登记而以夫妻名义同居生活案件的若干意见》第十条，《最高人民法院关于适用〈中华人民共和国民事诉讼法〉的解释》第九十条之规定，判决驳回原告姜某的诉讼请求。

第四单元
家庭关系案例

一、夫妻人身关系案例

基本理论概述

夫妻关系即夫妻法律关系，它是夫妻之间的权利和义务的总和。夫妻关系的内容包括夫妻人身关系和夫妻财产关系两个方面。

夫妻人身关系指与夫妻的身份相联系而不具有经济内容的权利义务关系。夫妻财产关系指夫妻间具有经济内容的权利义务关系。夫妻人身关系决定夫妻财产关系，夫妻财产关系从属于夫妻人身关系。

对于夫妻人身关系，我国1980年《婚姻法》规定有夫妻姓名权、夫妻人身自由权、婚姻住所决定权、计划生育义务四个方面内容。2001年《婚姻法》新增规定，倡导夫妻应当相互忠实。2001年《最高人民法院关于适用〈中华人民共和国婚姻法〉若干问题的解释（一）》第十七条的规定间接承认了夫妻日常家事代理权，而《民法典》第一千零六十条则在实质上对夫妻的日常家事代理权予以了确定。《民法典》第一千零四十一条未沿袭此前《婚姻法》中“实行计划生育”原则的规定，但我国现行《人口与计划生育法》仍规定了“实行计划生育是国家的基本国策”。同时，该法律第十七条规定了公民（包括夫妻）有生育权，并完善了其他有关夫妻计划生育的权利义务的立法。

主要相关法律、法规及司法解释链接

《民法典》

第一千零五十五条　夫妻在婚姻家庭中地位平等。

第一千零五十六条　夫妻双方都有各自使用自己姓名的权利。

第一千零五十七条　夫妻双方都有参加生产、工作、学习和社会活动的自由，一方不得对另一方加以限制或者干涉。

第一千零五十九条　夫妻有相互扶养的义务。

需要扶养的一方，在另一方不履行扶养义务时，有要求其给付扶养费的权利。

第一千零六十条　夫妻一方因家庭日常生活需要而实施的民事法律行为，对夫妻双方发生效力，但是夫妻一方与相对人另有约定的除外。

夫妻之间对一方可以实施的民事法律行为范围的限制，不得对抗善意相对人。

《民法典婚姻家庭编司法解释（一）》

第二十三条　夫以妻擅自中止妊娠侵犯其生育权为由请求损害赔偿的，人民法院不予支持；夫妻双方因是否生育发生纠纷，致使感情确已破裂，一方请求离婚的，人民法院经调解无效，应依照民法典第一千零七十九条第三款第五项的规定处理。

第二十八条　一方未经另一方同意出售夫妻共同所有的房屋，第三人善意购买、支付合理对价并已办理不动产登记，另一方主张追回该房屋的，人民法院不予支持。

夫妻一方擅自处分共同所有的房屋造成另一方损失，离婚时另一方请求赔偿损失的，人民法院应予支持。

第三十一条　民法典第一千零六十三条规定为夫妻一方的个人财产，不因婚姻关系的延续而转化为夫妻共同财产。但当事人另有约定的除外。

第三十三条　债权人就一方婚前所负个人债务向债务人的配偶主张权利的，人民法院不予支持。但债权人能够证明所负债务用于婚后家庭共同生活的除外。

第三十七条　民法典第一千零六十五条第三款所称“相对人知道该约定的”，夫妻一方对此负有举证责任。

示范案例

夫妻一方擅自处分共有房屋的行为，是否属于行使夫妻家事代理权？

黄明与妻子谢霞结婚多年，但因婚前缺乏了解，婚后双方的感情一直不好，常常因为琐事争吵不休，但为了孩子，双方还是勉强地维持婚姻关系。黄明和谢霞为了改善居住环境，在婚后买了一套二手房，房产证上只登记了黄明一个人的名字。2020 年 8 月，谢霞被本单位派到外地进修学习半年。2021 年 1 月黄明没有与谢霞商量，私自在房屋交易市场与陌生人马天达成购房协议，将其名下的夫妻共有房屋以 90 万元的价格卖给马天，在办理了房屋产权过户登记手续后，即交付该房屋给马天使用。黄明带着孩子回到父母家居住。一个月后，谢霞结束在外地的进修学习回家，她才知悉丈夫擅自出卖夫妻共有的家庭住房给马天的行为。谢霞对此非常气愤，遂将丈夫黄明与马天两人告上法庭，请求法院确认该房屋买卖合同无效，并要求黄明对给其造成的损失承担赔偿责任。

在法庭上，黄明声称，他作为丈夫有夫妻家事代理权，有权对夫妻共有的房屋进行处分，况且该房屋的产权证上只有他一人的名字，他完全有权进行此房屋的买卖行为，妻子谢霞没有理由起诉他。然后，黄明向法官出示了他为该房屋唯一所有权人的产权证书。马天则声称，他对于谢霞突如其来的诉讼，感到莫名其妙。因为该房屋的产权证上白纸黑字只有黄明一人的姓名，黄明是以其个人的名义与他办理的买卖该房屋的相关手续，他没有理由不相信该房屋是黄明个人所有的。并且，在他向黄明交付了全部购房款后即依法办理了该房屋产权的登记过户手续，故他根本不存在任何过错。所以，该房屋买卖合同应当有效，他对该房屋的所有权应当受到法律的保护。

请问：法院依法应当如何处理本案？

分析意见：

本案涉及两个法律问题：一是黄明单方擅自处分夫妻共有房屋是否属于行使夫妻家事

代理权的行为；二是黄明与马天的房屋买卖合同是否有效。

第一，根据有关家事代理权的法律规定，黄明单方擅自处分夫妻共有房屋不属于行使夫妻家事代理权的行为。夫妻家事代理权，是指夫妻因日常家庭事务与第三人为一定法律行为时互为代理的权利。夫妻于日常家庭事务互为代理人，互有代理权。被代理方须对代理方从事日常家庭事务行为产生的债务，承担连带清偿责任。我国《民法典》第一千零六十二条规定了夫妻家事代理权，该条文第二款规定了："夫妻对共同财产，有平等的处理权。"对此应当理解为："（一）夫或妻在处理夫妻共同财产上的权利是平等的。因日常生活需要而处理夫妻共同财产的，任何一方均有权决定。（二）夫或妻非因日常生活需要对夫妻共同财产做重要处理决定，夫妻双方应当平等协商，取得一致意见。他人有理由相信其为夫妻双方共同意思表示的，另一方不得以不同意或不知道为由对抗善意第三人。"可见，夫妻家事代理权，仅限于处理满足日常家庭生活需要的行为。由于房屋属于价值较大的不动产，并且房屋的买卖行为不属于满足日常家庭生活需要的行为，所以黄明对夫妻共有房屋的买卖行为不属于行使夫妻家事代理权的范围。并且，依前述法律规定，夫或妻非因日常生活需要对夫妻共同财产做重要处理决定，夫妻双方应当平等协商，取得一致意见。此外，《民法典》第三百零一条亦规定，处理共同共有的财产，应该经过所有共有人同意，共有人没有与其他共有人协商的情况下，擅自处理共同共有的财产，处分行为无效。也就是说，黄明在没有与妻子谢霞协商一致的情况下，擅自对夫妻重要的共同财产房屋进行买卖，构成对谢霞财产权益的侵害，谢霞有权主张对该财产的处分行为无效。

第二，《民法典婚姻家庭编司法解释（一）》第二十八条第一款规定："一方未经另一方同意出售夫妻共同所有的房屋，第三人善意购买、支付合理对价并已办理不动产登记，另一方主张追回该房屋的，人民法院不予支持。"从本案情况看，其一，马天在购买房屋时已尽到了一般买方的注意义务。由于马天并不知道黄明的婚姻状况，且该房的产权证上只有出卖人黄明一人的姓名，因此马天在购买房屋时有理由认为黄明一人为该房屋的所有权人，而不知道黄明是无权处分人，他是善意的。其二，马天在购房时已向黄明支付了合理的价金。其三，马天在购房时还依法办理了房屋产权过户登记手续，已取得该房屋的所有权。因此，黄明与马天的房屋买卖合同有效，马天取得的房屋所有权应当受到法律的保护。

此外，上述司法解释第二十八条第二款规定："夫妻一方擅自处分共同所有的房屋造成另一方损失，离婚时另一方请求赔偿损失的，人民法院应予支持。"故如谢霞并未提出离婚，则法院不应在本案中直接判决黄明赔偿损失。

讨论案例

1. 夫妻一方违反同居义务，是否应按协议支付“空床费”？

陈某（女）和李某（男）于2007年3月登记结婚，婚后因两人的性格不合，感情一直不太好。从2008年5月起，丈夫李某经常夜不归宿。经双方多次争吵和协商，夫妻双方达成一致签订了“空床费”协议，即如果丈夫李某在凌晨0时至凌晨7时夜不归宿，按每小时100元的标准支付“空床费”给妻子陈某。

2009年9月，陈某实在不堪忍受李某经常夜不归宿的生活状况，向当地法院起诉请求判决离婚并要求丈夫李某按协议支付2008年5月至2009年9月的“空床费”共计

23.8 万元。

一审法院审理认为，由于李某经常夜不归宿，造成夫妻感情确已破裂致使调解和好无效，双方协议约定的“空床费”属于精神赔偿范围，但数额巨大，应当酌情减少，遂判决两人离婚，并判决李某支付陈某精神损害赔偿金 3 万元。但是，陈某认为“空床费”和精神损害赔偿两者完全不同，此赔偿数额不符合协议约定的“空床费”数额，于是提起上诉。二审法院经审理认为，夫妻双方有相互陪伴的义务，因在婚姻期间男方未尽此义务，夫妻双方协议约定给予女方一定的补偿费，名为“空床费”实为一种补偿费，该约定是双方真实意思表示，且不违背法律的规定，应属有效约定，应予支持，并就“空床费”的数额予以调解。

请问：李某是否应按协议支付“空床费”？为什么？

2. 对于子女的姓氏，父母应当如何确定？

周婷和曾明婚后于 2018 年 1 月生育一子。在周婷坐月子期间，曾明从医院领走孩子的出生证明，在未征得妻子同意的情况下，他替孩子取名为曾然，并去办理了户口登记。后来，周婷与曾明因儿子应当随父母何方姓的问题多次发生争吵，导致夫妻感情破裂。2021 年 2 月，周婷诉至法院，请求与曾明离婚并要求将孩子改为随她的姓。法院经调解无效，认定夫妻感情确已破裂，判决准予离婚，并对周婷要求更改孩子姓氏的请求予以驳回。

请问：对于子女的姓氏，父母应当如何确定？

3. 生育权的侵犯应如何确认？

原、被告系夫妻，被告平时与婆婆关系不和，经常发生口角。2020 年 7 月 5 日，被告拿了一张余姚市人口计划生育局的证明和她书写的一份承诺书到余姚市人民医院，对腹中怀孕 35 周的胎儿进行了人工流产手术。原告得知此事后，与被告交涉，被告蛮不讲理。被告的行为侵犯了原告的生育权，现在原告精神上受到创伤，身体四肢无力，头脑昏昏沉沉的，饭吃不好，觉睡不好。现起诉法院请求依法判令被告剥夺原告的生育权，向原告赔礼道歉，承认错误，并赔偿精神损失费 2 万元。

请问：原告的诉讼请求可以得到支持吗，为什么？

相关裁判实例摘录①

赵某与张某返还原物纠纷

原告赵某与被告张某系夫妻关系，2019 年 10 月 19 日赵某驾驶电动二轮车与他人驾驶的车辆发生交通事故，造成身体受伤，车辆受损。事故发生前因二人感情不和赵某离家分居生活。赵某受伤住院治疗支出医疗费 52518.46 元，其中张某支付 38500 元，出院后赵某回家休养。2020 年 6 月，赵某向沂南县人民法院提起诉讼要求交通事故赔偿，2020 年 7 月，赵某获得各项赔偿款共计 138522 元，其中医疗费 39762 元、残疾赔偿金 79098 元、误工费 12841 元、护理费 4531 元、交通费 450 元、精神损害抚慰金 1000 元，住院伙食补助费 840 元，上述赔偿款全部打到其名下的银行卡内。2020 年 7 月 30 日，赵某委托

① 摘自中国裁判文书网，(2021) 鲁 1321 民初 20 号。

张某取款20000元自用。之后张某又私自分多次将该卡中的赔偿款11万元取出，偿还赵某的医疗费38500元借款、支付诉讼期间的部分费用后，余款自行支出。同年赵某身体康复后发现银行卡内赔偿款被他人提走遂报警并再次离家。张某承认提取上述款额但拒绝返还，赵某遂诉至某人民法院。

某人民法院经审理后认为，《中华人民共和国民法典》第一千零六十三条规定："下列财产为夫妻一方的个人财产：（一）一方的婚前财产；（二）一方因受到人身损害获得的赔偿或者补偿；（三）遗嘱或者赠与合同中确定只归一方的财产；（四）一方专用的生活用品；（五）其他应当归一方的财产。"本案中赵某因交通事故获得的残疾赔偿金79098元、精神损害抚慰金1000元，系对受害人未来生活的填补，也是其维持未来生活的一种保障，具有人身专属性，二人在婚姻关系存续期间对该笔款项未做约定，应视为赵某的个人财产。根据《最高人民法院关于适用〈中华人民共和国民法典〉婚姻家庭编的解释（一）》的规定，夫妻一方的个人财产，不因婚姻关系的延续转化为夫妻共同财产。即赵某与张某虽系夫妻关系，但不能以此作为不返还赵某个人财产的事由。综上所述，原告赵某要求被告返还个人财产的诉讼请求，人民法院依法予以支持。

依照《中华人民共和国民法典》第二百三十五条、第一千零六十三条，《最高人民法院关于适用〈中华人民共和国民法典〉婚姻家庭编的解释（一）》第三十一条的规定，判决如下：

张某于十日内返还赵某残疾赔偿金79098元、精神损害抚慰金1000元，共计80098元。

如果未按本判决指定的期间履行给付金钱义务，应当依照《中华人民共和国民事诉讼法》第二百五十三条规定，加倍支付迟延履行期间的债务利息。

案件受理费2500元，减半收取计1250元，由被告张某负担。

二、夫妻财产关系案例

基本理论概述

我国婚姻法有关夫妻财产关系的内容主要包括夫妻财产制、夫妻扶养义务和夫妻继承权三个方面。

夫妻财产制又称婚姻财产制，是指规定夫妻财产关系的法律制度。其内容包括各种夫妻财产制的设立、变更与废止，夫妻婚前财产和婚后所得财产的归属、管理、使用、收益、处分，以及家庭生活费用的负担，夫妻债务的清偿，婚姻终止时夫妻财产的清算和分割等问题。

在我国，1980年《婚姻法》第十三条规定："夫妻在婚姻关系存续期间所得的财产，归夫妻共同所有，双方另有约定的除外。""夫妻对共同所有的财产，有平等的处理权。"2001年《婚姻法》修正后仍沿用此规定，并在此基础上做了必要的修改和补充。其立法的基本精神仍然是坚持夫妻在家庭中地位平等，保护夫妻双方的合法财产权益，并根据新形势的需要，注意保护与夫妻交易的第三人的利益和维护交易安全。《民法典》婚姻家庭

编第一千零六十二条、第一千零六十三条、第一千零六十五条的规定，仍沿袭 2001 年《婚姻法》采取法定财产制与约定财产制相结合的夫妻财产制。

依我国《民法典》规定，法定财产制仍实行婚后所得共同制。我国习惯称之为夫妻共同财产制。它指在婚姻关系存续期间，夫妻双方或一方所得的财产，除法律规定或当事人另有约定的外，均归夫妻共同所有，夫妻对共同所有的财产，平等地享有占有、使用、收益和处分的权利的夫妻财产制度。与 2001 年《婚姻法》相比，《民法典》在夫妻共同财产的内容上增加了"劳务报酬"和"投资的收益"，完善了关于夫妻共同财产制的规定。

约定财产制是关于法律允许夫妻用协议的方式，对夫妻在婚姻关系存续期间所得财产所有权的归属、管理、使用、收益、处分权以及家庭生活费用负担和债务清偿、婚姻解除时财产的清算等事项作出约定，排除法定财产制适用的制度。我国 2001 年《婚姻法》对约定财产制，具体增补了夫妻对财产关系约定的范围、内容、方式、约定的适用及效力（对夫妻的效力和对第三人的效力）等内容，《民法典》延续了该部分内容的规定。

主要相关法律、法规及司法解释链接

《民法典》

第一千零六十条　夫妻一方因家庭日常生活需要而实施的民事法律行为，对夫妻双方发生效力，但是夫妻一方与相对人另有约定的除外。

夫妻之间对一方可以实施的民事法律行为范围的限制，不得对抗善意相对人。

第一千零六十二条　夫妻在婚姻关系存续期间所得的下列财产，为夫妻的共同财产，归夫妻共同所有：

（一）工资、奖金、劳务报酬；

（二）生产、经营、投资的收益；

（三）知识产权的收益；

（四）继承或者受赠的财产，但是本法第一千零六十三条第三项规定的除外；

（五）其他应当归共同所有的财产。

夫妻对共同财产，有平等的处理权。

第一千零六十三条　下列财产为夫妻一方的个人财产：

（一）一方的婚前财产；

（二）一方因受到人身损害获得的赔偿或者补偿；

（三）遗嘱或者赠与合同中确定只归一方的财产；

（四）一方专用的生活用品；

（五）其他应当归一方的财产。

第一千零六十五条　男女双方可以约定婚姻关系存续期间所得的财产以及婚前财产归各自所有、共同所有或者部分各自所有、部分共同所有。约定应当采用书面形式。没有约定或者约定不明确的，适用本法第一千零六十二条、第一千零六十三条的规定。

夫妻对婚姻关系存续期间所得的财产以及婚前财产的约定，对双方具有法律约束力。

夫妻对婚姻关系存续期间所得的财产约定归各自所有，夫或者妻一方对外所负的债务，相对人知道该约定的，以夫或者妻一方的个人财产清偿。

《民法典婚姻家庭编司法解释（一）》

第二十四条　民法典第一千零六十二条第一款第三项规定的“知识产权的收益”，是指婚姻关系存续期间，实际取得或者已经明确可以取得的财产性收益。

第二十五条　婚姻关系存续期间，下列财产属于民法典第一千零六十二条规定的“其他应当归共同所有的财产”：

（一）一方以个人财产投资取得的收益；

（二）男女双方实际取得或者应当取得的住房补贴、住房公积金；

（三）男女双方实际取得或者应当取得的基本养老金、破产安置补偿费。

第二十六条　夫妻一方个人财产在婚后产生的收益，除孳息和自然增值外，应认定为夫妻共同财产。

第二十八条　一方未经另一方同意出售夫妻共同所有的房屋，第三人善意购买、支付合理对价并已办理不动产登记，另一方主张追回该房屋的，人民法院不予支持。

夫妻一方擅自处分共同所有的房屋造成另一方损失，离婚时另一方请求赔偿损失的，人民法院应予支持。

第二十九条　当事人结婚前，父母为双方购置房屋出资的，该出资应当认定为对自己子女个人的赠与，但父母明确表示赠与双方的除外。

当事人结婚后，父母为双方购置房屋出资的，依照约定处理；没有约定或者约定不明确的，按照民法典第一千零六十二条第一款第四项规定的原则处理。

第三十一条　民法典第一千零六十三条规定为夫妻一方的个人财产，不因婚姻关系的延续而转化为夫妻共同财产。但当事人另有约定的除外。

第三十二条　婚前或者婚姻关系存续期间，当事人约定将一方所有的房产赠与另一方或者共有，赠与方在赠与房产变更登记之前撤销赠与，另一方请求判令继续履行的，人民法院可以按照民法典第六百五十八条的规定处理。

第三十三条　债权人就一方婚前所负个人债务向债务人的配偶主张权利的，人民法院不予支持。但债权人能够证明所负债务用于婚后家庭共同生活的除外。

第七十八条　夫妻一方婚前签订不动产买卖合同，以个人财产支付首付款并在银行贷款，婚后用夫妻共同财产还贷，不动产登记于首付款支付方名下的，离婚时该不动产由双方协议处理。

依前款规定不能达成协议的，人民法院可以判决该不动产归登记一方，尚未归还的贷款为不动产登记一方的个人债务。双方婚后共同还贷支付的款项及其相对应财产增值部分，离婚时应根据民法典第一千零八十七条第一款规定的原则，由不动产登记一方对另一方进行补偿。

第七十九条　婚姻关系存续期间，双方用夫妻共同财产出资购买以一方父母名义参加房改的房屋，登记在一方父母名下，离婚时另一方主张按照夫妻共同财产对该房屋进行分割的，人民法院不予支持。购买该房屋时的出资，可以作为债权处理。

第八十二条　夫妻之间订立借款协议，以夫妻共同财产出借给一方从事个人经营活动或者用于其他个人事务的，应视为双方约定处分夫妻共同财产的行为，离婚时可以按照借款协议的约定处理。

示范案例一

婚前完成作品、婚后发表所得的稿酬，是否属于夫妻共同财产？

2019年3月，作家顾男与周女结婚。2021年1月，顾男因一篇作品在一次重大比赛中获奖而声名鹊起，他遂将以往完成的部分著作向各出版社投稿，结果均被采用，共获得稿酬58万元。顾男想把这笔钱全部用于再创作，周女却认为应拿出一部分用于家里的房屋装修，夫妻两人的意见不一。顾男认为这笔钱是他用婚前完成的作品换来的，应归他个人所有，怎么用这笔钱应该由他一个人说了算，而周女却认为这笔钱是在他们婚后取得的，她为顾男出书也尽了力，这笔钱应是夫妻共有财产，两人应协商决定如何使用。

请问：婚前完成作品、婚后发表所得的稿酬，是否属于夫妻共同财产？

分析意见：

夫妻共同财产，是指夫妻双方或一方在婚姻关系存续期间所得的财产，但法律另有规定或当事人另有约定的除外。我国《民法典》第一千零六十二条规定："夫妻在婚姻关系存续期间所得的下列财产，为夫妻的共同财产，归夫妻共同所有：（一）工资、奖金、劳务报酬；（二）生产、经营、投资的收益；（三）知识产权的收益；（四）继承或者受赠的财产，但是本法第一千零六十三条第三项规定的除外；（五）其他应当归共同所有的财产。夫妻对共同财产，有平等的处理权。"该条第三项规定即明确了知识产权的收益是夫妻共同财产。值得注意的是该条所称的"所得"，一般系指财产所有权的取得。著作权属于一种兼具人身权和财产权双重属性的知识产权。著作权人特别是作者，固然可在完成作品之时取得各项权利，如发表权、署名权、获得报酬权。但著作财产权之获得报酬权与作品发表后实际取得报酬的财产所有权不能混为一谈。著作权人完成作品的行为使其获得著作权包括获得报酬权，而此获得报酬权只是一种取得经济收益的财产期待权。在作品被发表而实际取得经济收益即报酬后，作者对该报酬取得了现实的财产所有权。因此，如果著作权人在婚前完成作品并且将其发表而获酬，则此收益应属其婚前所有的个人财产。《民法典婚姻家庭编司法解释（一）》第二十四条规定："民法典第一千零六十二条第一款第三项规定的'知识产权的收益'，是指婚姻关系存续期间，实际取得或者已经明确可以取得的财产性收益。"如果作品是在婚前完成，但其实际收益的取得是在婚后，则该收益应当被作为夫妻共同财产。在本案中，顾男后来投稿的作品尽管都是在婚前完成的，但这些作品的发表及收益的取得却是在婚后，依上述法律规定，这58万元的稿酬应当属于顾男与周女的夫妻共同财产。顾男与周女两人应在平等协商的基础上决定该笔钱如何使用。

示范案例二

一方婚前按揭贷款购买且婚后用个人工资还贷的婚姻住房，是否属于夫妻个人财产？

2016年2月，秦某（男）办理按揭贷款购买了一套住房。秦某个人偿还该住房的贷款两年半以后，于2018年8月与女友石某登记结婚。当时夫妻双方口头约定，该住房婚后由夫妻共同居住，秦某的工资收入继续偿还剩余部分贷款并于2020年1月还清，但房产证上的姓名仍是秦某。2020 年 9 月以来，由于秦某与某女同事的关系甚密，秦某和石某夫妻两人经常为此发生争吵，导致夫妻关系恶化。2021 年 2 月，石某向法院起诉离婚，并要求分割该婚姻住房及该房在婚姻期间的增值利益。而秦某认为，该住房是他一人婚前购买的，房产证上只有他一人的姓名，且婚后秦某以其个人的工资继续偿还剩余部分贷款，故该房应属其个人财产，该房在婚姻期间的增值利益也属其个人财产，都不应作为共同财产予以分割。

请问：本案应当如何处理？

分析意见：

《民法典婚姻家庭编司法解释（一）》第七十八条明确规定："夫妻一方婚前签订不动产买卖合同，以个人财产支付首付款并在银行贷款，婚后用夫妻共同财产还贷，不动产登记于首付款支付方名下的，离婚时该不动产由双方协议处理。依前款规定不能达成协议的，人民法院可以判决该不动产归登记一方，尚未归还的贷款为不动产登记一方的个人债务。双方婚后共同还贷支付的款项及其相对应财产增值部分，离婚时应根据民法典第一千零八十七条第一款规定的原则，由不动产登记一方对另一方进行补偿。"在本案中，房屋是秦某婚前以个人名义按揭贷款购买的，如双方无法达成协议，可以认定属于秦某个人所有。但是，秦某是在婚后以其工资收入继续偿还剩余部分贷款，依《民法典》第一千零六十二条规定：夫妻在婚姻关系存续期间所得的工资，属于夫妻共同财产。即秦某实际上是以夫妻共同财产付清的该个人购房的剩余部分贷款。所以，秦某在取得该套房屋所有权的同时，还必须将 2018 年 8 月至 2020 年 1 月共同还贷部分款项价值的一半及其对应的增值部分价值给付于女方。

讨论案例

1. 婚姻期间出售婚前所购股票所得收益，是否属夫妻共同财产？

2019 年 1 月，于某（男）在结婚之前用 20 万元购买了部分股票。同年 5 月，于某与吴某结婚。2019 年 8 月，于某所持股票增幅颇大，于某遂将该股票出售，连本带利共获得 50 万元并以自己的名义将其存入银行。2021 年 1 月，于某与妻子吴某因感情破裂而诉请离婚，吴某认为，于某在婚姻期间出售股票所得的 50 万元中，除 20 万元本金外其余的 30 万元收益应为夫妻共有财产，要求将此收益平均分割，于某则坚持该 50 万元全部系其个人所有的财产。

请问：该项婚姻期间出售股票的收益是否属夫妻共有财产？为什么？

2. 夫妻一方在婚姻期间购买彩票中奖的奖金，是否为夫妻个人财产？

王华（男）与丁丽（女）于 2018 年元旦结婚，感情一直不错。但是由于丁丽身体的缘故，婚后一直未能怀孕。2019 年以来夫妻感情开始恶化。2020 年 11 月的一天，王华买了张彩票，居然中了二等奖，奖金 80 万元。王华一直将中奖之事保密。2020 年 11 月，王华与丁丽离婚。2021 年 2 月，丁丽从亲戚处得知王华离婚前中奖一事，便向法院起诉要求分割该中奖的奖金。王华认为彩票是他买的，中奖后所得的奖金应该属于个人财产，归其所有。

请问：王华在婚姻期间购买彩票中奖的奖金是否为夫妻个人财产？为什么？

3. 婚姻期间夫妻一方私自赠与他人小汽车的行为，是否有效？

在某外企工作的杨女士与某公司销售部经理陈先生经人介绍相识，经过 3 年的恋爱后，2019 年 1 月两人登记结婚，婚后两人的感情很好。2020 年春节前的一天，杨女士在家整理书房时，意外地发现了一张 15 万元的发票。该发票上面写明的付款时间是 2020 年 1 月 5 日，付款人是陈先生，而购买的产品是一辆红色的女士小汽车。杨女士看到此发票觉得很奇怪，家里根本就没有买过小汽车，丈夫陈先生怎么会签这么一张发票呢？她赶忙给丈夫打电话询问，陈先生却很坦然地告诉妻子，他这是给单位买的车，他负责办理所以签了他的名字。杨女士听了此话，心里松了一口气。她也相信她的丈夫不会背着她私下买车的。可是几天后，杨女士去银行想用家里的存款买一些理财产品，却发现她与丈夫的共同存款中少了 15 万元。这时，她联想到那张 15 万元的购车发票。难道丈夫真的在私下买了车？可是，这车即使他已经买了，也从没有见他开过，他把这车送给谁了呢？

回家后，杨女士与陈先生一见面就直截了当地向他提问，这张 15 万元的购车发票到底是怎么回事？陈先生向妻子坦白了一切。原来，陈先生的确背着妻子私下买了一辆红色的女士小汽车，并把此车送给了本单位销售部的一位同事张女士。不过，陈先生一再说明，他与张女士只是工作上的好朋友。因为工作上的原因，两人经常互相帮助，在下班后两人的私交也比较密，如两人经常共进晚餐、共同去购物及外出游玩等。最近，张女士帮助陈先生处理了一桩工作中非常棘手的事情，所以陈先生送给张女士这辆小汽车，以示酬谢之意。

对于陈先生的上述说法，杨女士并不完全相信。不过，既然现在陈先生已经在某种程度上有所坦白，并表示今后一定不再与张女士在下班后私下往来，她想给丈夫一个改过的机会，所以没有提出离婚。但为了追回这辆小汽车，2021 年 3 月，杨女士以丈夫陈先生和张女士为被告到法院起诉，请求法院确认陈先生擅自动用夫妻共同财产购买小汽车私下赠给张女士的行为无效，请求张女士返还该小汽车。

在法庭上，原告杨女士主张，丈夫陈先生在没有经过她同意的情况下，擅自用夫妻共同存款买小汽车而私下赠送给张女士，请求法院确认这是无效的赠与行为，并向法院出示了丈夫陈先生签名的 15 万元的购车发票及她在银行打印的当日交易单据。丈夫陈先生称，他确实是瞒着妻子杨女士，擅自用夫妻共同存款购买了小汽车，然后赠送给同事张女士，并承认他现在已经认识到这是不对的，请求法院确认此赠与行为无效。然而，张女士却认为，陈先生当时是自愿购车送给她的，因为陈先生一直在追求她，在与她谈恋爱，她并不知道他是已婚人士，并且此车在购买时就已经登记在张女士的名下了，她应属于善意取得。因此，此赠与行为应当有效，所以杨女士无权请求她返还该小汽车。

法院经审理查明，丈夫陈先生未经妻子杨女士的同意，擅自动用夫妻共同存款 15 万元购买小汽车并私下赠给张女士的行为属实。张女士确实不知道陈先生是已婚人士。该小汽车已经被登记在张女士的名下，她每天上班都在使用。

请问：本案应当如何处理，为什么？

4. 夫妻财产约定是否直接产生物权移转的效力？

周某（男）和刘某（女）属于观念较为前卫的青年，双方在结婚之初就书面约定采用分别财产制，但周某为表达对刘某的爱意，在约定中特别指明其婚前所有的一辆价值 100 万元的高级轿车转归刘某所有，但并未办理车辆过户登记。后两人因感情破裂而离婚，刘某依照双方约定主张该车归其所有，周某则认为刘某根本不会开车，该车在婚后一直是他在使用且并未办理过户手续，故认为该车应归他所有。经查，双方订立协议时意思表示真实一致。

请问：双方诉争的车辆应归谁所有，为什么？

5. 复员军人在部队获得的复员费、自主择业费和医疗费是否属于夫妻共同财产？

齐昊天2005年10月参军后，在部队学习车辆及枪炮修理，义务兵服役期满后，由于部队需要，直接转为士官继续服役。2009年11月经人介绍，他与家乡小学教师贾雪登记结婚。每年寒暑假期，贾雪都去部队与齐昊天团聚，夫妻感情较好，并生有一女。2009年10月，齐昊天复员时，从部队获得复员费3万元，自主择业费、住房补贴费6万元，医疗费1万元，共计10万元，全部以其个人名义存入银行。齐昊天到某汽车制造厂工作，当上了质量检查员，收入较高，便经常与一些同事出入酒吧、舞厅“泡小姐”。贾雪对其规劝，齐昊天反而认为贾雪干涉了他的私生活，经常对其破口大骂，拳脚相向。贾雪不堪忍受，便于2021年3月向法院起诉离婚，经法院调解，双方同意离婚，并对夫妻其他共同财产、子女抚养达成了协议。唯有对齐昊天从部队带回的复员费、自主择业费和医疗费等10万元存款双方发生争议。齐昊天认为，这10万元是部队发给他个人的费用，贾雪无权分割。贾雪则认为，这10万元是婚后所得财产，应当属于夫妻共同财产，她有权分得5万元。

请问：法院如何处理齐昊天这10万元存款才合法？

6. 婚后购买的价值较大的一方专用物品，离婚时是否属于个人财产？

钟明在某外资企业工作，经济收入丰厚。2011年年初，他与某单位职工孙青结婚。2016年3月，钟明买了一辆价值16万元的小车供其上班使用。2021年4月，钟明与孙青协议离婚，钟明认为该车属于他个人专用物品，不应属于夫妻共同财产。而孙青则认为，这小车是婚后所买，并且价值巨大，应当属于夫妻共同财产。

请问：钟明婚后供个人专用的小汽车，应当属于共同财产还是个人财产？

相关裁判实例摘录①

吴某1、吴某2离婚后财产纠纷案

原告吴某2与被告吴某1为夫妻。2014年2月24日，原告母亲杨某与被告吴某1共同签订《认购卡》认购某市远通悦城房屋一套，当日，杨某银行卡支付20000元定金；2014年3月2日，二人再次签订《客户申请变更表》，申请事由载明“本人杨某、吴某1，于2014年2月24日购买某市远通悦城（9）1-12-3号房，现由于后期的产权问题，特申请将杨某的购房人姓名减下来，由吴某1一人签购房合同并享受房屋产权，如变更后有其他因更名造成的后果由本人吴某1承担”。同日，吴某1作为买受人签订《商品房买卖合同》，该房屋价款为440835元、维修基金8817元，除2014年2月24日已付定金20000元外，剩余429625元中229000元为杨某的银行卡支付、30000元为吴某2父亲吴家某银行卡支付、20652元为吴某2的银行卡支付、110000元为吴某1的工商银行卡支付、40000元为吴某1的农业银行卡支付；《商品房买卖合同》约定出卖人应于2018年5

① 详见中国裁判文书网，（2021）黔01民终1507号。

月31日前取得该商品房所有权初始登记，并将办理商品房转移登记的有关文书交付买受人。2014年3月20日，涉案房屋进行商品房预售合同备案登记，登记表中载明购买人为吴某1。2016年2月3日，吴某1、吴某2经某市人民法院主持调解离婚，对子女抚养及财产分割达成调解协议，但该案中未对某市远通悦城（9）1-12-3房屋进行处理。2016年2月23日，吴家某、杨某（赠与人）与吴某2（受赠人）签订《赠与书》载明"一、2014年3月2日以杨某、吴某1名义认购，以吴某1名义签订的《商品房购销合同》，向某市远通房地产有限公司购买位于某市远通悦城的（9）1-12-3房产，系吴家某、杨某、吴某1、吴某2四人共同的财产，该财产按合同约定应于2016年4月30日交房。二、吴家某、杨某自愿将某市远通悦城（9）1-12-3房产（价值449652元）中享有的份额全部赠与儿子吴某2所有"。吴某2于2016年2月24日向某市人民法院起诉请求分割上述房屋，因吴某1提起管辖权异议，某市人民法院将该案移送至法院审理，本案立案受理（2016）黔0115民初1160号案件后，因吴某2父母坚持其出资为份额赠与，法院认定涉案财产尚未经生效案件认定吴某2父母依法享有份额、可赠与吴某2，故裁定驳回吴某2起诉。吴某2对该裁定上诉后，吴某2父母于某市中级人民法院出具《说明》明确其认为系出资赠与、非份额赠与，某市中级人民法院指定法院继续审理该案。本案立案受理（2018）黔0115民初2528号案后，涉案房屋已于2018年8月16日办理房屋产权证，产权证载明房屋地址为某区，吴某1亦认为本案依专属管辖应移送某市某区人民法院审理。法院将（2018）黔0115民初2528号民事裁定书裁定案件移送某市某区人民法院审理后，某市某区人民法院报请某市中级人民法院指定管辖，某市中级人民法院作出（2018）黔01民辖138号民事裁定书裁定：本案由某市观某湖区人民法院审理。现原告为分割涉案房屋诉至二审法院提出如前诉请。另查明，本案受理后，经吴某2申请，法院委托某房地产资产评估有限公司对涉案房屋市值进行评估，该公司出具黔旭东致和（房估）字（2019）第1101号《房地产估价报告》载明"估价对象：某省某市某区住宅用房，价值时点：2019年10月25日，估价结果：估价对象在本次价值定义下于价值时点、满足本次估价的全部假设和限制条件下的价值为人民币65.96万元（大写：人民币陆拾伍万玖仟陆佰元整）"。

一审法院认为，涉案房屋购买于吴某2、吴某1婚姻关系存续期间，应属夫妻共同财产。现吴某2父母出具《说明》明确二人出资系对吴某2出资赠与，故吴某2主张依据出资比例其应占涉案房屋75%份额，对此法院认为，依照《最高人民法院关于适用〈中华人民共和国婚姻法〉若干问题的解释（二）》第二十二条第二款"当事人结婚后，父母为双方购置房屋出资的，该出资应当认定为对夫妻双方的赠与，但父母明确表示赠与一方的除外"和《最高人民法院关于适用〈中华人民共和国婚姻法〉若干问题的解释（三）》第七条"婚后由一方父母出资为子女购买的不动产，产权登记在出资人子女名下的，可按照婚姻法第十八条第（三）项的规定，视为对子女一方的赠与，该不动产应认定为夫妻一方的个人财产。由双方父母出资购买的不动产，产权登记在一方子女名下的，该不动产可认定为双方按照各自父母的出资份额按份共有，但当事人另有约定的除外"之规定，吴某2父母在购买涉案房屋时出资，却由吴某1一人签订买卖合同，吴某2并未提交证据证明在涉案房屋买卖合同签订时其与吴某1就房屋归属有明确约定，故涉案房屋中吴某2父母出资依法应为对夫妻双方的共同赠与，无论其出资金额多少均已共同赠与吴某2、吴某1，故吴某2、吴某1各占涉案房屋50%份额，鉴于房屋产权已办理登记于吴某1名下，本案酌情判定涉案房屋归吴某1所有，其补偿吴某2房屋价值的50%即659600元×50%=329800元。关于涉案评估费用7700元，吴某2在（2016）黔0115民初1160号案件审理时明确房屋价值按照购买价值440835元计算，该案审理时吴某2及其父母坚持赠与系份额赠与导致案件中不能一并认定份额故而驳回起诉，在对驳回起诉裁定提起上诉后吴某2父母又明确赠与系出资赠与；通过法院上述说理可知，如（2016）黔0115民初1160号案件审理时可明确系出资赠与，最终法定份额认定与现本案认定并无出入，现原告申请评估后其可得补偿款项已比该案审理时高近10万元，虽房屋价值起落并非受原告影响，但原告因此前就赠与性质反复现已较此前结果获益，故法院酌情认定评估费用原告自行负担。综上，依据《中华人民共和国婚姻法》《最高人民法院关于适用〈中华人民共和国婚姻法〉若干问题的解释（二）》第二十二条第二款、《最高人民法院关于适用〈中华人民共和国婚姻法〉若干问题的解释（三）》第七条之规定，判决：一、位于某区的房屋归被告吴某1所有，吴某1于本判决生效之日起三日内补偿原告吴某2329800元；二、驳回原告吴某2的其余诉讼请求。案件受理费4648元，原告吴某2负担2324元、被告吴某1负担2324元。

二审法院审理期间，当事人没有提交新证据。另查明：吴某2的一审诉讼请求：1. 依法分割夫妻关系存续期间的存款约10万元；2. 依法确认某市远通悦城（9）1-12-3房产为共有财产（价值449652元），并进行分割。审理中，吴某2撤回第一项诉讼请求，并将第二项诉讼请求变更为“依法分割房产，诉讼费由被告负担”。一审判决确认的原告诉讼请求不当，二审法院予以纠正。二审查明的其余事实与一审法院查明的事实一致，二审法院予以确认。

二审认为，本案的争议焦点两个：1. 一审是否程序违法；2. 案涉房屋是否属于吴某1个人的财产。

关于争议焦点一，上诉人提出一审超诉求判决的问题，二审法院在二审已查明：吴某2的一审诉讼请求为“1. 依法分割夫妻关系存续期间的存款约10万元；2. 依法确认某市远通悦城（9）1-12-3房产为共有财产（价值449652元），并进行分割”。审理中，吴某2撤回第一项诉讼请求，并将第二项诉讼请求变更为“依法分割房产，诉讼费由被告负担”。一审判决确认的原告诉讼请求不当，二审法院予以纠正。吴某1的诉讼请求为分割讼争房屋，一审法院作出的判决并未超出其诉讼请求，上诉人的该上诉理由不能成立。

关于争议焦点二，关于吴某2父母出资部分是对吴某1、吴某2共同赠与还是对吴某2或吴某1单独赠与的问题。根据《最高人民法院关于适用〈中华人民共和国民法典〉婚姻家庭编的解释（一）》第二十九条第二款“当事人结婚后，父母为双方购置房屋出资的，依照约定处理；没有约定或者约定不明确的，按照民法典第一千零六十二条第一款第四项规定的原则处理”和《中华人民共和国民法典》第一千零六十二条第一款第四项“夫妻在婚姻关系存续期间所得的下列财产，为夫妻的共同财产，归夫妻共同所有……（四）继承或者受赠的财产，但是本法第一千零六十三条第三项规定的除外……”的规定，本案中吴某2父母为购买案涉房屋出资，但各方没有明确约定，应当按照对夫妻双方的赠与处理，一审认定案涉房屋为吴某1、吴某2的夫妻共同财产并无不当，二审法院予以维持。关于上诉人吴某1主张吴某2的父母的赠与是仅对其个人的赠与，但吴某2对此不认可，而吴某1也未向法院提交相关证据证明其主张，对其主张二审法院不予采信。综上，上诉人吴某1的上诉理由均不能成立，对其上诉请求二审法院不予支持。

综上所述，原判认定事实清楚，适用法律正确，应当维持。据此，依照《中华人民共和国民事诉讼法》第一百七十条第一款第一项之规定，判决如下：

驳回上诉，维持原判。

三、夫妻扶养关系案例

基本理论概述

扶养的概念，有广义和狭义两种理解：广义的扶养，是指一定范围的亲属间相互在经济上供养和生活上扶助的法定权利义务。它没有身份、辈份的区别，是赡养、扶养、抚养的统称，即包括长辈亲属对晚辈亲属的扶养、晚辈亲属对长辈亲属的赡养和平辈亲属间的扶养。从国外立法看，大多数国家采取广义说。我国继承法、刑法使用的“扶养”一词，也是采取广义的解释。

狭义的扶养，仅指平辈亲属之间相互在经济上供养和生活上扶助的法定权利义务。东欧一些国家的立法对“扶养”一词采取狭义说。我国婚姻法将夫妻间和兄弟姐妹间相互供养和扶助的法定权利义务称为扶养，即亦采取狭义说。

关于夫妻扶养义务应明确以下几点：第一，夫妻间扶养义务是婚姻的效力之一；第二，夫妻间的扶养既是义务也是权利；第三，夫妻扶养义务是法定义务且具有强制性。

主要相关法律、法规及司法解释链接

《民法典》

第一千零五十九条　夫妻有相互扶养的义务。

需要扶养的一方，在另一方不履行扶养义务时，有要求其给付扶养费的权利。

示范案例

夫妻扶养义务应如何履行？

黄某与张某于1998年结婚且婚后育有一子。黄某与张某婚后共同购买住房两套与门面房一套，其中的一套住房用于家人自住，另一套住房及门面房用于出租。黄某于2016年4月被诊断为患有“脊髓空洞症、抑郁症”，除可报销的医疗费外，每月仍需支付较多医药费用，黄某患病一直未愈。黄某系公司职工，由于长期患病休假，月工资为1188元。张某下岗后常年在外务工，收入较高。黄某因常年患病，又与张某因性格不合时常争吵，张某曾多次起诉要求离婚，但黄某不同意，因而法院均驳回张某的离婚诉讼请求。张某遂离家租房在外生活。黄某于2021年2月起诉，请求法院判决张某履行夫妻扶养义务，同时每月应承担医疗费、生活补助费以及护理费6000元。而张某不同意支付黄某扶养费。

请问：本案依法应如何处理？

分析意见：

我国《民法典》第一千零九十五条第一款规定："夫妻有相互扶养的义务。"据此夫妻一方因疾病、丧失生活能力等原因而需要他方扶养的，有负担能力的夫或妻应当履行扶养义务。如有负担能力的一方无正当理由拒绝扶养他方，该条第二款明确规定："需要扶养的一方，在另一方不履行扶养义务时，有要求其给付扶养费的权利。"由上述规定可见，夫妻间扶养关系成立的要件有二：其一，夫妻一方有受扶养的必要，即因年老、疾病等原因缺乏劳动能力又无生活来源，不能独自维持生活；其二，扶养义务人具有扶养能力。

在本案中，当事人常年患病，需要大笔医疗费用，而夫方自身经济条件较好却未在婚姻关系存续期间尽丈夫的责任，并且还多次提出离婚，在离婚不成的情况下又离家在外居住，继续不对生病的妻子给予生活上的照料和经济上的支持，故应对女方当事人履行扶养义务。

从最后的处理方式来看，当事人系妻方，由于长年患病导致夫妻感情淡化，夫方多次提出离婚未果，后夫妻双方长期分居，在婚姻关系存续期间，夫妻之间有相互扶养的义务，当事人长期患病且月工资较低，收入不能满足治疗疾病的需要，而夫方未尽丈夫职责，且外出务工收入较高，因而夫方未能履行法定的夫妻扶养义务，同时根据双方所处的生活实际情况，应判决由夫方承担对妻子的扶养义务，每月给付扶养费、医疗费。

讨论案例

本案应否认定夫妻一方未尽扶养义务？

姚女从小患有间歇性精神病。她的父母一直为女儿的婚姻大事着急。2019 年 8 月，于男答应娶姚女，并自愿入赘姚家，姚父、姚母对此非常高兴，很快就让姚女与于男办理了结婚登记，然后俩人举行了婚礼。但 2019 年 9 月的一天，姚女突然不见了，姚父、姚母四处寻找姚女的下落，于男也每天起早贪黑地出去寻找姚女，但姚女始终杳无音讯。由于姚女平时很少出门，姚父、姚母对女儿的失踪很是怀疑。2020 年 11 月的一天，有朋友打电话给姚母，说在精神病医院看到了姚女。姚母连忙赶去，发现正是她日夜寻找的女儿。她问女儿是谁带她来医院的，女儿回答是于男。姚母很是生气，于 2021 年 2 月向法院提起诉讼，请求法院判决于男对姚女履行夫妻的扶养义务。而于男认为，其将姚女带去精神病医院住院治疗，目的就是治疗妻子姚女的疾病，以便使她尽快康复。

请问：本案当事人于男是否未尽夫妻扶养义务？为什么？

相关裁判实例摘录①

吴某与于某扶养纠纷案

被告于某为一级残疾（双眼失明）军人，原告吴某与被告于某于1989年12月30日登记结婚，双方均系再婚，婚后未生育子女。原告在婚后悉心照料被告于某的生活，与被告于某、继子于军某及其妻子、儿子一家共同生活至今。2019年年初，原告吴某因患（右肝）中分化肝细胞性肝癌在某区中医院住院治疗，治疗期间继子于军某对原告悉心照顾，医疗费用也由继子于军某承担支付。原告吴某出院后，与被告于某及被告家庭出现了一系列的矛盾，双方虽然共处一室，但原告吴某与被告于某及其子女不再同桌吃饭，吴某自行解决。原告吴某在2019年3月至2020年8月共花费医疗费8595.04元，其中个人承担2838.72元。2020年10月27日，原告以生活困难需要被告承担生活费、医疗费为由，向某人民法院提起诉讼。

另查明：原告吴某与前夫育有三子，现每月有养老金2000元左右；被告于某系退出现役的一级残疾军人，由国家供养终身，享受残疾抚恤金和护理费，2020年度残疾抚恤金96485元、护理费45946元。

法院认为：《中华人民共和国民法典》第一千零五十九条规定："夫妻有相互扶养的义务。需要扶养的一方，在另一方不履行扶养义务时，有要求其给付扶养费的权利。"夫妻之间互相扶养是法定义务。原告吴某与被告于某是已经共同生活30多年的合法夫妻，在生活中本应相互关心、互相照顾，彼此扶助。现原告吴某身患疾病，虽然每月有2000元左右的养老金经济来源，但鉴于原告的实际情况，该经济来源尚不足以维持其正常生活和治疗所需；而被告于某现有的残疾抚恤金每月有8000元左右，有能力从经济方面给予原告吴某帮助，履行夫妻之间的扶养义务。原告吴某因患病治疗实际支出的医疗费用为2838.72元的事实清楚、证据充分。鉴于原、被告现在生活的状况，法院酌情确定由被告于某承担2000元。对于原告主张的每月4000元的扶养费，结合本案原、被告的实际情况，法院酌定被告支付原告扶养费每月1500元。原告的其他诉讼请求，无事实和法律依据，法院不予支持。综上，依照《中华人民共和国民法典》第一千零五十九条、《中华人民共和国民事诉讼法》第六十四条之规定，判决如下：

一、被告于某于本判决生效之日起十日内支付原告吴某医疗费2000元。

二、被告于某应自2020年8月1日起于每月月底前支付原告吴某扶养费1500元；其中2020年8月至2021年2月共计10500元，于本判决生效之日起十日内支付。

三、驳回原告吴某的其他诉讼请求。

① 摘自中国裁判文书网，（2020）浙0112民初4185号。

四、生子女与生父母关系案例

基本理论概述

父母子女关系，又称亲子关系，在法律上是指父母和子女之间的权利和义务关系。父母子女是血亲关系中最近的直系血亲，为家庭法律关系的核心。

婚生子女是指由婚姻关系受胎而出生的子女。严格意义上的婚生子女应具备下列要件：第一，其父母间须有婚姻关系；第二，其为生父之妻所怀孕分娩；第三，其在父母的婚姻关系存续期间受胎或出生；第四，其为生母之夫的血缘。

婚生子女的推定是指子女系生母在婚姻关系存续期间受胎或出生，该子女被法律推定为生母与生母之夫的婚生子女。婚生子女的父亲身份既然只是一种法律上的推定，就有可能被相反的事实所推翻。在现代社会的婚姻关系中，婚外性行为在任何国家或地区都不可能因法律或道德的否定而完全杜绝。因此，受婚生子女推定的子女有可能不是丈夫的子女。为了维护婚生父母子女关系的血缘真实性，使法律推定与事实尽可能相一致，以保护当事人的权益，让应尽义务的真正生父不致逃脱法律责任，实现法律的公正，各国家庭法在设立婚生子女的推定的同时，也允许提出对婚生子女的否认。但这种否认权须以诉讼方式行使，并经法院裁决确认之后，才能撤销婚生子女的推定，否认权人自行否认不产生法律效力。

非婚生子女，指没有婚姻关系的男女所生之子女。无婚姻关系的妇女所生的子女，已婚妇女所生但被法院判决否认婚生推定的子女，已婚妇女所生的不受婚生推定的子女，均属于非婚生子女。我国《民法典》第一千零七十一条第一款明确规定："非婚生子女享有与婚生子女同等的权利，任何组织或者个人不得加以危害和歧视。"这表明我国《民法典》对非婚生子女的保护力度很强。

主要相关法律、法规及司法解释链接

《民法典》

第一千零六十七条　父母不履行抚养义务的，未成年子女或者不能独立生活的成年子女，有要求父母给付抚养费的权利。

成年子女不履行赡养义务的，缺乏劳动能力或者生活困难的父母，有要求成年子女给付赡养费的权利。

第一千零六十八条　父母有教育、保护未成年子女的权利和义务。未成年子女造成他人损害的，父母应当依法承担民事责任。

第一千零七十一条　非婚生子女享有与婚生子女同等的权利，任何组织或者个人不得加以危害和歧视。

不直接抚养非婚生子女的生父或者生母，应当负担未成年子女或者不能独立生活的成年子女的抚养费。

《民法典婚姻家庭编司法解释（一）》

第三十九条 父或者母向人民法院起诉请求否认亲子关系，并已提供必要证据予以证明，另一方没有相反证据又拒绝做亲子鉴定的，人民法院可以认定否认亲子关系一方的主张成立。

父或者母以及成年子女起诉请求确认亲子关系，并提供必要证据予以证明，另一方没有相反证据又拒绝做亲子鉴定的，人民法院可以认定确认亲子关系一方的主张成立。

第四十条 婚姻关系存续期间，夫妻双方一致同意进行人工授精，所生子女应视为婚生子女，父母子女间的权利义务关系适用民法典的有关规定。

第四十一条 尚在校接受高中及其以下学历教育，或者丧失、部分丧失劳动能力等非因主观原因而无法维持正常生活的成年子女，可以认定为民法典第一千零六十七条规定的“不能独立生活的成年子女”。

第四十二条 民法典第一千零六十七条所称“抚养费”，包括子女生活费、教育费、医疗费等费用。

第四十三条 婚姻关系存续期间，父母双方或者一方拒不履行抚养子女义务，未成年子女或者不能独立生活的成年子女请求支付抚养费的，人民法院应予支持。

示范案例一

子女成年后，父母仍须对其尽抚养义务吗？

于建是于文祥、赵茜夫妇的独子。自小于文祥夫妇便对于建十分宠爱，养成了其懒惰、骄纵的恶习。于建高中尚未毕业就辍学在家，一直无所事事。2020年9月，于文祥多方请人帮助好不容易才给20岁的于建找了个仓库管理员的工作，但于建上班才两天就嫌这份工作又脏又累，第三天就表示不愿再去上班了。于文祥非常生气，狠狠责骂了于建。于建负气出走，租房另住，但月底又回家向父母索要2000元的生活费和800元的房租费。于文祥夫妇断然拒绝了于建的要求。于建遂于同年11月向法院提起诉讼，以其没有生活来源为由要求父母于文祥、赵茜承担其抚养费用。

请问：法院应否支持于建的诉讼请求？

分析意见：

父母子女是血缘关系最近的直系血亲，相互有法定的抚养、赡养义务，是家庭关系的核心。《民法典》第一千零六十七第一款规定：“父母不履行抚养义务的，未成年子女或者不能独立生活的成年子女，有要求父母给付抚养费的权利。”《民法典婚姻家庭编司法解释（一）》进一步规定：“尚在校接受高中及其以下学历教育，或者丧失、部分丧失劳动能力等非因主观原因而无法维持正常生活的成年子女，可以认定为民法典第一千零六十七条规定的‘不能独立生活的成年子女’。”

由上述规定可以看出，父母对子女的抚养义务不是无条件、无期限的，一般到子女成年或具有独立生活能力时终止。

根据本案实际情况，于建已成年且并未丧失劳动能力，其没有工作及没有生活来源的现状完全由于其好逸恶劳、拈轻怕重的不良习惯所致，于文祥夫妇不再对其负有法定抚养义务，故人民法院不应该支持于建的诉讼请求。

示范案例二

无婚姻关系的男女所生子女，是否有权请求生父付给抚养费？

2014 年，杨某与韩某通过网络通信工具相识相恋，后线下见面，确定恋人关系，开始同居生活。仅仅同居一个月，二人便因感情不和分手。二人分开生活不久后的一天，韩某突然接到杨某电话，杨某告知韩某她怀孕了，韩某当即表示“养不起”并挂断电话。后杨某与他人结婚并瞒着韩某生下小孩聪聪。2020 年 11 月，聪聪在母亲杨某的代理下，将毫不知情的韩某诉至某市人民法院，认为从其出生之日起，其父亲并未尽到抚养义务，请求判令韩某向其支付抚养费用，直至其年满 18 周岁。经司法鉴定，韩某为聪聪的生物学父亲，二者存在亲子关系。

请问：聪聪是否有权请求韩某给付抚养费？为什么？

分析意见：

没有婚姻关系的男女所生子女，我国《民法典》中称为“非婚生子女”。我国《民法典》第一千零七十一条第一款规定：“非婚生子女享有与婚生子女同等的权利，任何组织或者个人不得加以危害和歧视。”第二款规定：“不直接抚养非婚生子女的生父或者生母，应当负担未成年子女或者不能独立生活的成年子女的抚养费。”

也就是说，非婚生子女与婚生子女具有平等的法律地位。尽管对于非婚生子女与婚生子女，在称谓上或者在人们的日常评价中有所不同，但我国《民法典》已经赋予了二者完全平等的法律地位。因此，在本案中，尽管聪聪是由没有婚姻关系的杨某与韩某所生的子女，但他仍然享有与婚生子女完全相同的权利。他是韩某的亲生子女，即便此前韩某并不知情，但作为生父韩某对其负有法定抚养义务，其有权请求韩某给付抚养费。

讨论案例

1. 离婚后不直接抚养子女一方，应否对子女致人损害的行为承担赔偿责任？

2018 年 5 月，赵国平、徐小兰夫妇双方协议登记离婚，两人约定 8 岁的儿子赵小军与父亲赵国平共同生活，徐小兰每月支付抚养费 600 元。2021 年春节，赵小军在乡下奶奶家燃放鞭炮时不慎将另一小孩吴某的眼睛炸伤。吴某的父母为儿子治疗眼伤先后花费医药费 6 万余元，于是要求赵国平负责赔偿此费用。赵国平由于其经营的公司在一次商业活动中被他人骗走 50 多万元资金，拿不出钱来赔偿，遂与已在外地某外企工作的徐小兰商量，要求徐小兰与其共同承担此赔偿责任。但徐小兰认为她未与赵小军一起生活，赵国平应为其对儿子管教不力而负责，于是拒绝了赵国平的请求。

请问：对赵小军给吴某造成的人身伤害，赵国平应否承担民事责任，为什么？徐小兰应否承担民事责任，为什么？

2. 强奸犯可以提出亲子关系确认的请求吗？

2012 年 9 月，赵某和张某在某某市某某区民政局登记结婚，婚后二人感情甚好。2018 年 7 月，赵某不幸于下班回家途中遭柳某尾随强奸。事后，柳某被公安机关抓获并被某某区法院判处 3 年有期徒刑。2019 年 3 月，赵某在医院产下一子张某甲，《出生医学证明》登记父亲为张某。2020 年 1 月，获得减刑提前释放的柳某认为其系张某甲的亲生父亲，遂向法院提起诉讼，要求确认其和张某甲为父子关系，并提供《刑事判决书》等材料佐证。庭审中，柳某要求和张某甲做亲子鉴定，遭到赵某和张某的拒绝，但二人并未提出相反证据。

请问：本案应如何处理？

相关裁判实例摘录[①]

邱某 1 与白某抚养费纠纷案

邱某 2 与被告白某曾为男女朋友关系，××××年××月双方开始同居生活，后因结婚事宜未谈妥，邱某 2 又经人介绍与许某某认识，一个月后双方按照农村习俗办理结婚典礼并同居生活，××××年××月××日邱某 2 生育一女取名许某。2019 年 10 月 15 日经许某某委托，河南省法医学会司法鉴定中心对许某某与许某之间有无亲生血缘关系进行鉴定，2019 年 10 月 25 日该司法鉴定中心作出了豫法司鉴中心［2019］法物鉴字第 FW2019×××××× 号司法鉴定意见书，鉴定意见载明：依据现有资料和 DAN 分析结果，排除许某某为许某的生物学父亲。后许某改名为邱某 1，许某某于 2019 年 12 月 3 日因婚约财产纠纷一案向某人民法院提起诉讼，要求邱某 2 返还彩礼等。

另从原告提供的录音光盘显示：邱某 2 与许某某共同生活前曾与白某谈恋爱并同居生活。邱某 2 生下女儿邱某 1 发现女儿不是许某某亲生后就与被告白某多次协商，要求被告白某配合进行亲子鉴定并承担责任，但被告白某拒不配合。

另查明，原告邱某 1，出生于××××年××月××日，现跟随其母亲邱某 2 生活，系农村户口。2019 年河南省农村居民人均可支配收入为：15163. 75 元/年。

上述事实，由原告代理人当庭陈述、身份证复印件、原告出生医学证明、（2019）豫 1722 民初 6114 号民事判决书、司法鉴定意见书、录音光盘及录音笔录等证据在卷佐证，人民法院予以确认。

一审法院认为：邱某 2 与被告白某曾为男女朋友关系，后因结婚事宜未谈妥，邱某 2 又与另案许某某谈恋爱并很快按习俗举行婚礼并同居，后邱某 2 生下女儿取名许某（邱某 1）。经河南省法医学会司法鉴定中心鉴定，排除许某某为许某的生物学父亲。庭审中原告提交的证据证明邱某 2 在与许某某共同生活前曾与被告白某恋爱并同居生活，并因邱某 1 的抚养问题和亲子鉴定问题与被告白某及其家人协商交涉无果。根据《最高人民法院关于适用〈中华人民共和国婚姻法〉若干问题的解释（三）》第二条第二款规定："当事人一方起诉请求确认亲子关系，并提供必要证据予以证明，另一方没有相反证据又拒绝做亲子鉴定的，人民法院可以推定请求确认亲子关系一方的主张成立。"本案原告法定代理人邱某 2 庭审中已提供了必要的证据。另依据《中华人民共和国婚姻法》第二十五条的规定："非婚生子女享有与婚生子女同等的权利，任何人不得加以危害和歧视。不直接抚养非婚生子女的生父或生母，应当负担子女的生活费和教育费，直至子女能独立生活为止。"故原告要求被告给付非婚生女邱某 1 的抚养费的诉请，本院应予以支持。关于抚养费的数额，综合考虑原、被告生活现状，邱某 1 系农村户口，参照

① 摘自中国裁判文书网，（2020）豫 1722 民初 1401 号。

2019年河南省农村居民人均可支配收入标准15163.57元/年计算，抚养费每月：15163.75元/12月×25%=316元，至邱某1年满18周岁止。抚养费总计为：316元/月×(17×12+6)月=66360元。被告白某经本院传唤无正当理由拒不到庭参加诉讼，视为其自行放弃质证与抗辩的权利，不影响本院根据查明的事实依法缺席审理及判决。综上，依据《最高人民法院关于适用〈中华人民共和国婚姻法〉若干问题的解释（三）》第二条第二款，《中华人民共和国婚姻法》第二十五条，《中华人民共和国民事诉讼法》第一百四十四条之规定，判决如下：

一、被告白某每月支付原告邱某1（2019年10月14日出生）抚养费316元，总计66360元，于每年的9月1日前付清当年抚养费，从2020年5月起算至邱某1年满18周岁止付清。

二、驳回原告邱某1的其他诉讼请求。

如果未按本判决指定的期间履行给付金钱义务，应当依照《中华人民共和国民事诉讼法》第二百五十三条之规定，加倍支付迟延履行期间的债务利息。

案件受理费1176元，由原告邱某1负担446元，被告白某负担730元（原告已预交1176元，限本判决生效后十日内被告支付原告诉讼费730元）。

如不服本判决，可在判决书送达之日起十五日内，向本院递交上诉状，并按对方当事人的人数提出副本，上诉于某中级人民法院。

五、人工生育子女案例

基本理论概述

人工生育子女是指借助各类人工辅助生殖技术所生育的子女。我国于2001年2月20日发布《人类辅助生殖技术管理办法》(自2001年8月1日起施行)。《人类辅助生殖技术管理办法》第三条规定："人类辅助生殖技术的应用应当在医疗机构中进行，以医疗为目的，并符合国家计划生育政策、伦理原则和有关法律规定。禁止以任何形式买卖配子、合子、胚胎。医疗机构和医务人员不得实施任何形式的代孕技术。"此规定明确了人工生育技术的实施范围，禁止任何形式的代理母亲。夫妻双方要求实施人类辅助生殖技术，应符合国家计划生育政策、伦理原则和有关法律规定，并须签署同意书。

对于人工生殖子女的法律地位，我国《民法典》未作出明确的规定。《民法典婚姻家庭编司法解释（一）》第四十条规定："婚姻关系存续期间，夫妻双方一致同意进行人工授精，所生子女应视为婚生子女，父母子女间的权利义务关系适用民法典的有关规定。"

主要相关法律、法规及司法解释链接

2001年《人类辅助生殖技术管理办法》

第十四条　实施人类辅助生殖技术应当遵循知情同意原则，并签署知情同意书。涉及伦理问题的，应当提交医学伦理委员会讨论。

卫生部2003年修订的《人类辅助生殖技术规范》①

二、人工授精技术规范

……

（二）管理。

1. 实施授精前，不育夫妇必须签订《知情同意书》及《多胎妊娠减胎术同意书》；

2. 供精人工授精只能从持有卫生部批准证书的人类精子库获得精源；

3. 机构必须及时做好不育夫妇的病历书写并按《医疗机构病历管理规定》严格管理，对每一位受者都应进行随访；

4. 实施供精人工授精的机构必须向人类精子库反馈妊娠、子代以及受者使用冷冻精液后是否出现性传播疾病的临床信息等情况，记录档案应永久保存；

5. 严格控制每一位供精者的冷冻精液最多只能使5名妇女受孕；

6. 除司法机关出具公函或相关当事人具有充分理由同意查阅外，其他任何单位和个人一律谢绝查阅供受精者双方的档案；确因工作需要及其他特殊原因非得查阅档案时，则必须经授精机构负责人批准，并隐去供受者双方的社会身份资料；

7. 人工授精必须具备完善、健全的规章制度和技术操作手册并切实付诸实施；

8. 机构必须按期对人工授精的情况进行自查，按要求向卫生行政审批部门提供必要的资料及年度报告。

……

三、实施技术人员的行为准则

（一）必须严格遵守国家人口和计划生育法律法规；

（二）必须严格遵守知情同意、知情选择的自愿原则；

（三）必须尊重患者隐私权；

（四）禁止无医学指征的性别选择；

（五）禁止实施代孕技术；

（六）禁止实施胚胎赠送；

（七）禁止实施以治疗不育为目的的人卵胞浆移植及核移植技术；

（八）禁止人类与异种配子的杂交；禁止人类体内移植异种配子、合子和胚胎；禁止异种体内移植人类配子、合子和胚胎；

（九）禁止以生殖为目的对人类配子、合子和胚胎进行基因操作；

（十）禁止实施近亲间的精子和卵子结合；

（十一）在同一治疗周期中，配子和合子必须来自同一男性和同一女性；

（十二）禁止在患者不知情和不自愿的情况下，将配子、合子和胚胎转送他人或进行科学研究；

（十三）禁止给不符合国家人口和计划生育法规和条例规定的夫妇和单身妇女实施人类辅助生殖技术；

---

① 卫生部修订人类辅助生殖技术等规范，载 http://www.nhc.gov.cn/cms-search/xxgk/getManuscriptXxgk.htm?id=35747，上网时间：2021年4月20日；《人类辅助生殖技术规范》，载 http://61.49.18.65/uploadfile/2005112816435508.doc，上网时间：2021年4月20日。

（十四）禁止开展人类嵌合体胚胎试验研究；

（十五）禁止克隆人。

示范案例

异质人工授精子女的法律地位，应当如何认定？

陈某（男）与杜某（女）均有生理疾病，婚后 6 年未育。经治疗后杜某恢复了生育能力，而陈某的病情一直未有好转。2019 年 9 月，两人经协商后决定到医院进行人工授精，共同到某医院递交了人工授精申请书，其中写明“我们承认人工授精后出生的子女是我们的亲生子女”。夫妻两人在医院办理完申请手续并签订了《知情同意书》及《多胎妊娠减胎术同意书》后，陈某还专门给杜某写了一份接受并愿意抚养该子女的保证书。2020 年 10 月，接受人工授精后的杜某顺利生下一子。此后，陈某因家庭经济问题而与杜某多次发生争吵，夫妻感情出现较大裂痕。2021 年 3 月，陈某向杜某提出要求离婚，并称杜某生育的孩子与他并无血缘关系，在离婚后他不再继续承担该子女的抚养义务。杜某称其同意与陈某离婚，但其接受人工授精是经夫妻两人协商同意后才进行的，陈某还写有一份承认抚养该子女的保证书，因此不同意陈某不抚养子女。于是，杜某向法院提起诉讼，请求与陈某离婚，并要求其承担子女的抚养费。

请问：该异质人工授精所生子女与陈某是什么关系？陈某在离婚后是否应支付该子女的抚养费？

分析意见：

人工授精是人类生殖领域的一大突破性的科研成果。人工授精实际应用的推广，使许多不育的夫妇实现了生育子女的美好愿望，但由此也引发了一些现实法律问题。人工授精可分为同质人工授精与异质人工授精，前者是指精源是来自丈夫；后者是指精源是来自丈夫以外的男性。在现实生活中，对于异质人工授精而出生的子女，有些丈夫往往反悔，否认该子女与其存在亲子关系。为此，我国 2001 年《人类辅助生殖技术管理办法》第十四条规定：“实施人类辅助生殖技术应当遵循知情同意原则，并签署知情同意书……”我国卫生部 2003 年修订的《人类辅助生殖技术规范》也规定，实施授精前，不育夫妇必须签订《知情同意书》及《多胎妊娠减胎术同意书》。禁止给不符合国家人口和计划生育法规和条例规定的夫妇和单身妇女实施人类辅助生殖技术。另外，《民法典婚姻家庭编司法解释（一）》第四十条规定：“婚姻关系存续期间，夫妻双方一致同意进行人工授精，所生子女应视为婚生子女，父母子女间的权利义务关系适用民法典的有关规定。”

从上述法规及司法解释可见，只有符合我国现行《人口与计划生育法》及相关条例规定的不育夫妇才具有接受人工授精的主体资格。并且，夫妻双方共同签订《知情同意书》及《多胎妊娠减胎术同意书》是实施人工授精的法定要件。即目前我国只允许符合法定条件的不育夫妻在双方书面同意的前提下实施人工授精。夫妻双方共同签订《知情同意书》是认定人工生育子女与该夫妻存在亲子关系的法定证据。在我国，经夫妻双方协商同意并共同签订《知情同意书》等法定文件而实施的人工授精所生子女，包括同质人工授精和异质人工授精所生子女，均被视为夫妻双方的婚生子女，其父母子女间的权利义务关系适用《婚姻法》有关父母子女间权利义务的规定。

从本案情况看，杜某接受人工授精是与陈某协商并取得其同意的，这从夫妻两人向医院提交的申请书和《知情同意书》等文件的双方签名中可以被证明，并且陈某还向杜某提交了一份专门的抚养子女的亲笔保证书。因此，陈某与杜某所生子女之间应适用2021年的《民法典》对父母子女关系的规定，该子女应视为夫妻双方的婚生子女，陈某应依法履行对该子女的抚养义务。即使陈某与杜某离婚后，陈某作为该子女父亲的身份也不会改变，其应依法支付该子女的抚养费。

讨论案例

1. 误用他人精液施行人工授精，该子女的法律地位如何认定？

某医院的产科医生在手术过程中，误把他人精液当作谢某的丈夫吴某提供之精液而为谢某施行了人工授精手术。谢某生下一名男婴，吴某及其家人甚是欢喜。但事后发现孩子体貌特征均与吴某有很大差异，遂生疑心，夫妻关系因此恶化。后吴某向法院诉请离婚，并声称虽然是在他与妻子双方签订《知情同意书》及《多胎妊娠减胎术同意书》后实施的人工授精，但因医院的医疗事故，致使谢某所生男孩非他亲生，因此其离婚后不承担子女的抚养费。法院在征得夫妻双方同意后，经DNA鉴定证明该男孩确与吴某无血缘关系。

请问：误用他人精液施行人工授精，该子女的法律地位如何？离婚后，吴某应否支付该子女的抚养费？

2. 夫妻协议同意丈夫与他人同居，以便代为生子的行为是否合法？

孟某（男）和谢某（女）于2015年结婚，两人婚后感情很好，但一直没有生育子女。夫妻两人去医院检查后，医生确定系谢某患有不育症。谢某的不育症经多方求医治疗后仍无好转。2021年3月，谢某远房的表妹张某到谢某处玩，谢某把她的苦恼告诉张某并央求张某帮忙，代她为孟某生一个孩子。孟某、张某起初都不肯答应，后谢某以死相逼，孟某、张某和谢某才共同订立了一份协议，约定由张某替孟某生育一个子女并付给其报酬80000元。张某遂在孟家住下并与孟某同居生活。一个月后，谢某因不能忍受丈夫与他人同居生活而表示反悔，并要赶走张某。张某认为，她之所以这样做完全是为了谢某，现在谢某的做法太无理，于是坚持不走。

请问：夫妇协议同意丈夫与张某同居，以便代为生子的行为是否合法？本案应如何处理？

相关裁判实例摘录[①]

宋某与庄某继承纠纷案

宋某的父亲宋某固、母亲钟某文生育有宋某和宋某某两个孩子，钟某文于1985年3月因病死亡，宋某固于2005年2月因病死亡，宋某的妻子高某瑜于2003年11月因病死亡，宋某于2018年10月15日因患白血病死亡。庄某于2004年与其前夫离婚后未再婚。高某瑜死亡后，宋某与庄某交往密切，后发展为同居关系，双方共同居住在某市平海公寓，但未办理结婚登记。宋某与案外人迟某于2009年登记结婚。2014年3月7日，双方

① 摘自中国裁判文书网，（2020）浙0102民初1632号之一。

协议离婚。因宋某与迟某存在不孕不育的生理缺陷，故自2010年3月至2014年7月迟某多次到浙江大学医学院附属妇产科医院行辅助生殖手术，其间，因在该院辅助生殖未成功，迟某于2013年11月赴美国行辅助生殖手术受孕成功，并于2014年7月4日在浙江大学医学院附属妇产科医院行剖腹产手术产下一对双胞胎女儿，取名迟某愉、迟某悦。该院相关病历记载患者姓名迟某，丈夫姓名宋某，新生儿母亲姓名迟某，父亲姓名宋某。原告称宋某并非迟某愉、迟某悦的亲生父亲，而是另有其人，但对此未提供充分有效的证据证明。《最高人民法院关于夫妻离婚后人工授精所生子女的法律地位如何确定的复函》中指出："……在夫妻关系存续期间，双方一致同意进行人工授精，所生子女应视为夫妻双方的婚生子女，父母子女之间的权利义务关系适用《婚姻法》的有关规定。"结合上述事实，宋某、迟某在婚姻存续期间一致同意通过辅助生殖技术以实现生育子女的意愿，婚姻存续期间迟某受孕成功，故即使所生女出生时间发生在双方离婚之后，或者所生女与宋某不具有血缘关系，亦应当认定迟某愉、迟某悦系宋某与迟某的婚生女。在宋某未留有有效遗嘱将遗产交由其他继承人继承的前提下，迟某愉、迟某悦应当作为宋某遗产的第一顺序继承人享有继承权。迟某作为其法定监护人，应当维护被监护人的财产权益，无权代理其作出放弃继承宋某遗产的意思表示。待迟某愉、迟某悦具有完全民事行为能力后，可以自主决定是否放弃对宋某遗产的继承权。就目前而言，宋某某作为宋某遗产的第二顺序继承人，尚不具备起诉的原告主体资格，依法应当驳回其起诉。

依照《中华人民共和国民事诉讼法》第一百一十九条、第一百五十四条第一款第三项，《最高人民法院关于适用〈中华人民共和国民事诉讼法〉的解释》第二百零八条第三款之规定，某市人民法院裁定如下：驳回原告宋某某的起诉。如不服本裁定，可以在之日起十日内，向本院递交上诉状，并按对方当事人的人数提出副本，上诉于某市中级人民法院。

六、继子女与继父母关系案例

基本理论概述

继子女，通常指配偶一方对他方与前配偶所生的子女，称为继子女。所谓继父母，指子女对母亲或父亲的后婚配偶，称继父或继母。继父母和继子女关系，是由于生父母一方死亡或父母离婚后，生父母一方带子女再婚，该子女与后婚配偶之间而形成的继亲关系。

我国婚姻法以继父母子女间是否形成扶养关系为依据，将继父母子女关系分为两种类型：一种是受继父母抚养教育的继子女，与继父母之间的关系是法律拟制直系血亲关系。另一种是未受继父母抚养教育的继子女，与继父母的关系是直系姻亲关系。

与继父母已形成扶养关系的继子女不同于养子女，该继子女与其生父母间的权利义务关系，并不因这种扶养关系的形成而终止。也就是说，该继子女既与其生父母继续保持父母子女间的权利义务关系，同时又与继父母发生父母子女间的权利义务关系。

《最高人民法院关于适用〈中华人民共和国民法典〉继承编的解释（一）》（以下简称《民法典继承编司法解释（一）》）第十一条规定："继子女继承了继父母遗产的，

不影响其继承生父母的遗产。继父母继承了继子女遗产的，不影响其继承生子女的遗产。”其依据即在于此。

主要相关法律、法规及司法解释链接

《民法典》

第一千零七十二条　继父母与继子女间，不得虐待或者歧视。

继父或者继母和受其抚养教育的继子女间的权利义务关系，适用本法关于父母子女关系的规定。

《民法典婚姻家庭编司法解释（一）》

第五十四条　生父与继母离婚或者生母与继父离婚时，对曾受其抚养教育的继子女，继父或者继母不同意继续抚养的，仍应由生父或者生母抚养。

示范案例

生母与继父离婚，已形成抚养关系的继父母子女关系是否自然解除？

2014 年，唐纯（6 岁）的生父因病去世。2018 年 8 月，唐纯的生母何凤英与赵文显结婚，赵文显表示，他愿意与何凤英一起抚养唐纯。婚后，夫妻双方因性格不合造成夫妻感情破裂。2021 年 4 月，何凤英向法院诉请离婚，并要求赵文显每月支付唐纯抚养费 700 元。赵文显则认为唐纯不是他亲生，离婚后其没有再抚养唐纯的义务。

请问：如果法院判决准予离婚，赵文显是否需要支付已形成抚养关系的继子唐纯的抚养费？

分析意见：

我国《民法典》第一千零七十二条第二款规定：“继父或者继母和受其抚养教育的继子女间的权利义务关系，适用本法关于父母子女关系的规定。”据此，以继父母子女间是否形成抚养关系为依据，将继父母子女关系分为受继父母抚养教育的继父母子女和未受继父母抚养教育的继父母子女两大类，前者属于法律拟制的直系血亲关系，后者则属于直系姻亲关系。所谓“受继父母抚养教育”，一般是指继父或继母在经济上负担继子女全部或部分抚养费用，或生活上实际照料、教育继子女。而抚养教育关系一旦形成以后能否被解除，我国《民法典》无明文规定。《民法典婚姻家庭编司法解释（一）》第五十四条规定：“生父与继母离婚或者生母与继父离婚时，对曾受其抚养教育的继子女，继父或者继母不同意继续抚养的，仍应由生父或者生母抚养。”据此，受继父母抚养教育的继子女，在生父母与继父母离婚时，如果继子女未成年并由生父母一方带走抚养的，该继父或继母与继子女已形成的权利义务关系随之终止；如果继父母愿意抚养，生父母同意的，则该继父母子女间已形成的抚养关系继续存在。

就本案而言，唐纯因受赵文显的抚养、照料而与之形成有抚养关系的继父母与继子女关系，此即法律拟制的直系血亲关系，有抚养关系的继父母与继子女关系。现何凤英与赵文显离婚，唐纯尚未成年，加上赵文显不愿意继续抚养，故如法院判决准予离婚，则继子唐纯与继父赵文显间已形成的拟制血亲关系就此终止，赵文显无继续支付唐纯抚养费的义务。

讨论案例

1. 被继父母抚养成年的继子女，能否自行解除与继父母的关系？

郭淳8岁时父母离婚，随后其跟父亲一起生活，后来，郭淳的父亲与刘敏再婚。刘敏在生活中对郭淳尽心照顾并为其支付了部分生活费和教育费。2021年1月，22岁的郭淳大学毕业后进入了一家公司工作。其父在同年10月因病去世。郭淳找到继母刘敏，告诉刘敏从此与她断绝一切关系，其要搬到生母处去居住并照顾其生活。刘敏认为：她在经济上和精力上都为郭淳付出了许多，现在郭淳翻脸不认人太绝情。于是刘敏提出，郭淳须将她多年付出的抚养费用全部还清，才能与他断绝继母子关系。

请问：郭淳与刘敏之间的继母子关系能否因郭淳单方主张而解除？刘敏的要求是否合法？

2. 在什么条件下，继父母可与继子女形成拟制血亲关系？

肖平4岁时父母离异，随后其跟着父亲一起生活。肖平5岁时，父亲肖某与熊某结婚。熊某很喜欢小孩，对肖平疼爱有加，肖某因为工作忙，就将肖平放心地交给熊某抚养。肖平与熊某也很亲近。肖平10岁时，其父肖某因病去世。肖平与继母熊某继续共同生活，熊某因担心影响肖平的身心健康成长也未再婚。肖某去世后第三年，肖平的生母提出要求抚养肖平，但肖平本人表示其不愿意与生母一起生活。

请问：肖平与继母熊某是否形成拟制血亲关系？肖平在生父去世后是否可以继续与熊某共同生活？

相关裁判实例摘录[①]

杨某与唐某抚养费纠纷案

杨某与唐某于××××年××月经他人介绍相识，后于××××年××月××日登记结婚，唐某系再婚，唐某婚后带到杨某家二女一子，长女杨某雪（后改名为卢某玲）10岁，次女杨某微（后改名为卢某巍）7岁，长子杨某星（后改名为卢某彬）5岁。双方婚后未生育子女。婚后初期感情尚可，后因家庭琐事产生矛盾，唐某离家出走，并将孩子留在杨某处抚养过一段时间，后唐某将次女卢某巍、长子卢某彬从杨某处带走。长女卢某玲因已与杨某的弟弟同居生活，并生育了一女，故未被唐某带走。2008年卢某玲在盖州市意外死亡。2017年12月27日，岫岩人民法院作出（2017）辽0323民初3130号民事判决，判决杨某与唐某双方婚姻关系解除。杨某起诉到法院，请求唐某支付其抚养继子女的抚养费。

一审法院认为，父母对未成年子女有抚养、教育及保护的权利和义务。继父或继母和受其抚养教育的继子女间的权利义务，适用婚姻法对父母、子女关系的有关规定。本案中，唐某与杨某结婚时，将未成年的三个子女带去与杨某共同生活，共同抚育。杨某与唐某婚姻关系存续期间，杨某已与三个子女形成继父子、女关系。因此，杨某对继子女抚养、教育是其应尽的法定义务。况且，杨某对继子女抚养时间较短，其间对继子女的抚

---

① 摘自中国裁判文书网，（2020）辽03民终327号。

育，是其履行父母对子女法定义务的表现，故不应索要对子女的相关抚养费用。现杨某主张对继子女抚养期间的抚养费，不予支持。

综上，一审法院判决：驳回杨某诉讼请求。

二审法院二审审理期间，各方当事人未提交新的证据，二审法院对一审法院查明的事实予以确认。

二审法院认为，在婚姻关系存续期间，继父母对继子女有照料的责任，生父母一方不履行抚养义务，继父母一方完全履行抚养行为的，离婚后继父母一方有权要求生父母一方予以补偿。本案中，唐某在与杨某夫妻关系存续期间，因夫妻矛盾离家出走，虽唐某的三名子女都同杨某生活，但经原审法院依职权调取证据证明，唐某于次年 9 月即将次女卢某巍、长子卢某彬接走，共同生活时间较短，且长女卢某玲虽同杨某生活，但 15 岁时即同杨某的弟弟同居生活，16 岁时即生育子女，显见杨某并未尽到抚养责任，因此其要求唐某给付子女抚育费的上诉理由不能成立，一审法院判决驳回其诉讼请求正确，二审法院予以维持。

综上所述，一审判决认定事实清楚，适用法律正确。依照《中华人民共和国民事诉讼法》第一百七十条第一款第一项规定，判决如下：驳回上诉，维持原判。二审案件受理费 1195 元，由杨某负担。

七、养子女与养父母关系案例

基本理论概述

收养，是指通过法律拟制的方法而在本无父母子女关系的人之间创设该关系的法律行为。收养具有以下法律特征：第一，从性质上看，收养属于确立身份关系的民事法律行为；第二，从程序上看，收养属于要式法律行为；第三，从后果上看，收养产生法律拟制血亲关系；第四，从主体上看，收养关系的当事人必须为法律所特定。

我国《民法典》第一千零九十三条规定“未成年人可以被收养”，该条款明确了未成年人是我国收养法确立的主要对象。根据该法的规定，收养关系一旦合法建立，其效力主要包括拟制效力和解消效力两个方面。具体而言，拟制效力表现有三：其一，收养人与被收养人之间产生法律拟制的父母子女关系；其二，被收养人与收养人的近亲属间产生拟制血亲关系；其三，被收养人的后代与收养人及其近亲属间产生拟制血亲关系。解消效力则表现为，收养关系一经成立，在被收养人与收养人及其近亲属产生拟制血亲关系的同时，被收养人与其生父母及其近亲属间的权利义务同时消除。

收养关系可以通过协议和诉讼的方式解除，需注意的是，从收养关系解除之日起，未成年养子女与生父母及其他近亲属间的权利义务关系自行恢复，而成年养子女与生父母及其他近亲属间的权利义务关系是否恢复，可以协商确定。

主要相关法律、法规及司法解释链接

《民法典》

第一千零四十四条　收养应当遵循最有利于被收养人的原则，保障被收养人和收养人的合法权益。

禁止借收养名义买卖未成年人。

第一千零九十三条　下列未成年人，可以被收养：

（一）丧失父母的孤儿；

（二）查找不到生父母的未成年人；

（三）生父母有特殊困难无力抚养的子女。

第一千零九十八条　收养人应当同时具备下列条件：

（一）无子女或者只有一名子女；

（二）有抚养、教育和保护被收养人的能力；

（三）未患有在医学上认为不应当收养子女的疾病；

（四）无不利于被收养人健康成长的违法犯罪记录；

（五）年满三十周岁。

第一千一百零二条　无配偶者收养异性子女的，收养人与被收养人的年龄应当相差四十周岁以上。

第一千一百零五条　收养应当向县级以上人民政府民政部门登记。收养关系自登记之日起成立。

收养查找不到生父母的未成年人的，办理登记的民政部门应当在登记前予以公告。

收养关系当事人愿意签订收养协议的，可以签订收养协议。

收养关系当事人各方或者一方要求办理收养公证的，应当办理收养公证。

……

第一千一百一十一条　自收养关系成立之日起，养父母与养子女间的权利义务关系，适用本法关于父母子女关系的规定；养子女与养父母的近亲属间的权利义务关系，适用本法关于子女与父母的近亲属关系的规定。

养子女与生父母以及其他近亲属间的权利义务关系，因收养关系的成立而消除。

第一千一百一十七条　收养关系解除后，养子女与养父母以及其他近亲属间的权利义务关系即行消除，与生父母以及其他近亲属间的权利义务关系自行恢复。但是，成年养子女与生父母以及其他近亲属间的权利义务关系是否恢复，可以协商确定。

示范案例

收养应符合什么条件？

吴某（男）因为妻子对婚姻不忠实而离婚，这使他对婚姻失去了信心，他决定终身不再结婚。一日，吴某看到街上一个乞讨的小女孩，顿生怜悯之心，便把小女孩带回家。街坊邻居都认为吴某可以收养这个小女孩，反正小女孩也没有家。吴某觉得这个主意不错，至少小女孩长大了也可以相互照应。于是吴某带着小女孩去民政部门申请办理收养登记。

请问：吴某收养这个小女孩必须符合什么法定条件和履行何法定程序？

分析意见：

收养，是指通过法律拟制的方法而在本无父母子女关系的人之间创设该关系的法律行为。收养的条件可分为实质要件和形式要件，关于收养的实质要件，根据我国《民法典》第一千零九十三条、第一千零九十八条、第一千一百零二条的规定，收养人应当具备的一般条件有五：第一，无子女或者只有一名子女；第二，有抚养、教育和保护被收养人的能力；第三，未患有在医学上认为不应当收养子女的疾病；第四，无不利于被收养人健康成长的违法犯罪记录；第五，年满30周岁。如果无配偶者收养异性子女的，收养人与被收养人的年龄应当相差40周岁以上。被收养人应当具备的条件如下，下列未成年人，可以被收养：第一，丧失父母的孤儿；第二，查找不到生父母的未成年人；第三，生父母有特殊困难无力抚养的子女。关于收养的形式要件，我国《民法典》第一千一百零五条规定，收养应当向县级以上人民政府民政部门登记。收养关系自登记之日起成立。收养查找不到生父母的未成年人的，办理登记的民政部门应当在登记前予以公告。收养关系当事人愿意签订收养协议的，可以签订收养协议。收养关系当事人各方或者一方要求办理收养公证的，应当办理收养公证。因此，如果吴某与将被收养的小女孩双方都满足上述条件，并依法办理公告和收养登记手续后，其收养关系就合法成立。

讨论案例

1. 被收养人能否继承生父母的遗产？

刘明、常英夫妇因生活困难而于2021年1月将4岁的儿子刘涛送给邻居蒋华、董芳夫妇收养并办理了收养登记。2021年4月，刘明购买的一张福利彩票中了特等奖，刘明、常英夫妇见生活上从此不用发愁了便找到蒋华夫妇要求解除收养。而蒋华夫妇自收养刘涛后，对其照顾得无微不至，与刘涛已培养了深厚的感情，于是拒绝了刘明夫妇的多次要求。刘明夫妇见短期内不能要回儿子便计划用中奖的钱外出旅游后，再来解决这一问题。不料，两人旅游途中因交通事故而死亡，且经查实两人除刘涛这一亲生子女外，再无其他法定继承人，面对刘明夫妇留下的400余万元巨款，蒋华夫妇想以刘涛法定代理人的身份替刘涛主张继承其生父母的遗产并代为管理。

请问：蒋华夫妇的主张能否得到法律支持？为什么？

2. 在被收养人成年之前，收养人可否单方提出解除收养关系？

2019年年初，俞娜的丈夫因意外事故而丧生，其又被查出得了白血病需住院治疗，加上所在单位效益不好，俞娜感到实在无力抚养她6岁的女儿何小霞。经人介绍，俞娜与一对因丧失生育能力而希望收养子女的孟杰、张晓夫妇订立了收养协议。办理收养登记手续后，何小霞由孟杰夫妇抚养。由于俞、孟两家相距不远，俞娜经常去看望何小霞，孟杰夫妇一直欢迎，甚至允许俞娜偶尔将何小霞带回家住一两天。2021年3月以来，俞娜随着病情的好转，身体也逐渐恢复健康。她转到了一家效益不错的单位工作，生活条件有了很大改善。此时，孟杰夫妇却在较远的地方另置了房屋居住。俞娜认为，孟杰夫妇是有意阻断她与女儿的联系，经常上门与孟杰夫妇争吵，还在何小霞面前说了孟杰夫妇很多坏话，使何小霞不听从养父母的管教，严重地影响了孟杰夫妇与何小霞的关系。孟杰夫妇见俞娜生活状况有了改变，便要求解除收养。俞娜认为她尚需进一步治病加上工作较忙，暂时不愿直接抚养何小霞，故予以拒绝。孟杰夫妇认为，现在的局面完全是俞娜造成的，于是起诉到法院请求判决解除收养关系，并要求俞娜支付何小霞被收养期间的生活费、学费等各项费用共计 5 万元。

请问：孟杰夫妇的请求是否有法律依据？本案应如何处理？

相关裁判实例摘录①

郑某 1、沈某与郑某解除收养关系纠纷案

原告郑某 1、沈某与被告郑某解除收养关系纠纷一案，某人民法院于 2020 年 12 月 24 日立案后，依法适用普通程序，于 2021 年 3 月 25 日公开开庭进行了审理，并当庭宣告判决。原告郑某 1、沈某及其共同委托诉讼代理人郑安某到庭参加诉讼，被告郑某经公告送达开庭传票，未到庭参加诉讼。现已审理终结。

原告郑某 1、沈某向某人民法院提出诉讼请求：依法解除原、被告之间的收养关系。事实和理由：在被告约 12 岁时，两原告收养被告为儿子，双方建立收养关系，嗣后，两原告把被告抚养长大。成年后，被告没有正式工作，好吃懒做，还经常在外从事违法犯罪行为，原告屡次劝告被告根本不予理睬，且经常与原告争吵，原告对其彻底失望，无法继续共同生活，故诉至法院。

被告郑某未作答辩。

经审理，某人民法院认定事实如下：1998 年间，两原告收养 12 岁的被告郑某为养子。后原、被告双方以家人名义共同生活。被告成年后，一直没有正式工作。2003 年 6 月 3 日，被告因犯抢劫罪被某人民法院判处有期徒刑一年六个月；2006 年 2 月 15 日，被告因犯盗窃罪被某人民法院判处有期徒刑三年。刑满释放后，原、被告双方经常因家庭经济问题产生矛盾，导致双方关系恶化。几年前，被告离家出家，至今杳无音信，没有尽到照顾两原告的义务，原告遂诉至本院。

该案事实，有两原告提供的居民身份证复印件、户口簿、被告户籍信息、某村村民委员会出具的证明一份以及原告的庭审陈述等证据予以证实。

某人民法院认为，原、被告双方于 1998 年就开始以家人名义共同生活，其养父母子关系已得到亲友、群众认可，且村委会出具证明，证明双方确以养父母与养子女关系长期共同生活，根据这一事实，原、被告已形成了事实收养关系。事实收养关系也是一种合法的收养关系。被告现已成年，理应报养育之恩，但从庭审调查来看，被告曾于 2003 年 6 月 3 日因犯抢劫罪被某人民法院判处有期徒刑一年六个月，于 2006 年 2 月 15 日因犯盗窃罪被某人民法院判处有期徒刑三年，刑满释放后，被告并没有好好地参加工作，孝敬养父母，甚至为家庭经济问题发生争吵，导致与养父母关系逐渐恶化，且被告已多年未探望两原告，更没有尽到照顾两原告的义务，如果继续维持养父母子关系，对双方确实不利，尤其给两原告的身心带来极大伤害。现两原告坚决要求解除收养关系，且被告未到庭参加诉讼，缺乏和解的诚意，故对两原告的诉讼请求，某人民法院依法予以支持。据此，依照

① 摘自北大法宝，（2020）浙 1021 民初 5831 号。

《中华人民共和国民法典》第一千一百一十五条，《中华人民共和国民事诉讼法》第一百四十四条之规定，判决如下：

解除原告郑某1、沈某与被告郑某的收养关系。

案件受理费80元（原告已预交），由被告郑某负担（此款于本判决生效之日起七日内向本院交纳）。

如不服本判决，可在判决书送达之日起15日内，向本院递交上诉状，并按对方当事人的人数提出副本，上诉于某某市中级人民法院。

八、其他近亲属关系案例

基本理论概述

其他近亲属关系主要包括祖孙关系、兄弟姐妹关系等。祖孙关系包括祖父母与孙子女间权利义务关系和外祖父母与外孙子女间权利义务关系；从产生原因看，还可分为属于自然血亲的祖孙关系、属于拟制血亲的养祖孙关系以及属于姻亲关系的继祖孙关系。根据我国《民法典》第一千零七十四条规定，祖父母、外祖父母与孙子女、外孙子女在法定条件下互有权利义务，双方一般是指具有自然血亲的祖孙关系，隔代收养的养祖孙关系，适用养父母与养子女的权利义务规定。

兄弟姐妹属旁系血亲，无论从血缘远近还是感情亲疏方面来说，它均是所有旁系血亲中最为亲密的一种。一般而言，根据我国《民法典》关于父母子女关系的相关规定，兄弟姐妹均应由其父母一并抚养，但如因故导致父母无力承担抚养义务之时，兄弟姐妹间基于彼此的亲密关系及法律的规定会在一定条件下产生扶养义务。根据我国《民法典》第一千零七十五条规定，在法定条件下，兄弟姐妹之间有扶养的义务。根据我国《民法典》第一千一百二十七条第五款规定，这里的“兄弟姐妹”，包括同父母的兄弟姐妹、同父异母的兄弟姐妹、同母异父的兄弟姐妹、养兄弟姐妹以及有扶养关系的继兄弟姐妹。值得注意的是，所谓“有扶养关系的继兄弟姐妹”是指在继兄弟姐妹之间因发生事实上扶养关系而形成的一种拟制血亲关系。

主要相关法律、法规及司法解释链接

《民法典》

第一千零四十五条　亲属包括配偶、血亲和姻亲。

配偶、父母、子女、兄弟姐妹、祖父母、外祖父母、孙子女、外孙子女为近亲属。

配偶、父母、子女和其他共同生活的近亲属为家庭成员。

第一千零七十四条　有负担能力的祖父母、外祖父母，对于父母已经死亡或者父母无力抚养的未成年孙子女、外孙子女，有抚养的义务。

有负担能力的孙子女、外孙子女，对于子女已经死亡或者子女无力赡养的祖父母、外祖父母，有赡养的义务。

第一千零七十五条　有负担能力的兄、姐，对于父母已经死亡或者父母无力抚养的未成年弟、妹，有扶养的义务。

由兄、姐扶养长大的有负担能力的弟、妹，对于缺乏劳动能力又缺乏生活来源的兄、姐，有扶养的义务。

第一千一百二十七条　遗产按照下列顺序继承：

（一）第一顺序：配偶、子女、父母；

（二）第二顺序：兄弟姐妹、祖父母、外祖父母。

继承开始后，由第一顺序继承人继承，第二顺序继承人不继承；没有第一顺序继承人继承的，由第二顺序继承人继承。

本编所称子女，包括婚生子女、非婚生子女、养子女和有扶养关系的继子女。

本编所称父母，包括生父母、养父母和有扶养关系的继父母。

本编所称兄弟姐妹，包括同父母的兄弟姐妹、同父异母或者同母异父的兄弟姐妹、养兄弟姐妹、有扶养关系的继兄弟姐妹。

示范案例一

祖父母在何种条件下对孙子女有抚养义务？

王利是王红军的孙女。王利的父亲王明和母亲童倩结婚后一直忙于做生意，很少去看望父亲王红军，王红军也与儿子一家人的感情很淡薄。2021 年 2 月的一天，由于电线老化引起火灾，使王明和童倩辛辛苦苦挣的一切都化为乌有。王明为了保护女儿王利被大火严重烧伤，送医院医治无效逝世。童倩也在这次大火中被烧伤致残丧失生活自理能力。由于 5 岁的王利无人照料，王利所在居委会干部多次联系要求王红军抚养其孙女王利，但是王红军一直表示拒绝。

请问：祖父王红军对孙女王利有无抚养义务？为什么？

分析意见：

祖孙关系是一种隔代亲属关系，随着现代社会家庭结构的变化，以夫妻关系和父母子女关系为中心的核心家庭已成为现代社会家庭模式的主流。一般情况下，孙子女的抚养教育等义务均由其父母直接承担，但在一定条件下，祖父母、外祖父母对孙子女、外孙子女依法必须承担抚养义务。我国《民法典》第一千零七十四条第一款规定："有负担能力的祖父母、外祖父母，对于父母已经死亡或父母无力抚养的未成年的孙子女、外孙子女，有抚养的义务。"也就是说，其一，祖父母、外祖父母有负担能力；其二，孙子女、外孙子女的父母已经死亡或父母确实无抚养能力；其三，孙子女、外孙子女尚未成年，这是祖辈对孙辈承担抚养义务的三个法定条件。

从本案实际情况看，5 岁的王利系父母无力抚养且尚需被抚养的未成年人，而作为其祖父的王红军本身具有负担能力，双方完全符合我国《民法典》第一千零七十四条第一款规定的祖辈对孙辈承担抚养义务的条件，故祖父王红军应依法承担对未成年的孙女王利的抚养义务。

示范案例二

祖父母是否有权分得孙子女的死亡赔偿金？

王军与李菊原系夫妻，1998年6月育一子王宇。2000年8月王军与李菊自愿离婚，王宇随王军生活。2001年1月王军与黄霞公开举行婚礼后就以夫妻名义共同生活（没有办理结婚登记），并生育一子王翔。王军与李菊离婚后，王宇即一直与爷爷王魁、奶奶孙英共同生活直至成年。王宇与王魁、孙英共同生活期间王军仅支付王宇少部分生活、教育费用，大部分费用由王魁、孙英以王魁的退休金等支付。2021年3月21日15时25分，王宇遭遇车祸死亡。王宇的父亲王军、生母李菊、继母黄霞通过诉讼获得赔偿款共计40多万元。后孙英以她是王宇实际抚养人为由，要求分配王军、黄霞已获得的部分赔偿款，王军以将来孙英尚需他来赡养为由予以拒绝。

分析意见：

关于本案中孙英是否有权要求分配其孙子王宇的死亡赔偿金，在实践中存在两种意见。第一种意见认为，死亡赔偿金一般参照遗产进行分配，孙英系王宇的第二顺位继承人，在第一顺位继承人存在的情况下，其无权要求分得王宇的死亡赔偿金。第二种意见认为，虽然孙英并非第一顺位继承人，但其与王宇共同生活时间较长，在共同生活期间履行了大部分的抚养和监护职责，故其有权分得死亡赔偿金的适当份额。

我们的分析意见及理由如下：

首先，该死亡赔偿金属于对死者人身损害侵权之债的给付标的，其应当按照遗产进行分配。在我国的实践中，目前一般是按照我国《民法典》第一千一百二十七条规定的法定继承顺序，即配偶、子女和父母作为第一顺序继承人共同分配。如没有第一顺序继承人的，则由第二顺序继承人继承。同一顺序的法定继承人中，死亡赔偿金原则上按照继承人与被继承人共同生活的紧密程度决定分割的份额。但是，我国《民法典》第一千一百三十一条规定："对继承人以外的依靠被继承人扶养的人，或者继承人以外的对被继承人扶养较多的人，可以分给适当的遗产。"根据此规定，由于本案孙英因与王宇共同生活的时间较长，在共同生活期间履行了大部分的抚养和监护职责，其有权请求酌情分配其孙子王宇的死亡赔偿金。

对受害人尽到较多抚养义务的近亲属适当分得死亡赔偿金，体现了民法的公平原则。抚养、教育子女本是父母应尽的义务，但在我国，尤其在农村，由于种种原因有相当一部分老人实际承担着抚养、照顾孙子女的重担。如果父母平时对子女关心甚少，不履行父母应尽的义务，子女死亡时却获得了巨额赔偿，而对孙子女的成长真正付出多年心血和财力的实际抚养人却因不是第一顺序的法定继承人而得不到适当的补偿，明显有失公平。故根据《民法典》第一千一百三十一条的规定，对死者尽到较多抚养或赡养义务的近亲属即使不是第一顺序的应召法定继承人，亦应有权请求分得死亡赔偿金的适当份额。本案中王军以孙英将来尚需他赡养为由拒绝付款显然不能成立，因赡养是其对父母应尽的法律义务，与本案系两个不同的法律关系，不应将两者混为一谈。

其次，对受害人尽到较多抚养义务的近亲属适当分得死亡赔偿金，顺应人性的朴素情感。死亡赔偿金是对受害人近亲属遭受的间接损害而赔偿的费用，而因受害人的死亡对与其长期共同生活的近亲属造成损害是显而易见的。在我国，老人对与其共同生活的孙子女往往投入了大量的财力和精力，而且建立了极其深厚的感情，其感情付出往往比之父母更甚。孙子女的死亡对抚养其长大的祖父母造成巨大打击是不争的事实。虽然在我国现行法律规定中，死亡赔偿金与精神损害赔偿金并无包含关系，死亡赔偿金仅仅被界定为一种财产性损害赔偿，但相对于我国目前法院所支持的精神损害赔偿金数额而言，相对较高的死亡赔偿金数额不但在经济上对被害人的近亲属是一种补偿，实际上该笔款项对被害人的近亲属具有一定的心理抚慰作用。在此情况下，如果对孙子女尽了较多抚养义务的祖父母无权对孙子女的死亡赔偿金提出任何主张，则有悖人之常情。

最后，根据2020年修正的《审理人身损害赔偿案件的解释》第一条的规定，因受害人死亡有权要求赔偿义务人赔偿财产损失和精神损害的赔偿权利人为死亡受害人的近亲属。我国《民法典》第一千零四十五条对近亲属的界定包括配偶、父母、子女、兄弟姐妹、祖父母、外祖父母、孙子女、外孙子女。由此可见，我国现行法律及司法解释仅规定享有损害赔偿请求权的是死亡受害人的近亲属，并未对近亲属的权利顺序作出明确的规定。在现行法律法规规定的近亲属范围内，对受害人尽到较多抚养或赡养义务，与受害人生前共同生活具有高度紧密性的第一顺位继承人之外的近亲属，分得适当的份额，与我国目前法律、法规对死亡赔偿金的赔偿规定并不相悖。

当然，我国素有扶老携幼的传统。在现实生活中，父母辅助子女抚养孙辈子女的情况非常普遍。但我们认为，辅助行为与承担主要的抚养、教育义务具有较大区别，应区分对待。如孙子女主要还是随子女共同生活，由子女主要照料其生活、学习，祖父母仅是对其子女进行适当协助，则仍然应当按照我国《民法典》规定的顺位分配死亡赔偿金。在处理具体案件时，法官应当根据与受害人共同生活的第一顺位继承人之外的其他近亲属与受害人共同生活的紧密程度、时间长短、经济和精力的付出情况，酌情确定其是否有权主张分得适当的份额以及应当分得的具体比例。

讨论案例

1. 继祖孙间有无法定扶养义务？

贺奇与前妻离婚时所生的女儿贺晓（6岁）被判归贺奇直接抚养。贺奇与张敏再婚后，感情很好，张敏对贺晓也视同己出，悉心照料其生活。2019年3月，贺奇与张敏因单位效益不好双双下岗后，贺奇在某厂打工，因操作机器方法不当而受重伤，经救治后一直在家养病，家庭生活十分窘迫。2021年4月，贺晓因将要上高中需要交一大笔学费，贺奇与张敏无力负担该笔学费，于是贺奇便与妻子商量找张敏的父亲张立在经济上给予适当资助。张立是一家私人公司的老板，因反对张敏与贺奇的婚姻已多年不与张敏一家来往。

请问：本案继祖父张立有无抚养继孙女贺晓的法定义务？

2. 哥哥对已经成年的弟弟有无法定扶养义务？

吴刚、吴江、吴建三兄弟的父母早亡，哥哥吴刚很早就进入工厂工作，靠其工资照顾弟弟们的生活并供他们上学读书。吴建在三兄弟中最小，因为长期受哥哥照顾而十分懒散，学习成绩也差，初中毕业就不愿继续读书而一直闲散在家。吴江在哥哥吴刚的扶养下，大学毕业后进入政府机关工作。吴刚靠自学拿到大专文凭在单位当上了干部。吴建的哥哥们在事业上都有发展，他却不思进取。他年满 20 岁了还不愿参加工作，整日无所事事，缺钱花就找哥哥们要，由其两个哥哥共同扶养。吴刚、吴江起初还满足吴建的要求，但后来见吴建多次经人介绍工作都不愿参加，加上吴刚、吴江两人都要准备结婚费用，便拒绝给付吴建扶养费，让其申请最低生活保障费维持生活。吴建认为他们的父母早亡，按“长兄为父”的传统观念，应由两个哥哥共同扶养没有经济收入的弟弟。于是，2021 年 4 月，他起诉到人民法院，请求两个哥哥吴刚和吴江给付其扶养费。

请问：吴建的要求是否合法？为什么？

相关裁判实例摘录①

某卫生院与尹某海等医疗服务合同纠纷案

原告某卫生院诉被告尹某海、王某英、尹某平、付某平医疗服务合同纠纷一案，某人民法院于 2021 年 1 月 20 日立案受理后，依法适用小额诉讼程序公开开庭进行了审理，原告某卫生院的委托诉讼代理人宁某涛、袁某杰到庭参加诉讼，被告尹某海、王某英、尹某平、付某平经传票传唤，无正当理由拒不到庭参加诉讼，依法缺席审理，现已审理终结。

原告某卫生院向某人民法院提出诉讼请求：1. 四被告支付拖欠的医疗费用 11733. 95 元；2. 诉讼费由被告承担。事实与理由：2020 年 8 月 20 日上午 7 点 36 分，原告接某市 120 电话，某罗庄村一老人头晕头疼，原告 120 救护车于 2020 年 8 月 20 日上午 7 点 41 分到达后发现老人血压、心跳异常，立即将老人转到了某区人民医院，经某区人民医院急诊科观察 4 小时后，老人神志清，言语利。由于老人无家属陪同，且拒绝在某区人民医院办理住院手续，原告遂将老人接至原告医院继续留院观察，后经原告向某村委员会了解，得知老人名字叫孙某，系被告尹某海母亲，被告尹某平的奶奶。孙某在原告处留院观察后，一切正常，因原告处医疗资源紧张，原告多次催促其家属，即四被告，尤其是孙某之子被告尹某海，为其母亲孙某办理出院手续，被其以种种理由推脱。原告无奈于 2020 年 12 月 17 日报警，请求公安机关予以处理，公安机关接警后电话联系被告尹某海，告知其母亲孙某身体并无患病状况，应立即办理出院手续，结清拖欠的医疗费用，并履行其赡养母亲孙某的义务，但被告尹某海却以某镇政府违法拆迁其房屋为由，拒不将其母孙某接出医院，公安机关调解无果，建议原告去法院起诉解决。综上所述，原告作为医疗机构，承担着救死扶伤的社会责任，但结束医治的患者，其本人及其家属应配合办理出院手续，以便原告更好地为其他急需医治的患者服务。孙某今年已 98 岁，年事已高，本应在原告处检查正常后在家颐养天年，却被四被告以与镇政府的纠纷为由，遗弃在医院。作为孙某的同住近亲属，四被告的做法不仅违反法律规定，侵害了原告和社会的公共利益，更与中华民族敬老、养老、助老的美德背道而驰，为维护原告合法权益，现依据《中华人民共和国老年人权益保障法》和其他有关法律规定，向某人民法院提起诉讼，望判如所请。

被告尹某海、王某英、尹某平、付某平未到庭、未答辩。

经审理查明：孙某入院时 98 岁，孙某在原告处住院共发生医疗费用 11733. 95 元，原告提交有医疗票据五张（原件）及门诊病历、护理记录单（复印件，病历未归档）。孙某

① 摘自北大法宝，（2021）豫 1104 民初 409 号。

年事已高，本人没有支付能力，未能支付医疗费。原告曾联系孙某家属为孙某支付医疗费并办理出院未果，原告诉至法院。在本院立案前，孙某已于 2021 年 1 月 11 日转院。

另查明：孙某系被告尹某海的母亲、系王某英的婆婆，系被告尹某平、付某平的奶奶。

某人民法院经审理认为，孙某在原告处实际发生的医疗费用，被告尹某海作为儿子，在母亲没有支付能力的情况下，基于赡养义务应当予以支付。被告王某英作为孙某的儿媳、被告付某平作为孙某的孙子媳妇没有法定赡养义务；被告尹某平作为孙子，在原告没有证据证明尹某海无赡养能力的情况下，其不应承担医疗费用。综上，被告尹某海应当支付给原告医疗费用 11733. 95 元。根据《中华人民共和国民法典》第五百零九条、第一千零六十七条、第一千零七十四条，《中华人民共和国民事诉讼法》第六十四条、第一百四十四条之规定，判决如下：

一、被告尹某海于本判决生效后十日内支付给原告某卫生院孙某的医疗费 11733. 95 元；

二、驳回原告某卫生院的其他诉讼请求。

如未按本判决指定的期间履行支付金钱义务，应按照《中华人民共和国民事诉讼法》第二百五十三条的规定，加倍支付迟延履行期间的债务利息。

案件受理费 94 元减半收取 47 元，由被告尹某海负担。

本判决为终审判决。

第五单元
离婚制度案例

一、离婚法定条件案例

基本理论概述

离婚是解除夫妻关系的法律行为。从办理离婚的法定程序划分，可以分为行政登记离婚和诉讼离婚。我国《民法典》和2003年《婚姻登记条例》规定了离婚的法定条件。

登记离婚的条件：（1）双方当事人需有合法的夫妻身份；（2）双方均具有完全民事行为能力；（3）双方须有离婚的合意；（4）双方须对离婚后子女的抚养及财产问题做出适当处理。

诉讼离婚的条件：（1）离婚当事人必须有婚姻关系；（2）或为夫妻一方要求的离婚或夫妻双方同意离婚但对子女抚养、财产分割达不成协议；（3）向有管辖权的人民法院提出。

根据我国《民法典》第一千零七十九条规定，夫妻感情确已破裂是我国判决准予离婚的法律原则。

主要相关法律、法规及司法解释链接

《民法典》

第一千零七十六条　夫妻双方自愿离婚的，应当签订书面离婚协议，并亲自到婚姻登记机关申请离婚登记。

离婚协议应当载明双方自愿离婚的意思表示和对子女抚养、财产以及债务处理等事项协商一致的意见。

第一千零七十七条　自婚姻登记机关收到离婚登记申请之日起三十日内，任何一方不愿意离婚的，可以向婚姻登记机关撤回离婚登记申请。

前款规定期限届满后三十日内，双方应当亲自到婚姻登记机关申请发给离婚证；未申请的，视为撤回离婚登记申请。

第一千零七十八条　婚姻登记机关查明双方确实是自愿离婚，并已经对子女抚养、财产以及债务处理等事项协商一致的，予以登记，发给离婚证。

第一千零七十九条　夫妻一方要求离婚的，可以由有关组织进行调解或者直接向人民

法院提起离婚诉讼。

人民法院审理离婚案件，应当进行调解；如果感情确已破裂，调解无效的，应当准予离婚。

有下列情形之一，调解无效的，应当准予离婚：

（一）重婚或者与他人同居；

（二）实施家庭暴力或者虐待、遗弃家庭成员；

（三）有赌博、吸毒等恶习屡教不改；

（四）因感情不和分居满二年；

（五）其他导致夫妻感情破裂的情形。

一方被宣告失踪，另一方提起离婚诉讼的，应当准予离婚。

经人民法院判决不准离婚后，双方又分居满一年，一方再次提起离婚诉讼的，应当准予离婚。

第一千零八十条　完成离婚登记，或者离婚判决书、调解书生效，即解除婚姻关系。

第一千零八十一条　现役军人的配偶要求离婚，应当征得军人同意，但是军人一方有重大过错的除外。

第一千零八十二条　女方在怀孕期间、分娩后一年内或者终止妊娠后六个月内，男方不得提出离婚；但是，女方提出离婚或者人民法院认为确有必要受理男方离婚请求的除外。

《民法典婚姻家庭编司法解释（一）》

第六十二条　无民事行为能力人的配偶有民法典第三十六条第一款规定行为，其他有监护资格的人可以要求撤销其监护资格，并依法指定新的监护人；变更后的监护人代理无民事行为能力一方提起离婚诉讼的，人民法院应予受理。

示范案例一

过错方要求离婚，法院应否准许？

王某（男）与张某（女）于1999年自由恋爱结婚，婚后一度感情较好，但一直未生育子女。王某系某单位干部，在20世纪80年代末辞职经商，收入较高。张某因单位效益不好而下岗后，在家操持家务。自2015年年初以来，王某与年轻貌美的秘书夏某经常发生不正当的两性关系，并经常借口工作忙不回家，但并未引起张某的怀疑。一日，张某在街上偶遇丈夫王某与夏某亲密之状，才明白事出有因。张某自觉与王某感情尚好，认为王某可能是一时糊涂，故未曾声张。岂知夏某不甘只做情人，怂恿王某离婚。由于张某坚决不同意离婚，王某就从家中搬走与夏某公开同居，也不给张某生活费，并于2021年2月向人民法院提出离婚诉讼。

王某诉称：其与张某虽系自由恋爱结婚，有一定的感情基础，但是在婚后，张某不思进取，经常打麻将，所有生活上的开销全是其一人所挣，也不听从其劝告，在思想上、生活上与其兴趣爱好差距日渐增大，双方的感情已经破裂，无法共同生活，请求与张某离婚。张某辩称：其与王某系自由恋爱结婚，婚前有感情基础。主要是由于夏某出现后，王某喜新厌旧，变了心，希望法律能惩罚王某“包二奶”的行为，并且表示不同意离婚。

在审理中，法官依据《民法典》第一千零九十一条的规定，询问张某，如果王某坚决离婚，是否要求他给付离婚损害赔偿费以及夫妻共同财产如何处理。张某表示，其坚决不同意离婚，不要什么赔偿费，也不存在分割夫妻共同财产的问题，只是请求法院惩罚王某的“包二奶”行为并要求王某每月按期给付其生活费3000元。

法院经审理查明，王某属于有配偶者与夏某公开同居，其“包二奶”行为属实。现有的夫妻共同财产包括房屋、存款、资金等总价值52万元，王某现每月收入8000元。法院经审理后认为，由于王某与夏某婚外同居导致夫妻感情确已破裂，经调解和好无效，且夫妻两人确无和好的可能，遂判准予离婚，并判决共同财产的一半属于张某。

王某、张某两人均对一审判决不服，提出上诉。王某认为：家庭现有财产是其一个人挣来的，张某无权分割。因此，请求二审法院撤销一审有关财产分割的判决，维持离婚判决。张某则认为：王某道德败坏，“包二奶”还要求离婚，一审法院判决离婚属于是非不分，支持歪风邪气，要求撤销一审离婚判决。并表示，如果二审法院维持一审的离婚判决，那么应当照顾无过错方多分财产，即应分给其现有财产的三分之二，并赔偿其精神损失费3万元。此外，她离婚后无生活来源，王某应一次性给付其生活费5万元。二审法院经调解无效，遂判决维持一审判决，驳回张某的上诉请求。

请问：法院的判决是否合法？为什么？

分析意见：

本案是一个因过错方“包二奶”并要求离婚的案件，涉及准予离婚或不准离婚的标准、夫妻共同财产分割、离婚损害赔偿和离婚后的生活帮助四个方面的法律问题。

第一，法院判决离婚是有法律依据的。我国《民法典》第一千零七十九条规定人民法院审理离婚案件，经调解无效，应判决准予离婚的法定情形是，“（一）重婚或者与他人同居；（二）实施家庭暴力或者虐待、遗弃家庭成员；（三）有赌博、吸毒等恶习屡教不改；（四）因感情不和分居满二年；（五）其他导致夫妻感情破裂的情形”。如果当事人的情况符合上述情形之一，由无过错方提出离婚且经调解无效的，准予离婚自有法律依据，但是，如果离婚诉讼由过错方提出，无过错方不同意离婚，又调解无效的，怎么办？对此有不同看法。一种观点认为，为了惩罚过错方，可不支持其提出的离婚请求而判决不准离婚。另一种观点认为，婚姻自由包括结婚自由和离婚自由，不能因为当事人有过错就剥夺其离婚自由，法院判决准予离婚的标准是“感情是否确已破裂”，而不应考虑当事人一方是否有过错。不论是过错方还是无过错方提出的离婚诉讼，只要符合该条规定的法定情形，即说明双方已经达到感情破裂的程度，经调解无效的，一般应准予离婚。同时，因一方有法定过错情形导致离婚的，离婚时无过错方可根据我国《民法典》第一千零九十一条的规定，请求有过错一方给予损害赔偿。《民法典婚姻家庭编司法解释（一）》第六十三条规定：“人民法院审理离婚案件，符合民法典第一千零七十九条第三款规定‘应当准予离婚’情形的，不应当因当事人有过错而判决不准离婚。”这说明，凡是符合我国《民法典》第一千零七十九条规定的五种法定情形之一的，无论是过错方，还是无过错方起诉要求离婚的，经法院调解无效，夫妻感情确已破裂的，就应当判决准予离婚。总之，本案中王某虽然有“包二奶”的过错行为，但其要求离婚，符合判决准予离婚的法定情形，故一审法院判决准予离婚是合法的。由于张某不同意离婚，在一审期间她未提出损害赔偿请求，因此，一审法院未判决有过错方王某给付无过错的张某损害赔偿金，这也是符合法律规定的。

第二，法院判决张某分得夫妻共同财产的一半，由于未照顾无过错方适当多分财产，这是不合法的。我国《民法典》第一千零六十二条规定，夫妻在婚姻关系存续期间所得财产，归夫妻共同所有。夫妻对共同财产有平等的处理权。这表明，只要夫妻在婚姻关系存续期间，无论是夫妻双方所得的财产，还是夫妻一方所得的财产，除双方另有约定的外，均属于夫妻共同财产。离婚时，对共同财产夫妻双方有平等分割的权利。本案中，争议财产虽是王某婚后个人所挣，但依法属于夫妻共同财产。同时，《民法典》第一千零八十七条规定："离婚时，夫妻的共同财产由双方协议处理；协议不成的，由人民法院根据财产的具体情况，按照照顾子女、女方和无过错方权益的原则判决……"规定了夫妻共同财产分割的"照顾无过错方"原则。本案的被告张某是无过错方，她因不同意离婚，故没有提出离婚损害赔偿的要求。而法院既然判决准予离婚，就应当适用"照顾无过错方"的原则，照顾张某适当多分共同财产。然而，一审法院在判决分割共同财产时，却没有照顾张某适当多分，而是判决张某分得夫妻共同财产的一半，这是不符合该司法解释精神的。至于张某要求分得夫妻共同财产的三分之二，对此要求法院是否应予以支持？由于本案夫妻共同财产的总额为 52 万元，其数额较大而不宜按三分之二照顾张某适当多分。法院可根据双方的具体情况，酌情照顾张某适当多分。

第三，一审法院没有判决王某承担损害赔偿费是有法律根据的，但二审法院未履行告知义务不符合司法解释规定。根据我国《民法典》第一千零九十一条的规定，离婚当事人因法定过错引起离婚的，无论是过错方提出离婚，还是无过错方提出离婚，无过错方均有权请求过错方承担损害赔偿责任。我国《民法典》第一千零九十一条规定："有下列情形之一，导致离婚的，无过错方有权请求损害赔偿：（一）重婚；（二）与他人同居；（三）实施家庭暴力；（四）虐待、遗弃家庭成员；（五）有其他重大过错。"凡具有这四种法定过错行为之一以及其他重大过错而引起离婚的，无过错方有权依法请求过错方给予损害赔偿。关于离婚损害赔偿请求权的行使，《民法典婚姻家庭编司法解释（一）》第八十八条明确规定："人民法院受理离婚案件时，应当将民法典第一千零九十一条等规定中当事人的有关权利义务，书面告知当事人。在适用民法典第一千零九十一条时，应当区分以下不同情况：（一）符合民法典第一千零九十一条规定的无过错方作为原告基于该条规定向人民法院提起损害赔偿请求的，必须在离婚诉讼的同时提出。（二）符合民法典第一千零九十一条规定的无过错方作为被告的离婚诉讼案件，如果被告不同意离婚也不基于该条规定提起损害赔偿请求的，可以就此单独提起诉讼。（三）无过错方作为被告的离婚诉讼案件，一审时被告未基于民法典第一千零九十一条规定提出损害赔偿请求，二审期间提出的，人民法院应当进行调解；调解不成的，告知当事人另行起诉。双方当事人同意由第二审人民法院一并审理的，第二审人民法院可以一并裁判。"本案中的王某有与夏某公开同居的行为，并提出要求离婚，根据前述我国《民法典》第一千零九十一条的规定，妻子张某有权要求丈夫王某给付损害赔偿费。但在一审中，法院征求张某的意见时，因其不愿离婚，故未提出损害赔偿的请求。一审法院判决离婚后，在二审中张某提出了损害赔偿的请求，但经法院调解未达成协议，因此，根据上述司法解释，二审法院对张某要求王某给付 3 万元的精神损害赔偿金的请求予以驳回，维持原判。张某如果要坚持提出这一诉讼请求，可在离婚后一年内提出，过期不提出的，则被视为放弃这一权利。因此，二审法院未判决给付离婚损害赔偿费是有法律根据的。然而，二审法院对被告在二审期间提出的损害赔偿请求调解不成时，却未告知当事人在离婚后一年内可就此另行起诉，这是不符合该司法解释规定的。

第四，张某要求王某一次性给付生活帮助费不具备法律规定的条件。我国《民法典》第一千零九十条规定："离婚时，如果一方生活困难，有负担能力的另一方应当给予适当帮助。具体办法由双方协议；协议不成的，由人民法院判决。"张某虽无工作，亦无个人财产，无收入来源，但是离婚时依法院判决分得了夫妻共同财产 52 万元中的一半，不仅能维持基本生活，还可利用这笔财产再就业，获得收入。因此，法院认为张某不具备法定获得离婚生活帮助费的条件，故判决驳回其该项请求。

示范案例二

婚后长期互不理睬的"冷战"，是否是确认夫妻感情破裂的标准？

侯涛与张君经自由恋爱，于 2011 年 12 月结婚，婚后双方由于性格差异，常因家庭琐事吵架后互不理睬。从 2014 年 4 月开始，双方一直处于互不理睬的"冷战"状态。其间，双方多次口头提出协议离婚，但因种种原因而无法达成一致意见。2021 年 5 月，侯涛向法院起诉请求离婚，诉称双方感情已破裂，无法挽回，请求法院依法判决准予离婚，并对婚后财产予以分割。

请问：婚后长期互不理睬的"冷战"能否作为法院认定夫妻感情破裂的依据？

分析意见：

夫妻是共同生活的伴侣，夫妻之间需要精神的支持和满足，需要感情的碰撞和信任，需要语言的沟通和思想的交流，需要互相扶持和互相理解，需要相互迁就和包融。若夫妻双方缺乏日常生活中最基本的语言沟通，互相猜忌对方，不能相互理解和信任，那么，双方继续生活下去，对彼此无疑都是一种精神上的严重折磨和伤害。现实生活中，有些夫妻长期互不理睬，实施所谓的"冷战"，致使夫妻在双方发生矛盾、冲突和隔阂后，不能采取积极主动的态度，以平和的方式，主动找对方相互沟通、交流思想感情。甚至在出现矛盾后，夫妻一方常用"离婚"二字来威胁对方，以致夫妻双方感情越来越脆弱，最终导致夫妻感情破裂。

本案中原告与被告双方虽然结婚时间较长，具有一定的感情基础，但双方由于性格方面的较大差异，以致婚后常因家庭琐事生气吵架，双方发生冲突后，又不注重夫妻间感情的沟通与培养，婚后不久便一直处于一种"冷战"状态，谁也不理谁，各自生活，形同陌路，缺乏夫妻生活中最起码的交流和信任。对此类型的夫妻关系，若继续下去，对原被告双方来说都是一种隐形的精神折磨，法官如调解和好无效，应视为夫妻感情确已破裂，依法准予离婚。

讨论案例

1. 妻子与他人通奸所生子女未满 1 岁，丈夫可否请求离婚？

张立与李梅二人于 2017 年 9 月登记结婚。2019 年 10 月，李梅在参加大学同学聚会时遇到初恋男友刘庆，喝醉酒后两人发生了性关系。2020 年 8 月，李梅生下一个男孩。

2021 年 3 月，孩子因病需要输血，通过检验血型，张立发现，孩子不是其和李梅所生。张立对此气愤不已。他以妻子与他人通奸并生育子女而导致夫妻感情破裂为由，向人民法院提起诉讼，坚决要求离婚。但李梅认为，现行法规定女方在分娩后一年内，男方不得提出离婚，遂要求法院驳回张立的离婚请求。

请问：法院依法应否受理张立的离婚诉讼，为什么？

2. 现役军人与“第三者”同居，法院可否判决离婚？

王成系现役军人，2016 年年初与某高校教师刘莉结婚。婚后，王成借口工作原因，平时很少回家，每次回家还总是与刘莉因琐事争执。2021 年 1 月一次偶然的机会，刘莉发现王成手机中存有与另外一个女人的合影。追问之下，王成承认：这个女子是他的老乡，他们一直相好，并在外租房同居一年多了。王成表示，与该女子来往是其精神苦闷时犯下的错误，其保证今后不再与其来往，希望能得到刘莉的原谅。刘莉对双方聚少离多的生活本就不满，现在王成在感情上也背叛了她，于是坚决要求离婚，但王成坚决不同意离婚。刘莉便起诉到人民法院，请求判决离婚。

请问：法院能否判决准予离婚？为什么？

3. 他人代办的离婚登记，是否具有法律效力？

李玲莉与齐伟系大学同学，毕业后分配在同一城市工作，情投意合的两人很快登记结婚。不久，李玲莉被公派出国工作。由于她年轻、漂亮，又有学识，且工作顺心、收入颇丰，就想一直留在国外，李玲莉遂发来电子邮件与齐伟商量双方协议离婚。而齐伟在国内事业也干得不错，于是回复电子邮件同意离婚。但由于李玲莉在国外工作近期无法回国，便发来电子邮件叫其妹李玲英代其与齐伟共同去婚姻登记机关办理了离婚手续。离婚后两个月，李玲莉在国外因车祸身亡。在办理后事中，齐伟得知李玲莉有百万元财产，便以离婚登记是李玲莉的妹妹李玲英代替其办理的为由，向婚姻登记机关请求撤销离婚登记，以便使其有权获得对李玲莉遗产的继承权。

请问：李玲英代其姐与齐伟办理的离婚登记，是否具有法律效力？

4. 起诉离婚，是否适用离婚冷静期？

何军与李琳是公司员工，二人经人介绍相恋结婚，生有一子，何军婚后迷上赌博，经常对李琳实施家庭暴力，每次事后何军都保证不再动手，二人和好，但不久二人又陷入争吵的旋涡。李琳对此非常绝望，向法院起诉提起离婚，何军认为其虽然有错，但希望对方再给其一次机会，并提出《民法典》有离婚冷静期制度，希望能适用这个制度，以使双方关系能有所缓和。

请问：法院是否应依法适用离婚冷静期制度？为什么？

5. 法院判决不予离婚后，夫妻又分居满一年，是否应准予离婚？

李某与张某系再婚组建家庭，婚后生育一儿一女，李某与张某结婚后经常因为琐事发生争吵，后张某因病导致身体残疾，二人的关系更加恶化。李某在协议无果的情况下，在两年多的时间里，曾两次起诉离婚，第二次起诉离婚时双方已分居满一年。丈夫张某始终不同意离婚。他答辩称，两人有着良好的感情基础，他认为夫妻之间应相互扶持，不能因为其有残疾就要起诉离婚。

请问：法院是否应当判决二人离婚？为什么？

相关裁判实例摘录[①]

某县民政局、王某珍民政行政管理纠纷案

一审原告王某珍与一审第三人郑某峰于2005年3月21日登记结婚，后因结婚证被损毁，双方于2017年2月16日在上诉人某县民政局处申请补发结婚证。2019年12月23日，王某珍和郑某峰向某县民政局提供了结婚证、户口簿、双方居民身份证及在湖北神宇律师事务所律师陈某的见证下签订的《离婚协议书》，该协议中载明双方对子女及财产、债权债务问题已作处理，王某珍、郑某峰及见证人陈某在该协议书上签名，律师事务所亦在该协议书上盖章。某县民政局遂向王某珍、郑某峰发放了《离婚登记告知单》《协议离婚告知书》《婚姻登记个人信用风险告知书》，告知双方离婚的权利义务，王某珍、郑某峰在告知书上签名、按手印。之后，该局分别对王某珍、郑某峰进行了询问，并制作了《离婚登记询问笔录》，在该询问笔录中的第3、4项载明："双方是否均具备完全民事行为能力？双方是否有精神病史或患有智力障碍？"王某珍、郑某峰答复，"我们具备完全民事行为能力，双方都没有患有精神方面的疾病"。王某珍、郑某峰分别签署了《申请离婚登记声明书》，载明"双方自愿离婚，对子女抚养、财产、债务等事项已达成一致处理意见并共同签署了离婚协议书"等内容，由王某珍、郑某峰及监誓人在声明书上签字。某县民政局审查完毕后，填写《离婚登记审查处理表》，做出"符合离婚条件，准予登记"的审查意见，由王某珍、郑某峰及登记员分别签名，加盖婚姻登记专用章，并向当事人颁发了证号为L4211223-2019-001118的离婚证。

同时查明，王某珍于2016年3月27日至2016年6月15日在某县精神病院住院治疗80天，住院志现病史载明"患者于2015年12月份因惊吓出现精神异常，凭空闻人语，渐渐症状加重，常常反复向周围人求证别人是否听到声音，情绪因此低落、悲观，兴趣下降，与人接触差，少言语，不出门，曾来我院门诊治疗，因不能坚持服药病情反复，近来症状加重，今来院门诊以心境障碍收住院治疗"。出院记录中显示患者自知力缺乏，出院诊断：心境障碍。此后，王某珍于2017年7月7日至2017年11月1日，2017年11月29日至2017年12月27日，2018年1月11日至2018年2月12日，2018年2月25日至2018年9月27日，2019年6月3日至2019年7月10日，2019年7月16日至2019年10月16日多次在该院住院治疗。2020年4月24日，王某珍再次住院治疗时门诊诊断：精神分裂症。2020年4月27日，某县凤山镇卫生院北丰分院公共卫生科出具证明，证明王某珍于2017年2月11日纳入该院公共卫生严重精神病理系统，档案编号：42112301101404075。

还查明，2020年3月25日，郑某峰与案外人李某桃在某县民政局已登记结婚，结婚证号为J421123-2020-000559。

现王某珍以某县民政局为其与郑某峰办理离婚登记违反了《婚姻登记条例》第十二条的规定诉至一审人民法院，提起上述诉讼请求。

一审法院认为，某县民政局作为法律授权的婚姻登记机关，具有办理离婚的法定职权。案件争议的焦点是该局在为王某珍和郑某峰办理离婚登记时，是否履行了法定的审查

---

① 摘自中国裁判文书网，（2021）鄂11行终23号。

义务。根据《婚姻登记条例》第十二条规定，办理离婚登记的当事人属于无民事行为能力人或者限制民事行为能力人的，婚姻登记机关不予受理。民政部《婚姻登记工作规范》第五十五条规定，“受理离婚登记申请的条件是……（三）双方均具有完全民事行为能力……”即受理离婚登记的前提条件是双方均具有完全民事行为能力，如办理离婚登记的当事人属于无民事行为能力人或者限制民事行为能力人，则婚姻登记机关不予受理。本案中，某县民政局在办理涉案离婚登记时，对王某珍、郑某峰是否具备离婚条件进行了审查，其中在制式的《离婚登记询问笔录》中，某县民政局询问：“双方是否均具备完全民事行为能力？双方是否有精神病史或患有智力障碍？”王某珍、郑某峰答复，“我们具备完全民事行为能力，双方都没有患有精神方面的疾病”。虽王某珍逾期向二审法院提供了司法鉴定意见书，但因不符合《最高人民法院关于行政诉讼证据若干问题的规定》的相关规定，本案未作有效证据予以采纳。但根据王某珍提供的住院病历、医院证明等证据，能够证明其在办理离婚登记的前后，患有心境障碍、精神分裂症疾病，且庭审中某县民政局及郑某峰对王某珍自 2016 年至今患精神疾病住院治疗事实的真实性并不持异议。故在王某珍办理离婚登记时，郑某峰在没有变更监护人，没有通知王某珍父母的情况下，与王某珍到某县民政局办理离婚登记，违背了自愿合法原则。由于郑某峰并未如实向某县民政局反映，隐瞒了王某珍被诊断为精神疾病并多次入院治疗的事实，导致该局认定事实与客观实际不符，该局虽依法履行了相关程序和手续，但在关于王某珍是否患有精神疾病这一事项的询问程序中，未能对其精神状态及民事行为能力的情况尽到审慎的注意义务，没有就其是否患有精神疾病这一事实进一步审查确认，属认定事实不清、证据不足，构成违法。鉴于郑某峰在与王某珍办理离婚登记后，已经与案外人李某桃进行了结婚登记，郑某峰与王某珍的婚姻关系已不具有可恢复性，故某县民政局颁发给郑某峰与原告离婚证的行为不具有可撤销性，应确认被诉离婚登记行为违法。依照《中华人民共和国行政诉讼》第七十四条第二款第一项之规定，判决确认某县民政局于 2019 年 12 月 23 日准予王某珍与郑某峰离婚登记并颁发 L4211223-2019-001118 号离婚证的行政行为违法。

上诉人某县民政局因婚姻行政登记一案，不服某县人民法院（2020）鄂 1125 行初 56 号行政判决，向二审法院提起上诉。二审法院依法组成合议庭，经过阅卷、询问当事人，认为不需要开庭审理，于 2021 年 3 月 5 日组织双方当事人进行听证。上诉人某县民政局副局长谢某俊及委托代理人方某，原审原告王某珍的委托代理人徐某红，原审第三人郑某峰的委托代理人闻某友到庭参加诉讼。本案现已审理终结。

上诉人某县民政局上诉称，原审审判决认定事实不清，适用法律错误，请求撤销原判，依法改判被诉离婚登记行为合法。理由是：1. 某县民政局履行了法定程序，在办理案涉离婚登记时，询问双方当事人，王某珍明确回答其未患精神方面疾病，并在询问笔录上签名认可。经办人员不是医生，也无权确认王某珍在申请离婚登记时是否患精神疾病。原审法院认为某县民政局需进一步审查王某珍是否患有精神疾病，有悖离婚登记的正常程序。2. 王某珍、郑某峰系在湖北神宇律师事务所律师见证下签订离婚协议书，且该律师事务所加盖公章确认，同时王某珍按照该协议书约定收取生活帮助费 60000 元，其本人出具收据，后双方到婚姻登记机关办理的离婚登记。原审对此未予评判，属认定事实不清。3. 王某珍在办理离婚登记时未提供证据证明其系无民事行为能力人，原审认定事实明显不当。4. 原审以郑某峰已与他人登记结婚而未撤销郑某峰与王某珍的离婚登记，有违法律规定。

原审原告王某珍辩称，原审认定事实清楚，未撤销王某珍与郑某峰的离婚登记不符合法律规定。请求驳回上诉。

原审第三人郑某峰述称，郑某峰已与他人登记结婚，被诉离婚登记不具有可撤销性。请求依法裁判。

各方当事人向原审提供的证据均随卷移送二审法院。原审对证据的分析与认定，符合法律规定，二审法院予以确认。

二审中，某县民政局、郑某峰未提交新的证据。

王某珍向二审法院提交某市精神××司法鉴定所于2020年7月27日作出的某精院司鉴所［2020］精鉴字第164号司法鉴定意见书1份，拟证明，王某珍在申请离婚登记时系限制民事行为能力人。

二审法院经审查认为，王某珍向二审法院提交的证据已向原审法院提供，一审法院已作认证。二审中，王某珍再行提交该证据，不属于行政诉讼法规定新的证据，二审法院不予采纳。

二审法院经审理查明的事实与原审无异。

二审法院认为，本案系王某珍不服某县民政局于2019年12月23日作出的离婚登记（证号L4211223-2019-001118）而提起的诉讼，该离婚登记的合法性是本案的审查对象。根据诉辩双方的主张，二审法院对争议焦点问题，评判如下：

一、关于离婚登记行为的法律性质和审查模式问题

离婚登记行为是行政机关以颁发离婚证书为表现形式，创设或消灭当事人之间婚姻关系的法律行为，属于一种行政确认行为。作为一种依申请的行政行为，离婚登记按照初审—受理—审查—登记（发证）的程序办理。其中，离婚登记机关的审查是诸多环节中最为关键和最为重要的一环，直接决定着登记申请能否得到准许，登记程序能否顺利进行，登记目的能否有效实现。

根据《婚姻登记条例》第十一条第一款规定，“办理离婚登记的内地居民应当出具下列证件和证明材料：（一）本人的户口簿、身份证；（二）本人的结婚证；（三）双方当事人共同签署的离婚协议书”，第十二条第二项规定“办理离婚登记的当事人有下列情形之一的，婚姻登记机关不予受理……（二）属于无民事行为能力人或者限制民事行为能力人的……”参照《婚姻登记工作规范》第五十五条第三项规定“受理离婚登记申请的条件是：……（三）双方均具有完全民事行为能力……”和第六章“离婚登记”的规定，其目的是“规范婚姻登记工作，保障婚姻自由、一夫一妻、男女平等的婚姻制度的实施，保护婚姻当事人的合法权益”。故离婚登记机关在办理离婚登记时，一是必须对申请材料的真实性进行审查；二是对申请材料真实性的审查先是形式上的，即看是否存在表面上的不一致或错误之处；三是如果登记机关无法得出真实或虚假的结论，则需要进一步核实，申请人必须配合；四是登记机关无法得出是否真实结论的，可以不予离婚登记，或者要求申请人完善和补充材料后再提出申请；五是登记机关可以判断申请材料本身是否合法、有效，但对申请材料记载的内容是否合法、有效无法做出实质判断，只能作出形式上的判断。

本案中，尽管王某珍、郑某峰向婚姻登记机关答复“我们具备完全民事行为能力，双方都没有患有精神方面的疾病”，但并不能确实、充分地证明双方当事人在申请办理离

婚登记时系“不属于无民事行为能力人或者限制民事行为能力人的”。同时，二审法院注意到，原审审理查明“王某珍在申请办理离婚登记前后均住院治疗精神疾病”的事实，基于保护婚姻当事人的合法权益，原审确认被诉离婚登记行政行为违法，并无不当。

二、关于离婚登记案件裁判方式选择问题

离婚登记行政行为一经作出即生效。夫妻之间的配偶身份关系解除，基于夫妻关系而形成的夫妻之间的其他权利义务也随之消灭，同时双方的结婚自由的权利得以恢复。因此，人民法院在对离婚登记案件作出裁判时，不能简单地作出肯定性或否定性的判决，必须全面考虑离婚登记的具体内容、离婚后双方当事人是否再行结婚等多种因素，既依法作出评判，又要兼顾到相关当事人的合法权益。本案中，郑某峰在与王某珍办理离婚登记后，已经与案外人李某桃进行了结婚登记。原审据此作出确认被诉离婚登记行为违法，而未予撤销该行政行为，符合《中华人民共和国行政诉讼》第七十四条第二款第一项之规定。

综上，上诉人某县民政局的上诉理由不能成立，二审法院依法不予支持，原审判决认定事实清楚，适用法律正确，依法应予维持。依照《中华人民共和国行政诉讼法》第八十九条第一款第一项的规定，判决如下：

驳回上诉，维持原判。

本案案件受理费50元，由上诉人某县民政局负担。

本判决为终审判决。

二、离婚财产分割案例

基本理论概述

离婚财产分割即夫妻共同财产的分割，是指离婚时依法将夫妻共同财产划分为各自的个人财产。

我国《民法典》第一千零六十二条、第一千零六十三条、第一千零六十五条明确了夫妻共同财产是在夫妻关系存续期间取得的财产，以列举和概括的方式规定了夫妻共同财产的内容，也规定了夫妻共同财产的分割有协议分割和判决分割两种做法。离婚时，双方有合法婚姻财产约定的，依约定。一方的特有财产归本人所有。夫妻共同财产一般应当均等分割，必要时亦可不均等，有争议的，人民法院应依法判决。

离婚时分割财产，首先要分清哪些属于夫妻共同财产，哪些属于夫妻个人财产，然后依据法律的规定进行分割，在此期间，有的夫妻一方为达到多占财产的目的，有可能把本应属于夫妻共同的财产采用隐藏、转移、变卖、毁损等手段，以逃避分割。

如在离婚期间另一方发现对方有隐瞒共同财产的，可要求对其财产进行分割，但有时由于种种原因，夫妻另一方也许在离婚后才会发现一方有隐瞒共同财产的行为，此时，夫妻另一方依据我国《民法典》及《民法典婚姻家庭编司法解释（一）》的有关规定，可向法院提起诉讼，请求法院再次分割被隐瞒的财产。当然，提起再次分割财产时应遵守有关诉讼时效的规定，即为当事人发现该隐瞒的财产次日起3年内。而且，一方隐藏夫妻共

同财产的，另一方提起诉讼请求再次分割该财产的，法院可依法对隐瞒夫妻共同财产的一方判决少分或不分。

主要相关法律、法规及司法解释链接

《民法典》

第一千零八十七条　离婚时，夫妻的共同财产由双方协议处理；协议不成的，由人民法院根据财产的具体情况，按照照顾子女、女方和无过错方权益的原则判决。

对夫或者妻在家庭土地承包经营中享有的权益等，应当依法予以保护。

第一千零八十八条　夫妻一方因抚育子女、照料老年人、协助另一方工作等负担较多义务的，离婚时有权向另一方请求补偿，另一方应当给予补偿。具体办法由双方协议；协议不成的，由人民法院判决。

第一千零九十条　离婚时，如果一方生活困难，有负担能力的另一方应当给予适当帮助。具体办法由双方协议；协议不成的，由人民法院判决。

第一千零九十二条　夫妻一方隐藏、转移、变卖、毁损、挥霍夫妻共同财产，或者伪造夫妻共同债务企图侵占另一方财产的，在离婚分割夫妻共同财产时，对该方可以少分或者不分。离婚后，另一方发现有上述行为的，可以向人民法院提起诉讼，请求再次分割夫妻共同财产。

《民法典婚姻家庭编司法解释（一）》

第二十七条　由一方婚前承租、婚后用共同财产购买的房屋，登记在一方名下的，应当认定为夫妻共同财产。

第七十一条　人民法院审理离婚案件，涉及分割发放到军人名下的复员费、自主择业费等一次性费用的，以夫妻婚姻关系存续年限乘以年平均值，所得数额为夫妻共同财产。

前款所称年平均值，是指将发放到军人名下的上述费用总额按具体年限均分得出的数额。其具体年限为人均寿命七十岁与军人入伍时实际年龄的差额。

第七十二条　夫妻双方分割共同财产中的股票、债券、投资基金份额等有价证券以及未上市股份有限公司股份时，协商不成或者按市价分配有困难的，人民法院可以根据数量按比例分配。

第七十三条　人民法院审理离婚案件，涉及分割夫妻共同财产中以一方名义在有限责任公司的出资额，另一方不是该公司股东的，按以下情形分别处理：

（一）夫妻双方协商一致将出资额部分或者全部转让给该股东的配偶，其他股东过半数同意，并且其他股东均明确表示放弃优先购买权的，该股东的配偶可以成为该公司股东；

（二）夫妻双方就出资额转让份额和转让价格等事项协商一致后，其他股东半数以上不同意转让，但愿意以同等条件购买该出资额的，人民法院可以对转让出资所得财产进行分割。其他股东半数以上不同意转让，也不愿意以同等条件购买该出资额的，视为其同意转让，该股东的配偶可以成为该公司股东。

用于证明前款规定的股东同意的证据，可以是股东会议材料，也可以是当事人通过其他合法途径取得的股东的书面声明材料。

第七十四条　人民法院审理离婚案件，涉及分割夫妻共同财产中以一方名义在合伙企业中的出资，另一方不是该企业合伙人的，当夫妻双方协商一致，将其合伙企业中的财产份额全部或者部分转让给对方时，按以下情形分别处理：

（一）其他合伙人一致同意的，该配偶依法取得合伙人地位；

（二）其他合伙人不同意转让，在同等条件下行使优先购买权的，可以对转让所得的财产进行分割；

（三）其他合伙人不同意转让，也不行使优先购买权，但同意该合伙人退伙或者削减部分财产份额的，可以对结算后的财产进行分割；

（四）其他合伙人既不同意转让，也不行使优先购买权，又不同意该合伙人退伙或者削减部分财产份额的，视为全体合伙人同意转让，该配偶依法取得合伙人地位。

第七十五条　夫妻以一方名义投资设立个人独资企业的，人民法院分割夫妻在该个人独资企业中的共同财产时，应当按照以下情形分别处理：

（一）一方主张经营该企业的，对企业资产进行评估后，由取得企业资产所有权一方给予另一方相应的补偿；

（二）双方均主张经营该企业的，在双方竞价基础上，由取得企业资产所有权的一方给予另一方相应的补偿；

（三）双方均不愿意经营该企业的，按照《中华人民共和国个人独资企业法》等有关规定办理。

第八十四条　当事人依据民法典第一千零九十二条的规定向人民法院提起诉讼，请求再次分割夫妻共同财产的诉讼时效期间为三年，从当事人发现之日起计算。

示范案例一

婚后指定的赠与以及一方获得的奖牌、奖章和分红型保险金，离婚时是否可按夫妻共同财产分割？

陈月明系省级运动员，曾参加全国游泳比赛并获得多枚金牌，与某外企白领张玉莲相恋，2012 年结为伉俪。婚后，两人虽忙于事业，但夫妻感情甚笃。2019 年由于张玉莲在工作中表现出色，晋升为业务部门经理，工作更加繁忙，而陈月明退役后当了游泳教练，也少有空闲，但双方仍十分恩爱，日子过得很是甜美。但是，陈月明的父母因抱孙心切，对儿媳一直不愿生育略有微词，并多次在陈月明面前提起。陈月明想到结婚已 7 年，双方都有了稳定的工作，且都 30 多岁了，也应该要一个孩子了，便向张玉莲提出此事。张玉莲眼看实在无法违背公婆、丈夫的心意，就答应生一个孩子，可过了一年也没怀孕。陈月明在无意中发现张玉莲竟在偷服避孕药，顿时感到受了欺骗，勃然大怒，质问张为何欺骗他？张玉莲坦诚相告，若现在生小孩，她这些年在公司的辛苦奋斗所获得的地位将付诸东流，她不愿成为一个只在家带孩子的家庭主妇。夫妻两人为此反目，产生矛盾，2021 年 4 月陈月明向法院起诉，要求离婚。经法院调解，双方对离婚均无异议，但在财产分割上存在分歧。

法院经审理查明：两人共有存款 25 万元，婚后购置了一套 140 平方米的商品房；陈月明结婚时父母指名赠与他的一套 100 平方米的住房；陈月明共获金牌 2 枚、银牌 1 枚，奖金4万元；张玉莲购买的分红型保险4万元。两人对25万元存款及140平方米的住房均分无异议，但陈月明认为他所得的奖牌与奖金属于个人性质的财产，父母赠与的房产也应属于他，张玉莲所买的保险应由夫妻平分。张玉莲则主张，陈月明的奖牌及奖金都属于夫妻结婚后所得，陈月明父母所赠房产也是婚后所赠，应由双方平分，而她购买的保险具有人身保险性质，应当属于她个人所有。

法院审理后认为：两人共有存款25万元，以及140平方米的住房为夫妻共有财产，双方均无异议；而陈月明父母赠与的100平方米的住房虽是婚后所赠，但证据表明，该住房属于指定赠与其儿子陈月明，应属陈月明的个人财产；陈月明所获奖牌是一种荣誉象征，具有特定的人身性，应为陈月明个人所有；奖金4万元按夫妻共同财产予以分割；张玉莲购买的分红型保险4万元是属夫妻关系存续期间夫妻共同收入的一部分，双方无书面约定，属于夫妻共同所有的财产。

请问：法院的判决是否正确，为什么？

分析意见：

我国《民法典》对夫妻共同财产的认定，哪些财产应该属于双方共同所有，哪些财产应属于一方所有都有明确的规定。我国《民法典》第一千零六十二条规定：“夫妻在婚姻关系存续期间所得的下列财产，归夫妻共同所有：（一）工资、奖金、劳务报酬；（二）生产、经营、投资的收益；（三）知识产权的收益；（四）继承或者受赠的财产，但是本法第一千零六十三条第三项规定的除外；（五）其他应当归共同所有的财产。夫妻对共同财产，有平等的处理权。”第一千零六十三条规定：“下列财产为夫妻一方的个人财产：（一）一方的婚前财产；（二）一方因受到人身损害获得的赔偿或者补偿；（三）遗嘱或赠与合同中确定只归一方的财产；（四）一方专用的生活用品；（五）其他应当归一方的财产。”这是认定夫妻共同财产与夫妻个人财产范围的法定标准。

在离婚案件中，正确认定夫妻共同财产的范围及分割是一个重要问题。我国《民法典》第一千零六十五条第一款规定：“男女双方可以约定婚姻关系存续期间所得的财产以及婚前财产归各自所有、共同所有或者部分各自所有、部分共同所有。约定应当采用书面形式。没有约定或者约定不明确的，适用本法第一千零六十二条、第一千零六十三条的规定。”这说明，对夫妻财产范围的认定，应当按照“有约定从约定，无约定按法定”原则进行划分。本案中，双方当事人对财产并无约定，所以应该按法律的规定来划分。两人共有的存款25万元及140平方米的住房系婚后的夫妻共同财产。离婚时，存款25万元应由夫妻双方平分；住房可归一方所有和居住，并按其价值的一半给予另一方补偿。

对于在夫妻关系存续期间一方无偿获得的赠与财产，我国《民法典》第一千零六十三条第三项明确规定，对指定赠与给一方的财产，属于夫妻一方的个人财产。本案中陈月明的父母指定该100平方米住房赠与陈月明，应属于陈月明的个人财产，张玉莲无权分割。

陈月明所获奖牌是运动员的一种荣誉象征，具有特定的人身属性，只能属于权利人本人，因此陈月明所获得的奖牌应归他个人所有。陈月明所获的奖金4万元，则属于夫妻共同财产。因为奖金属于财产权利，依我国《民法典》规定在婚姻关系存续期间一方所获的工资、奖金都属于夫妻共同财产，故应由双方平分。

张玉莲所购买的分红型保险具有投资经营和人身保险的双重属性，虽具有一定的人身属性，但是张玉莲购买保险是双方在婚姻关系存续期间用共同财产投保的，应属于共同财产，其所交的保费和分红所得收益应当对半分割，可以由保单持有人张玉莲拿出所交保险费和分红收益价值一半的金钱补偿给陈月明。

示范案例二

离婚后能否要求分割一方隐瞒的夫妻共同财产？

李全与张珍系某村村民，李全高中毕业后未能考上大学，于2013年通过别人介绍与本村村民张珍结婚，婚后二人感情尚好，育有一子。后来，李全随其他村民外出打工，由于他聪明好学，人又机灵，不久就当上了小包工头。随着资金、经验的积累，李全的建筑队也越干越有名气，他不仅在村里修了一幢楼房，而且在县城买了一套房。李全有钱后觉得家里的妻子土气，对张珍逐渐看不顺眼，于是长期住在城里不再回家。2018年10月李全向张珍提出离婚。张珍也觉得李全长年不回家，婚姻生活已名存实亡，经双方协议，村里那一幢楼房及家具归张珍所有，儿子由李全抚养，张珍不承担抚养费。家里现有存款10万元，分给张珍5万元，双方办理了离婚登记。2021年5月，张珍发现李全在离婚时隐瞒了在县城购置的一套高档商品房及豪华家具等用品，价值约100万元，她不知是否有权请求分割这部分财产，于是向律师咨询。

请问：张珍有权请求分割被李全隐瞒的这部分财产吗？

分析意见：

根据我国《民法典》的规定，夫妻在婚姻存续期间所得的夫妻共同财产，离婚时应该由夫妻双方协议分割或法院判决分割。夫妻对于共同财产享有平等的权利，如没有特殊情况，在分割财产时应当平均分配，不因双方的收入不同而有所差别。在离婚时，对于共同财产的处理，双方都应如实相告，不得隐瞒、转移、损毁，否则构成对另一方财产权的侵犯。有的当事人为了在离婚时多分得财产，试图通过隐瞒共同财产达到这一不法目的。特别是在家庭财产收入由一方主要获得的情况下，一方隐匿财产，而另一方通常不易发现，这会对离婚另一方的权益造成较大的损害。为了更好地保护离婚双方当事人的权益，我国《民法典》第一千零九十二条明确规定："夫妻一方隐藏、转移、变卖、毁损、挥霍夫妻共同财产，或者伪造夫妻共同债务企图侵占另一方财产的，在离婚分割夫妻共同财产时，对该方可以少分或者不分。离婚后，另一方发现有上述行为的，可以向人民法院提起诉讼，请求再次分割夫妻共同财产。"

根据上述规定，离婚时夫妻一方隐藏、转移、变卖、毁损、挥霍夫妻共同财产的行为是违法行为，它侵害了夫妻另一方当事人的合法权益，法院可判决该方承担少分或不分财产的后果，如果离婚后才发现此情形的，也作相同处理。本案中，李全在协议离婚时隐瞒了夫妻共同财产，张珍在离婚两年多后才发现，其有权向法院提起诉讼，请求分割被隐瞒的共同财产。同时，还应当判令李全对该项被隐瞒的财产少分或不分。此外，《民法典婚姻家庭编司法解释（一）》第八十四条规定："当事人依据民法典第一千零九十二条的规定向人民法院提起诉讼，请求再次分割夫妻共同财产的诉讼时效期间为三年，从当事人发现之日起计算。"这是为了促使权利人积极及时行使自己的权利，以保护当事人的合法权益，维护社会秩序的稳定。超出规定期限的，当事人再向人民法院请求要求保护其权利的，人民法院依法不予保护。因为法律不保护“躺在权利上的睡眠者”。如果当事人自愿履行的，法院不予干预。对于自愿履行完毕的，不得反悔，不得以已过诉讼时效为由要求返回。在本案中，张珍是在离婚两年多后才知道李全隐瞒共同财产的，从她发现之日起三年内提起诉讼，人民法院应当依法予以受理和处理。

讨论案例

1. 妻子婚外怀孕导致离婚，丈夫可否索赔？

陈民与王芹2015年经人介绍结婚，2016年春节后陈民外出经商。王芹在2020年10月的一次朋友聚会后，与某朋友发生了两性关系。2021年春节，陈民回家时，发现妻子已怀孕，认为妻子对其不忠实，趁其外出经商之机，与他人同居并造成怀孕，遂向人民法院提起离婚诉讼，并要求王芹支付损害赔偿费7万元。

人民法院在审理过程中查明：

其一，王芹的怀孕确实是2020年10月的一次朋友聚餐后，与某朋友发生婚外两性关系所致，并非与他人同居，但该行为是导致离婚的主要原因。

其二，陈民没有提供证明其在外经商期间王芹在家与他人同居的证据。

请问：法院依法应当如何处理本案？

2. 离婚时配偶一方非企业合伙人，能否分得合伙财产而成为合伙人？

蒋林与谭怡经自由恋爱，于2007年春节期间结婚。蒋林聪明能干，在2012年借了3万元和三位合伙人看准市场，搞了个小型零件加工厂，没几年就把外债还清，还买了房、车，物质生活富裕了，蒋林还想着再开一个公司，加大投入。谭怡却觉得风险太大，不同意，两人产生分歧，再加上蒋林每天都在新开的公司加班加点，谭怡独守空房，颇多抱怨。2021年1月，夫妻两人协议离婚，蒋林把合伙的小型零件加工厂的财产份额全部转让给了谭怡，但其他三位合伙人不同意转让，于是谭怡起诉到人民法院。

请问：法院应当如何处理？

3. 婚后未获经济收益的作品，离婚时能否按夫妻共同财产分割？

林聪系一位作家，他的作品获得过大奖，2019年其与一名公司职员吴彤结婚。吴彤性格活泼，喜爱交友，而林聪除爱外出旅游外，平常喜欢在家看书、上网、写作。吴彤经常抱怨林聪不陪其一起游玩，而林聪也对吴彤经常不回家而颇有意见。后因吴彤有婚外情，被林聪发现，林聪不能忍受而于2021年3月提出离婚。两人在财产分割中意见不一，因林聪交给出版社的一部长篇小说还未出版，家中还有一部快完成的长篇小说，吴彤认为这两本书都是在婚姻关系存续期间写成的，应该按共同财产平分，而林聪认为这是他个人完成的作品，应该全部属于个人财产。

请问：本案当事人争议的两部未获经济收益的小说能否按夫妻共同财产分割？

4. 婚后所得未指明的赠与财产，离婚时可否按共同财产分割？

张振杉与刘小菊系某镇村民，2005年年初经人介绍相识，同年年底登记结婚。因张振杉是独子，结婚登记后张振杉父母筹钱为儿子修了新房四间，刘小菊的父母也为他们添置了电视机、缝纫机等物，夫妻俩的日子过得红红火火，并于次年生有一女。但自2017年张振杉外出打工以后，刘小菊对公婆经常无端责骂，虽经张振彬劝解，但她仍不悔改，搞得全家不宁。2021年3月15日，张振杉忍无可忍，提出与刘小菊离婚，刘小菊也不甘示弱，同意离婚，但在财产分割上达不成协议，于是起诉到人民法院，请求法院处理。张振杉称：家中存款5万元大部分是其打工所挣，家中房屋由其父母出钱所修，除这两项财产外，其他财产平均分配其无意见。刘小菊称：其与张振杉结婚多年，在家做饭带孩子，没有功劳有苦劳，家中房屋及存款应该平分，其嫁妆电视机及缝纫机等应该是其个人财产，不能平分。

请问：婚后所得未指明的赠与财产，离婚时可否按共同财产分割？

5. 前夫私藏65万元，离婚3年后前妻起诉要求分割，法院是否支持？

2018年6月，苏女士的丈夫提起离婚诉讼，后法院判决准予离婚。2021年3月，苏女士意外获悉，在与丈夫王某离婚前一年，王某出资30万元与别人合作办公司，并拥有公司60%的股份。苏女士通过调查得知，公司经营状况良好，到两人离婚前，王某拥有公司股份的价值已达65万元。于是，苏女士认为这65万元是夫妻共同财产，她应分得一半。但王某表示，所经营的公司是由朋友出钱的，他没有实际投资。

法院经审理后查明，在苏女士与王某离婚前，王某经营的公司处在盈利状态，王某本人拥有公司60%的股份，在离婚时该股份市场价值为65万元。而王某在夫妻离婚时却未告知苏女士。

请问：对此离婚时隐匿的财产，法院依法应当如何处理？

相关裁判实例摘录①

蔡某1、尹某离婚后财产纠纷案

原告蔡某1与被告尹某于××××年××月××日登记结婚，××××年××月××日生育女儿蔡某2。2020年6月28日，一审法院作出（2020）冀0822民初480号民事判决，准予原、被告离婚，婚生女儿随被告生活。该判决于2020年6月29日向双方送达，双方均未提出上诉，判决于2020年7月15日发生法律效力。被告婚前于2011年1月23日签订购房合同，购买位于某县13号楼1单元2101室楼房一套（以下简称案涉房屋），住房公积金贷款200000元，房屋登记在被告名下，双方婚姻关系存续期间偿还部分贷款本息。原、被告双方在离婚诉讼中，对案涉楼房议价不成，均未申请价格评估，致使夫妻共同还贷的增值数额无法计算，对夫妻共同财产未予处理，明确双方可另案处理。原告在离婚判决生效后，提起本案诉讼。案涉房屋建筑面积144.23平方米，成交价488543元，首付款288543元，住房公积金贷款200000元，从购房至今累计支付利息55407.58元，被告缴纳该楼房费用包括维修基金12115.32元、契税19541.72元、担保费1200元、登记费80元，上述购房成本合计576887.62元。关于房屋价值，双方认可按每平方米7000元计算，为1009610元，增值率为175%。经查询，原、被告双方婚后自开始还贷之日至离婚判决书生效，对案涉房屋还贷本息合计97403.15元，夫妻共同还贷及增值合计为170455.51元。

蔡某1向一审法院提出诉讼请求：1. 要求被告返还原告出资位于某县13号楼1单元2101室楼房款6万元及其增值部分；2. 依法要求原被告分割夫妻关系存续期间共同财产（房屋和轿车）及增值部分；3. 要求被告代其母亲张某返还从原告账户上转走和支取的现

① 摘自中国裁判文书网，（2021）冀08民终824号。

金 5.6 万元；4. 诉讼费由被告负担。

一审法院依据当事人的申请，调取原告蔡某 1 名下个人住房公积金账户，至 2020 年 7 月余额为 64120.41 元，调取被告尹某名下个人住房公积金账户，至 2020 年 7 月余额为 13661.24 元（双方 7 月均计算整月，因个人每月金额差距不大，故不再调整）；二人合计为 77781.65 元。

关于原告主张在被告购买案涉房屋时，其父蔡某 3 曾出资 6 万元，因在（2019）冀 08 民终 724 号和（2020）冀 0822 民初 480 号案件审理时，原告均曾提出相应主张，但未被认定，本次诉讼原告也未提供新的证据证明出资的事实，故对原告的此项主张不予认定。

关于原告主张冀 H×××××银色宝来轿车系 2012 年其个人出资购买；被告主张该车系其父母出资购买，不属于夫妻共同财产。该车原登记在被告父亲名下，2017 年 9 月原告将该车过户至其名下，被告承认现该车在被告父亲处。

一审法院认为，原、被告在诉讼离婚案件中，未对夫妻共同财产进行分割，原告在离婚判决生效后，诉请分割夫妻共同财产，应以能够认定的夫妻共同财产为限进行审理。原告主张的轿车和被告母亲张某支款问题，因涉及案外人，不属本案审理范围。原、被告夫妻关系存续期间共同还贷及增值、共同公积金余额属于夫妻共同财产。夫妻共同还贷及增值合计为 170455.51 元，公积金余额为 77781.65 元，夫妻共同财产合计价值为 248237.16 元。关于财产分割问题，被告主张原告在婚姻中存在过错，且有伪造夫妻共同债务，侵占被告财产的行为，要求分割财产原告应当少分或者不分，因在（2019）冀 08 民终 724 号和（2020）冀 0822 民初 480 号判决中，均未作出相关认定，故对被告的主张不予采纳。自 2017 年 11 月以后，被告对还贷和抚养子女付出较多，并且根据照顾女方和子女利益的原则，在分割夫妻共同财产时，对被告适当照顾，酌情确定原告分得 40%，为 99294.86 元，被告分得 60%，为 148942.30 元。综上所述，对原告要求分割夫妻共同财产的诉讼请求，依法予以支持，涉及案外人的事项，原告可另行主张权利，其他请求证据不足，不予支持。依照《中华人民共和国婚姻法》第三十九条、《最高人民法院关于适用〈中华人民共和国婚姻法〉若干问题的解释（三）》第十八条的规定判决：一、原告蔡某 1 与被告尹某夫妻共同财产价值合计为 248237.16 元，原告分得 40%，为 99294.86 元，被告分得 60%，为 148942.30 元。二、原告蔡某 1 名下个人住房公积金账户至 2020 年 7 月余额 64120.41 元归原告所有，被告尹某名下个人住房公积金账户至 2020 年 7 月余额 13661.24 元、夫妻共同还贷及增值归被告所有；原告分得 99294.86 元，扣除其分得的住房公积金，由被告给付原告价款差额 35174.45 元，于判决生效后十日内给付。三、驳回原告其他诉讼请求。

上诉人蔡某 1 因与被上诉人尹某离婚后财产纠纷一案，不服某县人民法院（2020）冀 0822 民初 2319 号民事判决，向二审法院提起上诉。二审法院于 2021 年 3 月 5 日立案后，依法组成合议庭，公开开庭进行了审理。上诉人蔡某 1 及委托诉讼代理人刘某瑞、被上诉人尹某及委托诉讼代理人李某明到庭参加诉讼。本案现已审理终结。

蔡某 1 上诉主要提出：1. 撤销河北省兴隆县人民法院（2020）冀 0822 民初 2319 号民事判决；2. 依法分割夫妻共同财产；3. 一、二审诉讼费用由被上诉人负担。事实与理由：1. 被上诉人应返还上诉人婚前出资购买楼房款 60000 元及增值部分。（2019）冀 08

民终724号民事判决将上诉人的父亲蔡某3为上诉人蔡某1出资60000元认定为上诉人蔡某1的个人债务，该60000元出资应属于上诉人蔡某1个人婚前对夫妻共同购买楼房的出资，本案应予分割。一审法院依据（2019）冀08民终724号民事判决书和（2020）冀0822民初480号民事判决书判决没有予以认定明显错误。这两份判决书均不是针对本案争议的60000元是否属于上诉人蔡某1对楼房的出资作出判决。通过上诉人向一审法院提供的通话录音的证据，被上诉人对该60000元购买楼房的出资是上诉人蔡某1的出资予以认可。2. 一审法院未将上诉人住房公积金婚前（2013年之前到2009年）个人部分6075.71元扣除错误。3. 一审法院认定楼房增值率为175%错误。该楼房购买价格为每平方米3387.29元，双方认可价格每平方米7000元，楼房增值率应为206.65%。契税、公共维修基金、登记费等费用不能计算在增值率的成本中。另外，购房支付的利息55407.58元是上诉人与被上诉人的共同财产，其中有50%属于上诉人支付的份额，将计入成本，那么楼房成本也应有上诉人50%的成本份额。4. 夫妻共同财产应平均分割。

尹某答辩称：1. 上诉人主张在被上诉人购买房屋时，其父曾出资60000元，没有事实与法律依据。在（2019）冀08民终724号和（2020）冀0822民初480号案件审理时上诉人均提出相应主张，但未被认定。2. 上诉人的公积金余额在婚后曾被取出，其剩余金额不能被认定为婚前财产。3. 一审法院对于房屋增值部分计算正确。同时，上诉人存在婚内出轨、家暴等行为，在离婚时被上诉人理应获得较多的夫妻共同财产。原审认定事实清楚，适用法律正确，应予维持。

二审期间，当事人未提交新证据。经二审审理查明，一审查明事实属实，二审法院予以确认。

二审法院认为，上诉人蔡某1、被上诉人尹某在诉讼离婚案件中，未对夫妻共同财产进行分割，上诉人蔡某1在离婚判决生效后，诉请分割夫妻共同财产，应以能够认定的夫妻共同财产为限进行审理。上诉人蔡某1主张的轿车和被上诉人尹某母亲张某支款问题，因涉及案外人，不属本案审理范围。双方夫妻关系存续期间共同还贷及增值、共同公积金余额属于夫妻共同财产。1. 关于上诉人蔡某1上诉提出上诉人蔡某1父亲蔡某3为上诉人出资60000元本金及增值应由被上诉人返还。经查，二审法院（2019）冀08民终724号民事判决书和某县人民法院（2020）冀0822民初480号民事判决书为生效判决，均未对此作出相关认定，故上诉人蔡某1要求被上诉人尹某给付婚前购房款60000元本金及利息的上诉理由不能成立，二审法院不予支持。2. 关于上诉人蔡某1上诉称上诉人蔡某1的住房公积金64120.41元中应将婚前个人部分6075.71元扣除。经查，截至2020年7月上诉人蔡某1的住房公积金余额为64120.41元。一审法院卷中证据证实上诉人蔡某1的公积金区间为2020年3月25日至同年11月25日，虽然上诉人蔡某1主张扣除2009年至2013年9月的个人住房公积金，但上诉人蔡某1未提交相应有效证据予以证实该主张，且被上诉人尹某称上诉人蔡某1的公积金余额在婚后曾被取出，其剩余金额不能认定为婚前财产。故上诉人蔡某1该上诉理由不能成立，二审法院不予支持。另一审法院对案涉楼房增值率等计算及夫妻财产分割比例并无不当。

综上，上诉人蔡某1上诉意见缺乏依据，其上诉请求，二审法院不予支持。一审法院认定事实清楚，适用法律正确，应予驳回。依照《中华人民共和国民事诉讼法》第一百七十条第一款第一项之规定，判决如下：

驳回上诉，维持原判。

二审案件受理费2620元，由上诉人蔡某1负担。

本判决为终审判决。

三、离婚债务清偿案例

基本理论概述

离婚时的夫妻债务，首先从性质上应当分为两种：一是夫妻共同债务，是指夫妻一方或者双方在婚姻关系存续期间，为维持家庭共同生活所负的债务；二是夫妻一方的个人债务，是指夫妻一方婚前债务或者婚后以个人名义所负的与夫妻共同生活无关的债务。离婚时对于夫妻共同债务，如夫妻双方无特别约定的，双方应当共同承担清偿责任，并且承担连带清偿责任。而离婚时对于夫妻一方的个人债务，应当由其个人财产承担清偿责任。

关于夫妻共同债务的认定规则，根据《民法典》及《民法典婚姻家庭编司法解释（一）》的规定，我国夫妻共同债务的认定规则如下：

第一，夫妻双方之合意规则。根据《民法典》第一千零六十四条和第一千零六十五条的规定精神，夫妻双方共同签名或者夫妻一方事后追认等共同意思表示所负的债务，属于夫妻共同债务。夫妻可以对婚姻关系存续期间所得的财产的归属以及债务清偿责任进行约定，并且约定对双方具有约束力。因此，如果夫妻对婚姻关系期间夫妻一方以个人名义所负债务约定为共同债务的，该约定对夫妻双方具有约束力。

第二，共同生活之目的规则。根据《民法典》第一千零六十四条规定精神，夫妻一方以个人名义所负债务，凡确实用于家庭共同生活的，无论是否属于在婚姻存续期间的欠债，均应当被认定为夫妻共同债务。

第三，家事代理权之规则。根据《民法典》第一千零六十条的规定，夫或妻因日常生活需要而处理夫妻共同财产的，任何一方均有权决定。因此，凡在婚姻期间为维持日常家庭共同生活需要，夫妻一方以个人名义所负的债务，应当被认定为夫妻共同债务。

关于夫妻共同债务的举证责任，在不涉及他人的离婚案件中，由以个人名义举债的配偶一方负责举证证明所借债务用于夫妻共同生活，如证据不足，则其配偶一方不承担偿还责任。在债权人以夫妻一方为被告起诉的债务纠纷中，对于案涉债务是否属于夫妻共同债务，应当按照《民法典》第一千零六十四条规定认定。夫妻一方在婚姻关系存续期间以个人名义超出家庭日常生活需要所负的债务，不属于夫妻共同债务；但是，债权人能够证明该债务用于夫妻共同生活、共同生产经营或者基于夫妻双方共同意思表示的除外。

夫或妻一方在对外就共同债务承担连带清偿责任后，有权基于登记离婚的协议或者人民法院生效的裁判文书向原配偶追偿。

主要相关法律、法规及司法解释链接

《民法典》

第一千零六十条 夫妻一方因家庭日常生活需要而实施的民事法律行为，对夫妻双方发生效力，但是夫妻一方与相对人另有约定的除外。

夫妻之间对一方可以实施的民事法律行为范围的限制，不得对抗善意相对人。

第一千零六十四条 夫妻双方共同签名或者夫妻一方事后追认等共同意思表示所负的债务，以及夫妻一方在婚姻关系存续期间以个人名义为家庭日常生活需要所负的债务，属于夫妻共同债务。

夫妻一方在婚姻关系存续期间以个人名义超出家庭日常生活需要所负的债务，不属于夫妻共同债务；但是，债权人能够证明该债务用于夫妻共同生活、共同生产经营或者基于夫妻双方共同意思表示的除外。

第一千零六十五条 男女双方可以约定婚姻关系存续期间所得的财产以及婚前财产归各自所有、共同所有或者部分各自所有、部分共同所有。约定应当采用书面形式。没有约定或者约定不明确的，适用本法第一千零六十二条、第一千零六十三条的规定。

夫妻对婚姻关系存续期间所得的财产以及婚前财产的约定，对双方具有法律约束力。

夫妻对婚姻关系存续期间所得的财产约定归各自所有，夫或者妻一方对外所负的债务，相对人知道该约定的，以夫或者妻一方的个人财产清偿。

第一千零八十九条 离婚时，夫妻共同债务应当共同偿还。共同财产不足清偿或者财产归各自所有的，由双方协议清偿；协议不成的，由人民法院判决。

《民法典婚姻家庭编司法解释（一）》

第三十三条 债权人就一方婚前所负个人债务向债务人的配偶主张权利的，人民法院不予支持。但债权人能够证明所负债务用于婚后家庭共同生活的除外。

第三十四条 夫妻一方与第三人串通，虚构债务，第三人主张该债务为夫妻共同债务的，人民法院不予支持。

夫妻一方在从事赌博、吸毒等违法犯罪活动中所负债务，第三人主张该债务为夫妻共同债务的，人民法院不予支持。

第三十五条 当事人的离婚协议或者人民法院生效判决、裁定、调解书已经对夫妻财产分割问题作出处理的，债权人仍有权就夫妻共同债务向男女双方主张权利。

一方就夫妻共同债务承担清偿责任后，主张由另一方按照离婚协议或者人民法院的法律文书承担相应债务的，人民法院应予支持。

第三十六条 夫或者妻一方死亡的，生存一方应当对婚姻关系存续期间的夫妻共同债务承担清偿责任。

第三十七条 民法典第一千零六十五条第三款所称“相对人知道该约定的”，夫妻一方对此负有举证责任。

示范案例

婚姻关系存续期间，因偿还高利贷而借款，属于夫妻共同债务还是夫妻个人债务？

马某（女）与田某于2015年2月1日结婚，于2020年6月7日离婚。2017年5月17日，田某向王某借款10万元，并出具借条一张。田某于2020年7月16日因长期欠债无力偿还，不堪重负自杀身亡，其留下遗书中承认因偿还个人所欠高利贷向王某借款的事实。2021年1月12日，王某诉至法院，要求马某偿还借款10万元。

法院在审理中形成两种观点：

观点一，该笔借款为夫妻共同债务，马某应该予以偿还。其理由：1. 借款有凭据，系双方真实意思的表示；2. 借款发生在被告马某的婚姻关系存续期间；3. 被告未能举证证明该所欠高利贷债务属于田某的个人债务，亦不能举证证明夫妻双方有婚姻期间所得的财产归各自所有的约定，并为王某知晓，故应当按夫妻共同债务处理。

观点二，该笔借款田某为个人债务，应驳回对马某的诉讼请求。其理由：1. 田某自杀时所留遗书均被王某、马某作为己方证据向法院提供，虽然各方用遗书所证明的目的不同，但双方对遗书的真实性均不持有异议；2. 遗书的内容不仅能反映田某向王某借款的事实，而且能反映出该借款已被田某用于偿还个人资助其妹购买结婚用房所借的高利贷，而非用于家庭生活。

请问：该笔借款到底是夫妻共同债务还是个人债务？

分析意见：

夫妻共同债务的认定事关当事人合法权益的保护，一直是民事审判工作中的难点。

目前，对于夫妻一方以个人名义在婚姻期间所欠的债务，按照《民法典》第一千零六十条规定："夫妻一方因家庭日常生活需要而实施的民事法律行为，对夫妻双方发生效力，但是夫妻一方与相对人另有约定的除外。"第一千零六十四条规定："夫妻双方共同签名或者夫妻一方事后追认等共同意思表示所负的债务，以及夫妻一方在婚姻关系存续期间以个人名义为家庭日常生活需要所负的债务，属于夫妻共同债务。夫妻一方在婚姻关系存续期间以个人名义超出家庭日常生活需要所负的债务，不属于夫妻共同债务；但是，债权人能够证明该债务用于夫妻共同生活、共同生产经营或者基于夫妻双方共同意思表示的除外。"适用"共同生活之目的规则"和"家事代理权之规则"，对于夫妻一方在婚姻期间所欠超出日常家事代理范围的大额债务，其不能证明被用于家庭共同生活的，则认定为个人债务，以保护无辜的夫妻另一方的财产权益。因此，法官在审判实践中，对于夫妻一方以个人名义在婚姻期间所欠的债务的性质之认定，应当在查明案件全部事实的基础上，区别不同的情况，适用相应的认定规则和分配举证责任，予以妥善处理，以期公平地保护相关当事人的财产权益。

在本案中，结合全案的事实及证据，可以证明债务人一方的举债是为了偿还个人资助其妹购买结婚用房所借的高利贷，而非用于家庭共同生活，并且债务人的配偶并无举债的合意及因借款而受益，法院应当适用"共同生活之目的规则"，由于该笔借款非用于家庭共同生活，依法认定其属于举债一方的个人债务，以保护无辜的债务人配偶的财产权益，这才符合法律公平正义的要求。

讨论案例

1. 一方因赌博所欠债务，是否属于夫妻共同债务？

林小军与蒋曼于2020年结婚，婚后育有一子，活泼可爱。不久，林小军一反常态，经常和朋友喝酒、打麻将。原来，林小军婚前就爱喝酒打麻将，交了几个女朋友都因此而告吹。林小军与蒋曼认识后，怕重蹈覆辙，于是便极力忍耐，结婚生子之后，林小军感觉不用再担心了，又故态复萌，经常在外不回家。蒋曼这才知道林小军以前的表现都是装出来的，但顾及年幼的孩子，仍多次规劝林小军回头，但林小军已听不进去，有时输了钱还对蒋曼拳脚相向。蒋曼感觉林小军再也不可能变好了，失去了信心，便提出与林小军离婚。林小军表示，离婚可以，孩子你一个人抚养，现在我已欠了很多外债，必须由双方共同偿还才同意离婚。并拿出借条，一张为1万元，借的是林小军大哥的钱，另一张为2万元，借的是林小军姐姐的钱。蒋曼认为这是林小军私人借的钱，且是因赌博所欠债务，不应该由她承担。于是蒋曼起诉到法院，请求法院依法认定以上债务的性质。

请问：上述借款属于夫妻共同债务吗？为什么？

2. 离婚时一方放弃分割共同财产以规避偿还债务，其效力如何？

刘杰是一私营企业主，经营一木材加工厂，2020年春节以后，工厂经营出现困难，刘杰四处借款也未能起死回生。眼看工厂一天天亏损，面临关门的危机，债主成天上门讨债，刘杰觉得已无力回天，便和妻子商议，双方达成协议办理离婚登记，并把房屋及所有值钱的财产分给妻子，以免今后妻子和儿子生活困难。离婚后，债主们上门讨债，刘杰说与妻子已离婚，现在本人已无任何财产，无法还钱。于是债权人向法院提出诉讼，请法院判决刘杰与其妻子的离婚协议无效，夫妻的共同财产应用于还债。

请问：刘杰为规避清偿债务的登记离婚协议是否有效，此债务清偿责任应由谁承担？

3. 配偶不知情时对外负债是否属于夫妻共同债务？

2019年12月6日，王强与刘丽办理登记离婚。2019年11月14日，王强为与朋友合伙办公司而向朋友借款90万元并出具借条。2020年年底张华以民间借贷纠纷为由向法院提起诉讼，要求王强与刘丽共同承担该笔债务。对此，刘丽辩称：王强与其感情不好，早就处于分居状态，该笔借款其不知情，且没有用于夫妻共同生活。对于刘丽的说法，王强也予以认可。

法院经审理后查明，王强与刘丽早在2018年年初即处于分居状态，借条上也只有王强一个人的签名。

请问：对于本案所涉债务应否认定为夫妻共同债务，为什么？

相关裁判实例摘录①

朱某与杨某离婚纠纷案

2009年11月3日，杨某与朱某登记结婚，双方均系再婚。婚后双方感情尚好，于

① 摘自中国裁判文书网，（2021）宁02民终244号。

2010年2月24日生育长子朱某甲，2017年1月5日生育次子朱某乙。后双方在共同生活中经常因家务琐事发生口角，产生矛盾。杨某于2020年3月12日诉至一审法院，要求与朱某离婚，一审法院于2020年6月8日作出（2020）宁0205民初264号民事判决书，判决驳回杨某要求与朱某离婚的诉讼请求。2020年6月30日，朱某将双方婚后购买登记在其名下的××县房屋，以40万元的价格出售。为此，杨某再次诉至一审法院，请求判如所请。

杨某向一审法院起诉请求：1. 依法判决杨某、朱某离婚；2. 依法分割夫妻共同财产；3. 婚生子朱某甲由朱某抚养，婚生子朱某乙由杨某抚养；3. 本案诉讼费由朱某承担。

一审法院查明，杨某、朱某在共同生活期间，购买了位于惠农区××路的B1、B2两套营业房以及位于××县住房一套。2019年杨某、朱某以位于惠农区××房屋抵押从宁夏惠农贺兰山村镇银行共同借款10万元，截止到2020年10月尚有61804.85元借款未偿还。位于××区房一套原系朱某的父母共有，2004年1月1日朱某的父亲去世，后朱某的母亲及其他法定继承人均放弃继承该房屋的应继承份额。2012年8月27日朱某办理了该房屋的产权登记，该房屋产权所有人为朱某，共有情况为共同共有，共有权人为杨某。

另查明，杨某、朱某共同生活期间，在双方购置的位于惠农区××路的B2营业房内经营一家烟酒商行，该烟酒商行现由朱某经营（该店原名为：××副食烟酒商行，现名称为：惠农区朱某乙副食商行）。自2020年7月1日至2020年10月21日，朱某共计花费58500元，用于支付该烟酒商行进香烟的烟款。自2020年1月16日至2020年8月，朱某共计花费19282.60元，用于支付该烟酒商行进货的货款。在本案庭审时，双方均认可截至庭审当日该烟酒商行的货物价值为7万元。

杨某、朱某在共同生活期间，向朱某丙（系朱某的妹妹）借款3万元、向窦某甲借款5万元、向孙某某借款2万元。

自2019年11月15日至2020年11月13日，杨某的住房公积金余额为20091.28元。自2009年8月至2020年10月21日，朱某的住房公积金余额为168394.72元。

一审法院认为，婚姻应以感情为基础。杨某与朱某虽结婚多年，双方均系再婚，婚后生育二子，但双方近年来不能珍视彼此感情，缺乏有效沟通，常因家务琐事及家庭经济问题产生纠纷，丧失应有的信任，且因家务琐事发生纠纷后多次报警，夫妻感情淡漠，在一审法院判决不准离婚后，双方关系仍未见缓和，夫妻感情确已破裂，现杨某再次起诉要求离婚，朱某亦同意离婚，故一审法院准予双方离婚。关于双方孩子的抚养问题，因双方生育有两子，且双方均未提供证据证实，哪一方存在不适宜带孩子共同生活的法定情形，因此杨某要求双方各带一个孩子共同生活的请求，并无不妥，鉴于庭审后朱某表示同意双方长子朱某甲随杨某共同生活，故一审法院考虑到双方实际情况，确定双方婚生长子朱某甲随杨某共同生活，婚生次子朱某乙随朱某共同生活，抚育费双方各自承担。

针对双方共同财产的认定、分割以及共同债务的认定和分割问题，一审法院做如下评判：

一、关于双方共同财产的认定。

1. 对于位于惠农区××路的B1、B2两套营业房，鉴于双方均认可系夫妻共同财产，且双方均认可前述B1号营业房按照25万元分割，B2号营业房按照65万元分割，对此一审法院予以认定。

2. 对于位于××区的房屋，朱某主张该房屋系其继承其父亲的遗产，应属其婚前财产。而杨某主张该房屋系双方共同财产。一审法院认为，虽然朱某提供的证据证实前述房屋确系朱某基于继承取得，但在其2012年办理该房屋产权登记时，自愿将杨某作为该房屋的共同共有人进行了登记，该房屋的不动产权属证书明确显示，该房屋共有情况为共同共有，杨某为共有权人，根据我国《物权法》第九条的规定，不动产物权的设立、变更、转让和消灭，经依法登记，发生法律效力。故该房屋应认定为双方共同共有，鉴于双方均认可该房屋按6万元分割，一审法院予以认定。

3. 对于位于××县的房屋，朱某认为该房屋系其个人婚前财产，虽然该房屋的权属证书上载明该房屋系朱某单独所有，但鉴于朱某称签订该房屋购买合同及交纳购房款均是在2012年，故该房屋系在双方婚姻关系存续期间取得，且双方并未约定在双方婚姻关系存续期间取得的财产归一方所有，故应认定该房屋系夫妻共同财产。鉴于该房屋现已被朱某出售，出售价款为40万元，杨某对出售的价款为40万元未提出异议，一审法院予以认定。而对于出售该房屋所得款项40万元，朱某称自其于2020年6月30日收到该40万元后，因其经营的烟酒副食商行进烟花费12万元、用于偿还惠农区××村镇银行贷款支出26640元、缴纳前述B1、B2号营业房的暖气费花费1万多元、其经营的烟酒商行进货花费6万元、其看病花费3万元、给其母亲还款10万元。杨某对朱某上述陈述均不认可，而朱某提供的证据仅能证实：2020年7月1日至2020年10月21日支出58500元用于交纳“××副食烟酒商行”进烟款、2020年1月16日至2020年8月支出19282.6元用于交纳“××副食烟酒商行”进货款。对于用于偿还惠农区某村镇银行贷款支出情况，朱某称自2020年3月均由其一人偿还贷款，杨某未表异议，一审法院考虑朱某是2020年6月30日收到40万元房款的，故自2020年7月至10月其偿还银行贷款的支出13200元应作为合理支出从40万元房款中扣除。对于朱某前述的其他支出，即缴纳B1、B2营业房暖气费、看病及偿还其母亲债务的支出共计14万元，因未提供证据证实，一审法院均不予认定。综上，因出售位于××县的房屋所得房款40万元，扣减朱某合理支出费用90982.6元，剩余309017.4元应作为双方共同财产予以分割。

4. 对于双方名下的住房公积金，根据《最高人民法院关于适用〈中华人民共和国婚姻法〉若干问题的解释（二）》第十一条的规定，应属双方共同财产，应予以分割。朱某主张其婚前交纳的住房公积金不属于双方共同财产，应从其公积金总额中扣除的抗辩理由符合法律规定，一审法院予以支持。据此，朱某2009年11月至2020年10月住房公积金余额为147609.37元（168394.72元-20785.35元=147609.37元），应作为双方共同财产予以分割。

5. 对于位于××区的房屋，朱某主张系杨某在双方夫妻关系存续期间购买，属于双方共同财产，因杨某提供该房屋的权属证书，证明该房屋权利人为杨某某、马某某，且朱某也未提供证据证实该房屋系杨某在双方夫妻关系存续期间购买，故一审法院对朱某的该项主张不予支持。

二、关于双方共同债务的认定。

1. 对于双方均认可欠朱某丙3万元、欠孙某某2万元以及截至2020年10月欠惠农区某村镇银行贷款61804.85元，均系双方夫妻关系存续期间债务，一审法院予以认定。

2. 对于朱某主张欠窦某甲5万元的主张，因窦某甲出庭的证言与朱某提供的杨某书写的记账流水的内容能够相互印证，故一审法院认定双方欠窦某甲借款 5 万元事实存在。

3. 对于朱某主张的双方其他共同债务：欠朱某丙 19 万元、欠朱某丁 10 万元、欠窦某某 50 万元、欠李某甲 1 万元、欠游某某 2 万元，其中朱某丙、朱某丁两人已向一审法院另行主张权利，故该两笔债务在本案中不予认定，对于朱某主张的上述其他债务，因其未提供有效证据证实，一审法院均不予认定。

三、关于双方共同财产的分割以及共同债务的承担。

对于本案双方共同财产分割的原则问题，杨某主张朱某擅自出售案涉位于××县的楼房，应认定为隐匿、转移双方共同财产，在分割共同财产时应予少分。一审法院认为，因在庭审时双方均认可在 2019 年 9 月双方为出售前述房屋共同将房屋的信息在房屋中介进行登记的事实，证明双方在 2019 年已有出售该房屋的意愿，朱某于 2020 年 6 月出售该房屋时并不在本案诉讼期间，且双方对出售房屋所得款项的数额也无异议，因此朱某出售该房屋时虽然未通知杨某，但并不存在隐匿、转移夫妻共同财产的情形，故一审法院对杨某前述主张不予支持。本案在分割共同财产以及共同债务的负担上，应按照均等分割的原则予以分割。

综上，一审法院结合本案实际情况，对于双方共同财产及债务的承担进行如下分割，考虑到自 2020 年 1 月以来，朱某一直在经营××路朱某乙副食商行，故位于××路的 B2 号营业房（价值 65 万元）以及其经营的惠农区朱某乙副食商行的货物（价值 7 万元）均归朱某所有，位于××路的 B1 号营业房（价值 25 万元）及位于××区的房屋（价值 6 万元）均归杨某所有。双方共同债务共计 161804.85 元（欠朱某丙 3 万元、欠孙某某 2 万元、欠窦某甲 5 万元、欠惠农区某村镇银行贷款 61804.85 元）均由朱某承担，朱某另行支付杨某折价款 278606 元。另，对于双方名下的住房公积金，因双方现均无法实际取得，故将双方在婚姻关系存续期间的住房公积金余额折抵后，杨某享有朱某名下住房公积金 63759 元的份额，待朱某具备领取其名下住房公积金条件后，再支付给杨某。据此，一审法院依照《中华人民共和国婚姻法》第十七条、第三十二条、第三十七条、第三十九条、第四十一条，《最高人民法院关于适用〈中华人民共和国婚姻法〉若干问题的解释（二）》第十一条第二项之规定，判决：一、准予杨某与朱某离婚。二、双方婚生长子朱某甲（2010 年 2 月 24 日出生）随杨某共同生活，抚育费由杨某自行负担；双方婚生次子朱某乙（2017 年 1 月 5 日出生）随朱某共同生活，抚育费由朱某自行负担。三、双方共同财产：位于××区商业房一套、位于××区房一套均归杨某所有；位于××区朱某乙副食商行内全部货物均归朱某所有；朱某于判决生效后 30 日内将位于××区的房屋交付给杨某。四、双方共同债务：欠朱某丙 3 万元、欠孙某某 2 万元、欠窦某甲 5 万元、欠惠农区某村镇银行贷款 61804.85 元均由朱某承担。五、朱某于判决生效后 15 日内支付杨某财产折价款 278606 元。六、杨某名下住房公积金均归杨某所有；杨某对朱某名下住房公积金享有 63759 元的份额。案件受理费 6810 元，杨某与朱某各负担 3405 元。

朱某不服宁夏回族自治区石嘴山市惠农区人民法院（2020）宁 0205 民初 1734 号民事判决提起上诉。二审法院于 2021 年 2 月 2 日立案后，依法组成合议庭，公开开庭进行了审理。上诉人朱某及其委托诉讼代理人赵某、被上诉人杨某及其委托诉讼代理人王某到庭参加诉讼。本案现已审理终结。

朱某上诉请求：1. 撤销（2020）宁 0205 民初 1734 号民事判决第三、四、五、六项，重新认定夫妻共同债务，判决共同偿还。2. 一、二审案件受理费由双方分担。事实和理由：一审中，朱某提交的证据四《离婚协议》载明双方共同债务为 90 余万元，系杨某亲笔书写，其对该证据予以认可，一审法院以双方没有签字，协议没有效力，对证明目的不予采信。该证据虽然朱某没有签字，但能够证实双方婚姻期间真实的财务情况，且朱某提交该证据，就是对该证据所反映内容的认可。同时，朱某与杨某的工资收入本就不高，婚姻存续期间购置的营业房两套、住房一套被认定为夫妻共同财产，那么理应查清购置房屋的资金来源。一审判决却只做了共同财产的认定和分割，对于购置共同财产形成的共同债务不予理睬，其结果必然对朱某不公平。2015 年 1 月购买石嘴山××小区的营业房时，是朱某的表姐窦某某借款 50 万元，才有钱购置该房。2018 年 9 月，因周转资金向游某某借款 2 万元，当时是游某某拿着现金送到杨某手上的。购买贺兰××住房时，朱某母亲卖了她的住房缴纳首付款 10 万元，都应计为双方共同债务。

杨某辩称，1. 本案中朱某所称借款金额不属实，且朱某所称的借款已由其胞姐及表妹另案起诉，本案中不应再做处理。2. 一审认定事实清楚，但一审法院对于共同债务的承担与（2020）宁 0205 民初 2148 号民事判决书、（2020）宁 0205 民初 2124 号民事判决书的债务有重复计算的情况，请求法院对本案重复计算部分予以明确。

二审法院审理期间，当事人围绕上诉请求依法提交了证据。二审法院组织当事人进行了证据交换和质证。朱某提交了下列证据：证据一，（2020）宁 0205 民初 2148 号民事判决书、（2020）宁 0205 民初 2124 号民事判决书各一份，用以证明：朱某与杨某欠朱某丙借款 19 万元、欠朱某丁借款 9 万元的事实，另有朱某丁为双方共有房屋垫付 1. 1114 万元采暖费的事实。证据二，民事起诉状及（2021）宁 0205 民初 93 号传票各一份，用以证明：朱某与杨某在购买营业房时向窦某某借款 50 万元，后朱某的姐姐朱某丁代为偿还 5 万元的事实。杨某对上述证据的质证意见：对证据一无异议，证实朱某就这部分债务已被他人另案起诉，重复计算部分请求法院予以明确。对证据二无异议。

二审法院对上述证据的认证意见：杨某对证据一、证据二均无异议，上述证据具有真实性、合法性、关联性，能够证明案件事实，予以采信。

二审经审理查明，石嘴山市惠农区人民法院于 2020 年 12 月 8 日作出（2020）宁 0205 民初 2148 号民事判决，判决由朱某、杨某偿还朱某丙借款 19 万元。朱某、杨某二审庭审中均认可该判决认定的向朱某丙借款 19 万元包含本案一审判决认定的欠朱某丙借款 3 万元。二审审理查明的其他事实与一审认定的事实一致，二审法院予以确认。

二审法院认为，夫妻感情是否破裂是人民法院审理离婚案件判决是否准予离婚的标准。本案中，杨某起诉要求与朱某离婚，一审法院判决不准离婚，后双方在婚姻关系存续期间不能妥善处理矛盾，杨某再次起诉要求与朱某离婚，朱某同意离婚，双方感情确已破裂，应准予离婚。朱某上诉称一审中提交的离婚协议书中载明双方的共同债务共 90 万元，应由双方分担。因该离婚协议书载明的债务并无具体的债权人及欠债金额，且无朱某的签名，故该离婚协议书不能作为认定案件事实的依据。根据二审中朱某提交的证据，一审法院（2020）宁 0205 民初 2148 号民事判决认定向朱某丙借款 19 万元包含本案一审判决认定的欠朱某丙借款 3 万元，因该借款 3 万元已被生效判决确认，不应在本案中重复进行计算，故二审法院对此在朱某应给付杨某的财产折价款中予以扣减。朱某上诉称欠朱某丁借款 9 万元，因另案生效判决已对此做出处理，故二审法案不再进行处理。对朱某上诉称欠窦某某借款45万元，因债权人已向法院提起诉讼，案件正在审理中，故二审法院不再进行处理。朱某上诉称向游某某借款2万元，因其提交的证据不能证明该事实，故该上诉理由不能成立，不予支持。朱某庭审中称向李某甲借款1万元，因未提交证据证实，故该上诉理由不能成立，不予支持。朱某上诉称购买贺兰县太阳城小区住房时，其母亲缴纳的首付款10万元应认定为共同债务，因朱某未提交证据证实，故该上诉理由不能成立，不予支持。

综上所述，依照《中华人民共和国婚姻法》第十七条、第三十二条、第三十七条、第三十九条、第四十一条，《最高人民法院关于适用〈中华人民共和国婚姻法〉若干问题的解释（二）》第十一条第二项，《中华人民共和国民事诉讼法》第一百七十条第一款第二项规定，判决如下：

一、维持宁夏回族自治区石嘴山市惠农区人民法院（2020）宁0205民初1734号民事判决第一项、第二项、第三项、第六项，即：一、准予原告杨某与被告朱某离婚；二、双方婚生长子朱某甲（2010年2月24日出生）随原告杨某共同生活，抚育费由原告杨某自行负担；双方婚生次子朱某乙（2017年1月5日出生）随被告朱某共同生活，抚育费由被告朱某自行负担；三、双方共同财产：位于××区商业房一套、位于××区房一套均归原告杨某所有；位于××区朱某乙副食商行内全部货物均归被告朱某所有；被告朱某于判决生效后30日内将位于××区的房屋交付给原告杨某；六、原告杨某名下住房公积金均归原告杨某所有；原告杨某对被告朱某名下住房公积金享有63759元的份额。

二、撤销宁夏回族自治区石嘴山市惠农区人民法院（2020）宁0205民初1734号民事判决第四项、第五项，即：四、双方共同债务：欠朱某丙30000元、欠孙某某20000元、欠窦某甲50000元、欠惠农区某村镇银行贷款61804.85元均由被告朱某承担；五、被告朱某于判决生效后15日内支付原告杨某财产折价款278606元。

三、双方共同债务：欠孙某某20000元、欠窦某甲50000元、欠惠农区某村镇银行贷款61804.85元均由上诉人朱某承担。

四、上诉人朱某于本判决生效后15日内向被上诉人杨某支付财产折价款293606.28元。

如果义务方未按判决指定期间履行给付金钱义务，应当依照《中华人民共和国民事诉讼法》第二百五十三条规定，加倍支付迟延履行期间的债务利息。

一审案件受理费6810元，二审案件受理费13620元，合计20430元，由上诉人朱某、被上诉人杨某各负担10215元。

判决生效后，义务方拒不履行判决，权利人可在判决履行期间届满后二年内向一审法院申请强制执行。

本判决为终审判决。

四、离婚后子女抚养案例

基本理论概述

离婚后，父母对于子女仍有抚养和教育的权利和义务。父母与子女间的关系，不因父母离婚而消除。离婚后，子女无论由父或母直接抚养，仍是父母双方的子女。离婚后，哺乳期内的子女，以随哺乳的母亲抚养为原则。哺乳期后的子女，如双方因抚养问题发生争执不能达成协议时，由人民法院根据“按照最有利于未成年子女的原则”判决。8 周岁以上子女一般应当考虑该子女的意见。

不直接抚养子女的父或母，有探望子女的权利，另一方有协助的义务。行使探望权利的方式、时间由当事人协议；协议不成时，由人民法院判决。父或母探望子女，不利于子女身心健康的，由人民法院依法中止探望的权利；中止的事由消失后，应当恢复探望的权利。

主要相关法律、法规及司法解释链接

《民法典》

第一千零六十七条 父母不履行抚养义务的，未成年子女或者不能独立生活的成年子女，有要求父母给付抚养费的权利。

成年子女不履行赡养义务的，缺乏劳动能力或者生活困难的父母，有要求成年子女给付赡养费的权利。

第一千零八十四条 父母与子女间的关系，不因父母离婚而消除。离婚后，子女无论由父或者母直接抚养，仍是父母双方的子女。

离婚后，父母对于子女仍有抚养、教育、保护的权利和义务。

离婚后，不满两周岁的子女，以由母亲直接抚养为原则。已满两周岁的子女，父母双方对抚养问题协议不成的，由人民法院根据双方的具体情况，按照最有利于未成年子女的原则判决。子女已满八周岁的，应当尊重其真实意愿。

第一千零八十五条 离婚后，子女由一方直接抚养的，另一方应当负担部分或者全部抚养费。负担费用的多少和期限的长短，由双方协议；协议不成的，由人民法院判决。

前款规定的协议或者判决，不妨碍子女在必要时向父母任何一方提出超过协议或者判决原定数额的合理要求。

第一千零八十六条 离婚后，不直接抚养子女的父或者母，有探望子女的权利，另一方有协助的义务。

行使探望权利的方式、时间由当事人协议；协议不成的，由人民法院判决。

父或者母探望子女，不利于子女身心健康的，由人民法院依法中止探望；中止的事由消失后，应当恢复探望。

《民法典婚姻家庭编司法解释（一）》

第四十一条　尚在校接受高中及其以下学历教育，或者丧失、部分丧失劳动能力等非因主观原因而无法维持正常生活的成年子女，可以认定为民法典第一千零六十七条规定的“不能独立生活的成年子女”。

第四十二条　民法典第一千零六十七条所称“抚养费”，包括子女生活费、教育费、医疗费等费用。

第六十七条　未成年子女、直接抚养子女的父或者母以及其他对未成年子女负担抚养、教育、保护义务的法定监护人，有权向人民法院提出中止探望的请求。

第六十八条　对于拒不协助另一方行使探望权的有关个人或者组织，可以由人民法院依法采取拘留、罚款等强制措施，但是不能对子女的人身、探望行为进行强制执行。

示范案例一

未成年子女接受高等教育，父母有无负担教育费的义务？

谭家庆与王玉芳系某厂职工，2004 年双方经人介绍相识相恋，一年后结婚，育有一子谭强，双方皆视为掌上明珠。2012 年以来，某厂的效益开始滑坡，到 2016 年时已处于半停产状态，夫妻双方下岗，只好在外打零工，维持基本生活。经济的压力使得原本和睦友爱的家庭逐渐失去了笑声，双方经常为经济问题发生争吵，甚至大打出手，严重伤害了夫妻间的感情。同时，谭家庆还经常酗酒。他喝醉酒后回家就打人，有时连儿子也不放过。夫妻俩最后已到了无法共处的地步，双方遂于 2021 年 1 月协议离婚。但在由谁抚养儿子谭强一事上存在分歧，双方都希望与儿子共同生活，于是由谭家庆向法院起诉请求离婚，并要求与儿子共同生活。法院在征求谭强的意见后，判决双方离婚，谭强由王玉芳抚养，谭家庆每月负担 500 元抚养费。一年后 17 岁的谭强考入一所重点大学，每年需要 6000 多元学费及数千元的生活费，王玉芳下岗后一直在外打工，每月只能挣 800 元，她实在拿不出钱来供儿子上学，要求谭家庆每年给付 3000 元教育费供儿子上学。可谭家庆表示：我每个月都按法院判决给了 500 元的抚养费，已尽了抚养义务，何况我收入不高，还要准备再婚，因此不愿再负担谭强的教育费。王玉芳便以儿子谭强的名义及法定代理人的身份向法院起诉，要求判决谭家庆增加对儿子的教育费。

请问：未成年子女接受高等教育，父母有无负担教育费的义务？

分析意见：

在处理离婚案件时，离婚后子女由父母何方直接抚养，以及抚养费如何负担，这是司法实践中经常遇到的难题。应该如何保护离婚后未成年子女的利益，这是一个当前不容忽视的重要问题。

我国《民法典》第一千零八十四条第一款规定：“父母与子女间的关系，不因父母离婚而消除。离婚后，子女无论由父或由母直接抚养，仍是父母双方的子女。”父母子女之间的血缘关系不因父母离婚而消除，父母双方都有义务抚养子女。离婚后，父母抚养子女的方式有所改变，一般为由离婚前父母共同抚养变更为离婚后由一方直接抚养，而另一方支付全部或部分抚养费。对抚养费的负担数额，我国《民法典》第一千零八十五条第一款规定：“离婚后，子女由一方直接抚养的，另一方应当负担部分或者全部抚养费。负担费用的多少和期限的长短，由双方协议；协议不成的，由人民法院判决。”《民法典婚姻家庭编司法解释（一）》第四十二条明确规定：“民法典第一千零六十七条所称‘抚养费’，包括子女生活费、教育费、医疗费等费用。”

对抚养费的数额，可根据子女的实际需要，父母的负担能力和当地实际生活水平来确定。根据《民法典婚姻家庭编司法解释（一）》第四十九条规定：“抚养费的数额，可以根据子女的实际需要、父母双方的负担能力和当地的实际生活水平确定。有固定收入的，抚养费一般可以按其月总收入的百分之二十至三十的比例给付。负担两个以上子女抚养费的，比例可以适当提高，但一般不得超过月总收入的百分之五十。无固定收入的，抚养费的数额可以依据当年总收入或者同行业平均收入，参照上述比例确定。有特殊情况的，可以适当提高或者降低上述比例。”

对抚养费的给付期限，我国《民法典》第一千零六十七条规定：“父母不履行抚养义务的，未成年子女或者不能独立生活的成年子女，有要求父母给付抚养费的权利……”《民法典婚姻家庭编司法解释（一）》第四十一条规定：“尚在校接受高中及其以下学历教育，或者丧失、部分丧失劳动能力等非因主观原因而无法维持正常生活的成年子女，可以认定为民法典第一千零六十七条规定的‘不能独立生活的成年子女’。”

对抚养费给付方式，《民法典婚姻家庭编司法解释（一）》第五十条规定：“抚养费应当定期给付，有条件的可以一次性给付。”第五十一条规定：“父母一方无经济收入或者下落不明的，可以用其财物折抵抚养费。”从上述规定可看出，抚育费一般采用定期支付方式，抚育费的给付方式一般应在调解书或判决书中写明，既可以是现金，也可以是实物。凡父母有固定收入的，一般按月或定期给付；在农村可以按季度或年度给付；给付方是外国人，港、澳、台居民，华侨的，或长期在国外工作、生活的，可采用一次性给付，对于没有经济收入的一方和下落不明的一方可用其个人财产和离婚时应分得的共同财产折抵抚养费。

子女抚养费数额经协议或判决确定后，因情势变化，可能会出现抚养费数额不足，或父母支付能力不足的情况，因此可以请求对抚养费进行变更。我国《民法典》第一千零八十五条第二款规定：“前款规定的协议或者判决，不妨碍子女在必要时向父母任何一方提出超过协议或者判决原定数额的合理要求。”《民法典婚姻家庭编司法解释（一）》第五十八条规定：“具有下列情形之一，子女要求有负担能力的父或者母增加抚养费的，人民法院应予支持。（一）原定抚养费数额不足以维持当地实际生活水平；（二）因子女患病、上学，实际需要已超过原定数额；（三）有其他正当理由应当增加。”同时，若给付义务方经济情况等发生变化，无力履行原定抚养费数额的，可通过协议或判决，减少或免除抚养费。例如，抚养子女一方再婚，继父或继母愿意承担继子女的抚育费的一部或全部，另一方的给付抚育费义务可酌情减免；又如，有给付义务一方长期患病，丧失劳动能力，或被判刑监禁，无力给付的，抚养费义务人可以请求适当减少或者终止给付。

在本案当中，谭强就读大学虽不属于高中及其以下学历教育，但谭强属于未成年人，其父谭家庆在谭强成年之前有义务支付谭强的生活费、教育费。另外，谭家庆虽然工资不高，但让其每年支付3000元学费其有能力承受。在谭强满18岁以后，谭家庆虽无法律上的义务继续抚养该子女，但如其自愿抚养的，法律不予干预。因此，法院应依法判决谭家庆在谭强未成年前每年支付3000元的教育费。

示范案例二

探望权受到侵害，可否请求精神损害赔偿？

李英俊（男）和程敏（女）于2019年1月协议离婚，双方所生的儿子李杰随程敏生活。双方在离婚时约定，李英俊享有探望权，每月探望小孩不少于两次。离婚后，由于李英俊经常事先不与程敏联系，自行决定时间前往探望孩子，给程敏和孩子的生活带来了不便。因此，后来李英俊探望小孩多次遭拒。于是李英俊于2021年2月向法院起诉。其称，双方离婚后，程敏阻挠其行使探望权，现要求将探视的时间定为每月3次，每次一天，并要求被告赔偿精神损失费1万元。

请问：本案依法应如何处理？

分析意见：

本案是一起涉及探望权纠纷的案件，主要涉及以下几个方面的问题：

第一，当事人就探望权问题单独提起诉讼，人民法院是否应该受理？我国《民法典》第一千零八十六条第一款规定："离婚后，不直接抚养子女的父或者母，有探望子女的权利，另一方有协助的义务。"由此明确了夫妻离婚后对子女的探望权制度。所谓探望权，是指夫妻离婚后，不直接抚养子女的父或母有探望子女的权利。直接抚养子女的一方有义务协助非直接抚养一方行使探望的权利。探望权可以保证夫妻离婚后非直接抚养子女的一方能够定期与子女相聚，有利于弥合家庭解体给父母子女之间造成的感情伤害，有利于未成年子女的健康成长。探望权是基于父母子女关系所享有的身份权利，是一种实体权利，父或母有权单独行使。因此，对于当事人就探望权问题提出的独立诉讼，法院应当受理。但必须明确的是，探望权主体不能任意扩大，有人认为，应当允许祖父母、外祖父母探望其孙子女、外孙子女，并认为这符合传统习俗，符合有些抚养关系的实际。这种主张虽有一定的道理，但此说目前在我国并无法律依据。目前，我国《民法典》规定的有权提起探望权诉讼的主体，只能是不直接抚养子女的父或母。

第二，探望权的行使及其限制。探望权不仅可以满足父或母对子女的关心、抚养和教育的情感需要，保持与子女的来往，及时、充分地了解子女的生活、学习情况，更好地对子女进行教育，而且可以增加子女与非直接抚养的父母一方的沟通和交流，减轻子女的家庭破碎感，有利于子女的健康成长。如何平衡父母探望的权利和促进子女身心健康的发展，是确立探望权制度的关键。行使探望权，涉及直接抚养一方和子女的利益，因此有必要确定探望的时间、方式。本案中原告与被告双方正是在探望子女的时间、方式上产生了分歧，导致了矛盾的产生。我国《民法典》第一千零八十六条第二款明确规定："行使探望权利的方式、时间由当事人协议；协议不成的，由人民法院判决。"可见，在确定探望的时间和方式问题上，我国《民法典》规定了父母协议和法院判决两种方式，并且确定了协议优先原则。在实际生活中，由于父母往往是因为感情破裂而解除婚姻关系的，双方协商时可能会过多考虑自身的利益，故意提出不合理的时间、方式，致使协议难以达成。因此，如探望权人向法院提起诉讼，要求法院依法确定探望的时间和方式时，法院应受理其请求，依法作出判决。

一般来说，探望子女有两种方式：一是看望性探望。这种方式时间短，方式灵活，但是不利于探望人和子女的深入交流；二是逗留性探望。这种方式时间较长，可在双方约定或法院判定的时间内，由探望人领走并按时送回子女，有利于探望人和子女的深入了解和交流。本案当事人的请求正是采取后一种方式。此外，探望权的行使也有一定的限制。我国《民法典》第一千零八十六条第三款规定："父或者母探望子女，不利于子女身心健康的，由人民法院依法中止探望；中止的事由消失后，应当恢复探望。"即不利于子女身心健康，这是申请中止探望权的法定理由。离婚后，不直接抚养子女的父或母一方行使探望权，有时可能危害子女的身心健康。例如，有的父母一方有吸毒、赌博等恶习或对子女有家庭暴力行为；有的父母一方在精神健康方面存在疾病，探望子女会给孩子带来身心危害；有的父母一方有劫持、胁迫孩子的可能，甚至有教唆、引诱未成年子女实施违法或犯罪行为的可能。凡出现上述情形之一的，由直接抚养子女的父或母提出中止探望权并举证，经人民法院查证属实后可依法作出判决，中止不直接抚养子女的父或母一方对探望权的行使。

第三，探望权受到侵害，可否适用精神损害赔偿？探望权是不直接抚养子女的父母一方的人身权利，如果直接抚养子女的一方人为地故意设置障碍，使探望权人见不到子女，遭受精神痛苦，探望权人可以请求精神损害赔偿。判令精神损害赔偿既可以补偿探望权人不能行使探望权所受到的伤害，也可约束直接抚养人履行法定的协助义务。本案中，原告提出被告方阻碍其探望子女，使其精神受到了损害，要求被告赔偿其精神损失。但这是由于原告本身对探望权行使不适当所致，其不符合《最高人民法院关于确定民事侵权精神损害赔偿责任若干问题的解释》（2020年修正）规定的条件。因此，人民法院应依法驳回原告该项诉讼请求。

讨论案例

1. 爷爷奶奶对孙子有无探望权？

梁革与李红于2011年5月1日结婚，在第二年生育一子取名梁小东。后因感情不和，梁革与李红于2019年3月5日离婚，梁小东由母亲李红抚养，梁革每月支付600元抚养费。梁小东的爷爷奶奶常到李红处看望孙子。2021年4月李红再婚组建了新的家庭，她认为梁小东的爷爷奶奶经常来探望孙子，可能影响其新的家庭关系。于是她就对梁小东的爷爷奶奶提出，以后如果他们没有事先预约获得她的允许，不能擅自前来探望。但梁小东的爷爷奶奶认为，他们就这么一个孙子，去看望他合情合理，因此不予理睬，仍经常带着买的食物来探望梁小东。李红对此不能忍受，遂于2021年5月向区法院起诉，要求中止梁小东爷爷奶奶的探望行为。

请问：本案法院应当如何处理？

2. 被判刑入狱服刑期间还可以行使探望权吗？

在某监狱服刑的赵某在犯罪被判刑入狱前就已经与其妻子朱某协议离婚，并约定他们7岁的女儿小华随朱某生活，赵某每周探望一次。当时双方均能较好地按协议约定来履行，并且赵某与其女儿小华的感情也非常融洽。后来赵某犯罪被判刑入狱他多次请求朱某带赵小华来看他，均没有得到朱某的支持。赵某只得通过监狱向当地人民法院起诉，要求朱某承担违约责任，并赔偿精神损失费3000元。朱某以赵某被判刑入狱，行使探望权不利于女儿的身心健康为由反驳。

请问：赵某被判刑入狱服刑期间，可以行使探望权吗？

3. 拒不履行法院确定的抚养权生效判决，另一方可否申请法院强制执行？

李玉与其夫何兵因家庭琐事发生争执，导致夫妻感情破裂。李玉遂起诉至法院，要求与何兵离婚。法院审理此离婚诉讼中，何兵同意离婚，但双方均要求直接抚养8岁的儿子。经调解无效，法院依法判决离婚，两人的儿子由何兵直接抚养，李玉每月付抚养费600元。判决生效后，李玉却拒绝将儿子交给何兵直接抚养。

请问：何兵可以向法院申请强制执行吗？

4. 做了绝育手术，能否优先获得直接抚养子女的权利？

王兰（女）和刘鹏（男）于2015年5月经朋友介绍认识，双方第一次见面就互有好感，于是继续交往，经过两个月的接触，二人便同居在一起。同居期间，王兰稍有不满意就要脾气，甚至深夜离家出走。但刘鹏认为两人感情尚可，婚后应该会有所改变，2016年8月双方共同到婚姻登记机关领取了结婚证。婚后，王兰懒惰的性格就逐渐显现，不会煮饭，也不想学习厨艺，经常以快餐或速食面充当主餐，也极少打扫家庭卫生。尤其是王兰只有初中文化，与大学毕业的刘鹏缺乏共同语言，夫妻感情日渐淡漠。2017年8月，夫妻两人的儿子刘强出生后，刘鹏的父母从乡下来到刘鹏家中，帮助其养育小孩。在此期间由于刘鹏父母的乡下亲戚来访较多，王兰对此颇为不满。她认为理想中的家庭生活应该是一家三口，不能有其他人的干扰。于是，她多次提出要求刘鹏的父母搬出去居住，为此经常借故辱骂刘鹏的父母。刘鹏的父母不堪忍受，于2019年1月搬出另行租房居住。刘鹏对此非常生气，遂带着儿子去与父母共同居住。王兰则单独一个人留在家中居住。此情况一直延续至2021年2月，夫妻分居已经两年多了，王兰却不来主动向刘鹏及刘鹏的父母承认错误，刘鹏见和好无望，便以夫妻感情破裂为由，于2021年3月5日向人民法院起诉请求离婚，要求儿子归其直接抚养，并说明其父母愿意且有能力帮助他继续照料刘强。

而王兰却在答辩状中称，她与刘鹏夫妻感情尚可，只是因为刘鹏的父母来到家中才导致夫妻关系不和，因此不同意与刘鹏离婚，并且提出要求领回儿子刘强由她直接抚养，因为她已经做了绝育手术今后不能再生育，故应当照顾母方的合理要求。

请问：本案依法应当如何处理？

5. 有识别能力的子女是否有权终止其母的探望权？

刘松与高小兰因感情不和，于2018年9月双方达成协议办理了登记离婚，9岁的女儿刘丽归刘松直接抚养，高小兰每月支付400元抚养费。后来，因探望女儿的问题，双方多次发生纠纷。2021年1月，高小兰向法院提起探望权诉讼，要求每周六、周日接女儿刘丽回家，法院作出判决，同意高小兰每周六接女儿回她家相聚，周日下午六点送回。三个月后，女儿刘丽一再表示拒绝其母的探望，并向法院提出中止其母探望权的申请。其父刘松作为法定代理人认为，在高小兰探望女儿期间，多次将女儿带入舞厅等不宜未成年人出入的场所，影响女儿的身心健康及其学习、生活。高小兰认为探望女儿是她的权利，他人无权阻止。

请问：法院可否作出中止高小兰的探望权的裁决？为什么？

相关裁判实例摘录①

刘某1、王某变更抚养关系纠纷案

2017年1月25日，原告刘某1、被告王某协议离婚，约定婚生男孩刘某2由原告抚养，被告不需要承担抚养费用。刘某2出生日期为2011年10月13日，现年9周岁，与原告及其爷爷、奶奶共同生活。现原告刘某1以刘某2希望与母亲共同生活为由诉至法院，请求法院依法判令被告成为刘某2的法定监护人。

另查，被告王某现在外出打工维持生活，其母亲先天耳聋，父亲残疾。

一审法院认为：抚养权的归属应以有利于子女身心健康成长，保障子女的合法权益为原则。该案中，原、被告双方离婚协议中已就子女的抚养问题进行了约定，且现年9周岁的刘某2，一直与原告及其爷爷、奶奶共同生活，孩子多年来的生活环境具有稳定性和便利性，故该院认为，刘某2继续由原告抚养更加有利于孩子的学习和成长。并且原告并未提供其有不利于孩子生活及学习，影响孩子身心健康的相关证据，故该院对原告主张变更抚养关系的诉讼请求不予支持。关于原告主张刘某2要求与母亲一起生活的意见，因原告未能提供被告方的生活条件、抚养条件、教育条件明显优于其现在所处的环境，考虑到刘某2的学习和成长，综合案情，该院不予支持。但原、被告离婚后均有抚养子女的权利和义务，原、被告双方离婚后，子女无论与谁共同生活，仍是双方的子女。被告日后需与孩子多沟通、多交流、多探望，保障孩子的身心健康。据此判决：驳回原告刘某1的诉讼请求。

案件受理费100元，减半收取50元，由原告刘某1负担。

上诉人刘某1为与被上诉人王某变更抚养关系纠纷一案，不服岫岩满族自治县人民法院（2020）辽0323民初2934号民事判决，向二审法院提出上诉。二审法院于2021年3月3日立案后，依法组成合议庭进行了审理。本案现已审理终结。

刘某1向二审法院上诉请求：一、撤销岫岩满族自治县人民法院（2020）辽0323民初2934号之判决，发回重审或改判。事实与理由：一、上诉人因工作需要长期出差，因此离婚后刘某2一直由上诉人的父母照顾，但是去年上诉人的父母由于年纪渐大，又患上糖尿病生活自理都有困难，根本无法再帮上诉人照顾孩子。因此上诉人才将孩子接到身边，由于上诉人平时缺少与孩子沟通，共同生活后双方产生很多矛盾，也是由于上诉人没有尽到做父亲的责任，导致孩子不愿再与上诉人共同生活，并强烈想要与其母亲王某共同居住，孩子甚至用不上学来威胁上诉人，上诉人实属无奈。二、上诉人刘某1离婚后一直独居，脾气和性格都变得暴躁不安，平时更是与酒为伴，借酒浇愁，今年更是因酒后驾驶肇事，被控危险驾驶罪判处拘役3个月，并于2020年12月底开始执行。在此期间上诉人无法正常照顾孩子，上诉人的行为也可能给孩子的心灵造成一定不良影响。三、被上诉人称其条件不好，没有稳定收入。上诉人因本次车祸造成踝骨骨折，里面打了钢钉，过年还要做手术，医生建议不能再从事重体力劳动，这将影响上诉人的日后工作能力。同时，也因本次的肇事导致上诉人将面临工作不保的可能性。因此，上诉人的生活条件并不比被上

① 摘自中国裁判文书网，（2021）辽03民终1149号。

诉人好。上诉人作为父亲一切都是以利于孩子的成长为前提条件，孩子现在想要与被上诉人一起生活，且意志非常坚决，上诉人只能支持。同为孩子的父母，被上诉人作为母亲也有抚养孩子的义务。

被上诉人王某因故未出庭，其提交的答辩意见为：不同意变更抚养关系，维持一审判决。理由：1. 被上诉人目前正在打工，无固定工作也没有住房，处于居无定所状态，不具备抚养孩子的经济条件；2. 孩子从出生到现在一直由其爷爷奶奶帮忙带大，孩子对他们的感情依赖已超越对母亲的爱，如果改变孩子的成长学习环境，不利于孩子成长；3. 孩子现在寄宿制学校读书，平时住在学校，周末才回家一次，上诉人和其爷爷奶奶给孩子提供了一个稳定生活环境，让孩子在辽阳读书，在熟悉的环境下生活，有利于孩子健康成长；4. 上诉人提到孩子不想与上诉人生活，不想上学等情况不属实，孩子成绩优异，知道其未来要做什么，上诉人提到其醉驾被判拘役，孩子随其生活影响孩子身心健康一节，因上诉人并未因拘役失去工作，其经济状况亦未发生改变，有抚养孩子的经济基础。

二审法院二审期间，双方当事人均未提交新的证据。

二审法院对一审法院查明的事实予以确认。

二审法院二审期间争议的焦点为：应否支持上诉人要求变更刘某 2 抚养权的上诉请求。

二审法院审理认为，当事人对其提出的诉讼请求所依据的事实或者反驳对方诉讼请求所依据的事实有责任提供证据加以证明。

关于本案的争议焦点。经查，双方当事人于 2017 年 1 月 25 日协议离婚时，约定刘某 2 由上诉人抚养，被上诉人不需要承担抚养费用。其后刘某 2 随上诉人及祖父母共同生活，由祖父母帮忙照顾至今。刘某 2 现年 9 周岁，被送至寄宿制学校读书，每周回家一次，由祖父母接送并负责日常生活。因此即使如上诉人所述刘某 2 现愿意随被上诉人王某生活，但因王某现既无固定收入，亦无固定住所，而其母亲先天耳聋，父亲身有残疾，无力帮助照顾子女。同时因上诉人在一、二审审理期间均未能提供被上诉人的生活条件、居住环境及经济基础优于上诉人、由被上诉人抚养更有利于孩子的成长教育的相关证据，故一审法院在综合考虑双方当事人现有的经济状况及生活条件，并考虑到刘某 2 多年来的生活环境的稳定性和便利性后，从有利于孩子的身心健康和成长角度出发，判决驳回上诉人要求变更抚养关系的诉讼请求符合法律规定，故对上诉人的上诉请求，二审法院不予支持。

综上所述，一审判决认定事实清楚，适用法律正确，二审法院予以维持。上诉人的上诉请求不能成立，应予驳回；依照《中华人民共和国民事诉讼法》第一百七十条第一款第一项规定，判决如下：

驳回上诉，维持原判。

二审案件受理费 100 元由上诉人刘某 1 承担。

本判决为终审判决。

五、离婚经济帮助、经济补偿及损害赔偿案例

基本理论概述

离婚时，一方如果生活困难可以请求另一方给予适当的经济帮助。另一方在具有负担能力的情况下，应该从其住房等个人财产中给予适当的帮助。具体办法由双方进行协商，协商不成的，由人民法院判决。

夫妻双方在婚姻关系存续期间，一方因抚养子女、照料老人、协助另一方工作等尽了较多义务，在离婚时，享有请求另一方给予经济补偿的权利。经济补偿的数额、给付方式应当由双方协商，协商不成的由人民法院确定。人民法院根据一方对家庭贡献的大小，对方获得经济利益以及另一方负担能力进行综合确定。

夫妻关系存续期间一方因重婚，有配偶者与他人同居，实施家庭暴力或者虐待、遗弃家庭成员的行为以及其他重大过错行为导致离婚，并给另一方造成了现实的、客观的伤害，无过错一方有权在离婚时要求有过错一方承担损害赔偿责任。损害赔偿的范围包括物质损害赔偿和精神损害赔偿。赔偿的数额人民法院可以根据侵权人的过错程度、伤害手段、场合、行为方式、造成的后果以及侵权人的负担能力等因素来综合确定。

主要相关法律、法规及司法解释链接

《民法典》

第一千零八十八条　夫妻一方因抚育子女、照料老年人、协助另一方工作等负担较多义务的，离婚时有权向另一方请求补偿，另一方应当给予补偿。具体办法由双方协议；协议不成的，由人民法院判决。

第一千零九十条　离婚时，如果一方生活困难，有负担能力的另一方应当给予适当帮助。具体办法由双方协议；协议不成的，由人民法院判决。

第一千零九十一条　有下列情形之一，导致离婚的，无过错方有权请求损害赔偿：

（一）重婚；

（二）与他人同居；

（三）实施家庭暴力；

（四）虐待、遗弃家庭成员；

（五）有其他重大过错。

《民法典婚姻家庭编司法解释（一）》

第二条　民法典第一千零四十二条、第一千零七十九条、第一千零九十一条规定的“与他人同居”的情形，是指有配偶者与婚外异性，不以夫妻名义，持续、稳定地共同居住。

第八十六条　民法典第一千零九十一条规定的“损害赔偿”，包括物质损害赔偿和精神损害赔偿。涉及精神损害赔偿的，适用《最高人民法院关于确定民事侵权精神损害赔

偿责任若干问题的解释》的有关规定。

第八十七条　承担民法典第一千零九十一条规定的损害赔偿责任的主体，为离婚诉讼当事人中无过错方的配偶。

人民法院判决不准离婚的案件，对于当事人基于民法典第一千零九十一条提出的损害赔偿请求，不予支持。

在婚姻关系存续期间，当事人不起诉离婚而单独依据民法典第一千零九十一条提起损害赔偿请求的，人民法院不予受理。

第八十八条　人民法院受理离婚案件时，应当将民法典第一千零九十一条等规定中当事人的有关权利义务，书面告知当事人。在适用民法典第一千零九十一条时，应当区分以下不同情况：

（一）符合民法典第一千零九十一条规定的无过错方作为原告基于该条规定向人民法院提起损害赔偿请求的，必须在离婚诉讼的同时提出。

（二）符合民法典第一千零九十一条规定的无过错方作为被告的离婚诉讼案件，如果被告不同意离婚也不基于该条规定提起损害赔偿请求的，可以就此单独提起诉讼。

（三）无过错方作为被告的离婚诉讼案件，一审时被告未基于民法典第一千零九十一条规定提出损害赔偿请求，二审期间提出的，人民法院应当进行调解；调解不成的，告知当事人另行起诉。双方当事人同意由第二审人民法院一并审理的，第二审人民法院可以一并裁判。

第八十九条　当事人在婚姻登记机关办理离婚登记手续后，以民法典第一千零九十一条规定为由向人民法院提出损害赔偿请求的，人民法院应当受理。但当事人在协议离婚时已经明确表示放弃该项请求的，人民法院不予支持。

第九十条　夫妻双方均有民法典第一千零九十一条规定的过错情形，一方或者双方向对方提出离婚损害赔偿请求的，人民法院不予支持。

示范案例一

离婚时，无过错方可否要求精神损害赔偿？

原告隋华与被告刘阳 2013 年经人介绍相识，并于 2015 年 8 月办理了结婚登记。婚后原告与被告感情较好，于 2017 年 7 月生育一男孩取名刘永。2016 年年初，刘阳的养父刘春为刘阳购置了一辆桑塔纳轿车供刘阳经营出租车业务。刘阳在开出租车期间认识一李姓女子并与之在外同居。为此，隋华曾于 2018 年 1 月写了一份诉状起诉离婚，后由于刘阳的苦苦哀求而撤诉。2021 年 3 月，刘阳又与一张姓女子认识，并将其带到家中公然同居。隋华无法忍受，遂于同年 4 月向法院起诉，请求与被告离婚，并要求被告付给原告生活补助金、精神损害赔偿金各 1 万元。刘阳也同意离婚。

经查明，刘阳现经营出租车业务，月收入 8000 元，隋华无职业，双方也无房屋、存款等财产可供分割。

请问：本案依法应如何处理？

分析意见：

本案中，原告与被告虽为自由恋爱结婚，婚后夫妻感情较好，但因被告与婚外异性同居，现原告要求离婚，被告同意与原告离婚。故法院对原告离婚的请求应予以支持。此外，本案还涉及了离婚损害赔偿和离婚时的经济帮助问题。

离婚损害赔偿是指在婚姻关系存续期间，夫妻一方有法定过错行为导致离婚的，无过错方有权要求过错方以个人财产给予经济赔偿的法律制度。其构成要件应包括以下三个方面：其一，一方须有法定的过错，即指我国《民法典》第一千零九十一条规定的四项法定情形，包括：重婚；与他人同居；实施家庭暴力；虐待、遗弃家庭成员以及有其他重大过错。其二，对方须无过错。其三，一方的法定过错行为导致了夫妻感情破裂而离婚，给无过错方造成了物质上和精神上的损害后果。《民法典婚姻家庭编司法解释（一）》第八十六条规定，民法典第一千零九十一条规定的“损害赔偿”，包括物质损害赔偿和精神损害赔偿。

在本案中，被告刘阳在开出租车期间认识李姓女子，两人经常同居，后认识张姓女子，发展到带回刘阳家中同居，这属于我国《民法典》第一千零九十一条规定的与他人同居的情形。根据《最高人民法院关于确定民事侵权精神损害赔偿责任若干问题的解释》(2012 年) 的精神，结合当地的实际社会发展水平和过错方的过错程度，可确定由被告赔偿原告一定离婚损害赔偿费。这样既可弥补损害并抚慰受害人，也可在一定程度上制裁过错方，使案件处理达到法律效果和社会效果的有机统一。

离婚经济帮助请求权，是指离婚时独立生活有困难的一方，有权要求对方给予一定经济帮助费的权利。我国《民法典》第一千零九十条规定：“离婚时，如果一方生活困难，有负担能力的另一方应当给予适当帮助。具体办法由双方协议；协议不成的，由人民法院判决。”我国离婚经济帮助请求权的适用条件有三：其一，须在离婚时一方生活有困难。其二，须义务方有负担能力；其三，须在离婚时行使请求权。

在本案中，离婚时原告无工作，且夫妻无共同财产可供分割，亦无其他经济来源，应属于离婚时一方生活有困难，而被告月收入 8000 元有负担能力，且原告在离婚时已行使请求权，符合请求离婚经济帮助的法定条件，法院应予以支持。

示范案例二

自动辞职在家从事家务的夫妻一方，离婚时能否要求夫妻另一方给予经济补偿？

钟某与陈某于2007 年相恋，2014 年 1 月 8 日登记结婚。婚后与男方的父母共同生活，并育有一子。为了照顾老人和儿子，陈某主动辞去了公司文员的工作。2019 年 9 月因双方发生争吵，陈某留下结婚戒指后到外地打工，并与钟某一直处于分居状态。钟某四处寻找陈某未果，于 2021 年 5 月向人民法院提起离婚诉讼。在诉讼中陈某同意离婚，同时陈某要求钟某给予经济补偿费 2 万元。但钟某认为陈某是主动辞职在家从事家务的，她能够继续工作而不去工作，不应当予以经济补偿。经法院审理查明，钟某与陈某在结婚后，男方负担生活费用，钟某在修理厂工作月工资为 5000 元并有存款 10 万元。

请问，本案依法应该如何处理？

分析意见：

本案中，原告与被告为自由恋爱结婚，从恋爱到结婚经过了 8 年的时间，婚姻基础较好。但是双方不珍惜彼此感情，又因家庭琐事争吵，造成夫妻矛盾恶化，互不履行夫妻义务，无法继续共同生活，应该认定夫妻感情破裂，被告也同意与原告离婚。故法院对原告离婚的请求应予以支持。此外，本案还涉及离婚时的经济补偿问题。

离婚经济补偿权是指夫妻在婚姻关系存续期间一方对家庭或者对方尽了较多的义务，在离婚时，享有请求对方给予经济补偿的权利。我国《民法典》第一千零八十八条规定："夫妻一方因抚育子女、照料老年人、协助另一方工作等负担较多义务的，离婚时有权向另一方请求补偿，另一方应当给予补偿。具体办法由双方协议；协议不成的，由人民法院判决。"

在本案中，陈某在婚后尽管能够继续工作，但为了照顾男方的父母以及抚养儿子而主动辞去工作，她因抚育子女、照料老人已经付出了较多的义务，在离婚诉讼中请求实现其经济补偿权，法院依法应当予以支持。对于被告陈某所提出的补偿2万元的请求，综合原告钟某月工资5000元并有存款10万元具有负担能力以及陈某在婚后为了照顾老人和小孩辞去工作对家庭做出贡献的情况，法院应该予以支持。

讨论案例

1. 登记离婚后能否向法院提出损害赔偿请求?

陈红与赵雷在相恋两年后于2013年登记结婚，婚后育有一对儿女。但因家庭内部发生矛盾，夫妻双方经常争吵导致夫妻关系严重破裂，其间赵雷经常对陈红实施家庭暴力。陈红不堪忍受赵雷的暴力行为向赵雷提出离婚，双方于2020年5月登记离婚。陈红在2021年1月依据《民法典》第一千零九十一条的规定向人民法院提出损害赔偿的请求。

请问：法院应该如何处理?

2. 一方离婚后无住房能否请求另一方给予经济帮助?

原告姚某与被告刘某2008年经人介绍相识，并于2009年登记结婚。原、被告均为二婚，并未生育子女。后因家庭琐事而发生矛盾，原、被告双方于2017年3月开始分居。2021年5月，原告姚某向人民法院提起离婚诉讼，被告刘某亦同意离婚，但是被告刘某要求原告姚某对其提供经济帮助5万元。经法院查明被告刘某在离婚时并无可居住的房屋，亦无工作；原告姚某并无过多存款，靠打零工每月收入2000元左右，家中有母亲需要抚养。

请问：被告刘某能否获得5万元的经济帮助费?

3. 夫妻双方均有法定过错能否请求离婚损害赔偿?

孙某与马某2006年经人介绍认识，二人于2008年登记结婚。婚后育有一对儿女。2015年，孙某在广东出差时认识已婚的刘某，二人迅速热恋、同居。2017年马某在得知孙某与刘某同居的情况下为了报复孙某，与同事杨某保持不正当的性关系，并于2018年同居。孙某与马某的夫妻感情早已破裂，2021年马某向人民法院提起离婚诉讼，并要求孙某支付损害赔偿2万元。

请问：法院应该如何处理?

4. 夫妻一方出轨，另一方能否要求精神损害赔偿？

刘某与陈某于大学期间相恋，二人毕业后即登记结婚。婚后夫妻关系良好，并育有一女。但在2015年，刘某外出经商认识李某。二人于2017年开始同居，在2020年李某怀孕，李某将事实告诉陈某并要求与其离婚。陈某在得知刘某出轨的事情后，精神大受打击，茶饭不思，夜不能寐，身体健康每况愈下，她不得不辞去工作在家里治疗休养。2021年陈某向法院起诉要求离婚，并要求刘某承担精神损害赔偿责任。

请问：法院应该如何处理？

相关裁判实例摘录①

金某1、黄某离婚后损害责任纠纷案

黄某、金某1于××××年××月××日登记结婚，黄某生育儿子金某2。婚后黄某因认为金某1存在长期家暴问题、金某1与前女友有继续联系并严重影响其生活等情形，从2017年开始不断报警求助。黄某、金某1于2019年1月30日协议离婚，并于同日签订《离婚协议书》，约定婚生小孩由黄某直接抚养。离婚后，因探望问题，金某1向广州市某区人民法院起诉探望权，相关裁判文书中对双方离婚后的金某1探望过程中是否存在暴力进行查明，并认定黄某提交的证据不足以证明金某1对子女实施家暴或虐待子女，也不能证明金某1道德品德特别恶劣，存在不利于子女身心健康的情形。

黄某向一审法院起诉请求：1. 请求法院判决金某1赔偿黄某精神抚慰金5万元；2. 请求法院判决本案诉讼费全部由金某1承担。

一审法院认为，黄某在婚姻登记机关办理离婚登记手续后，以婚姻法第四十六条规定为由向人民法院提出精神损害抚慰金的诉求，本案应为离婚后损害责任纠纷。《最高人民法院关于适用〈中华人民共和国婚姻法〉若干问题的解释（一）》第一条规定，婚姻法第三条、第三十二条、第四十三条、第四十五条、第四十六条所称的“家庭暴力”，是指行为人以殴打、捆绑、残害、强行限制人身自由或者其他手段，给其家庭成员的身体、精神等方面造成一定伤害后果的行为。持续性、经常性的家庭暴力，构成虐待。综合黄某提供的证据，包括多份报警回执、微信通话、录音等，可证实黄某、金某1在婚姻存续期间，双方已矛盾不断，金某1确存在家暴及与前女友纠缠不清、影响夫妻感情的行为。根据《婚姻法》第四十六条规定，有下列情形之一，导致离婚的，无过错方有权请求损害赔偿：重婚的；有配偶者与他人同居的；实施家庭暴力的；虐待、遗弃家庭成员的。黄某据此提出精神抚慰金诉请依法有据，一审法院予以支持。但考虑黄某未有验伤证明其伤情程度及未提交其精神状态严重受损等证据，黄某诉求精神抚慰金5万元稍高，一审法院调整为2万元。

综上，一审法院依照《中华人民共和国婚姻法》第四十六条，《最高人民法院关于适用〈中华人民共和国婚姻法〉若干问题的解释（一）》第一条之规定，于2020年10月20日判决如下：在判决发生法律效力之日起五日内，金某1向黄某一次性支付精神抚慰金2万元。如果未按判决指定的期间履行给付金钱义务，应当按照《中华人民共和国民

① 摘自中国裁判文书网，（2021）粤01民终530号。

事诉讼法》第二百五十三条之规定，加倍支付迟延履行期间的债务利息。本案一审受理费1050元（已由黄某预付），由黄某负担630元，金某1负担420元。

上诉人金某1因与被上诉人黄某离婚后损害责任纠纷一案，不服广东省某区人民法院（2020）粤0104民初19681号民事判决，向二审法院提起上诉。二审法院于2021年1月20日立案受理后，依法组成合议庭审理了本案。本案现已审理终结。

金某1上诉请求：1. 撤销一审判决，改判驳回黄某的诉讼请求；2. 本案一审、二审诉讼费用由黄某承担。事实与理由：一、一审法院未对黄某提供的报警记录及案卷材料等证据进行调查取证，在没有任何事实和法律依据的情况下认定“金某1确存在家暴及与前女友纠缠不清、影响夫妻感情的行为”，实属不负责任。所有案卷材料中都没有金某1被警察询问的笔录，笔录全部内容都是黄某自编、自导、自演的，因为黄某担心金某1一旦去现场质证便会露出破绽。本案中黄某提交报警记录主张其被金某1家暴，但未有验伤报告，一审法院以此认定金某1存在家暴行为，没有事实依据，完全是一审法官主观判断，实难理解。并且，几乎所有的报警回执都是由金某1的住所地派出所出具的，其内容没有任何定性的结论，一审法院仅凭这些报假警的回执就认定金某1存在家暴行为没有事实依据，实属草率。正是基于上述原因，金某1提请二审法院对黄某报警的出警记录及案卷材料进行调查取证，用于证明上述事实是否存在，抑或是黄某的诬告行为，以还金某1一个说法。金某1认为，黄某于2018年5月2日报警并被医院诊断为“头部外伤，早期妊娠”，很明显是黄某的自述行为，妊娠没错，而头部外伤明显属于杜撰，如果要认定，必须由派出所要求并由法医进行权威性的验伤，而不是听黄某的说辞就下结论，一审判决完全没有任何证据及依据。最后，2018年8月2日黄某的报警也没有任何验伤，黄某早就有预谋地通过微信聊天来骗取金某1有打她的证据，而金某1只是为了不制造矛盾所以才随意地回复黄某。黄某是法学专业的研究生，若金某1真有对黄某实施任何家暴的行为，黄某怎么可能不进行验伤呢？金某1因为黄某整天高消费而不再给黄某多余的钱，黄某早就对金某1怀有复仇的心理，正因为如此，其才想尽办法来诬告陷害金某1。也是基于上述原因，金某1才忍无可忍的与黄某离婚。二、一审法院判决金某1向黄某支付精神抚慰金2万元明显过高，没有事实及法律依据。本案中，黄某为了诬告金某1，不惜想尽一切办法，包括报警、有准备的录音、住所地的录像以及串通学校的学生和同事来为其作假证，黄某的目的只是为了钱，其根本就没有想改变自己的不良习惯，与金某1尝试缓和矛盾，以继续婚姻生活。黄某主张的所有报警以及“家暴”行为，都没有对其造成实际损害，既没有任何的验伤报告，也没有实际的费用支出证据。一审法院在没有任何依据的情况下凭空判决2万元精神抚慰金，实在让人无法理解。综上，希望二审法院支持金某1的上诉请求。

黄某辩称不同意金某1的上诉请求，并发表意见：一审判决认定事实清楚，适用法律正确，请求二审法院驳回上诉，维持原判。一、金某1性格偏激，具有严重的暴力倾向，情绪难以自控，存在长期的家暴、虐待史，离婚后在探视小孩期间仍多次向黄某施暴。金某1性格暴躁，缺乏耐心，要求任何人都必须无条件地满足其一切要求，否则就使用暴力征服对方，其家庭、工作、邻里关系都极其紧张。在每次探视小孩的过程中，金某1都拒绝任何沟通，态度极其恶劣。（2019）粤01民终16517号民事判决书认定了金某1的家暴行为。（2020）粤0104民初19681号民事判决书认定了金某1在婚姻关系存续期间确存在家暴及与前女友纠缠不清、影响夫妻感情的行为。（2020）粤0105民初27660号民事判决书认定了金某1存在暴力行为，且并未及时足额支付儿子的抚养费，并不利于抚养儿子健康成长。行政处罚决定书（穗公番行罚决字［2020］06409号）显示了金某1于2020年10月17日上午十时许在黄某住处一楼探视小孩时施暴伤人被抓并处以行政拘留五日。《某区人民法院通知书》显示了某区人民法院执行局鉴于金某1自行探视小孩的过程中所出现的暴力行为，为保障探视过程妇女及儿童的身心健康及安全，安排孩子于2020年11月23日前往某区人民法院在法警的保护下实现当月的探视。2019年4月23日，金某1在探视小孩时情绪失控，用拳头殴打黄某的肚子和头部，孩子被吓哭，被路过的证人目睹到其施暴的经过等……无论是婚姻关系存续期间还是离婚后，黄某和孩子都一直备受金某1暴力行为的困扰，生活难以平静。而即使是公安的训诫甚至是法院的判决，都丝毫无法改变金某1的暴力行为，金某1每次施暴都无须付出任何代价，助长了其继续施暴的信心。二、金某1具备支付本案精神损害赔偿费用的能力。（2020）粤01民终24680号民事判决书认定了金某1于2019年出售了其名下位于广州市某区淘金路的商品房，获得售房款收入890万人民币的事实，且（2020）粤0105民初27660号民事判决书明确载明金某1在该案庭审时自称目前年收入约35万人民币，其完全具备支付本案精神损害赔偿费用的能力。综上，为了约束金某1日后在探望小孩期间的暴力行为，黄某恳请二审法院依法驳回金某1的所有上诉请求，维持原判。

二审法院二审期间，金某1围绕上诉请求依法提交了证据：2018年8月2日完整的微信聊天记录，拟证明金某1本人在2018年8月2日并没有在广州，当天8点40分金某1已经到达饶平，黄某陈述其于2018年8月2日晚上8点30分被金某1家暴并为此报警的情况完全不属实，而且黄某还以钓鱼的方式向金某1发信息，黄某蓄谋已久。

黄某不同意金某1提交的证据作为二审的新证据，并发表意见：金某1在一审时未提供或未提出延迟提供上述证据，黄某不承认该证据的合法性、关联性。黄某在一审时递交的《原告提供证据清单》第14项也显示了金某1为了不让黄某返回淘金路家中而家暴黄某的录音记录；第30项显示了案外人黄某某在金某1婚后仍以女主人身份出现在淘金路家中，警察出警处理的照片。黄某已在一审时递交的《原告提供证据清单》第18项微信聊天记录中完整地呈现金某1对其家暴行为的自认回应。此外黄某在一审时递交的《原告提供证据清单》第5项微信聊天记录中也呈现金某1对其在2017年9月13日家暴行为的自认回应。可见金某1不仅一次在微信上自认其家暴的行为。金某1在二审时提交的该项证据不能实现其证明目的。

黄某围绕上诉请求依法提交了证据：1. 行政处罚决定书（穗公番行罚决字［2020］06409号），拟证金某1于2020年10月17日上午10时许黄某住处一楼探视小孩时施暴伤人被抓并处以行政拘留五日。2. 某区人民法院通知书，拟证明某区人民法院执行局鉴金某1自行探视小孩的过程中所出现的暴力行为，为保障探视过程妇女及儿童的身心健康及安全，安排孩子于2020年11月23日前往某区人民法院在法警的保护下实现当月的探视。3. （2020）粤01民终24680号判决书，拟证明：（1）人民法院认金某1具备支付能力却故意不按离婚协议书的约定履行支付抚养费的义务。其至今仍未按照判决补付和支付抚养费，逃避养育小孩的责任。（2）人民法院认金某1于2019年出售了其名下位于广州市某区淘金路的商品房，获得售房款收入890万人民币的事实。4. （2020）粤01民初27660

号判决书，拟证明：（1）人民法院认金某1存在暴力行为，且并未及时足额支付儿子的抚养费，并不利于抚养儿子健康成长。（2）金某1在该案庭审时自称目前年收入约35万人民币。5. 黄某居住地广州市某区淘金东横路13号地下三层B341私家车位上挂示的业主车牌号码牌（拍摄于婚姻存续期间）；6. 个人名下房地产登记情况查询证明；7. 大众牌迈腾汽车的机动车登记证书。证据5-7拟证明：（1）广州市某区淘金东横路13号地下三层B341车位登记金某1名下。（2）广州市某区淘金东横路13号地下三层B341车位上挂示的业主车牌号码有两个，其中大众牌迈腾汽车登记金某1名下，路虎牌汽车登记金某1的同居情人黄某某名下。（3）金某1在婚姻关系存续期间与其情人黄某某同居。

金某1不同意黄某提交的证据作为二审的新证据，并发表意见：我方不接黄某提交的上述证据。

二审法院二审查明的事实与一审查明的事实一致，二审法院予以确认。

二审法院认为，《中华人民共和国民事诉讼法》第一百六十八条规定，二审人民法院应当对上诉请求的有关事实和适用法律进行审查。本案争议焦点为金某1是否应给黄某精神抚慰金。对此，二审法院评析如下：

《中华人民共和国民法典》第一千零九十一条规定："有下列情形之一，导致离婚的，无过错方有权请求损害赔偿：（一）重婚；（二）与他人同居；（三）实施家庭暴力；（四）虐待、遗弃家庭成员；（五）有其他重大过错。"《最高人民法院关于适用〈中华人民共和国民法典〉婚姻家庭编的解释（一）》第八十九条规定："当事人在婚姻登记机关办理离婚登记手续后，以民法典第一千零九十一条规定为由向人民法院提出损害赔偿请求的，人民法院应当受理。但当事人在协议离婚时已经明确表示放弃该项请求的，人民法院不予支持。"根据上述法律的规定黄某可以向人民法院提出损害赔偿请求。本案中黄某主张其在婚姻关系存续期间遭金某1多次、持续性的家庭暴力，请金某1支付精神抚慰金。黄某提供的证据进行分析黄某提供了2017年9月13日以来多次报警回执以及大量的微信聊天截图、录音等证据材料以证明双方的夫妻关系长期紧张、不和谐，金某1与其他异性有出轨行为，其还提供了医院门诊病历、超声检查报告，经临床诊断为"头部外伤早期妊娠"，以证金某1与其发生争执或事后前往医院就诊。而根据法律对家庭暴力的概念界定为：行为人以殴打、捆绑、残害、强行限制人身自由或者其他手段，给其家庭成员的身体、精神等方面造成一定伤害后果的行为。鉴于家庭暴力具有隐蔽性及外人不愿介入，不为第三人明知以及有关部门在接到报警后，也多以家庭纠纷、夫妻矛盾处置的特点，现实中较难举证。因此，本案中金某1虽否认自己是加害人，但黄某多次在其住处及附近报警且其中亦有邻居报警的情况，根据生活经验，结合黄某与金某1的聊天记录截图、录音等证据，加害人金某1的盖然性较高。至于黄某主张金某1与其他异性有出轨行为，因其提供的证据不足以证实其主张，二审法院不予采信。但根据一审查明的事实，应当认金某1的暴力行为及与前女友纠缠不清行为黄某身心造成了一定的伤害后果，黄某作为无过错方，有权请求损害赔偿。但鉴黄某未有验伤证明其伤情程度及未提交精神状态严重受损等证据，原审结合金某1实施的侵权行为、承担责任的经济能力以及法院所在地平均生活水平等因素，酌金某1应赔黄某精神损害抚慰金2万元，事实依据和法律依据充分，金额适当，二审法院予以维持。金某1上诉主张其无需黄某支付精神损害抚慰金，缺乏理据，二审法院不予支持。

一审法院根据双方当事人的诉辩、提交的证据对本案事实进行了认定，并在此基础上依法作出一审判决，合法合理，且理由阐述充分，二审法院予以确认。二审法院审理期间金某1既未有新的事实与理由，二审所提交的证据系逾期举证且不足以佐证自己的主张，故二审法院认可一审法院对事实的分析认定，即金某1的上诉请求，不予支持。综上所述，审查一审认定事实清楚，判决并无不当，二审法院予以维持。依照《中华人民共和国民事诉讼法》第一百七十条第一款第一项之规定，判决如下：

驳回上诉，维持原判。

二审受理费300元，由上诉人金某1负担。

本判决为终审判决。

第六单元
继承制度案例

一、继承权与遗产案例

基本理论概述

继承权是指继承人依法或依遗嘱取得被继承人遗产的权利。继承权的实现以被继承人死亡或宣告死亡时开始。继承权具有以下法律特征：（1）继承权是一种财产权；（2）继承权属于绝对权而具有排他性；（3）继承权的权利主体只能是与被继承人有一定亲属关系的自然人；（4）继承权的客体只能是遗产；（5）继承权的实现以特定的法律事实出现为前提。

所谓继承权主体，也就是享有继承权、能行使继承权的当事人。根据我国《民法典》的相关规定，继承权主体可以通过法律的直接规定明确，或者是合法有效的遗嘱指定。具体为以下两类：（1）法定继承人；（2）遗嘱指定的继承人。

主要相关法律、法规及司法解释链接

《民法典》

第一千一百二十三条　继承开始后，按照法定继承办理；有遗嘱的，按照遗嘱继承或者遗赠办理；有遗赠扶养协议的，按照协议办理。

第一千一百二十五条第一款、第二款　继承人有下列行为之一的，丧失继承权：

（一）故意杀害被继承人；

（二）为争夺遗产而杀害其他继承人；

（三）遗弃被继承人，或者虐待被继承人情节严重；

（四）伪造、篡改、隐匿或者销毁遗嘱，情节严重；

（五）以欺诈、胁迫手段迫使或者妨碍被继承人设立、变更或者撤回遗嘱，情节严重。

继承人有前款第三项至第五项行为，确有悔改表现，被继承人表示宽恕或者事后在遗嘱中将其列为继承人的，该继承人不丧失继承权。

第一千一百五十五条　遗产分割时，应当保留胎儿的继承份额。胎儿娩出时是死体的，保留的份额按照法定继承办理。

《民法典继承编司法解释（一）》

第五条　在遗产继承中，继承人之间因是否丧失继承权发生纠纷，向人民法院提起诉讼的，由人民法院根据民法典第一千一百二十五条的规定，判决确认其是否丧失继承权。

第六条　继承人是否符合民法典第一千一百二十五条第一款第三项规定的"虐待被继承人情节严重"，可以从实施虐待行为的时间、手段、后果和社会影响等方面认定。

虐待被继承人情节严重的，不论是否追究刑事责任，均可确认其丧失继承权。

第七条　继承人故意杀害被继承人的，不论是既遂还是未遂，均应确认其丧失继承权。

第八条　继承人有民法典第一千一百二十五条第一款第一项或者第二项所列之行为，而被继承人以遗嘱将遗产指定由该继承人继承的，可以确认遗嘱无效，并确认该继承人丧失继承权。

第九条　继承人伪造、篡改、隐匿或者销毁遗嘱，侵害了缺乏劳动能力又无生活来源的继承人的利益，并造成其生活困难的，应当认定为民法典第一千一百二十五条第一款第四项规定的"情节严重"。

示范案例一

继承法律关系的发生及继承开始的时间，从何时起算？

刘男与关女于 1986 年登记结婚，婚后生有一女刘雨。两人努力工作，生活勤俭，共同建造了 4 间房屋，并拥有 3 万元存款。2006 年 1 月，刘雨与孙男结婚，她考虑到父亲刘男身体不好，婚后仍与其共同生活。2007 年 5 月，刘雨生下女儿孙亭亭，一家人相处和睦，刘男还时常向邻居称赞女婿孙男十分孝顺。2015 年 1 月 3 日，刘男亲笔立下遗嘱：在本人死亡后，在本人的个人存款中赠与女婿孙男和外孙女孙亭亭各 1 万元。2021 年 1 月，关女不幸因车祸去世，保险公司理赔 2 万元，被指定的保险金受益人为刘男。

2021 年 2 月 2 日，刘男携外孙女孙亭亭外出，中途不幸翻车，两人当场死亡。刘男在老家的弟弟刘建和妹妹刘艳闻讯赶来帮忙料理丧事，处理善后事宜。大家清理遗物时发现，刘男遗有存款 5 万元（3 万元积蓄和 2 万元保险赔偿金）。

请问：本案发生了哪些继承法律关系？它们各自从何时开始起算？

分析意见：

我国《民法典》第一千一百二十一条第一款规定："继承从被继承人死亡时开始。"即确定继承开始的时间，应以被继承人死亡的时间为准。我国《民法典继承编司法解释（一）》第一条规定："继承从被继承人生理死亡或者被宣告死亡时开始。宣告死亡的，根据民法典第四十八条规定确定的死亡日期，为继承开始的时间。"同时，《民法典》第一千一百二十一条第二款还规定："相互有继承关系的数人在同一事件中死亡，难以确定死亡时间的，推定没有其他继承人的人先死亡。都有其他继承人，辈份不同的，推定长辈先死亡；辈份相同的，推定同时死亡，互不发生继承。"

在本案中，发生的继承法律关系包括：

第一，2021 年 1 月，关女去世后发生的法定继承法律关系。关女和刘男在婚姻关系存续期间共同建造了 4 间房屋，并拥有 3 万元存款，这属于夫妻共有财产，应依法分割为刘男2间，关女2间，存款各1.5万元。由于关女去世前未立遗嘱，因此，在关女死亡后其遗产（房屋和存款）应由其夫刘男和女儿刘雨依法共同继承。

第二，2021年2月2日，刘男死亡后发生的法定继承法律关系和遗赠法律关系。刘男和外孙女孙亭亭遇车祸身亡，因不能确定两人死亡时间的先后，故依我国法律推定长辈刘男先于其外孙女孙亭亭死亡。刘男留下的遗产，除依2015年1月3日刘男亲笔所立遗嘱遗赠给女婿孙男和外孙女孙亭亭的部分外（其遗赠标的为刘男的个人存款共计2万元），其余的遗产依法应由其法定继承人女儿刘雨继承。

第三，2021年2月2日，孙亭亭死亡后发生的法定继承法律关系。孙亭亭的遗产即外公刘男遗赠给她的1万元存款，应由其法定继承人即她的父母刘雨、孙男共同继承。

示范案例二

异质人工授精所生子女，有无继承权？

2006年3月3日，李梅与郭小顺登记结婚。2006年8月27日，郭小顺以结婚时收到的亲友的礼金及婚后的存款购买了位于某区某街21号602室建筑面积45平方米的房屋。

李梅、郭小顺由于婚后多年不育，2020年6月30日夫妻双方共同到某医院生殖遗传中心申请进行人工授精。在实施人工授精前，依据2001年《人类辅助生殖技术管理办法》的规定，夫妻两人签订了《知情同意书》及《多胎妊娠减胎术同意书》。通过人工授精后，李梅顺利怀孕。然而，不幸的是，在该人工授精的子女出生之前，2021年1月4日郭小顺因心脏病突发住院抢救。同年1月20日，郭小顺在医院立下遗嘱，主要内容为："（1）通过人工授精（不是本人精子）生育的孩子我坚决不要；（2）2006年我购买的一套房子，坐落在某区某街21号602室，赠与我的父母郭士君和童秀英，别人不得有异议。"同年5月23日，郭小顺病故。郭小顺去世后，李梅不顾郭小顺的父母郭士君和童秀英的反对继续妊娠，于2021年4月22日顺利生产一子，取名郭重阳。

请问：本案异质人工授精所生子女郭重阳，有无继承郭小顺遗产的权利？

分析意见：

这是一起异质人工授精所生子女被父亲否认子女身份引发的财产继承纠纷，涉及的问题主要包括：

第一，人工授精成功后，夫妻一方是否有权单方终止妊娠？郭小顺在去世前留下遗嘱表示坚决不要此人工授精的孩子。在丈夫郭小顺去世后，妻子李梅是否有权决定继续妊娠而生育人工授精的孩子？

我们在讨论郭重阳有没有继承权之前，首先应明确人工授精成功后，夫妻一方是否有权单方终止妊娠？由于法律对此问题尚无规定，如果一方要求终止妊娠而另一方不同意时，该子女的法律地位应当如何确定？这是审判实践中出现的新问题。结合本案情况，在法律无规定的情况下，可按照李梅和郭小顺夫妻双方在医院签订的《人工授精申请书》和《知情同意书》的意思表示处理。由于决定实施人工授精是夫妻双方经过慎重考虑后的一致意见，该申请书和《知情同意书》应视为夫妻双方的真实意思表示。郭小顺在去世前单方变更意思而决定不要该孩子，此并未征得李梅的同意。丈夫郭小顺的单方行为不能对抗夫妻双方的合意。因为，要解除双方合意的行为必须经过双方的协商一致。因此，郭小顺去世后，李梅有权自主决定是否终止妊娠。

第二，无血缘关系的异质人工授精子女在法律上有无继承权？在本案中，郭小顺在遗嘱中单方否认妻子李梅通过人工授精所怀孕的孩子与其存在亲子关系，在法律上是无效的。因为经夫妻双方一致同意，以他人精子使妻子受孕怀胎所生的子女，尽管与丈夫在血缘上没有联系，但依法律规定应推定为双方的婚生子女。《民法典婚姻家庭编司法解释（一）》中明确规定："婚姻关系存续期间，夫妻双方一致同意进行人工授精，所生子女应视为婚生子女，父母子女间的权利义务关系适用民法典的有关规定。"郭小顺生前与妻子李梅一起签订的《人工授精申请书》和《知情同意书》，都表明了郭小顺当时是同意人工授精的，而其在去世前的遗嘱中单方表示不要孩子的决定，不符合该司法解释精神，在法律上不具有效力。李梅所生的儿子郭重阳在法律上享有婚生子女的地位，应当被视为郭小顺与李梅夫妻双方的婚生子女，所以他是郭小顺的法定继承人之一。

第三，郭小顺的遗嘱处分，是否完全合法有效？根据我国《民法典》第一千一百三十三条的规定："自然人可以依照本法规定立遗嘱处分个人财产，并可以指定遗嘱执行人。自然人可以立遗嘱将个人财产指定由法定继承人中的一人或数人继承。自然人可以立遗嘱将个人财产赠与国家、集体或者法定继承人以外的组织、个人……"这表明我国实行"遗嘱继承优先于法定继承"的原则。如果被继承人生前留有遗嘱，首先应当按遗嘱处理遗产。这就意味着，郭重阳虽然与母亲、爷爷、奶奶同为郭小顺的第一顺序法定继承人，但是如果郭小顺在遗嘱中明确将房屋指定只由他的父母继承，这将导致同一顺序的其他法定继承人都无权参加继承。那么，郭小顺的遗嘱是否完全有效呢？在本案中，郭小顺的遗嘱在主体、形式、意思表示上均符合法律规定，但该遗嘱的内容有部分不合法。首先，郭小顺以遗嘱处分的标的房屋，由于是在婚后以夫妻共同财产（婚礼时收到的礼金和婚后的存款）购买取得的，它属于夫妻共同财产。所以，郭小顺遗嘱处分的房屋属于妻子李梅的份额部分是无效的。也就是说，郭小顺只能处分属于他的份额即该房屋产权的二分之一。其次，根据我国《民法典》第一千一百五十五条规定，处理遗产应当保留胎儿的继承份额。郭重阳在郭小顺去世时为尚未出生的胎儿，其出生时为活体。因此，在属于郭小顺的遗产份额中，依法应首先为郭小顺留下其遗产份额，余下的部分才能按其遗嘱的内容进行分配。

示范案例三

抚恤金是否属于死者的遗产？

王某系丧偶妇女李某的独生女，是某工厂工人，2008年她与同厂工人路某结婚。婚后未生育子女。李某依靠女儿王某付给的赡养费维持生活，无其他经济来源。2021年年初，王某上班途中因交通事故死亡，除其他赔偿金外，有关单位按规定发给其近亲属一笔供养亲属抚恤金。王某的丈夫路某、婆母与王某之母李某三人为这笔抚恤金发生争执。

路某认为抚恤金属于其妻子的遗产，根据我国现行《民法典》第一千零六十一条"夫妻有相互继承遗产的权利"和第一千零七十条"父母和子女有相互继承遗产的权利"的规定，应由他和岳母共同继承。王某的婆母认为，抚恤金是发给亲属的，所以王某的丈夫、母亲和婆母每人各有一份。而李某则认为，这笔抚恤金是发给其女儿所供养的直系亲属的，只能由她一人所得。为此，李某诉请人民法院依法裁决。

请问：抚恤金是否属于死者的遗产？

分析意见：

遗产和抚恤金是两个不同的概念，不能混为一谈。我国《民法典》第一千一百二十二条第一款规定："遗产是自然人死亡时遗留的个人合法财产。"即遗产作为继承权的客体，是指被继承人死亡时遗留的个人合法财产，包括可以继承的财产权利。遗产具有以下特征：

第一，遗产具有特定的时间性和财产性。自然人死亡这一法律事实的出现，是自然人生前个人财产转化为遗产的法定时间界限。在死者遗留的物或权利中，凡具有财产性的物或权利都可以作为遗产。

第二，遗产具有专属性和合法性。死者遗留的财产和财产权利中，凡属其个人所有的部分，包括死者单独所有或在共有财产中死者享有的份额都属于遗产；同时，死者遗留的财产中，除具有人身专属性外凡属于法律允许为自然人个人所有且系合法取得的财产，都可以作为遗产。

第三，遗产具有限定性。自然人死亡时遗留的个人合法所有财产和财产权利，凡属于法律允许转给他人所有的都可以作为遗产。

《民法典》第一千一百二十二条第一款规定："遗产是自然人死亡时遗留的个人合法财产。"《民法典继承编司法解释（一）》第二条规定："承包人死亡时尚未取得承包收益的，可以将死者生前对承包所投入的资金和所付出的劳动及其增值和孳息，由发包单位或者接续承包合同的人合理折价、补偿。其价额作为遗产。"

我国1994年《劳动法》第七十三条第二款规定："劳动者死亡后，其遗属依法享受遗属津贴。"我国2011年1月1日施行的《工伤保险条例》第三十九条规定："职工因工死亡，其近亲属按照下列规定从工伤保险基金领取丧葬补助金、供养亲属抚恤金和一次性工亡补助金：（一）丧葬补助金为6个月的统筹地区上年度职工月平均工资；（二）供养亲属抚恤金按照职工本人工资的一定比例发给由因工死亡职工生前提供主要生活来源、无劳动能力的亲属。标准为：配偶每月40%，其他亲属每人每月30%，孤寡老人或者孤儿每人每月在上述标准的基础上增加10%。核定的各供养亲属的抚恤金之和不应高于因工死亡职工生前的工资。供养亲属的具体范围由国务院社会保险行政部门规定……"在我国，抚恤金是发给自然死亡或因工死亡的工人、职员生前所供养的亲属，其目的是避免因工人或职员死亡而造成受其扶养者的生活困难。因此，本案的抚恤金不能作为遗产，而应归属于死者的配偶及死者的母亲李某共同享有。

示范案例四

法律上有"不孝子女不得继承其父母遗产"的规定吗？

吴某是一位75岁的丧妻老人，只有一个独生儿子。吴某和儿子住在一起，但其儿子对吴某不孝顺，不但生活上不尽照料、扶助父亲的义务，而且经常辱骂吴某，父子关系很不好。吴某想与其子脱离父子关系，不想让其子继承他的遗产。

请问：吴某能否剥夺其儿子的继承权？

分析意见：

本案涉及剥夺继承权的法定条件问题。诚然，我们知道父母子女之间的自然血亲关系是不能通过法律程序人为地解除的。但法律规定的父母子女之间的权利义务关系包括财产继承关系，在符合法定情形下，可以依法予以变更或解除。我国《民法典》第一千一百二十五条规定，继承人有下列行为之一的，丧失继承权。这些行为是：

第一，故意杀害被继承人。构成故意杀害被继承人的行为，必须具备两个要件：(1) 主观上具有杀害被继承人的故意，而不论基于什么动机。(2) 客观上实施了非法剥夺被继承人生命的行为，不论其手段是作为或不作为，也不论其结果是既遂或未遂。《民法典继承编司法解释（一）》第七条明确规定："继承人故意杀害被继承人的，不论是既遂还是未遂，均应当确认其丧失继承权。"

第二，为争夺遗产而杀害其他继承人。构成争夺遗产而杀害其他继承人的行为，必须具备两个要件：(1) 主观上具有杀害其他继承人的故意，且具有争夺遗产的动机。(2) 客观上实施了非法剥夺其他继承人生命的行为，也不论其结果是既遂或未遂。

第三，遗弃被继承人，或者虐待被继承人情节严重。遗弃被继承人，是指依法负有法定义务且具有扶养能力的继承人，对没有独立生活能力的被继承人，故意不履行扶养义务的行为。虐待被继承人，是指继承人对被继承人进行精神上或肉体上的摧残折磨。根据《民法典继承编司法解释（一）》第六条的规定，虐待被继承人情节严重的，可丧失继承权。虐待被继承人情节是否严重，可以从实施虐待行为的时间长短、手段恶劣程度、后果是否严重、社会影响的大小等方面认定。遗弃被继承人情节严重的，不论是否被追究刑事责任，均可确认其丧失继承权。但是，继承人虐待被继承人情节严重的，或遗弃被继承人的，如以后确有悔改表现，而且被虐待人、被遗弃人生前又表示宽恕的，可不确认其丧失继承权。

第四，伪造、篡改、隐匿或者销毁遗嘱，情节严重。伪造遗嘱，是指继承人为了夺取或独占遗产而以被继承人的名义制造假遗嘱的行为。篡改遗嘱，是指被继承人生前立有遗嘱，但继承人认为遗嘱对其不利，为夺取或独占遗产而改变遗嘱内容的行为。销毁遗嘱，是指被继承人生前立有遗嘱，继承人为了争夺或独占遗产而将该遗嘱破坏、毁灭的行为。《民法典继承编司法解释（一）》第九条规定："继承人伪造、篡改、隐匿或者销毁遗嘱，侵害了缺乏劳动能力又无生活来源的继承人的利益，并造成其生活困难的，应当认定为民法典第一千一百二十五条第一款第四项规定的'情节严重'。"

必须说明，关于继承权丧失的程序，依我国《民法典》第一千一百二十五条规定的精神，继承人有丧失继承权的法定事由之一的，当然丧失继承权，无须经诉讼程序宣告。如果当事人对是否丧失继承权有争议的，可以诉请人民法院依法确认。

据此，吴某的儿子如果有上述法定的继承权丧失的行为之一，依法应当丧失继承权，不得继承其父的遗产。但是，如其以后确有悔改表现，而且被继承人生前又表示宽恕的，其可以不丧失继承权。或者，如果吴某的儿子的行为尚未达到上述丧失继承权的法定的条件，而吴某又不想让其继承遗产的，其可以依法立遗嘱处分遗产。《民法典》第一千一百三十三条规定："自然人可以依照本法规定立遗嘱处分个人财产……自然人可以立遗嘱将个人财产赠与国家、集体或者法定继承人以外的组织、个人……"即自然人可以通过立遗嘱，指定其遗产由法定继承人以外的其他人继承，或者赠给国家和集体组织。

示范案例五

父母健在时，儿子可以要求继承并分割父母的财产吗？

王某有两个哥哥，均已成家并分家另过，只有他与父母一起生活。最近，王某的两个哥哥突然提出要继承并分割父母的财产。其理由是：如果现在不进行继承并分割，将来父母的财产就会都给了小儿子王某，所以现在必须先继承并分割父母的财产。对此，王某的父母都不同意。

请问：在父母健在时，儿子可以要求继承并分割父母的财产吗？

分析意见：

财产继承是被继承人死亡后遗产所有权转移的方式。它是在被继承人死亡后由其继承人依法或依遗嘱无偿取得被继承人的遗产，即财产继承的结果是继承人无偿取得遗产的所有权。

财产继承不同于分家析产。两者的主要区别：一是发生的原因不同，前者是基于被继承人的死亡而发生；后者是基于家庭共有财产人的请求而发生。二是财产关系的性质不同，前者是被继承人的遗产通过继承转移给继承人所有；后者是家庭共有财产通过析产变为家庭成员个人分别所有的财产。三是财产的范围不同，遗产仅限于被继承人死亡遗留的个人合法财产，应从夫妻共有财产和家庭共有财产中把被继承人享有的份额分离出来，先析产后继承；而分家析产的范围仅限于家庭共有财产。

在本案中，王某的两个哥哥提出在父母健在时继承并分割父母的财产。如果是分家析产，必须是针对家庭共有财产而言，也就是说，只能针对王某的两个哥哥与其父母共同的劳动收入或共同购置的生活资料及其他共同财产，按照各自收入的情况或出资的情况分割出相应的财产份额，但如果父母健在而要求继承并分割父母的财产，这是没有法律依据的。因为根据我国《民法典》第一千一百二十一条规定，继承自被继承人死亡时开始。现在本案的被继承人健在，继承尚未开始，其继承人的继承权还不能行使。因此，王某的两位哥哥提出的要求是没有法律依据的。王某的父母完全有权直接支配自己的财产，拒绝他们的要求。

示范案例六

尚未给付的离婚经济帮助费，是否属于遗产？

赵明早年丧父，由母亲王英一人把他抚养成人。2017 年 2 月赵明参加工作后，时年 44 岁的王英经人介绍与 52 岁的退休教师张风相识，不久两人登记结婚。婚后，双方因性格不合，经常为家庭生活琐事发生矛盾。王英因此常常独自生闷气。自 2017 年 3 月以来，她不时感到胸部疼痛。2020 年 1 月，王英经医院检查诊断为乳腺癌（初期）。2020 年 4 月，王英与张风再次发生口角后，她便离家回到其长子赵明家生活。张风经多次电话联系，王英均表示不愿意回张风处共同生活。2021 年 4 月，张风诉至法院，请求与王英离婚。法院经审理查明，王英与张风虽然结婚时间长达 4 年，但因性格不合，导致夫妻感情破裂，经调解和好无效，判决准予离婚。同时，法院考虑到王英在婚姻期间患有严重疾病

（乳腺癌）尚需治疗，判决张风于判决生效后30日内一次性给予王英经济帮助费1万元。判决生效后，在履行期限内张风尚未给付该经济帮助费，王英因病情恶化抢救无效而死亡。现该判决确定的履行期限已经届满，王英之子赵明向法院申请强制执行。

请问：在履行期内，尚未给付的经济帮助费是否属于遗产，赵明是否有权申请强制执行？

分析意见：

本案离婚经济帮助费请求权人之子赵明是否有权申请强制执行，应考虑以下几个方面的问题。

一是遗产的范围。遗产的概念，有广义与狭义之分。广义的遗产，既包括被继承人的财产权利（积极财产），又包括被继承人的财产义务（消极财产）。狭义的遗产，仅仅指被继承人的财产权利（积极财产）。根据我国《民法典》的规定可以看出，我国采取的是狭义的遗产概念。所谓遗产，是指被继承人死亡时遗留的、依法能够被转移给他人的个人合法财产。

考察遗产的范围，可以从遗产的时间特定性、财产性、专属性、限定性等四个特征着手。

所谓时间特定性，是指遗产是被继承人死亡时所遗留。被继承人死亡这一法律事实，是区分被继承人的个人所有财产与遗产的法律上的时间界限。被继承人生前个人所有的财产，不一定就是遗产。因为被继承人生存时随时可以对其个人所有财产进行使用、收益或进行其他处分，已经被处分的财产就不能作为其遗产。只有当被继承人死亡的法律事实出现时，其所遗留的个人财产才能转化为遗产。

所谓财产性，是指遗产仅指被继承人遗留的财产权利和财产义务，而被继承人生前所享有的人身权利以及基于人身关系而产生的义务，不能作为遗产。

所谓专属性，是指遗产必须是属于被继承人个人所有的财产。因此那些虽然由被继承人生前占有但并无所有权的财产，不能作为被继承人的遗产。

所谓限定性，是指遗产只能限于依法能够移转给他人的一定财产，而不是被继承人的全部财产。

关于遗产的范围，我国《民法典》第一千一百二十二条第一款采用概括性的方式明确规定："遗产是自然人死亡时遗留的个人合法财产。"

二是离婚经济帮助。

第一，离婚经济帮助的性质。我国《民法典》第一千零九十条规定："离婚时，如果一方生活困难，有负担能力的另一方应当给予适当帮助。具体办法由双方协议；协议不成的，由人民法院判决。"离婚经济帮助的性质与婚姻期间夫妻的扶养义务不同。夫妻扶养的义务是基于夫妻人身关系而产生的，其因婚姻关系的终止而终止。而离婚经济帮助则是夫妻扶养义务的延伸，其目的是解决离婚时一方的生活困难。

第二，离婚经济帮助的适用条件。一是离婚时一方生活确有困难，"生活确有困难"的情形包括：一方有年老多病、丧失劳动能力、无生活来源等情况；二是提供经济帮助的一方有负担能力；三是生活困难方已经在离婚时提出该请求。

第三，离婚经济帮助的请求权人。由于离婚经济帮助的对象具有特定性，即被帮助的一方必须是离婚时生活上确有困难的一方夫或妻。其目的是帮助该方当事人解决离婚后一定时间内的生活困难。因此，享有经济帮助请求权的只能是受帮助者本人，其他人无权主张该项权利。如果受帮助一方另行结婚或经济收入足以维持生活时，帮助一方即可停止给付。如果受帮助一方死亡，则无被帮助的对象，即申请执行的权利主体不存在，给予帮助一方有权停止支付。另外，由于离婚经济帮助费的给付具有特定的时间条件，当离婚经济帮助费尚未到给付时间时，该财产不属于受帮助一方的财产，故经济帮助请求权又不等同于一般的债权。当受帮助一方死亡时，该离婚经济帮助请求权即消灭，而不能将该请求权作为遗产继承。而一般的债权，当债权人死亡时，其继承人有权代替债权人主张权利。

综上所述，本案中王英在履行期间未届满，尚未收到 1 万元离婚经济帮助费之前死亡，因被帮助的对象已不存在，尚未给付的经济帮助费不属于王英的遗产，因此，王英之子赵明无权申请法院强制执行。

讨论案例

1. 这些保险金应否被用于清偿死者的损害赔偿债务？

2021 年 3 月 26 日，个体运输司机孙文依合同运送货主张新及他的货物（锡锭），不幸在铁路道口处与火车相撞，致汽车损毁，孙文、张新当场死亡。经现场勘查，事故责任应由孙文承担。孙文生前向保险公司投保了车身险（保险金额 3 万元，保险金的受益人为孙文）和人身意外伤害险（保险金额 2 万元，保险金的受益人指定为其母郭香荣）。孙文死后，张新之妻要求郭香荣将全部保险金用于承担赔偿责任。郭香荣认为，保险金应全部归她所有，不能用于承担赔偿责任。

请问：这些保险金应否被用于清偿死者的损害赔偿债务？

2. 在上诉期内离婚当事人一方死亡，另一方是否有权继承其遗产？

王某与丈夫林某因夫妻感情破裂，起诉到法院离婚。法院经调解和好无效，2021 年 2 月 3 日依法判决两人离婚，并就财产分割作出判决，林某分得价值 5 万元的财产。一审判决后的第 5 天林某外出办事不幸因车祸当场死亡。林某死亡后，林某唯一的亲人其弟弟认为王某已经与林某离婚，不再享有夫妻继承权，因此，林某在离婚时分得的财产应由他一人继承，而王某不同意，认为该遗产应由她一人继承，双方争执不下。

请问：究竟谁有权继承上诉期内离婚当事人林某的遗产？

3. 丧偶妇女再婚后是否丧失对前夫的遗产继承权？

某村农民小芳的丈夫大强早年父母双亡。2021 年 1 月，大强不幸病故，遗留了其婚前建造的两间瓦房，小芳带着两个女儿继续居住在丈夫遗留的两间瓦房里共同生活，最大的女儿才 7 岁。2021 年 3 月，小芳经人介绍与一个 40 多岁的单身汉登记结婚，婚后两人继续居住在前夫大强遗留的两间瓦房内，共同抚养两个女儿。2021 年 4 月，小芳前夫的兄弟提出要收回这两间房屋，限期让他们全家搬走，理由是因为小芳丧偶后已经再婚。

请问：丧偶妇女小芳再婚后是否丧失对前夫的遗产继承权？

4. 剩余捐赠款是否属于受捐者的遗产？

黄某、顾某系夫妻，其子黄小某系某小学的学生。2019 年 10 月，黄小某被确诊为“小儿急性淋巴细胞白血病”，因换骨髓至少需 20 万元。2020 年 1 月，该小学在报刊上以全校少先队员名义发出倡议，呼吁社会各界为黄小某捐款治病。经新闻媒体报道及社会各界的安排、策划，至 2020 年 4 月社会各界共募捐人民币 241783.65 元。在黄小某治病的过程中，黄某夫妻凭票到该小学支取并使用捐款。2021 年 2 月 18 日黄小某病故。同年 2 月 28 日，黄某夫妻到该小学支取了 2020 年 4 月至 2021 年 2 月用于黄小某治病及丧葬的所有费用，并注明“结清所有账目”，合计支用捐助款人民币 171049.71 元，结余 70733.94 元。2021 年 3 月，黄某夫妻诉至法院，要求该小学返还剩余善款，后于 2021 年 4 月撤回起诉。2021 年 5 月 9 日，黄某夫妻再次诉至法院，要求该小学返还捐赠余款人民币 70733.94 元。

请问：社会各界捐给黄小某的善款余额，是否属于受捐者的遗产？

5. 遗嘱人生存期间，继承人能否按遗嘱内容分割遗产？

胡某（男）有两个儿子、一个女儿。2020 年 6 月，胡某的老伴去世。2021 年 2 月胡某患病住院。胡某为避免在他死后儿女们为争夺他留下的存款而伤感情，便立下书面遗嘱，两个儿子和一个女儿各执一份。2021 年 4 月，胡某出院后便住在大儿子家中。胡某的二儿子怀疑父亲的存款会慢慢被哥哥花掉，便提出先分割这笔钱。胡某不同意，认为他还没过世，现在不能分这笔存款。为此，胡某的二儿子和女儿跑到哥哥家吵闹，提出按照胡某亲笔所立的遗嘱分其父的存款。

请问：父亲还没有去世，其存款能作为遗产按遗嘱内容分割吗？

6. 具有人身专属性的财产能否继承？

被告谢细秀于 1992 年 1 月（时年 10 岁）被其姑父康保发、姑母谢月秀收养。2005 年 2 月，被告成婚后仍与养父母共同生活。2019 年 2 月，因被告之子不愿随养外祖父姓康，于是康保发夫妇提出与被告解除收养关系，被告同意并与之签订了解除收养关系的协议，约定由被告按年度支付康保发夫妇生活费每年 1 万元，共计支付 10 年。不久，康保发夫妇将康保发的侄子即原告康佑明过继为子，但未办理收养登记手续。康保发夫妇于 2020 年 2 月、2021 年 2 月先后去世。被告应付康保发夫妇的生活费实际只付了 3 万元，尚有 7 万元未付。为此，原告康佑明起诉至法院，请求确认其对被告谢细秀尚未支付给其过继父母的生活费 7 万元享有继承权，要求被告予以给付。

请问：法院是否应支持原告的诉讼请求？

相关裁判实例摘录[①]

张某 2 与赵某、张某 3、张某 1 继承纠纷案

张某 2 向法院提出诉讼请求：请求判令津南区××镇××房屋归原告张某 2 所有。事实与理由：被告赵某系原告二弟张某柱的妻子，现张某柱已去世，被告张某 3、张某 1 均为张某柱的子女。原告父母都已去世，生前已将财产妥善分配，父亲张某发在住院期间，通过口述遗嘱的方式将津南区××镇××的房屋（以下简称诉争房屋）分给原告所有。张某发去世后，因张某柱健康问题一直未能办理房屋所有权转移登记。根据《中华人民共和国继承法》第五条、第十七条规定，原告的父亲张某发口述遗嘱有效，应按照遗嘱内容继承，相关人员应配合。现因原告继承受阻，请求法院依法维护原告的合法权益，望判如所请。

---

① 摘自北大法宝网，（2020）津 0112 民初 8168 号。

被告赵某、张某3、张某1辩称，不同意原告的诉讼请求。原告讲的遗嘱被告不清楚。诉争房产是张某发夫妇的夫妻共同财产，张某发没有权利独自处分。审理过程中又称，诉争房产是张某发的妻子王某华的个人财产。

根据当事人的陈述和经审查确认的证据，法院认定事实如下：被继承人王某华、张某发分别于2006年10月、2019年11月12日去世。二被继承人去世时，其父母均早已去世。二被继承人共生育一女二子，长女张某2、长子张某生、次子张某柱。张某柱于2020年5月30日去世，被告赵某系张某柱的配偶，被告张某3、张某1分别系张某柱的长女、长子。张某发在住院期间，于2019年10月31日，将其子女及其弟弟张某某、张某贵等人叫到其病房，由案外人录像，其口述表示将其名下的房产于过世后留给原告张某2，原告张某2认为该录像是口头遗嘱。

另查明，二被继承人在夫妻关系存续期间，于2004年左右购买××镇××村××号房屋两间，后又建造为四间。后遇政府拆迁，将上述房屋进行了拆迁，2010年11月，用该拆迁房屋的部分拆迁权益还迁了津南区××镇××的房产即诉争房产，现登记在张某发名下，并已取得产权证。案件审理过程中，张某生表示放弃继承诉争房屋。

法院认为，本案争议焦点为：1. 诉争房产是张某发的个人财产还是王某华的个人财产？2. 视频是否为口头遗嘱？是否有效？

关于焦点1，原告主张诉争房产是张某发的个人财产；被告认为是王某华的个人财产。但双方均未提供证据证实。根据法院查明的事实，被拆迁的××镇××村××号房屋是被继承人张某发、王某华于夫妻关系存续期间取得，属于其夫妻共同财产，诉争房产是因拆迁该房屋的部分拆迁权益所得，是该部分拆迁权益的转化形式，应属于二被继承人的夫妻共同财产，依法各占二分之一的份额。

关于焦点2，原告认为，上述录像为张某发的口头遗嘱，诉争房产应由其一人继承，并提供证据五光盘，用以证明张某发在生前表示，将诉争房产由原告继承。根据法律规定，遗嘱人在危急情况下，可以立口头遗嘱。口头遗嘱应当有两个以上见证人在场见证。危急情况解除后，遗嘱人能够用书面或者录音形式立遗嘱的，所立的口头遗嘱无效。本案中，从录像中的画面可以看出，张某发并未存在危急情况，且原告亦未提供证据证实张某发当时存在危急情况。故原告认为该录像为口头遗嘱的主张，无事实与法律依据，法院不予支持。

原、被告均认可录像现场有张某发及其三个子女、张某某、张某贵等人，时间为2019年10月31日，且三被告经辨认后，认可在录像中张某发陈述有以下内容“……但我还有点心愿没了，你们姐仨都听着，给你们两人呢一人弄一处房，你姐姐呢，没有，怎么办呢，把我的房拿出来给你姐姐，你们两人呢……千万别计较这事……你们哥俩谁也别争谁也被抢，这房子你们也指不上了，就是你姐姐的了……”虽然后又抗辩称，录像模糊、杂乱，视频中没说明证明人的姓名、职业等信息，且视频没有公证，不属于遗嘱，不具备法律效力。但录像可以反映出张某发陈述了上述内容。法院经综合分析认为，该录像由案外人录制，在场人除张某发及其三个子女外，还有张某发的两个弟弟张某贵、张某某。原告主张张某贵、张某某是见证人，符合常理及客观情况，且赵某陈述，听其丈夫张某柱说过张某发立遗嘱的事。法院对原告主张张某贵、张某某是见证人的意见予以支持。《中华人民共和国民法典》第一千一百三十七条规定：“以录音录像形式立的遗嘱，应当有两个以上见证人在场见证。遗嘱人和见证人应当在录音录像中记录其姓名或者肖像，以及年、月、日。”本案中，虽然遗嘱人和见证人未在录音录像中明确其姓名及年、月、日，但在录像现场有张某发、张某某、张某贵的影像，当事人均认可录制的时间。综合本案当时的情况及张某发的真实意愿等，该录像符合《中华人民共和国民法典》规定的录音录像遗嘱的形式要件，应为录音录像遗嘱；又根据《最高人民法院关于适用〈中华人民共和国民法典〉时间效力的若干规定》的相关规定，民法典施行前的法律事实引起的民事纠纷案件，当时的法律、司法解释没有规定而民法典有规定的，可以适用民法典的规定，但是明显减损当事人合法权益、增加当事人法定义务或者背离当事人合理预期的除外。而本案是以录像形式设立遗嘱的情况，《中华人民共和国继承法》未作规定，且不存在上述情况，故适用《民法典》的规定。综上，原告提供的录像为录音录像遗嘱，应合法有效。被告抗辩，录像不属于遗嘱，不具备法律效力的意见，于法无据，法院不予支持。由于诉争房屋中有王某华的份额，根据法律规定，遗嘱人以遗嘱处分了属于国家、集体或他人所有的财产，遗嘱的这部分应认定无效。故，张某发在该遗嘱中处分诉争房屋中王某华份额的部分无效。

根据法律规定，继承开始后，按照法定继承办理；有遗嘱的，按照遗嘱继承或者遗赠办理；有遗赠扶养协议的，按照协议办理。本案中，对于王某华的份额，由于王某华先于张某发死亡，其未立遗嘱，又无遗赠扶养协议，故按照法定继承办理。继承开始后，由第一顺序继承人继承，第二顺序继承人不继承。第一顺序为：配偶、子女、父母。同一顺序继承人继承的份额，一般应当均等。本案中，第一顺序继承人为张某发、张某2、张某生、张某柱，由于张某生放弃继承，故，张某发、张某2、张某柱各继承三分之一的份额，即每人占诉争房屋六分之一的份额。由于遗产分割前，继承人张某柱死亡，故其应当继承遗产的权利转移给他的合法继承人，即本案三名被告，三人均表示由其三人不分份额地共同继承，故三被告共同继承诉争房产六分之一的份额；对于张某发的份额，应按其遗嘱由原告张某2继承，故，原告张某2继承诉争房产六分之五的份额。原告请求诉争房屋由其继承的主张，无事实和法律依据，法院不予支持。

法安人心，德润天下。在继承父母遗产时，各继承人不能仅仅考虑财产的分割情况，更应考虑到家庭伦理和道德风尚，应当本着互谅互让、和睦团结的精神消除误会，积极修复手足之情及其他亲情关系，共促良好家风，弘扬团结友爱、孝老爱亲、兄友弟恭、诚信友善的中华传统美德。希望各继承人能时刻以社会主义核心价值观作为行为准则，处理亲情关系和其他事务，共同解开心结，共建和谐家庭氛围。

综上所述，人民法院依照《中华人民共和国继承法》第二条、第三条、第五条、第十条、第十三条、第十七条、第二十五条、第二十六条，《最高人民法院关于贯彻执行〈中华人民共和国继承法〉若干问题的意见》［法（民）发（1985）22号］第四十八条、第五十一条、第五十二条，《中华人民共和国民法典》第一千一百三十三条、第一千一百三十七条、第一千一百五十四条，《最高人民法院关于适用〈中华人民共和国民法典〉继承编的解释（一）》第二十六条，《最高人民法院关于适用〈中华人民共和国民法典〉时间效力的若干规定》第一条、第三条，《中华人民共和国民事诉讼法》第六十四条规定，判决如下：

一、被继承人张某发名下的坐落于津南区××镇××房产，张某2继承六分之五的份额，赵某、张某 3、张某 1 共同继承六分之一的份额。

二、驳回张某 2 的其他诉讼请求。

案件受理费 9000 元，由张某 2 承担 4500 元，赵某、张某 3、张某 1 共同承担 4500 元。

二、法定继承案例

基本理论概述

法定继承是指在被继承人未立有合法有效遗嘱的情况下，由法律直接规定继承人的范围、继承顺序、遗产分配原则的一种继承形式。法定继承是遗嘱继承以外的依照法律的直接规定将遗产转移给继承人的一种遗产继承方式。法定继承又称为无遗嘱继承，是相对于遗嘱继承而言的。

在法定继承中，继承人的范围、继承的顺序、继承人应继承的遗产份额以及遗产的分配原则，都是由法律直接规定的。我国法定继承人的第一顺序：配偶、子女、父母。第二顺序：兄弟姐妹、祖父母、外祖父母。（没有第一顺序继承人继承或第一顺序继承人放弃继承权的，才由第二顺序继承人继承。）因而法定继承并不直接体现被继承人的意志，仅是法律依推定的被继承人的意思将其遗产由其亲近亲属继承。

主要相关法律、法规及司法解释链接

《民法典》

第一千一百二十七条　遗产按照下列顺序继承：

（一）第一顺序：配偶、子女、父母；

（二）第二顺序：兄弟姐妹、祖父母、外祖父母。

继承开始后，由第一顺序继承人继承，第二顺序继承人不继承；没有第一顺序继承人继承的，由第二顺序继承人继承。

本编所称子女，包括婚生子女、非婚生子女、养子女和有扶养关系的继子女。

本编所称父母，包括生父母、养父母和有扶养关系的继父母。

本编所称兄弟姐妹，包括同父母的兄弟姐妹、同父异母或者同母异父的兄弟姐妹、养兄弟姐妹、有扶养关系的继兄弟姐妹。

第一千一百二十八条　被继承人的子女先于被继承人死亡的，由被继承人的子女的直系晚辈血亲代位继承。

被继承人的兄弟姐妹先于被继承人死亡的，由被继承人的兄弟姐妹的子女代位继承。

代位继承人一般只能继承被代位继承人有权继承的遗产份额。

第一千一百二十九条　丧偶儿媳对公婆，丧偶女婿对岳父母，尽了主要赡养义务的，作为第一顺序继承人。

第一千一百三十条　同一顺序继承人继承遗产的份额，一般应当均等。

对生活有特殊困难又缺乏劳动能力的继承人，分配遗产时，应当予以照顾。

对被继承人尽了主要扶养义务或者与被继承人共同生活的继承人，分配遗产时，可以多分。

有扶养能力和有扶养条件的继承人，不尽扶养义务的，分配遗产时，应当不分或者少分。

继承人协商同意的，也可以不均等。

第一千一百三十一条　对继承人以外的依靠被继承人扶养的人，或者继承人以外的对被继承人扶养较多的人，可以分给适当的遗产。

示范案例一

本案哪些人属于法定继承人？

1988 年 8 月，孙某与前妻许某离婚，两人所生儿子孙辉随母亲许某共同生活。1993 年 10 月，孙某与丧偶妇女沈某举行了结婚仪式后以夫妻名义同居生活，但未理办结婚登记。此后，孙某一直抚养沈某与前夫所生的两人未成年子女黄燕、黄峰。孙某的父亲孙明靠退休金单独生活。2015 年 3 月，孙某为其投保了人身意外伤害险，保险金额为 20 万元，该保单中指定非身故保险金的受益人为孙某本人。2021 年 2 月 14 日，孙某因车祸致重伤，经医治一个月后终因伤势过重而死亡。孙某在受重伤医治期间，获得人身意外伤害保险金 20 万元。孙某去世后，该保险金被用于清偿孙某生前所欠医药费 5 万元后，剩余 15 万元。保管人孙明将该款分作五等份，沈某、黄燕、黄峰已领取。孙辉认为此份额少而拒绝领款，遂向人民法院提起诉讼。原告孙辉诉称，其和爷爷孙明才是死者孙某的合法继承人，请求法院判决由他们两人平均分割 15 万元的遗产。

被告沈某、黄燕、黄峰辩称，1993 年 10 月他们与孙某共同生活，沈某与孙某已形成了事实婚姻，黄燕、黄峰与孙某已形成有抚养关系的继父母子女关系，他们三人应当对该 15 万元的遗产有五分之三的继承权。

法院经审理认为：被继承人孙某与被告沈某在 1993 年 10 月，未经登记结婚即同居生活，仅按农村习俗举行了结婚仪式，未履行结婚登记的行为是违法的。根据《民法典继承编司法解释（一）》第七条、第八条的相关规定，应认定在 1994 年《婚姻登记管理条例》公布实施之日前，被告沈某与被继承人孙某未办结婚登记手续即以夫妻名义同居生活已经形成事实婚姻。当时孙某与两个未成年继子女黄燕、黄峰共同生活，且与沈某共同抚养他们，已经形成有抚养关系的继父母子女关系。据此，本案的原告与被告沈某、黄燕、黄峰以及孙某的父亲孙明五人均属于第一顺序法定继承人。根据“人身意外伤害保险合同”的规定，已经指定受益人的，人身意外伤害保险金归该受益人，所以 20 万元保险金应当归孙某个人所有。孙某去世后，在清偿 5 万元医药费债务后，剩余的 15 万元属于其遗产。故法院判决，对于被继承人孙某的 15 万元遗产，沈某、孙明、孙辉及黄峰、黄燕 5 位继承人均享有继承权，各继承遗产的五分之一。原告沈辉的请求缺乏事实和法律根据，法院不予支持。

请问：法院的判决是否合法？

分析意见：

本案的争议焦点是法定继承人范围的确定。具体地说，沈某、黄燕、黄峰等三人是否享有法定继承权？

第一，沈某能否以配偶身份作为法定继承人？根据我国《民法典》的规定，法定继承，是指按照法律直接规定的继承人的范围、继承顺序、遗产分配原则等进行财产继承的一种继承方式。我国《民法典》第一千一百二十七条规定的法定继承顺序为：第一顺序是配偶、子女、父母；第二顺序是兄弟姐妹、祖父母、外祖父母。如果能确定沈某与被继承人孙某之间的婚姻关系受法律保护，那么沈某就享有配偶继承权。事实婚姻是相对于法律婚姻而言的，其概念有广义和狭义之分。广义的事实婚姻，是指男女双方未办理结婚登记，便以夫妻名义同居生活，群众也认为是夫妻关系的两性结合。狭义的事实婚姻，是指1994年《婚姻登记管理条例》施行前，没有配偶的男女双方符合结婚条件未办理结婚登记，便以夫妻名义同居生活，群众也认为是夫妻的两性结合。目前，我国采取狭义的事实婚姻概念。我国法律承认的事实婚姻具有以下四个特征：第一，欠缺结婚法定形式要件。即当事人双方未办理结婚登记手续。第二，男女双方均无配偶。即当事人双方均处于未婚、丧偶或离婚状态。第三，具有公开性。即当事人双方以夫妻名义公开共同生活，被群众公认为是夫妻关系。第四，符合法定条件。即符合法定的结婚条件和时间条件。从法院查明的事实来看，沈某与孙某在1993年10月开始以夫妻名义同居生活，并按农村习俗举办了结婚仪式，他们同居时双方均符合结婚的法定条件，只是未办理结婚登记，欠缺结婚的法定形式要件。对此，根据《民法典婚姻家庭编司法解释（一）》第七条、第八条规定："未依据民法典第一千零四十九条规定办理结婚登记而以夫妻名义共同生活的男女，提起诉讼要求离婚的，应当区别对待：（一）1994年2月1日民政部《婚姻登记管理条例》公布实施以前，男女双方已经符合结婚实质要件的，按事实婚姻处理……""未依据民法典第一千零四十九条规定办理结婚登记而以夫妻名义共同生活的男女，一方死亡，另一方以配偶身份主张享有继承权的，按照本解释第七条的原则处理。"沈某和孙某同居时，符合事实婚姻的法定构成要件，其已经形成事实婚姻关系，该事实婚姻关系应比照合法婚姻关系处理。因此，沈某可以被继承人孙某配偶的身份，作为第一顺序法定继承人，享有对被继承人孙某遗产的法定继承权。

第二，黄燕、黄峰两人对继父孙某有无继承权？黄燕、黄峰姐弟两人系沈某与前夫所生子女。1993年10月，沈某和孙某开始同居时，未成年的黄燕、黄峰姐弟两人即与其母和继父孙某一起共同生活。因受孙某的抚养和教育，孙某与他们已形成有抚养教育关系的继父与继子女关系。我国《民法典》第一千零七十二条第二款规定："继父或继母和受其抚养教育的继子女间的权利义务关系，适用本法关于父母子女关系的规定。"黄燕和黄峰姐弟两人是被继承人孙某形成抚养教育关系的继子女，应为第一顺序法定继承人，享有法定继承权。

综上所述，法院判决被继承人孙某的15万元遗产由其生存配偶沈某、父亲孙明、亲生子孙辉及有抚养关系的继子女黄峰、黄燕等5人共同继承，这是合法的。

示范案例二

郑萍、陈杰的遗产应由谁继承？

原告王卫红、郑立忠与被告陈军、陈英、陈玉、陈忠继承纠纷一案，向某区人民法院提起诉讼。

原告王卫红、郑立忠诉称，女儿郑萍 1995 年经朋友介绍与被告之弟陈杰相识，不久便相爱了，感情很好。从 2006 年 1 月起，郑萍与陈杰同居生活。在同居期间，郑萍、陈杰两人共同经营小百货店，先后用共同收入购置了彩电、冰箱、录音机、录像机、洗衣机等价值 10 万元的日常生活用品。2021 年 4 月 11 日，郑萍、陈杰两人不幸在家被害死亡，原告请求法院判令依法继承女儿郑萍的遗产。

被告陈军、陈英、陈玉、陈忠辩称，原告之女与其弟陈杰生前未进行结婚登记，不是合法的夫妻关系，其同居关系不受法律保护。现郑萍、陈杰两人不幸被害死亡，所遗财产是陈杰的个人财产，不属夫妻共同财产。原告无权继承陈杰的遗产。

某区人民法院经公开审理查明：原告王卫红、郑立忠系郑萍的父母。被告陈军、陈英、陈玉、陈忠系陈杰的兄姐。从 2006 年 1 月起，郑萍、陈杰即以夫妻名义公开同居生活，共同经营小百货店，先后用共同收入购置家庭生活用品，小百货店有流动资金 4 万元。上述事实，有证人证言、陈杰生前信件等证据证明。2021 年 4 月 11 日夜，郑萍、陈杰在家中被害死亡。郑萍、陈杰死亡后，家里的彩电 2 台，冰箱、洗衣机、收录机、电视投影机、电风扇各 1 台，金项链 1 条及家具和其他生活日用品等价值 10 万元。以上遗产，经公安局核查后，由被告保管。

还查明，2006 年 1 月郑萍与陈杰同居生活时已年满 21 周岁，无配偶。陈杰与郑萍同居生活时已年满 23 周岁，无配偶。郑萍与陈杰共同生活期间，未生育子女。陈杰的父亲、母亲于 2004 年春节在一次车祸中同时去世。

又查明，据公安机关对郑萍、陈杰被杀害时间出具的法医鉴定结论证实，陈杰先于郑萍 20 分钟左右死亡。还查明，郑萍、陈杰被害后，原告和被告共同出资并主持了丧事，被告人送的花圈上称被害人郑萍为“弟媳”。陈杰生前借被告人陈玉人民币 1000 元未还。

请问：郑萍、陈杰的遗产应由谁继承？法院依法应当如何处理该案？

分析意见：

本案首先需要依法认定郑萍、陈杰之间为事实婚姻关系或同居关系。

依照《民法典婚姻家庭编司法解释（一）》第七条的规定：“未依据民法典第一千零四十九条规定办理结婚登记而以夫妻名义共同生活的男女，提起诉讼要求离婚的，应当区别对待：（一）1994 年 2 月 1 日民政部《婚姻登记管理条例》公布实施以前，男女双方已经符合结婚实质要件的，按事实婚姻处理。（二）1994 年 2 月 1 日民政部《婚姻登记管理条例》公布实施以后，男女双方符合结婚实质要件的，人民法院应当告知其补办结婚登记。未补办结婚登记的，依据本解释第三条规定处理。”另外，1989 年《最高人民法院关于人民法院审理未办结婚登记而以夫妻名义同居生活案件的若干意见》第十条规定：“……同居生活期间双方共同所得的收入和购置的财产，按一般共有财产处理……”

根据上述规定，在本案中，郑萍、陈杰生前从 2006 年 1 月起未办理结婚登记就以夫妻名义同居生活，虽然同居时双方均符合结婚的实质要件，但不符合事实婚姻的法定时间要件，因此属于同居关系。同居期间双方共同所得及购置的财产为一般共同财产。也就是说，郑萍、陈杰同居期间双方共同购置的财产应当双方平分。平分后的财产，属于各自的遗产。我国《民法典》第一千一百二十一条第一款规定："继承从被继承人死亡时开始。"第一千一百二十七条第二款规定："继承开始后，由第一顺序继承人继承，第二顺序继承人不继承；没有第一顺序继承人继承的，由第二顺序继承人继承。"第一千一百六十一条规定："继承人以所得遗产实际价值为限清偿被继承人依法应当缴纳的税款和债务。超过遗产实际价值部分，继承人自愿偿还的不在此限。继承人放弃继承的，对被继承人依法应当缴纳的税款和债务可以不负清偿责任。"虽然陈杰死亡在郑萍之前约 20 分钟，但因陈杰与郑萍仅为同居关系，互无配偶继承权。陈杰死亡后，因其没有第一顺序法定继承人，故其遗产应由第二顺序法定继承人兄姐陈军、陈英、陈玉、陈忠 4 人共同继承。郑萍死亡后，其遗产应由第一顺序法定继承人父母王卫红、郑立忠共同继承。陈杰所遗债务，应由继承陈杰遗产的 4 名继承人用遗产负责清偿。

据此，法院依法应判决如下：

一、郑萍的遗产由原告王卫红、郑立忠继承。

二、陈杰的遗产由被告陈军、陈英、陈玉、陈忠 4 人共同继承。

三、陈杰欠陈玉的债务 1000 元，由被告陈军、陈英、陈玉、陈忠 4 人用陈杰的遗产负责清偿。

示范案例三

张芳的继承人到底是谁？

张芳与李强结婚后，生有两子李甲和李乙。后来李强因病去世，张芳一人含辛茹苦把两个儿子李甲、李乙抚养成年。2008 年元旦，李甲与王丽结婚，婚后生有双胞胎男孩李国民和李国庆。2010 年春节，李乙与林倪结婚，后来生子李国荣。李甲、李乙婚后均与母亲张芳分开另过。此时，张芳身体尚健康，个人生活寂寞，故收养一子共同生活。因养子天赐才满 8 岁，与张芳以母子相称年龄相差过大，遂称天赐为其养孙子。2011 年 4 月，李甲因车祸身亡。由于遭遇老年丧子之痛，张芳的身体每况愈下，需要人照顾，于是王丽主动前去张芳家与之共同生活，精心照顾婆婆的饮食起居、请医服药。2021 年 1 月 3 日，张芳因心脏病突发而死亡。在整理其遗物时发现留有 3 万元存折一张。

请问：本案中有哪些人有权继承张芳的遗产？

分析意见：

第一，天赐有权以养子女的身份继承张芳的遗产。依据我国《民法典》第一千一百一十一条的规定，养父母子女的权利义务，适用本法对父母子女关系的有关规定。在收养关系中，有一种"隔代收养"的养祖孙关系。这是指收养人为本人直接收养孙子女，其收养的成立完全符合法定的实质要件和形式要件，仅由于收养人与被收养人之间年龄相差悬殊，或辈份不同，故相互不以养父母子女相称，而以养祖孙相称。我国 1984 年《最高人民法院关于贯彻执行民事政策法律若干问题的意见》第二十九条规定："收养人收养他人为孙子女，确已形成养祖父母与养孙子女的关系的，应予承认。解决收养纠纷或有关权益纠纷时，可依照婚姻法关于养父母与养子女的有关规定，合情合理地处理。”即视这种养祖孙关系具有与养父母子女关系相同的权利义务。故本案中，天赐可以作为张芳的第一顺序继承人参加遗产继承。

第二，李国民、李国庆享有代位继承权。代位继承是指被继承人的子女或兄弟姐妹先于被继承人死亡的，由被继承人子女的晚辈直系血亲或被继承人的兄弟姐妹的子女代位继承的制度。我国《民法典》第一千一百二十八条规定：“被继承人的子女先于被继承人死亡的，由被继承人的子女的直系晚辈血亲代位继承。被继承人的兄弟姐妹先于被继承人死亡的，由被继承人的兄弟姐妹的子女代位继承。代位继承人一般只能继承被代位继承人有权继承的遗产份额。”由此可见，代位继承必须具备以下条件：一是代位继承发生的原因，是在法定继承时被继承人的子女或兄弟姐妹先于被继承人死亡；二是代位继承人只能是被继承人的晚辈直系血亲或被继承人的兄弟姐妹的子女；三是代位继承人只能是被代位人的晚辈直系血亲；四是被代位人必须具有继承权。在本案中，李甲先于其母张芳死亡，且李甲未丧失对母亲的继承权；代位继承人李国民、李国庆为被代位人李甲的儿子和被继承人张芳的孙子，属于他们的晚辈直系血亲。因此，李甲的继承份额可由其子李国民、李国庆共同代位继承。也就是说，李国民、李国庆可以作为第一顺序法定继承人李甲的代位继承人，共同继承其父应继承的遗产份额。

第三，王丽有权继承张芳的遗产。儿媳与公婆、女婿与岳父母属于姻亲关系，他们之间本无法律上的权利义务。因此，在一般情况下，不论其是否丧偶对公婆或岳父母均无继承权。但在现实生活中，有些儿媳或女婿在丧偶以后仍然继续对公婆或岳父母尽主要赡养义务。对此，我国《民法典》第一千一百二十九条规定：“丧偶儿媳对公婆，丧偶女婿对岳父母，尽了主要赡养义务的，作为第一顺序继承人。”认定“尽了主要赡养义务”一般可以从以下两个方面综合考虑：一是在物质上尽了主要供养义务；二是尽供养义务具有长期性和经常性。此外，我国《民法典继承编司法解释（一）》第十八条规定：“丧偶儿媳对公婆，丧偶女婿对岳父母，无论其是否再婚，依照民法典第一千一百二十九条规定作为第一顺序继承人时，不影响其子女代位继承。”在本案中，王丽在丈夫去世后，仍对公婆尽了主要赡养义务，且具有长期性（已达9年），因此她可作为法定的第一顺序继承人参加继承。

第四，李乙有权继承张芳的遗产。因为李乙是张芳的儿子，属于第一顺序法定继承人，其依法有权继承其母亲张芳的遗产。至于李乙之妻林倪和其子李国荣，因前者不是尽了主要赡养义务的丧偶儿媳，后者不属于被继承人的子女先于被继承人死亡的代位继承人，二者均不符合继承张芳遗产的法定条件，故无权继承张芳的遗产。

示范案例四

生存配偶能否优先继承遗产中的婚姻住房？

1995年春，某村姑娘王女与张男结婚后育有一儿一女。2021年夏，王女因病去世。张男认为，生存配偶应当优先继承遗产中的婚姻住房，待他去世之后，再由子女继承其父母的遗产。但张男的子女却认为，他俩应当与父亲同时继承母亲的全部遗产。

请问：哪一种意见正确？

分析意见：

本案涉及法定继承人的顺序问题。法定继承人的顺序，是指法律规定的各法定继承人继承遗产的先后次序。继承开始后并非所有的法定继承人都同时参加继承，而是根据法律规定的先后顺序，依次参加继承。继承顺序在前的法定继承人，有优先参加遗产继承的权利。继承顺序在后的法定继承人，只有在无前一顺序或前一顺序继承人全部丧失继承权或全部放弃继承权的情况下，才能参加继承。

我国《民法典》第一千一百二十七条第一款规定："遗产按照下列顺序继承：（一）第一顺序：配偶、子女、父母；（二）第二顺序：兄弟姐妹、祖父母、外祖父母。"此继承顺序的确定依据是继承人同被继承人的婚姻关系、血缘关系的远近以及彼此在经济上、生活上相互依赖的程度。在继承开始后，只有在第一顺序继承人和第二顺序继承人之间才有继承顺序先后之分。但是，不能在同一顺序的继承人中又分出先后继承顺序。否则，就违背了法律的规定。即同一顺序的继承人在继承遗产时，享有同等的继承权，应当同时开始参加继承。必须指出，这样做并不会使生存配偶的合法权益受到损害，因为我国的法定夫妻财产制是夫妻婚后所得共同制。就本案而言，作为死者的配偶张男，他除了依法可以得到夫妻共有财产的一半以外，还可以与子女一起继承死者的遗产。由于在家庭关系中，配偶、子女、父母的关系最为密切，他们在法律上都有相互扶养的义务，且都是第一顺序扶养义务人，故我国《民法典》规定，配偶、子女、父母为同一顺序法定继承人。也就是说，张男主张死者的遗产应首先由生存配偶继承的说法是没有法律依据的。本案中第一顺序法定继承人生存配偶张男与两个子女应依法同时参加继承死者的遗产。但是，我国《民法典》对于生存配偶的遗产先取权没有规定，不利于保障生存配偶维持其婚姻期间的生活水平。而对此问题，国外一些国家的立法有规定，如《德国民法典》第一百九十三条规定生存配偶对特定遗产有先取权。而法国对生存配偶则设有遗产用益权制度，以保障生存配偶对婚姻住房的居住权和对家庭日常生活用品的使用权。①

示范案例五

为胎儿保留的遗产是否应当重新分配？

丧偶妇女李某之子张某，直到30岁才结婚。婚后不久，张某因意外事故死亡。此时儿媳杜某已有身孕。在分割张某的遗产时，杜某提出要为尚未出世的胎儿留出一定的遗产份额，李某对此表示赞同。杜某在为胎儿争取留下一份遗产后，却又私下悄悄地做了人工流产，以便再婚。李某对此非常气愤。她提出要求重新分割为胎儿保留的遗产。杜某则拒不同意重新分割这部分遗产。

请问：为胎儿保留的这份遗产是否应当重新分配？

分析意见：

本案属于为保留胎儿的继承份额如何处理的问题。我国《民法典》第一千一百五十五条规定："遗产分割时，应当保留胎儿的继承份额。胎儿娩出时是死体的，保留的份额

① 参见陈苇、杜江涌：《我国法定继承制度的立法构想》，载《现代法学》2002年第3期，第100页。

按照法定继承办理。”按此规定，分割遗产时，如果被继承人的妻子怀有身孕，就应当为胎儿保留继承份额，但这并不等于说胎儿具有继承的权利能力和行为能力。因为胎儿尚未出生，不属于自然人，不能成为民事主体。法律之所以规定为胎儿保留继承份额，目的在于保护胎儿出生后的财产权益。

关于为胎儿保留的继承份额的最终处理，一般分三种情况：一是胎儿出生后存活的，已保留的继承份额归其本人所有；二是如果胎儿出生时是活体后又死亡的，为胎儿保留的继承份额应由胎儿的法定继承人继承；三是如果胎儿在脱离母体时即已处于死亡状态的，原为胎儿保留的继承份额应当按照法定继承办理，即应当由被继承人的继承人再行分割。

本案属于上述第三种情况，《民法典继承编司法解释（一）》第三十一条规定：“应当为胎儿保留的遗产份额没有保留的，应从继承人所继承的遗产中扣回。为胎儿保留的遗产份额，如胎儿出生后死亡的，由其继承人继承；如胎儿娩出时是死体的，由被继承人的继承人继承。”由于该胎儿因被人工流产而未能成活，没有取得继承权主体资格，不能继承为其所保留的遗产份额。这样，为胎儿保留的继承份额就应由原被继承人的法定继承人来继承。也就是说，杜某无权单独继承该份遗产。该遗产应当由杜某和李某再行分割继承。

示范案例六

转继承遗产纠纷如何处理?

被继承人王甲生前系某大学教授，写过多部专著，其中有两本书在他去世前已交付给出版社，签订了出版合同，但还未被出版及支付稿酬。2019 年 12 月他去世后，其子王男和女儿王女对现有遗产进行了分割。2021 年 2 月王男病逝，留下妻子刘某和两个儿女王丙、王丁。此后，2021 年 4 月，王甲的遗著被公开出版，出版社寄来了稿费 6 万元。王女收到稿费后全部归为已有。对此王男之妻刘某及其两个儿女王丙、王丁有异议。他们主张，他们三人应当与王女共同继承，四个共同继承人应按人头平分遗产，但又不知法律是否允许。于是来到某律师事务所咨询。

请问：如果你是一位律师，你依法应该如何解答?

分析意见：

这是一起转继承案件。所谓转继承，是指继承人在被继承人死亡之后，遗产分割前死亡，其应继承的份额由他的继承人继承。《民法典》第一千一百五十二条规定：“继承开始后，继承人于遗产分割前死亡，并没有放弃继承的，该继承人应当继承的遗产转给其继承人，但是遗嘱另有安排的除外。”转继承是原继承人继承遗产权利的转移，所以它又被称为再继承或第二次继承。必须注意，转继承不同于代位继承，两者主要有如下区别：

第一，两者发生的根据不同。代位继承的发生是基于继承人先于被继承人死亡的事实；转继承的发生是基于继承人后于被继承人死亡且未表示放弃继承权的事实。

第二，两者死亡的继承人范围不同。代位继承死亡的继承人，仅限于被继承人的晚辈直系血亲或兄弟姐妹；转继承死亡的继承人，包括被继承人的晚辈直系血亲和被继承人的配偶、父母等继承人。

第三，两者继承遗产的权利主体不同。代位继承人只限于被代位人的晚辈直系亲属；

转继承中继承遗产的权利主体即转继承人，包括原继承人的晚辈直系亲属和原继承人的配偶、父母等继承人。

第四，两者适用的范围不同。代位继承只适用于法定继承；转继承不仅适用于法定继承，还适用于遗嘱继承。

在本案中，首先，王女认为应由她一人继承全部稿费是没有法律根据的，6 万元稿费应当由王甲的子女即王男和王女共同继承，由于此稿费收到时王男已去世，其应继承的份额为其遗产。此稿费虽然是在王男去世后才收到的其父王甲的遗产，但实际上王男是后于其父王甲死亡的。由于继承自被继承人死亡时开始，故在王甲死亡之前，王男与王女就已实际继承了其父王甲的全部遗产所有权，其中的稿费，只因尚未实际取得故未能分割而已。在王男死后，他应得而实际尚未取得的遗产中的稿费，应当作为他的遗产，依法转归他的法定继承人其妻子刘某和儿女共同继承，即为转继承。因此，王女认为应由她一人继承全部稿费是没有法律根据的。其次，王男之妻主张由其和子女三人与王女共同继承，四人按人头平分王甲的遗产，这也是不符合法律规定的。因为王男之妻刘某作为儿媳不属于王甲的法定继承人，且由于王男后于被继承人死亡，故王男之子女王丙、王丁不能发生代位继承，所以王男之妻主张由其和子女三人与王女共同继承王甲的遗产，这也是不符合法律规定的。最后，关于遗产稿费的分割方法，应当先由同一顺序法定继承人王男与王女共同继承后原则上平均分割，然后王男继承的稿费份额再由其法定继承人妻子刘某及两个儿女王丙、王丁共同继承后分割。综上，王甲的遗产稿费 6 万元，在各继承人生活上没有特殊困难的情况下，原则上应当依法做如下分配：首先由其子王男和女儿王女共同继承各 3 万元，其次再把王男的继承份额 3 万元实行转继承，由其妻刘某及其两个儿女王丙、王丁三人平分各 1 万元。

示范案例七

养子女对生父母抚养较多的，是否有权酌情分得生父母的遗产？

张群出生于 1974 年 2 月，由于家里子女多，父母无力抚养，便将他送与他人收养。张群与养父母的关系一直很好，由于离生父母家很近，张群与生父母一直有来往。张群大学毕业参加工作后经济收入较高，不仅赡养其养父母，也赡养其生父母，而且他对生父母所尽的赡养义务比其他亲兄弟姐妹还多。2021 年 4 月，他的生父母在去县城的途中遇车祸死亡，在料理完丧事后，张群提出生父母的遗产也应酌情分给他一份。但其他兄弟姐妹以张群被别人收养而与生父母已无亲属关系为由，不同意将生父母的遗产酌情分给张群。

请问：张群能否酌情分得生父母的遗产？

分析意见：

本案涉及养子女能否请求酌情分得生父母的遗产问题。我国《民法典》第一千一百一十一条第二款规定："养子女与生父母以及其他近亲属的权利义务关系，因收养关系的成立而消除。"故收养关系成立后，养子女在享有对养父母的遗产继承权的同时，对其生父母及其他近亲属的遗产继承权随之消灭。故本案当事人张群被他人收养后，自收养关系成立之日起，他与生父母及亲兄弟姐妹之间在法律上的权利义务关系就已经消除。他与他们之间虽仍有血缘关系，但没有抚养、赡养及继承等法定权利义务关系。故张群在成年后对生父母的扶养，已不属于法定的子女对父母应尽的赡养义务。依我国《民法典》的规定，被他人收养的子女不是生父母的法定继承人，所以张群不能以法定继承人的身份继承生父母的遗产。但我国《民法典》第一千一百三十一条规定："……继承人以外的对被继承人扶养较多的人，可以分给适当的遗产。"我国《民法典继承编司法解释（一）》第十条规定："被收养人对养父母尽了赡养义务，同时又对生父母扶养较多的，除可以依照民法典第一千一百二十七条的规定继承养父母的遗产外，还可以依照民法典第一千一百三十一条的规定分得生父母适当的遗产。"该解释第二十一条规定："依照民法典第一千一百三十一条规定可以分给适当遗产的人，在其依法取得被继承人遗产的权利受到侵犯时，本人有权以独立的诉讼主体资格向人民法院提起诉讼。"

因此，尽管张群不是其生父母的法定继承人，但是由于他对生父母尽了较多的扶养义务，依法可以请求酌情分得适当的遗产。如果其亲兄弟姐妹拒不分给他适当的遗产，他依法可以向法院提起诉讼，请求酌情分得生父母适当的遗产。

讨论案例

1. 继女和养子是否属于法定继承人？

2016年6月，张升与王丽登记结婚。王丽系再婚，结婚时带来一个10岁的女儿与张升共同生活。2017年2月，张升夫妇又收养一子，但未在民政部门进行收养登记。2021年3月，张升病故。2021年4月，张升生前名下的房产经拍卖还债后，尚余有十万余元。王丽认为张升的继女和养子也应继承张升的遗产，但张升之父则表示反对，遂诉至法院。

请问：该养子和继女是否属于张升的法定继承人？

2. 继孙子有无继承继祖父遗产的权利？

吕广早年丧妻没有生育子女，收养一子取名吕兵。2003年，吕兵与王英结婚后分家另过，王英带来与前夫所生之子5岁的王强三人共同生活。2012年2月，吕兵病逝。2021年1月吕广因食物中毒去世。王强要求代位继父吕兵继承继祖父吕广的遗产。吕广的胞弟吕丁也提出要继承其兄吕广的遗产，理由是王强为吕兵之继子即吕广的继孙子，没有继承权。他是吕广的同胞亲兄弟，应是吕广的遗产的唯一继承人。为此，两人发生争执，吕丁来到某律师事务所咨询。

请问：律师依法该如何解答此问题？

3. 继子女能否既继承生父的遗产，又继承继父的遗产？

林某的生父早年去世，母亲于2000年改嫁周甲，林某当时14岁，姐姐已婚，林某仍与姐姐住在生父的房子里，生活费由继父周甲和母亲供给。林某16岁到继父周甲家生活，后来又到原籍继承了生父的房屋，但在经济上仍与周甲来往。周甲建房时林某姐弟俩出资，周甲、林某母亲的生活均由他们照料。周甲临终时把房产证给林某并嘱咐其料理后事。2021年1月周甲去世后，他的从未尽过义务的儿子周某要求继承全部房屋，其理由是：林某已继承了生父的遗产，不能再继承继父的遗产。林某则认为其有权继承周甲的遗产，于是起诉到法院。

请问：本案依法应如何处理？

4. 邻居对死者生前尽了主要扶养义务，是否有权请求酌情分得遗产？

某镇居民柳荫系无儿无女的丧偶老年妇女，也无兄弟姐妹等其他近亲属，靠做小生意维持生活。2010 年 8 月，柳荫突患脑出血，半身不遂，生活不能自理。邻居张玲平时与柳荫往来密切，经常互相帮助。柳荫患病后，张玲早、中、晚前去照料，请医拿药、端茶送水、煮饭洗衣等尽心服侍。2021 年 2 月老人去世后，留有两间房屋和一些日用家具等遗产。柳荫在农村的表哥柳青前来主张继承。居委会认为柳荫的遗产应分给张玲一部分。但柳青认为，他才是柳荫的继承人，应该取得全部遗产。而张玲与柳荫仅为邻居关系，无权取得任何遗产。

请问：邻居张玲对无亲属关系的老人柳荫尽了主要扶养义务，可否请求酌情分得遗产？

相关裁判实例摘录①

张某与李某 1、吴某继承纠纷案

原告张某向法院提出诉讼请求：1. 要求分得李某红的遗产房屋的一部分（份额 4 万元）；2. 本案诉讼费用由被告承担。事实和理由：原告与李某红于××××年结婚，2017 年 3 月 2 日离婚，双方系二婚，离婚后共同居住三年半时间。李某红无儿无女，由于身体不好，常年卧床不起，经常住院治疗，花去了原告大量的费用。原告每天都是悉心照顾，并且带李某红四处就医诊治。2019 年 6 月，李某红在北部战区总医院住院治疗，于 2019 年 7 月 7 日去世，7 月 8 日火化。同居三年来，一直是原告照顾伺候李某红，根据我国《继承法》第十四条特别规定："对继承人以外的依靠被继承人抚养的缺乏劳动能力又没有生活来源的人，或者继承人以外的对被继承人扶养较多的人，可以分给他们适当的遗产。"张某和李某红离婚是为了办理低保，夫妻感情一直很好，与继子女之间关系特别亲，李某红离婚没离家，直至李某红生病一直是张某和两个孩子照顾；并且，张某借钱给李某红治病，李某红去世后是张某和儿子、女儿对其安葬，也按照民间风俗进行管理。李某红生前有一处房子卖给其侄子李某 2，李某 2 先付款 2 万元，还欠 11 万元，在诉讼过程中李某 2 把房子拆除翻建了。所以，原告张某及两个孩子要求分得李某红遗产。

被告李某 1、吴某辩称，李某红名下没有原告所述的房屋，二被告也未继承李某红任何财产，原告所称李某红长年卧床不起也不属实。李某红生前在乔家汇美史密斯专卖店工作，后又在鼎信商厦工作，2017 年 3 月 2 日离婚之后办理的低保，直到 2018 年由于身体原因才没出去工作。而原告装修房屋时购买装修器材都是李某红联系采买，没有诉状中所说的卧床不起的现象。李某红住院期间原告也没有照顾，而是由李某红的表妹孙某娜一直在医院照顾，并没有原告所述的尽到扶养义务。原告所述为李某红花费医疗费用不属实，因为李某红本身有工作有工资。李某红生前没有财产也不涉及继承问题，李某红离婚时发朋友圈说无家可归，也证明了其没有房产；二被告没有继承李某红的任何财产，原告也没有证据证明二被告继承了李某红的财产；张某诉争的房屋系李某梅所有，李某梅和李某红并非同一人。张某及其子女并不符合《继承法》第十四条规定的条件，不具有诉讼主体资格。如果像原告所述，该房屋由第三人李某 2 占有使用，也应该另案处理，与二被告无关。综上，应当驳回原告的诉讼请求。

---

① 摘自北大法宝网，（2020）辽 1103 民初 1985 号。

第三人李某 2 未进行陈述。

根据当事人陈述和经审查确认的证据，法院认定事实如下：

被告李某 1、吴某系夫妻关系。二人共生育四个子女，分别为长子李某东、长女李某兰、二女李某梅、三女李某红。原告张某与李某红原系夫妻关系，二人均系二婚；李某红本人无子女。2017 年 3 月 2 日，双方离婚，但之后仍同居生活。其间，李某红患病在盘锦市中心医院和解放军北部战区总医院住院治疗。2017 年 7 月 6 日，李某红因肺动脉高压病故。2020 年 6 月 28 日，原告张某向法院提起诉讼，要求分得李某红生前在盘锦市兴隆台区一处房屋的部分份额。

另查明，案涉房屋系 1999 年 2 月 1 日李某梅在案外人张某林处购得，现该房屋在本案诉讼过程中被第三人李某 2 拆除重建。

审理中，考虑到本案系家事纠纷，法院多次组织当事人进行和解，但因双方存有分歧未果。

法院认为，本案系继承纠纷。《中华人民共和国民法典》第一千一百三十一条规定："对继承人以外的依靠被继承人抚养的人，或者继承人以外的对被继承人抚养较多的人，可以分给适当的遗产。"《最高人民法院关于适用〈中华人民共和国民法典〉继承编的解释（一）》第二十一条规定："……可以分给适当遗产的人，在其依法取得被继承人遗产的权利受到侵犯时，本人有权以独立的诉讼主体资格向人民法院提起诉讼。"

本案中，原告张某以其与李某红离婚后继续同居并在其生前对李某红尽到扶养义务为由，主张分得其部分遗产；如其理由成立，依据上述法律规定张某确应享有前述权利。但是，法院认为，原告目前不能以李某 1、吴某为被告主张分得李某红的遗产。理由如下：其一，遗产是继承法律关系的客体，没有遗产也就没有继承可言，二被告抗辩案涉房屋系其早年为二女儿李某梅购买；其二，从原告所举证据来看，案涉房屋已经被第三人李某 2 拆除重建，原告诉称其系李某红的生前财产并卖给李某 2，如此节属实则李某红因出卖该房屋享有的债权应视为其遗产；其三，若原告张某享有分得李某红遗产的权利，其也应当向第三人李某 2 主张权利；其四，李某 1、吴某作为李某红的法定继承人，并没有主张继承案涉房屋，也没有向李某 2 主张过债权，二人作为被告并不适格。基于前述理由，对原告向李某 1、吴某主张要求分得李某红遗产的诉讼请求，无事实及法律依据，法院不予支持；张某应另行向第三人李某 2 主张权利。关于本案的争议焦点：案涉房屋是否为李某红的遗产以及张某是否有分得部分遗产的权利，本案不做进一步审理；关于原、被告所举的其他证据，本次审理中亦不予确认。另外，原告张某向法院申请追加其子女张某港、张某囡为本案原告，如前所述，该二子女亦应另行向李某 2 主张权利，故对该项主张亦不予支持。

综上，依照《中华人民共和国民法典》第一千一百三十一条，《最高人民法院关于适用〈中华人民共和国民法典〉时间效力的若干规定》第一条第三款，以及《最高人民法院关于适用〈中华人民共和国民法典〉继承编的解释（一）》第二十一条之规定，判决如下：

驳回原告张某的诉讼请求。

案件受理费 800 元，由原告负担。

三、遗嘱继承、遗赠和遗赠扶养协议案例

基本理论概述

遗嘱继承，又称“指定继承”，指按照立遗嘱人生前所留下的符合法律规定的合法遗嘱的内容要求，将遗产的全部或部分指定由法定继承人中的一人或数人继承。

遗赠是指被继承人通过遗嘱的方式，将其遗产的一部分或全部赠与法定继承人以外的个人或者社会组织。遗赠是单方的、无偿的法律行为，只需遗赠人一方作出意思表示即可成立，并不需要征得受赠人的同意。但遗赠不同于生前赠与，必须在形式上和内容上具备设立遗嘱的法定要件方为有效。

遗赠扶养协议是遗赠人和扶养人之间关于扶养人承担遗赠人的生养死葬的义务，遗赠人的财产在其死后转归扶养人所有的协议。遗赠扶养协议是一种平等、有偿和互为权利义务关系的民事法律关系。

主要相关法律、法规及司法解释链接

《民法典》

第一千一百二十三条　继承开始后，按照法定继承办理；有遗嘱的，按照遗嘱继承或者遗赠办理；有遗赠扶养协议的，按照协议办理。

第一千一百三十三条　自然人可以依照本法规定立遗嘱处分个人财产，并可以指定遗嘱执行人。

自然人可以立遗嘱将个人财产指定由法定继承人中的一人或者数人继承。

自然人可以立遗嘱将个人财产赠与国家、集体或者法定继承人以外的组织、个人。

自然人可以依法设立遗嘱信托。

第一千一百三十四条　自书遗嘱由遗嘱人亲笔书写，签名，注明年、月、日。

第一千一百三十五条　代书遗嘱应当有两个以上见证人在场见证，由其中一人代书，并由遗嘱人、代书人和其他见证人签名，注明年、月、日。

第一千一百三十六条　打印遗嘱应当有两个以上见证人在场见证。遗嘱人和见证人应当在遗嘱每一页签名，注明年、月、日。

第一千一百三十七条　以录音录像形式立的遗嘱，应当有两个以上见证人在场见证。遗嘱人和见证人应当在录音录像中记录其姓名或者肖像，以及年、月、日。

第一千一百三十八条　遗嘱人在危急情况下，可以立口头遗嘱。口头遗嘱应当有两个以上见证人在场见证。危急情况消除后，遗嘱人能够以书面或者录音录像形式立遗嘱的，所立的口头遗嘱无效。

第一千一百三十九条　公证遗嘱由遗嘱人经公证机构办理。

第一千一百四十条　下列人员不能作为遗嘱见证人：

（一）无民事行为能力人、限制民事行为能力人以及其他不具有见证能力的人；

（二）继承人、受遗赠人；

（三）与继承人、受遗赠人有利害关系的人。

第一千一百四十一条　遗嘱应当为缺乏劳动能力又没有生活来源的继承人保留必要的遗产份额。

第一千一百四十二条　遗嘱人可以撤回、变更自己所立的遗嘱。

立遗嘱后，遗嘱人实施与遗嘱内容相反的民事法律行为的，视为对遗嘱相关内容的撤回。

立有数份遗嘱，内容相抵触的，以最后的遗嘱为准。

第一千一百四十三条　无民事行为能力人或者限制民事行为能力人所立的遗嘱无效。

遗嘱必须表示遗嘱人的真实意思，受欺诈、胁迫所立的遗嘱无效。

伪造的遗嘱无效。

遗嘱被篡改的，篡改的内容无效。

示范案例一

这起遗产继承纠纷应如何处理？

索某是某大学教授，早年丧妻，有一子一女，均已结婚，并都与索某住在一起。但儿子、儿媳总吵着要分家另过，索某无奈，只好给了儿子5万元安家费，让他们分家另过。此后，索某的生活一直由女儿照顾。在女儿、女婿出国进修期间，索某心脏病突然发作住院，但其儿子、儿媳却装作不知道，全由邻居肖某一家照顾。索某在病危期间，请来了两名医生作证，亲笔立下遗嘱：其死亡后，将其22万元存款，赠给学校作奖学金15万元，赠给邻居肖某2万元，留给女儿5万元，取消了儿子的继承份额，并委托学校代为执行。索某去世后，学校按其遗嘱处理遗产时，索某的儿子却坚决表示反对，说他是法定继承人，遗产应由他和妹妹平分，而不能分给学校和肖某，遂向人民法院提起诉讼。

请问：这起遗产继承纠纷应如何处理？

分析意见：

被继承人去世后，其遗产继承分为法定继承与遗嘱继承两种方式。所谓法定继承，是指在无遗嘱或遗嘱无效的情况下，直接依据法律规定的继承人范围、继承顺序及遗产分配原则转移遗产所有权的一种继承方式。所谓遗嘱继承，就是被继承人生前按照法律规定的方式立下遗嘱，在其死后将遗产转归遗嘱指定的继承人所有的一种继承方式。遗嘱继承与法定继承主要有以下区别：

第一，两者产生的法律事实不同。法定继承的产生是基于被继承人死亡这一法律事实的出现；遗嘱继承的产生必须有两个法律事实同时存在，一是被继承人死亡，二是被继承人立有合法有效的遗嘱。

第二，两者遗产转移的根据不同。法定继承遗产转移的根据是法律的直接规定；遗嘱继承遗产转移的根据是遗嘱人的指定。

第三，两者的效力不同。依《民法典》第一千一百二十三条规定，继承开始后，按照法定继承办理；但是被继承人生前立有合法遗嘱的，则按遗嘱继承或者遗赠办理。

本案就属于后一种情况。索某的儿子和女儿都属于其法定继承人，如果索某没立遗嘱，按法律规定应由其女儿和儿子继承并分割遗产。但由于索某按照法律规定的方式设立了有效的遗嘱，故必须按遗嘱来处理其遗产，即15万元遗赠给学校作奖学金；2万元遗赠给肖某；5万元留给遗嘱指定的继承人索某的女儿；索某的儿子没有继承份额。索某的儿子起诉的要求无法律依据，应依法驳回其诉讼请求。

示范案例二

将遗产指定赠与“第三者”，该遗嘱的效力如何？

现年60岁的蒋某芳与四川省某市某区某厂职工黄某彬于1963年5月经恋爱登记结婚。夫妻两人收养一子黄某（现年31岁，已成家另过）。1990年7月，蒋某芳因继承父母遗产取得某市市中心顺城街67号房屋所有权。1995年，因城市建设，该房屋被拆迁，由拆迁单位将位于某市某区新马路6-2-8-2号的77.2平方米的住房一套作为还建房安置给了蒋某芳。1994年，黄某彬与比他小22岁的女人张某英相识并于第二年同居。蒋某芳发现后，劝告无效。1996年起，黄某彬与张某英在外租房公然以“夫妻”名义同居生活。2000年9月，黄某彬与蒋某芳共同将蒋某芳继承所得位于某市某区新马路6-2-8-2号的房产，以8万元的价格出售给陈某。2001年春节期间，黄某彬、蒋某芳夫妇将售房款中的3万元赠与其养子黄某在外购买商品房。后来，黄某彬因肝癌晚期住院治疗。黄某彬于2021年4月18日立下书面遗嘱，将其所得住房补贴金、公积金、抚恤金和出卖某市某区新马路6-2-8-2号住房所获价款的一半4万元及其所用的手机一部，将近总额6万元的财产赠送给“朋友”张某英，骨灰盒由张某英负责安葬。4月20日，某市某区公证处对该遗嘱出具了公证书。4月22日，黄某彬因病去世。在黄某彬的遗体火化前，张某英当着原配蒋某芳的面公开宣布了黄某彬留下的遗嘱。由于蒋某芳不按照该遗嘱执行，张某英以蒋某芳为被告诉讼到某市某区人民法院，请求法院判令蒋某芳按照该遗嘱执行。

某市某区人民法院经审理认为，遗赠人黄某彬曾立下书面遗嘱，将其财产赠与原告张某英，并经某市某区公证处公证，该遗嘱形式上是遗赠人黄某彬的真实意思表示，但在实质赠与财产的内容上存在以下违法之处：1. 抚恤金不是个人财产，它是按照国家有关规定，死者单位对死者直系亲属的抚慰金，不属遗赠财产的范围。2. 遗赠人黄某彬的住房补助金、公积金是黄某彬与蒋某芳夫妻关系存续期间所得，应为夫妻共同财产，遗嘱人生前只能按照法律规定的方式处分其个人财产。遗嘱人黄某彬在立遗嘱时未经共有人蒋某芳同意，单独对夫妻共同财产进行处理，其无权处分部分应属无效。3. 位于某市某区新马路6-2-8-2号住房一套，应为夫妻共同财产。蒋某芳将该房以8万元的价格卖给陈某，该8万元售房款中还应扣除房屋交易时蒋某芳承担的税费，实际售房款不足8万元。此外，在2001年春节期间，黄某彬、蒋某芳夫妇将售房款中的3万元赠与其养子黄某在外购买商品房。某市某区公证处在未查明事实的情况下，便对其遗嘱进行了公证显属不当，违背了《四川省公证条例》第二十二条中“公证机构对不真实、合法的行为、事实和文书，应作出拒绝公证的决定”的规定。

我国《民法典》第八条规定：“民事主体从事民事活动，不得违反法律，不得违背公序良俗。”本案中黄某彬与被告蒋某芳系结婚多年的夫妻，应相互扶助、互相忠实、互相尊重。但在本案中，黄某彬从1994年认识原告张某英后，长期与她公开同居。而有配偶的人与婚外异性同居，是我国现行《民法典》婚姻家庭编禁止的违法行为。遗赠人黄某彬基于与原告张某英的非法同居关系而立下遗嘱，将其遗产和属于被告所有的财产赠与原告张某英，是一种违反公共秩序、社会公德和违反法律的行为。从另一个角度讲，本案被告蒋某芳在遗赠人黄某彬患肝癌晚期住院直至去世期间，一直对其护理照顾，履行了夫妻扶助的义务，遗赠人黄某彬却无视法律规定，违反社会公德，将财产遗赠给与其非法同居的原告张某英，实际上损害了被告蒋某芳依法享有的合法的财产继承权，违反了公序良俗，破坏了社会风气。原告张某英明知黄某彬有配偶而与其长期同居生活，其行为是被法律禁止的，是社会公德和伦理道德所不允许的，侵犯了蒋某芳的合法权益，于法于理不符，因此不予支持。遗赠人黄某彬的遗赠行为违反了法律的原则和精神，损害了社会公德，破坏了社会公共秩序，应属无效行为，据此，该法院依照我国《民法典》的规定，驳回原告张某英的诉讼请求。

一审宣判后，原告张某英于2021年5月向四川省某某市中级人民法院提起上诉。

二审法院在查明本案的事实后，以与一审法院同样的理由，作出维持原判的终审判决。

请问：将遗产指定赠与给“第三者”，该遗嘱的效力如何？法院的判决是否有法律依据？

分析意见：

本案属于遗赠纠纷。遗赠，指自然人以遗嘱将个人所有财产的一部分或全部赠给国家、集体或法定继承人以外的其他人。遗赠行为成立的前提是遗嘱，而遗嘱是立遗嘱人生前在法律允许的范围内，按照法律的方式处分其个人所有的财产。本案法官的判决理由为：本案中遗赠人黄某彬立遗嘱时虽具完全民事行为能力，遗嘱也系其真实意思表示，但该遗嘱的内容却违反了法律和社会公德。其主要理由如下：

第一，遗赠人黄某彬对售房款的处理违背客观事实，有部分为无权处分。因为某市某区新马路6-2-8-2号的住房为夫妻共同财产，并且该房已经以8万元的价格出售，该8万元售房款除缴纳有关税费外，黄某彬与蒋某芳还共同将该售房款中的3万元赠与其子黄某，实际上已经不到8万元。对此黄某彬生前是明知的。然而，遗赠人黄某彬在立遗嘱时，仍以不存在的8万元的一半进行遗赠，显然其处分标的为部分夫妻共同财产，这是不合法的，违背了客观事实。

第二，有配偶者黄某彬将财产遗赠给与其非法同居的张某英，实质上剥夺了其妻蒋某芳的合法财产继承权，有悖社会公德。因此，遗赠人黄某彬所立书面遗嘱，因其内容和目的违反法律和社会公德，应属无效遗嘱，其遗赠行为无效。

第三，对不符合法定条件的遗嘱，应当拒绝公证。凡遗嘱内容不合法的公证书，依法不能产生法律效力。公证机关作为行使国家证明权的机关，应当按照法定程序对所要证明的法律行为、文书和事实的真实性、合法性进行认真审查。① 遗嘱行为属民事法律行为，因此遗嘱行为公证的条件必须与我国《民法通则》上规定的民事法律行为成立的要件相符合。2000年《遗嘱公证细则》第十七条规定，对不符合规定条件的，应当拒绝公证。

① 主编注：我国现行《公证法》第二条规定：“公证是公证机构根据自然人、法人或者其他组织的申请，依照法定程序对民事法律行为、有法律意义的事实和文书的真实性、合法性予以证明的活动。”

因此，遗赠人黄某彬所订立的将其死后遗产赠与上诉人张某英的遗嘱虽然经过公证机关办理了公证手续，但因该遗赠行为本身违反了法律，损害了社会公德，应属无效民事行为。某市某区公证处所作出的公证书依法不能产生法律效力，法院不予采信。

第四，在审理民事案件中适用各种法律、法规和规章时，应结合适用我国《民法典》相关规定。在本案涉及的法律、法规中，我国《民法典》婚姻家庭编为一般法律；《公证暂行条例》系国务院制定，为行政法规；《四川省公证条例》系四川省人大常委会制定，为地方性法规；《公证程序规则》《遗嘱公证细则》为部门规章。在我国，现行《立法法》第八十八条明确规定，法律的效力高于行政法规、地方性法规、规章。我国《民法典》的效力等级在法律体系中仅次于我国《宪法》，故在审理民事案件中适用各种法律、法规和规章时，应结合适用我国《民法典》相关规定。遗赠行为作为民事法律行为的一种，除应当符合我国《民法典》的规定外，还必须符合我国《民法典》总则编对民事法律行为的一般规定。我国《民法典》总则编第八条明确规定："民事主体从事民事活动，不得违反法律，不得违背公序良俗。"作为现代民法的一项基本原则，"公序良俗"原则充分体现了国家、民族、社会的基本利益要求，反映了当代社会中居于统治地位的一般道德标准，是社会道德规范的法律化。"公序良俗"原则所包括的"社会公德"或"社会公共利益"，又可称作"公共秩序"和"善良风俗"，并非一切违反伦理道德的行为都是违反社会公德或社会公共利益的行为。但违反已从道德要求上升为具体法律禁止性规定所体现的，维持现行社会秩序所必需的社会基本道德观念的行为，则属于违反社会公德或社会公共利益的行为，应属无效民事行为。

本案中，有配偶者黄某彬无视夫妻感情和婚姻道德规范，与张某英长期非法同居，其行为既违背了我国现行社会道德标准，又违反了我国现行《民法典》第一千零四十二条"禁止有配偶者与他人同居"的规定。黄某彬基于其与张某英的非法同居关系而订立遗嘱，以合法形式剥夺了被上诉人蒋某芳的合法财产继承权。因此，遗赠人黄某彬的遗赠行为，违反了公序良俗，应属无效民事行为，从行为开始就没有法律效力。故法院判决，违反公序良俗的遗嘱自始无效，驳回原告的诉讼请求。

示范案例三

付某的遗产应如何继承？

付某死后遗留4万元存款和家用电器等日常生活用品。付某有两个儿子和两个女儿，两个儿子和大女儿都已经参加工作并独立生活，只有小女儿还在读大学。在料理完父亲的丧事后，付某的两个儿子和大女儿协商四个兄弟姐妹平均分割父亲的遗产，但付某的小女儿对此表示不同意。她提出父亲生前曾给她留有一份书面遗嘱，并经过公证机关公证，指定由她一个人继承遗产中的存款4万元。其哥、姐认为其父亲偏心，所立遗嘱不公平，应当依法定继承，由同一顺序继承人的四个兄弟姐妹平均分割父亲的遗产。

请问：继承开始后，付某的遗产应首先按遗嘱继承还是法定继承办理？

分析意见：

本案涉及遗嘱继承与法定继承何者具有优先适用效力的问题。我国《民法典》第一千一百二十三条规定："继承开始后，按照法定继承办理；有遗嘱的，按照遗嘱继承或者遗赠办理；有遗赠扶养协议的，按照协议办理。”据此规定，在我国，遗赠扶养协议的效力优先于遗嘱和法定继承。继承开始后，如果有遗赠扶养协议的，首先应按遗赠扶养协议执行。如果无遗赠扶养协议但有遗嘱的，应先按遗嘱执行遗嘱继承和遗赠，即遗嘱继承和遗赠优先于法定继承。这反映了对遗嘱人处分其死后财产意愿的充分尊重。我国《民法典》第一千一百四十一条还规定，遗嘱应当为缺乏劳动能力又没有生活来源的继承人保留必要的遗产份额。

在本案中，付某生前自愿立下经过公证机关公证的遗嘱，把其所有的4万元存款留给没有生活来源的小女儿，且此遗嘱处分并没有取消其他缺乏劳动能力又没有生活来源继承人必要的遗产份额，故这是一份合法有效的遗嘱，依法应当首先按照该遗嘱继承，即付某的遗产中4万元存款由其小女儿继承。对于其余未依遗嘱处分的财产，包括付某遗留的家用电器等日常生活用品，由两个儿子和两个女儿平等继承。也就是说，付某的小女儿按照遗嘱继承4万元遗产后，仍然有权依法定继承取得其他遗产。

示范案例四

死者生前立有多份遗嘱，应以哪一份为准？

江慧的父亲早亡，母亲名下有一套房产，还有10万元的存款。早在10年前，江慧的母亲亲笔立有一份遗嘱，指定所有的财产由江慧兄妹三人平分。5年前，由于江慧的二弟媳与其母亲关系不好，母亲又亲笔立下一份遗嘱，取消了二弟的继承权，并将该份遗嘱作了公证。2021年1月，江慧的母亲因病住院。在母亲病重住院的日子里，二弟与弟媳也日夜伺候，母亲有感于二弟、二弟媳的变化，在临终前，当着全家人及两位医生的面说："恢复二弟的继承权，还是按第一份遗嘱分我的财产。"

请问：依法应按哪一份遗嘱继承江慧母亲留下的遗产？

分析意见：

本案涉及遗嘱的撤回、变更问题。我国《民法典》第一千一百四十二条第一款规定："遗嘱人可以撤回、变更自己所立的遗嘱。"遗嘱的变更，是指遗嘱人依法改变原立遗嘱的部分内容。遗嘱的撤回，是指遗嘱人取消原先所立遗嘱的全部内容。遗嘱是遗嘱人生前依法根据其意志处分个人财产，并于其死亡时生效的单方民事法律行为。在遗嘱人生存期间，其既可以根据真实意思设立遗嘱，也可以根据情况变化对其原立遗嘱的内容予以变更或撤回，以确保遗嘱反映遗嘱人的真实意思表示。因此，与遗嘱的订立一样，遗嘱的变更和撤回只能在遗嘱人生前由遗嘱人本人亲自进行，不得由他人代理。

遗嘱的变更和撤回方式有两种：

第一，明示方式。即遗嘱人公开为意思表示，明确表示对原立遗嘱进行修改或撤回。遗嘱人以明示方式变更或撤回原遗嘱时，必须根据遗嘱的法定形式的要求作成，否则将不发生变更或撤回遗嘱的效力。

第二，推定方式。即根据遗嘱人的行为或内容相抵触的前后数份遗嘱，法律上推定遗嘱人变更或撤回原遗嘱。如遗嘱人生前的行为与意思表示相反，而使遗嘱处分的财产在继承开始前灭失、部分灭失或所有权转移、部分转移的，遗嘱视为被撤回或部分被撤回。

我国《民法典》第一千一百四十二条规定："遗嘱人可以撤回、变更自己所立的遗嘱。立遗嘱后，遗嘱人实施与遗嘱内容相反的民事法律行为的，视为对遗嘱相关内容的撤回。立有数份遗嘱，内容相抵触的，以最后的遗嘱为准。”也就是说，对数份内容相抵触的遗嘱进行推定的原则是后遗嘱优先于前遗嘱。

在本案中，江慧的母亲生前共立有三份遗嘱：10 年前的自书遗嘱、5 年前的公证遗嘱、临死前的口头遗嘱。她在临终前重新对她的遗产进行了处分，且是其真实的意思表示，依照上述法律和司法解释的规定，临死前的口头遗嘱为其最后的遗嘱而须以之为准，所以江慧母亲的遗产应依据该口头遗嘱进行继承。

示范案例五

继承人不履行被继承人遗嘱指定的义务怎么处理？

2021 年春，何某的父亲因病去世。何某的父亲生前有一位至交好友，其曾在一次意外事故中救过何某父亲的生命，如今这位好友年老体弱又是孤身一人，无人照料，何某的父亲在去世前立下了一份遗嘱，指定由儿子何某额外多继承 3 万元的遗产，以便帮助和照顾他的这位好友。但是，何某在照料了这位老人几个月后，嫌弃老人体弱多病，照料起来太麻烦，便不再履行遗嘱指定的帮助和照顾义务了。

请问：继承人不履行被继承人遗嘱指定的义务怎么处理？

分析意见：

本案涉及附义务的遗嘱之履行问题。附义务的遗嘱，又称遗托，是指遗嘱人在遗嘱中向遗嘱继承人或受遗赠人附加提出接受遗产必须履行某项义务的要求或指定遗产的具体用途。遗托是一种附加的义务，承担遗托义务是有条件的，以接受遗产为前提，并且对于附加的财产义务仅限于在取得的遗产实际价值范围内履行。我国《民法典》第一千一百四十四条规定：“遗嘱继承或者遗赠附有义务的，继承人或者受遗赠人应当履行义务。没有正当理由不履行义务的，经有利害关系人或者有关组织请求，人民法院可以取消其接受附义务部分遗产的权利。”同时，我国《民法典继承编司法解释（一）》第二十九条明确指出：“附义务的遗嘱继承或遗赠，如义务能够履行，而继承人、受遗赠人无正当理由不履行，经受益人或其他继承人请求，人民法院可以取消其接受附义务部分遗产的权利，由提出请求的继承人或受益人负责按遗嘱人的意愿履行义务，接受遗产。”

依照以上法律规定，何某应当履行遗嘱指定的义务，尽心尽力地帮助和照顾他父亲生前的好友。在何某不履行照顾孤寡老人的义务的情况下，经受益人或者其他继承人请求，人民法院可以取消他继承附义务的遗产的权利。如果其他继承人愿意履行遗嘱指定的义务，则可以接受这部分遗产。

示范案例六

过期表示接受遗赠，是否具有法律效力？

范宁的舅父李豪是个画家，离婚后与儿子李兵一起生活。范宁 10 岁时离开父母到省城舅父家寄宿上学，并向舅父学画画。2009 年范宁考上某美术学院，其毕业后留校任教。2021 年 1 月 10 日李豪外出写生，因车祸负重伤。同月 12 日，李兵与范宁赶到，由在场的一名医生、两名护士作证，李豪留下口头遗嘱：其死后，将其多年珍藏的10幅名画赠给范宁。李豪于同日晚上11点死亡。但当时范宁只是痛哭而未作是否接受的意思表示。2021年5月，范宁想起舅父留下的口头遗嘱，遂向李兵索要10幅名画。李兵不给。范宁于是起诉到人民法院。

请问：范宁有权依其舅父李豪留下的口头遗嘱向李兵索要舅父遗赠的10幅名画吗？

分析意见：

本案涉及遗赠的接受方式和法定期限问题。遗赠，是指自然人以无偿的方式将个人财产的部分或全部赠给国家、集体或法定继承人以外的人，并于遗赠人死后发生法律效力的单方民事法律行为。在遗赠关系中，立遗嘱人称为遗赠人，接受遗赠财产的人称为受遗赠人或遗赠受领人。遗赠具有以下法律特征：第一，遗赠是遗赠人亲自进行的单方、无偿并于其死后生效的要式法律行为；第二，受遗赠人只能是国家、集体或法定继承人以外的人；第三，受遗赠权一般由本人行使；第四，遗赠人行使遗赠权不得违背法律规定。

我国《民法典》第一千一百二十四条第二款规定："受遗赠人应当在知道受遗赠后六十日内，作出接受或者放弃受遗赠的表示；到期没有表示的，视为放弃受遗赠。"该法第一千一百五十四条还规定，遗嘱继承人放弃继承或受遗赠人放弃受遗赠的，遗产中的有关部分按照法定继承办理。如果受遗赠人先于遗赠人死亡，则遗赠不生效。受遗赠人的法定继承人无权主张代替受遗赠人接受遗赠。如果受遗赠人表示放弃遗赠权，则该项财产由遗赠人的继承人继承。但继承开始后，受遗赠人表示接受遗赠，并于遗产分割前死亡的，其接受遗赠的权利转移给他的继承人。

在本案中，李兵是李豪的法定继承人，范宁是受遗赠人。范宁在李豪于2021年1月12日留下遗嘱时，就已知道舅父赠给其10幅名画，但李豪于当日晚上死亡后范宁没有作出是否接受遗赠的意思表示。在以后的两个月内，范宁也未表示是否接受遗赠。直到2021年5月才向李兵索要舅父赠给他的10幅名画，由于已超过法定的60日内的意思表示期限，依法应视为范宁放弃受遗赠。受遗赠人放弃受遗赠的，应按法定继承办理。因此，人民法院应依法确认范宁无权依遗嘱向李兵索要其舅父遗赠的10幅名画。

示范案例七

此遗赠扶养协议的效力如何？

张某中年丧妻，无子女。2010年1月，张某与村民委员会订立协议，由村民委员会负担张某的生养死葬，而张某则在其死后，将他的五间住房和一幅宋代名画交与村委会。

李某和张某是有多年交情的老朋友，为了表达友情，2020年6月，张某亲笔立下遗嘱，表示要将他所有的一幅宋代名画赠与李某。

2021年1月，张某去世。李某拿着张某的遗嘱请求交付该名画，但被村委会拒绝。

请问：李某有权取得该名画的所有权吗？

分析意见：

本案涉及遗赠扶养协议与遗嘱的适用效力先后问题。所谓遗赠扶养协议，是遗赠人与扶养人之间订立的关于扶养人承担遗赠人生养死葬的义务，遗赠人死后其遗产归扶养人所有的协议。我国《民法典》第一千一百五十八条规定："自然人可以与继承人以外的组织或者个人签订遗赠扶养协议。按照协议，该组织或者个人承担该自然人生养死葬的义务，享有受遗赠的权利。"可见，我国遗赠扶养协议有两种形式：一种是自然人与继承人以外的个人签订的遗赠扶养协议；另一种是自然人与组织签订的遗赠扶养协议。遗赠扶养协议是一种民事法律行为，具有以下法律特征：第一，遗赠人只能是自然人，而扶养人既可以是自然人（必须是法定继承人以外的人），也可以是组织，并且必须具有扶养能力和扶养条件；第二，遗赠扶养协议是双务、有偿的法律行为；第三，遗赠扶养协议应当以书面形式订立，才便于明确双方当事人的权利义务；第四，协议在遗赠人生前签订，并自签订之日起发生法律效力，即扶养人须自协议订立后就开始履行对遗赠人生养死葬的扶养义务，但扶养人取得遗赠人遗产的权利，则须在遗赠人死后才能实现。

遗赠扶养协议体现了遗赠人和扶养人的共同意志，且为有偿的双务协议依法具有最优先适用的效力。我国《民法典》第一千一百二十三条规定："继承开始后，按照法定继承办理；有遗嘱的，按照遗嘱继承或者遗赠办理；有遗赠扶养协议的，按照协议办理。"而且，我国《民法典继承编司法解释（一）》第三条规定："被继承人生前与他人订有遗赠扶养协议，同时又立有遗嘱的，继承开始后，如果遗赠扶养协议与遗嘱没有抵触，遗产分别按协议和遗嘱处理；如果有抵触，按协议处理，与协议抵触的遗嘱全部或部分无效。"

本案中，村委会并无违约行为，张某无权单方变更遗赠扶养协议，其所立遗嘱无效。所以，李某无权取得该名画的所有权。

讨论案例

1. 此口头遗嘱是否具有法律效力？

杜某夫妻结婚多年未生育，遂收养了一儿一女。2004年养子、养女先后参加了工作。2006年养子结了婚。2019年春杜某妻子病逝后，杜某感到他也将不久于人世，于是自书遗嘱，指定全部财产平均分成两份，由养子、养女分别继承。立遗嘱前，养子还给杜某寄赡养费，并常去看他。立遗嘱后，养子便不再给杜某寄赡养费了，杜某对此十分不满。2021年年初，杜某病危住院，养女日夜照顾，养子却从未到医院看望。杜某病情日益加重，于是在有一位医生和一位护士在场的情况下，杜某立下口头遗嘱，声称其全部遗产由养女继承。杜某死后，他的养子不承认此口头遗嘱的效力，主张按照2019年春杜某的自书遗嘱继承遗产。

请问：杜某的口头遗嘱效力如何？

2. 律师代书的遗嘱效力如何？

茅家姐弟的母亲陈老太早年丧偶，共生育子女3人。自2019年4月起，陈老太因患偏执性精神病在精神病院住院治疗。2019年10月25日，院方同意陈老太出院，并出具证明确认"患者目前病情已稳定，情绪方面表现已稳定，猜疑消失，无胡言乱语情况，意识清楚，接触交谈均合作，思维内容连贯，主题突出，神志尚正常，本次住院疗效好"。

2020年11月12日，A市某律师事务所两名律师应陈老太的要求代书遗嘱一份，指定将陈老太名下市中心延安中路某号3楼南间、后间、走道间和晒台房屋产权归儿子阿伟继承。在律师代书此遗嘱时，还有陈老太单位两名职工在场作见证。该遗嘱被书写完成后，遗嘱人、代书人、见证人分别签名，并注明年月日。事后，不到半年陈老太再次精神病发作，又住进精神病医院治疗，2021 年 3 月陈老太在医院去世。

2021 年 4 月，远在美国的茅女士向 A 市法院起诉，要求继承母亲死后遗留下的房产。她认为该房屋未作分割析产，而弟弟阿伟提供的遗嘱是母亲在已患精神病时所立，这时母亲属无民事行为能力人，该遗嘱应属无效遗嘱。因双方无法自行达成一致意见，只得诉至法院请求判决。而陈老太另外一位儿子，则明确表示放弃对涉案房产的继承。

对于该起诉，弟弟阿伟辩称，他母亲陈老太生前立有遗嘱，将该房屋留给他继承，在出院时相关医院出具了证明，证明陈老太有意识能力，故其具有立遗嘱的能力，涉案房屋应按照遗嘱继承。

请问：该份代书遗嘱的效力如何？

3. 此遗赠是否具有法律效力？

何女之父何某与董某是十几年的同事和挚友。二人都酷爱集邮，并有三十多年的集邮史。2020 年 12 月何某患重病，借董某和单位的几位同事去医院看望他的机会，何某提出立遗嘱，于是由他本人口述另一人代书，在场的其他两位同事作为见证人，立下了一份遗嘱，将他积攒多年的邮票全部赠送给挚友董某。2021 年 4 月，何某去世，在分割遗产时，董某请求按遗嘱接受老友的邮票。而何女提出，董某不是父亲的法定继承人，无权继承父亲的遗产。董某遂向人民法院起诉。

请问：本案依法应如何处理？

4. 公证遗嘱与自书遗嘱是否都具有法律效力？

周大成系河南省某村农民，婚后生有两个儿子周江和周海，家有房屋 3 间，老伴早亡。1999 年和 2003 年，周江、周海相继结婚。此后，周江在家务农。周海在村小学任教，经济收入稳定。2018 年 1 月，周大成考虑到这一情况，亲笔立下遗嘱："我死后，房屋 3 间归周江继承。"并持该遗嘱到公证处办理了公证。此后，周江进城开办了贸易公司，生意越做越红火，收入颇丰，相比之下，仍当小学教师的周海显得寒酸多了。根据变化了的这一情况，2019 年 1 月，周大成又亲笔写下一份遗嘱："我死后，房屋 3 间归周海继承。"然后，他将此遗嘱交给了周海。2021 年 1 月，周大成去世，周江、周海因房产继承发生了争执，二人各持一份遗嘱。周江说，我这份遗嘱是公证遗嘱，应当有效；周海说，我这份遗嘱是最后遗嘱，应当有效。双方各有各的理由，争执不下。

请问：遗产房屋 3 间依法应按公证遗嘱或自书遗嘱继承？

5. 父母与他人订立的遗赠扶养协议是否有效？

赵保瑞有两个儿子赵刚与赵强。2019 年 3 月 1 日，赵保瑞与两个儿子书面约定，赵保瑞住大儿子赵刚家中，由赵刚承担赵保瑞的生养死葬义务，赵保瑞则在他死亡后将遗产都赠与赵刚，赵强自愿放弃继承父亲的遗产。但不久，赵保瑞和大儿子赵刚发生矛盾，老人一气之下便搬回自己的家中。2019 年 9 月 1 日，赵保瑞又与同村村民王一明签订了遗赠扶养协议，约定由王一明承担赵保瑞的生养死葬义务，赵保瑞则在他死亡后将遗产都赠与王一明。王一明按照协议一直扶养、照顾赵保瑞，直到 2021 年 2 月赵保瑞死亡。赵保瑞死亡后，他的两个儿子赵刚与赵强认为，赵保瑞与同村村民王一明签订遗赠扶养协议，未征得两个儿子赵刚与赵强的同意，且扶养时间只有一年半，因此是无效的。其父亲的遗产应由赵刚与赵强继承，他俩表示愿意补偿王一明给付的扶养费和劳务费，但王一明不同意。于是赵刚与赵强向人民法院提出诉讼，要求继承父亲的遗产。

请问：本案依法应如何处理？

6. 订立遗赠扶养协议后，被扶养人所欠债务由谁清偿？

唐某与丈夫双方均已年满35岁，但尚未生育子女，便收养了同村孤儿肖某为养子。肖某长大结婚后，便与养父母分家另过。2018年1月，唐某因脑血栓后遗症半身不遂。两年后，其夫病故，唐某由其弟唐祖根及养子肖某共同照顾生活。由于唐某久病不愈，肖某深感不耐烦，遂于2018年10月与同村朱某协商签订一份“遗赠扶养协议”，协议约定由朱某扶养唐某，唐某死后肖某自愿放弃继承权，唐某的遗产全部归朱某所有。协议签订后，肖某即将养母唐某送到朱某家。朱某虽经济并不十分宽裕，但他悉心照顾唐某。2018年年底，唐某生病，朱某无钱送其就医。肖某虽知道此事，却毫不理会。唐某只得向邻居借款5000元看病。2021年4月，唐某病故，遗有房屋5间及价值3000元的农具。肖某再次书面表示放弃继承权，但唐祖根与朱某却因遗产继承产生了争执。二人诉至法院，唐某的邻居也加入进来，主张其5000元的债权。

请问：本案依法应如何处理？

相关裁判实例摘录①

原告段某诉被告黄某1、黄某2等遗嘱继承纠纷

段某向法院提出诉讼请求：一、依法确认被继承人黄某凤2020年4月24日的遗嘱合法有效；二、根据被继承人黄某凤遗嘱，请求人民法院依法确认某县人力资源和社会保障局确定的被继承人黄某凤一次性抚恤金136682元和丧葬补助费7000元由原告继承；三、诉讼费由被告承担。事实和理由：段某与被继承人黄某凤于2013年11月11日在某县民政局依法办理了结婚登记手续，段某与被继承人黄某凤都是再婚夫妻，婚后双方没有再生育子女，黄某3、黄某1、黄某2都是被继承人黄某凤与前妻生育的儿女。被继承人黄某凤与段某结婚时，只带了一床棉被和一部旧洗衣机来到段某家里，二人长期生活在一起，相依为命，直到2020年4月27日被继承人黄某凤因病去世。被继承人黄某凤常年患有类风湿病，长期吃药，每年住院两次，每年就医吃药1万多元，2014年在某县人民医院住院4次，2020年住院1次。被继承人黄某凤的住院治疗费和平时的药费都是被继承人黄某凤自己支付的，没要儿女出一分钱。其起居生活及住院期间都是段某一直悉心照料，黄某3、黄某1、黄某2很少看望照顾，都是段某电话告知后他们才肯来，黄某3、黄某1、黄某2没有尽到作为子女应尽的义务和责任。被继承人黄某凤去世后，某县人力资源和社会保障局根据相关文件规定同意给被继承人黄某凤一次性抚恤金136682元和丧葬补助费7000元。根据被继承人黄某凤生前遗嘱，一次性抚恤金和丧葬补助费应为段某所有。

黄某3、黄某1、黄某2辩称，1. 抚恤金并非遗产，段某请求抚恤金全部归其所有没有依据；2. 黄某3、黄某1、黄某2已尽到了主要赡养义务；3. 本案遗嘱应属无效；4. 被继承人的住院费用大部分都是医保报销了，而且被继承人有退休金，并非由段某承担。

根据当事人陈述和经审查确认的证据，法院认定事实如下：

---

① 摘自北大法宝网，(2021) 湘1228民初84号。

段某与黄某凤于2013年11月11日在某县民政局依法办理了结婚登记手续，婚后双方没有再生育子女，黄某3、黄某1、黄某2都是被继承人黄某凤与前妻生育的儿女。2020年4月27日黄某凤因病去世。段某称，黄某凤在2020年4月24日立下遗嘱，坐落在某县××乡××村××组的两栋木房归黄某3、黄某1所有，去世后的抚恤金归段某所有。

法院认为，本案所涉遗嘱为打印遗嘱，双方当事人对遗嘱效力产生争议，根据《最高人民法院关于适用〈中华人民共和国民法典〉时间效力的若干规定》，应适用《民法典》的规定。关于本案所涉遗嘱的效力问题，从形式上来看，遗嘱上的在场人签字为"杨某1、杨某2"，而根据段某申请的证人出庭所作证言得知，在场人应为杨某1和杨某2，且根据杨某2的证言，本案遗嘱系杨某2根据黄某凤的口述拟写草稿再去打印店打印的；从内容上来看，根据《民法典》规定，自然人可以立遗嘱处分个人财产，同时，遗产是自然人死亡时遗留的个人合法财产，公民死亡的时间是划定遗产的特定时间界限，而本案涉及段某诉求的抚恤金和丧葬补助费，是在黄某凤死亡后才发生的，而不是在其死亡时所遗留的，死亡抚恤金是发放给死者近亲属或抚养人的，丧葬费是对死者近亲属处理死者丧葬事务时所产生的相关费用，因此不属于遗产范围。根据《最高人民法院关于适用〈中华人民共和国民法典〉继承编的解释（一）》的规定，遗嘱人以遗嘱处分了国家、集体，或者他人财产的，应当认定该部分遗嘱无效。综上本案遗嘱不符合打印遗嘱的形式要件，且处分了不属于遗产的财产，故应认定为无效，故对于段某请求依法确认被继承人黄某凤2020年4月24日的遗嘱合法有效；根据被继承人黄某凤的遗嘱，请求人民法院依法确认某县人力资源和社会保障局确定的被继承人黄某凤一次性抚恤金136682元和丧葬补助费7000元由段某继承的诉讼请求，法院依法不予支持。

综上，依照《最高人民法院关于适用〈中华人民共和国民法典〉时间效力的若干规定》第十五条，《中华人民共和国民法典》第一千一百二十二条、第一千一百三十三条，《最高人民法院关于适用〈中华人民共和国民法典〉继承编的解释（一）》第二十六条规定，判决如下：

驳回段某的所有诉讼请求。

案件受理费3174元，减半收取计1587元，由段某负担。

四、遗产处理案例

基本理论概述

遗产的处理主要包括析产，即将共有财产中属于被继承人个人的财产份额分割出来、遗产分割处理、被继承人生前债务的处理以及无人继承又无人受遗赠遗产的处理。

主要相关法律、法规及司法解释链接

《民法典》

第一千一百五十条　继承开始后，知道被继承人死亡的继承人应当及时通知其他继承

人和遗嘱执行人。继承人中无人知道被继承人死亡或者知道被继承人死亡而不能通知的，由被继承人生前所在单位或者住所地的居民委员会、村民委员会负责通知。

第一千一百五十一条 存有遗产的人，应当妥善保管遗产，任何组织或者个人不得侵吞或者争抢。

第一千一百五十二条 继承开始后，继承人于遗产分割前死亡，并没有放弃继承的，该继承人应当继承的遗产转给其继承人，但是遗嘱另有安排的除外。

第一千一百五十三条 夫妻共同所有的财产，除有约定的外，遗产分割时，应当先将共同所有的财产的一半分出为配偶所有，其余的为被继承人的遗产。

遗产在家庭共有财产之中的，遗产分割时，应当先分出他人的财产。

第一千一百五十四条 有下列情形之一的，遗产中的有关部分按照法定继承办理：

（一）遗嘱继承人放弃继承或者受遗赠人放弃受遗赠；

（二）遗嘱继承人丧失继承权或者受遗赠人丧失受遗赠权；

（三）遗嘱继承人、受遗赠人先于遗嘱人死亡或者终止；

（四）遗嘱无效部分所涉及的遗产；

（五）遗嘱未处分的遗产。

第一千一百五十五条 遗产分割时，应当保留胎儿的继承份额。胎儿娩出时是死体的，保留的份额按照法定继承办理。

第一千一百五十六条 遗产分割应当有利于生产和生活需要，不损害遗产的效用。

不宜分割的遗产，可以采取折价、适当补偿或者共有等方法处理。

第一千一百五十七条 夫妻一方死亡后另一方再婚的，有权处分所继承的财产，任何组织或者个人不得干涉。

第一千一百五十八条 自然人可以与继承人以外的组织或者个人签订遗赠扶养协议。按照协议，该组织或者个人承担该自然人生养死葬的义务，享有受遗赠的权利。

第一千一百五十九条 分割遗产，应当清偿被继承人依法应当缴纳的税款和债务；但是，应当为缺乏劳动能力又没有生活来源的继承人保留必要的遗产。

第一千一百六十条 无人继承又无人受遗赠的遗产，归国家所有，用于公益事业；死者生前是集体所有制组织成员的，归所在集体所有制组织所有。

第一千一百六十一条 继承人以所得遗产实际价值为限清偿被继承人依法应当缴纳的税款和债务。超过遗产实际价值部分，继承人自愿偿还的不在此限。

继承人放弃继承的，对被继承人依法应当缴纳的税款和债务可以不负清偿责任。

第一千一百六十二条 执行遗赠不得妨碍清偿遗赠人依法应当缴纳的税款和债务。

第一千一百六十三条 既有法定继承又有遗嘱继承、遗赠的，由法定继承人清偿被继承人依法应当缴纳的税款和债务；超过法定继承遗产实际价值部分，由遗嘱继承人和受遗赠人按比例以所得遗产清偿。

示范案例一

共同继承人之间对遗产负有担保责任吗？

甲、乙两人是兄弟，其母亲早年去世，父亲丁某将两个儿子抚养长大。大儿子甲在外地工作，小儿子乙和父亲生活在一起。2021 年 1 月 7 日，丁某病故后留下的遗产包括：价值 13 万元的房屋 1 间、丁某对某公司享有的债权 12 万元以及价值 1. 3 万元的家具和日用品，其生前没有立遗嘱。丁某死亡后，乙立即电报通知其哥哥甲回来办理丧事。但甲由于工作的原因一时抽不出身，便电汇 1000 元给乙，并打电话委托乙全权代表自己办理父亲的丧事。乙将父亲的丧事办理完毕后，便将其父的房屋登记过户到自己名下，并将其父的存款取出改存为自己的名字，还将其余的遗产全部据为己有。2021 年 3 月 8 日，甲回家探亲时才知道乙擅自处理了父亲的遗产。他不同意乙独占父亲的全部遗产，要求与乙共同继承父亲的遗产。但乙解释说，本人给父亲治病和办理丧事已经花了 3 万元。由于哥哥甲在父亲去世后，并未表示愿意继承父亲的遗产，故他认为甲已经放弃继承。现在甲提出要求继承，乙愿意将父亲对某公司享有的债权 12 万元分给甲继承。但在甲行使债权时，发现债务人已破产，无力清偿该债务。于是，甲向乙提出要求重新分割父亲的遗产，却被乙拒绝。2021 年 5 月 4 日，甲以乙侵犯其继承权为由，向人民法院提起诉讼。

请问：甲能否要求重新分割父亲丁某的遗产？

分析意见：

本案主要涉及放弃继承权、行使继承权的诉讼时效以及共同继承人的担保责任三个问题。

第一，甲没有放弃继承权，其行使权利也没有超过诉讼时效。我国《民法典》第一千一百二十四条第一款规定：“继承开始后，继承人放弃继承的，应当在遗产处理前，以书面形式作出放弃继承的表示；没有表示的，视为接受继承。”在本案中，2021 年 1 月 7 日丁某病故时，甲即被通知，其已得知父亲去世之事。在继承开始后，甲并没有向乙作出放弃继承的意思表示，依法应视为其接受继承，而不是放弃继承。但直至 2021 年 3 月 8 日甲回家探亲时，他才得知其父遗产已经被乙独占，他的继承权已经被侵害的事实。故该继承纠纷提起诉讼的起算点应从 2021 年 3 月 8 日起算。所以，甲既没有放弃继承，其提起保护继承权的诉讼也没有超过诉讼时效。

第二，共同继承人对分割的遗产应当承担担保责任。虽然，我国《民法典》对遗产分割后各共同继承人之间对遗产的担保责任未予规定，但现实生活中，往往出现遗产分割后，某继承人分得的遗产有瑕疵，或被追夺，或债权不能被偿付等情况。我国《民法典》第三百零四条第二款规定：“共有人分割所得的不动产或者动产有瑕疵的，其他共有人应当分担损失。”为维护各个共同继承人应得的利益，基于民法的公平原则，各共同继承人相互之间对分得的遗产应承担担保责任。分担损失，即在遗产分割后，如果出现继承人分得的遗产有瑕疵，或被追夺，或债权不能被偿付等情况时，其他共同继承人负有按其请求重新分割遗产，或分担损失，即按各自应继份的比例分别对该继承人予以补偿的义务。

具体而言，担保责任有如下几种：（1）对遗产瑕疵的担保责任。这是指遗产分割后，各共同继承人对其他继承人因分得的遗产有瑕疵，在一定条件下负有担保的责任。承担此责任必须具备的条件：一是遗产的瑕疵必须是在遗产分割前就已经存在；二是遗产的瑕疵必须是非因分得该物或权利的继承人本人的过失而产生；三是遗产的瑕疵必须是分得该遗产的继承人在遗产分割时不知其存在；四是各共同继承人之间对遗产瑕疵的担保责任，未经被继承人用遗嘱予以免除，也未被各共同继承人以契约加以限制。（2）对遗产被追夺的担保责任。这是指遗产分割后，各共同继承人对其他继承人所分得的遗产，承担遗产被追夺的担保责任。(3) 对债权的担保责任。各共同继承人对其他继承人分得的债权应负的担保责任。主要有以下两种情形：一是对未附停止条件而已届清偿期或不定期的债权，各共同继承人就遗产分割时债务人的支付能力，承担担保责任；二是对附有停止条件或尚未到期的债权，各共同继承人对分得此种债权的继承人，仅就条件成就时或清偿期到来时债务人的支付能力承担担保责任。

据此，在本案中，甲行使债权时，发现债务人已经破产而无力清偿债务，他有权要求乙重新分割遗产。

示范案例二

继承人自愿放弃继承后能否反悔？

某村村民陈某的丈夫因病早逝，留下年幼的儿女罗江平与罗江英，陈某起早贪黑地在地里辛勤劳动，好不容易才把两个子女抚养成人。2001 年罗江平被招工到外地参加工作，并与同厂工人王女结婚，生一子罗强。罗江英因家中贫穷，2013 年年初满 28 岁才与同村青年张男结婚，婚后仍然与母亲陈某共同生活。2014 年 1 月，罗江英生下一女儿取名张燕。2014 年 2 月，张男不幸而因车祸身亡。罗江英一人既抚养年幼的女儿，又赡养老母亲，毫无怨言。2015 年 9 月，陈某因病住院。因家中无钱给母亲治病，罗江英给某报编辑部写了一封求助信。该报编辑部很同情罗江英的遭遇，加上编者按之后免费刊登了此信。于是不少好心人纷纷捐款，作为陈某的医药费。2021 年 1 月陈某去世，罗江英通知哥哥罗江平回来料理母亲的丧事。但罗江平因工作离不开身，便寄了 2000 元钱给罗江英作为料理丧事费用，并写信托村主任转告罗江英，他自愿放弃对母亲遗产的继承权。丧事毕，罗江英清理母亲的遗产，发现陈某的医药费捐款之剩余额合计 4 万余元。她便用此款开了一个小百货店，以维持她和女儿的生活。

2021 年 4 月，罗江平出差顺便回老家，得知妹妹一人继承了母亲的遗产 4 万余元。罗江平认为，他本以为母亲没有什么值钱的遗产，所以放弃继承权。现在他才知道母亲遗留有 4 万余元，他应该分一份。于是，他向罗江英提出要求重新分割母亲留下的遗产 4 万余元及利息。罗江英认为，在母亲去世后，哥哥罗江平已经托村主任转告其自愿放弃对母亲遗产的继承权，现在不能反悔。故她不同意罗江平的要求。罗江平遂向人民法院起诉，对其放弃继承表示反悔，请求确认其对母亲的遗产享有继承权。

请问：继承人自愿放弃继承后能否反悔？

分析意见：

我国《民法典》第一千一百二十四条第一款规定，“继承开始后，继承人放弃继承的，应当在遗产处理前，以书面形式作出放弃继承的表示……”我国《民法典继承编司法解释（一）》第三十三条规定：“继承人放弃继承应当以书面形式向遗产管理人或者其他继承人表示。”该解释第三十六条、第三十七条规定：“遗产处理前或者在诉讼进行中，继承人对放弃继承反悔的，由人民法院根据其提出的具体理由，决定是否承认。遗产处理后，继承人对放弃继承反悔的，不予承认。”“放弃继承的效力，追溯到继承开始的时间。”从本案的情况看，在母亲去世后，罗江平已经写信托村主任转告罗江英，他自愿放弃对母亲遗产的继承权。他用书信方式表示放弃继承，其村主任证明属实。即使罗江平放弃继承的动机是因为其以为母亲没有什么值钱的遗产，但这不影响其放弃继承的效力。因此，人民法院应当依法认定其放弃继承有效。其放弃继承的效力，追溯到继承开始的时间。故罗江平无权分割他母亲留下的遗产4万余元及利息。在遗产处理后，继承人罗江平对其放弃继承表示反悔的请求，人民法院依法应不予支持。

示范案例三

遗产已经分割完毕，债务应如何清偿？

林向国与罗美丽于1998年结婚，2年后离婚，两人没有生育子女。2002年，林向国与吴培芝再婚，次年生育一女林亚楠。2021年1月，林向国因病去世。死前他立下遗嘱：将他遗产中的2万元留给前妻罗美丽；2万元留给林亚楠；对其余的财产则没有作出处理。林向国死亡时的夫妻共同财产包括：价值10万元的旧房屋、存款6万元，其他财物折合人民币4万元，此外还有个人债务8万元。罗美丽知道林向国的遗赠后，明确表示愿意接受遗赠。吴培芝首先依遗嘱交付了遗赠的财产后，才将剩余的遗产与林亚楠分割继承。当林向国的债权人前来要求清偿死者的债务时，吴培芝认为，罗美丽不是死者的继承人而取得了遗产，死者的债务应由罗美丽负责清偿。

请问：遗产已经分割完毕，被继承人的债务应如何清偿？

分析意见：

本案主要涉及遗赠与法定继承以及遗产分割后被继承人的债务之清偿方法的问题。

第一，应当依法确定遗产的范围。我国《民法典》第一千一百二十二条第一款规定：“遗产是自然人死亡时遗留的个人合法财产。”遗产的范围只限于被继承人生前个人所有的财产。我国《民法典》第一千一百五十三条规定：“夫妻共同所有的财产，除有约定的外，遗产分割时，应当先将共同所有的财产的一半分出为配偶所有，其余的为被继承人的遗产。遗产在家庭共有财产之中的，遗产分割时，应当先分出他人的财产。”据此，林向国的遗产包括：存款3万元；房屋折价5万元；其他财物折价2万元，总价值10万元。

第二，遗赠先于法定继承。根据我国《民法典》第一千一百三十三条规定，自然人可以依法立遗嘱处分个人财产，可以立遗嘱将个人财产指定由法定继承人中的一人或数人继承，也可以立遗嘱将个人财产赠与国家、集体或法定继承人以外的组织、个人。依该法第一千一百二十四条规定，受遗赠人应当在知道受遗赠后六十日内，作出接受或者放弃受遗赠的表示；到期没有表示的，视为放弃受遗赠。并且，该法第一千一百二十三条规定：“继承开始后，按照法定继承办理；有遗嘱的，按照遗嘱继承或者遗赠办理；有遗赠扶养协议的，按照协议办理。”据此，罗美丽和林亚楠可各自先取得遗赠的财产2万元。遗嘱处分剩余的遗产应当按照法定继承办理。林向国的遗产总额中减去4万元遗赠财产后，剩余的价值6万元的遗产应当按照法定继承办理，即由其第一顺序法定继承人妻子吴培芝与女儿林亚楠共同继承。

第三，继承遗产应当首先在遗产实际价值范围内清偿遗产债务。我国《民法典》虽未对遗产债务的清偿方式作出明文规定，但是，根据最高人民法院的有关司法解释，应当首先清偿遗产债务。但是，尚不能排除遗产已经被分割完毕，其后又出现遗产债务的清偿问题。究其原因，可能由以下原因引起：（1）被继承人的债权人不知被继承人已经死亡；

(2) 共同继承人不知被继承人还有债权人；(3) 分割遗产时，遗产债务还未达到清偿期限；(4) 遗产为不宜长期保留的财物；(5) 共同继承人蓄意将遗产分割完毕，损害遗产债权人的利益。在遗产分割后，如果既有法定继承又有遗嘱继承和遗赠的，应当依法定顺序清偿遗产债务。根据我国《民法典》第一千一百六十三条的规定，遗产已被分割而未清偿债务时，如果有法定继承又有遗嘱继承和遗赠的，应当按以下顺序清偿遗产债务：

其一，由法定继承人在所得遗产的实际价值范围内，首先负责清偿被继承人的债务。其理由是，法定继承与遗嘱继承虽然都是我国法律所规定的继承方式，但是，遗嘱继承的效力优先于法定继承，因为遗嘱继承是最体现被继承人意愿的一种继承方式。先让法定继承人用所得的遗产清偿债务，从这个意义上讲，就是尊重了被继承人的意愿。

其二，法定继承人用所得的遗产不足清偿时，剩余的债务由遗嘱继承人和受遗赠人按比例用所得的遗产偿还。这里所称的按比例偿还债务，是指遗嘱继承人和受遗赠人各自按照取得遗产份额的比例分摊被继承人的尚未清偿的债务。但是，遗嘱继承人和受遗赠人清偿债务以所得遗产的实际价值为限，超过遗产的实际价值的部分，可以不负清偿责任。

其三，如果没有法定继承人，仅有遗嘱继承人和受遗赠人取得遗产的，应由遗嘱继承人和受遗赠人按比例用所得遗产偿还。但是，如果被继承人在遗嘱中指定由遗嘱继承人或受遗赠人清偿其所负的债务的除外。

据此，林向国所欠的个人债务 8 万元，应首先由吴培芝和林亚楠用法定继承所得的 6 万元遗产偿还，然后对不足清偿的 2 万元债务，分别由林亚楠和罗美丽用遗赠所得财产各自偿还 1 万元。

示范案例四

被继承人死亡后，其债权人应向谁请求清偿债务？

某厂男工秦某有一儿一女秦明和秦玉。秦明系残疾人，虽已成年，但仍然靠父亲养活。秦玉结婚后，与父亲分家另过，育有一子张红。外孙张红品学兼优，秦某对他十分喜爱。2020 年 1 月，秦某立下遗嘱：本人死后，交工厂的住房保证金 4 万元中，赠与外孙张红 1 万元作为学费。2021 年 4 月，秦某向宋某借款 5 万元钱给秦明治病，立有借据。在借款期限即将届满时，秦某因心脏病突发而死亡。同时，在杜某诉秦某的名誉侵权案中，法院判决秦某向杜某赔礼道歉，秦某尚未履行该判决。秦玉因系下岗工人，家里经济困难，遂向邻居借款 1 万元钱料理了父亲的丧事。随后，她清理其父遗产，除一些日常生活用品外，在工厂还有住房保证金 4 万元未领取。秦玉考虑到哥哥秦明系残疾人，书面表示她愿意放弃继承。宋某向秦明和秦玉提出要求还债，秦明认为，他是残疾人，父亲留下的住房保证金除丧葬费 1 万元外，其余的 3 万元属于遗产，应留给他作为生活费，不同意拿来清偿父亲的债务。秦玉认为，她为料理父亲的丧事已经向邻居借款 1 万元钱，这应从父亲留下的 4 万元遗产中扣除，并从中扣除赠与张红的 1 万元学费。她实在无力清偿父亲的债务。杜某则要求秦明和秦玉代其父履行赔礼道歉的判决。

请问：本案应如何处理？

分析意见：

本案主要涉及四个问题：一是哪些属于被继承人债务的范围？二是被继承人债务如何

清偿？三是无劳动能力又没有生活来源的继承人的利益如何保护？四是执行遗赠与清偿死者债务的关系如何？

如何确定被继承人债务的范围？被继承人的债务，是指依合同约定或法律规定应由被继承人个人承担的财产义务。对于被继承人的债务，应由其遗产履行清偿责任。如果被继承人死亡，其遗留下的个人债务，就成为继承法律关系客体的组成部分，由继承被继承人遗产的继承人承担清偿责任。但是，并非被继承人遗留的任何债务都可以成为继承法律关系的客体。只有被继承人死亡时遗留的具有财产性质的个人债务，才能成为继承法律关系客体的组成部分。然而，被继承人死亡时遗留的某些具有人身性质的个人债务，如委托合同中受托人的义务等，则只能由被继承人本人履行，当债务人（被继承人）死亡后，合同关系自行终止，债务人的债务归于消灭。又如，因侵权行为所生之债中，债务人负有的赔礼道歉、恢复名誉、消除影响等非财产责任，也具有人身性质，只能由债务人本人履行，如其尚未履行便死亡的，这些义务也随之消灭。此外，确定被继承人的债务，应把被继承人生前所欠的个人债务与因殡葬被继承人所负的债务相区别。在我国，殡葬被继承人是继承人应尽的义务，由此所负的债务，应由继承人用其个人财产清偿，不能作为被继承人的债务用遗产清偿。

清偿被继承人债务应遵循哪些原则？依我国法律规定，清偿被继承人债务应遵循以下原则：

1. 继承人清偿被继承人债务，以接受继承为前提条件。我国《民法典》第一千一百五十九条和第一千一百六十一条第二款规定，“分割遗产，应当清偿被继承人依法应当缴纳的税款和债务……”“继承人放弃继承的，对被继承人依法应当缴纳的税款和债务可以不负清偿责任。”

2. 清偿被继承人债务，以遗产的实际价值为限。我国《民法典》第一千一百六十一条第一款规定：“继承人以所得遗产实际价值为限清偿被继承人依法应当缴纳的税款和债务。超过遗产实际价值部分，继承人自愿偿还的不在此限。”

3. 清偿被继承人债务，应为缺乏劳动能力又无生活来源的继承人保留适当的遗产。我国《民法典》第一千一百五十九条规定：“分割遗产，应当清偿被继承人依法应当缴纳的税款和债务；但是，应当为缺乏劳动能力又没有生活来源的继承人保留必要的遗产。”

4. 清偿被继承人债务，优先于执行遗赠。我国《民法典》第一千一百六十二条规定：“执行遗赠不得妨碍清偿遗赠人依法应当缴纳的税款和债务。”依据上述规定分析本案，首先，应确定秦某的借款属于被继承人债务的范围。赔礼道歉虽属于被继承人的债务，但其具有人身属性，不能由他人代为履行，因该民事责任人秦某已经死亡，则不再履行。殡葬被继承人所负的债务 1 万元应属于继承人秦玉的债务，不能从遗产中清偿。其次，清偿秦某的债务，应以其遗产的实际价值为限。也就是说，宋某的债权应向接受遗产的继承人秦明主张，而不能向放弃继承遗产的秦玉主张。秦某的债务只能从秦某的遗产中偿还。如果秦某的遗产不足以清偿其债务，其他人在法律上没有代为清偿的义务。再次，即使遗产不足以清偿被继承人债务，也应为缺乏劳动能力又无生活来源的继承人秦明保留适当的遗产。最后，清偿被继承人的债务后有剩余的遗产，才能执行遗赠。本案中的遗产只有被继承人的住房保证金 4 万元，而债务是借款用于被继承人的医疗费 5 万元，债务大于遗产，本应将遗产全部用于清偿债务，但因秦明是残疾人，无生活来源，应给其保留 2 万元作为生活费，其余的2万元用于清偿宋某的债务。因为无剩余的遗产，可以不执行遗赠。

示范案例五

王某婚前购买、婚后分期付清余款的房屋是否属于遗产？

王某（男）2004年1月离婚后，在某市城区购买了一套二室一厅的商品房，该购房合同约定：除首付购房款2万元外，其余7.2万元购房款，自2004年2月起每月给付0.1万元，须在6年内付清。同年4月王某与张女办理了结婚登记。结婚后，夫妻两人与王某之母共同居住在王某购买的这套商品房内。王某仍然每月从工资中拿出0.1万元交付购房款，直至2010年1月才全部付清。2021年2月王某夫妻两人外出旅游，在返家途中王某因意外事故死亡。张女料理完丈夫的丧事后，在清理其夫的遗物时，发现王某婚前购买的7年期的4万元国债券1张。张女向王母提出，先将王某留下的房屋包括婚姻关系存续期间房屋的增值价值10万元作为夫妻共同财产分割，然后再与王母共同继承并分割属于王某遗产部分的房屋及其增值的价值和4万元的国债券。王母却认为，该房屋及其全部增值和4万元的国债券均系其子婚前或婚后的个人所有财产，张女无权要求将该房屋及其增值价值作为夫妻共同财产分割，并也无权继承该房屋及其增值价值和4万元的国债券。张女遂向房屋所在地的人民法院提起诉讼。

请问：本案依法应如何处理？

分析意见：

本案需要解决三个问题：一是王某婚前购买（按揭付款）的房屋是否属于其个人所有的财产？二是如果该房屋属于王某的个人财产，在婚姻期间王某用其工资支付了购房款，张女可否请求从王某的遗产中对夫妻共同财产给予补偿？并且该房屋在婚姻期间增值的10万元价值是否属于夫妻共同财产？三是张女是否有权继承王某遗留的房屋、其个人享有的房屋增值价值的份额以及4万元的国债券？

首先，应明确王某个人所有财产的范围。我国《民法典》第一千零六十三条第一项明确规定，一方的婚前财产，为夫妻一方的个人财产。并且，依《民法典婚姻家庭编司法解释（一）》第三十一条规定："民法典第一千零六十三条规定为夫妻一方的个人财产，不因婚姻关系的延续而转化为夫妻共同财产。但当事人另有约定的除外。"据此，本案王某在婚前个人购买的房屋和4万元的国债券应属于王某个人所有的财产。

其次，应将死者的生存配偶所享有的财产份额从夫妻共同财产中分离出来。根据我国《民法典》第一千零六十二条的规定，夫妻在婚姻关系存续期间所得的工资，归夫妻共同所有。王某在婚姻关系存续期间用其工资分期支付购房款共计6.9万元，这实际上是用夫妻共同财产支付王某个人购房的债务。因此，张女可以请求从王某的个人财产中对夫妻共同财产给予6.9万元的补偿。并且，我国《民法典》第一千一百五十三条第一款规定："夫妻共同所有的财产，除有约定的外，遗产分割时，应当先将共同所有的财产的一半分出为配偶所有，其余的为被继承人的遗产。"由于王某与张女婚后无约定，因此，张女享有由王某的个人财产对夫妻共同财产6.9万元补偿款的价值之一半3.45万元的所有权。该生存配偶享有的财产份额可以从王某婚前购买的4万元的国债券中扣除，然后该国债券剩余的部分0.55万元加上利息仍属于王某遗产的组成部分。（当然，王某也享有由其个人财产对夫妻共同财产6.9万元补偿款的价值之一半3.45万元，这部分财产实际上已融入他婚前购买的房屋价值之中，成为其遗产的组成部分。)

再次，关于王某个人所有的房屋在婚姻关系存续期间的增值价值10万元，是否属于夫妻共同财产？对此，我国《民法典》尚无明文规定。诚然，此部分增值财产属于夫妻一方个人财产在婚姻关系存续期间的所得，依据民法原理其应当归属原所有权人所有。但必须考虑，在我国，目前多数家庭对婚姻住房只买一套，即使婚后夫妻共同还贷的婚姻住房属于夫妻一方个人所有，由于经济能力的限制夫妻他方一般也不会再去购买婚姻住房。然而，由于婚后夫妻共同还贷的婚姻住房作为不动产在婚姻关系存续期间往往增值较大，如果婚姻关系存续期间该房屋的增值利益全部归属原所有权人所有，这就在实际上造成未购婚姻住房的夫妻他方失去了获此增值利益的机会。《民法典婚姻家庭编司法解释（一）》第七十八条规定："夫妻一方婚前签订不动产买卖合同，以个人财产支付首付款并在银行贷款，婚后用夫妻共同财产还贷，不动产登记于首付款支付方名下的，离婚时该不动产由双方协议处理。依前款规定不能达成协议的，人民法院可以判决该不动产归登记一方，尚未归还的贷款为产权登记一方的个人债务。双方婚后共同还贷支付的款项及其相对应财产增值部分，离婚时应根据民法典第一千零八十七条第一款规定的原则，由产权登记一方对另一方进行补偿。"基于民法的公平原则，我国学术界有不少专家学者和司法界人士都主张，对于夫妻一方婚前个人所有但婚后夫妻共同还贷的婚姻住房，其在婚姻关系存续期间的增值价值应当作为夫妻共同财产。① 就本案而言，该房屋在婚姻关系存续期间以一方工资即共同财产还贷支付的部分，其相应增值部分财产应进行补偿。也就是说，该房屋在婚姻关系存续期间10万元增值价值中死亡配偶享有的份额只有5万元可作为其遗产，由其继承人继承。

最后，应确定王某的法定继承人范围及遗产的分割方法。依我国《民法典》第一千一百二十七条规定，配偶、子女、父母为第一顺序法定继承人。因此，本案当事人王某之妻张女和王某之母对王某的遗产，包括该国债券剩余的部分0.55万元加上利息、婚前购买的房屋及其在婚姻关系存续期间增值价值10万元的一半都享有继承权。并且，依我国《民法典》第一千一百五十六条规定："遗产分割应当有利于生产和生活需要，不损害遗产的效用。不宜分割的遗产，可以采取折价、适当补偿或者共有等方法处理。"所以，对于遗产中不宜实物分割的不动产房屋及其增值价值，王某之妻张女和王某之母可以共同协商，采取折价补偿或者共有等方法处理。

示范案例六

无人继承且无人受遗赠的遗产应如何处理？

已经80多岁的王老太，丈夫早亡，膝下无儿无女，也无兄弟姐妹。她在城里有一幢二层楼房，她将一楼出租给别人做铺面，每月约有2000元的收入，作为她的生活费用之

① 罗杰：《最高人民法院关于适用〈中华人民共和国婚姻法〉若干问题的解释（三）（征求意见稿）专家论证会纪要》，西南政法大学外国家庭法及妇女理论研究中心网，http://www.swupl.edu.cn/mweb/wgjtf/content.asp? cid=821305199&id=959379247. 上网时间：2010年6月15日。

外每月还有结余。多年来王老太有几个堂姐妹有时来串串门，陪王老太聊天解闷，但在生活上也没有给予太多的照顾。天有不测风云，2021 年 3 月王老太突发心脏病去世，其生前也没有留下遗嘱，王老太的几个堂姐妹为了继承王老太遗留的这幢房子和 3 万元存款争执不下，遂起诉到人民法院。

请问：王老太的这幢房子和 3 万元存款应如何处理？她的几个堂姐妹是否可以请求分配遗产？

分析意见：

本案涉及无人继承且无人受遗赠的遗产处理问题。在我国，依我国《民法典》第一千一百二十三条规定："继承开始后，按照法定继承办理；有遗嘱的，按照遗嘱继承或者遗赠办理；有遗赠扶养协议的，按照协议办理。"也就是说，自然人死亡后所遗留的个人所有财产可以依法由其继承人继承或受遗赠人承受。但如果死者没有继承人，也没有受遗赠人，就面临无人继承和无人受遗赠的遗产应如何处理的问题。遗产无人继承的原因包括：没有法定继承人，也没有遗嘱继承人；或者虽有法定继承人或遗嘱继承人，但均已放弃继承权或丧失继承权。无受遗赠人的原因有：被继承人生前未立遗嘱指定受遗赠人；或虽有遗嘱指定受遗赠人，但该遗嘱无效或所涉及的遗赠无效；受遗赠人明确表示放弃遗赠，或者在知道受遗赠后两个月内未作接受遗赠的意思表示的；或受遗赠人被人民法院取消了受遗赠权；被继承人生前没有与他人订立遗赠扶养协议；或虽有遗赠或遗赠扶养协议，但遗赠或遗赠扶养协议没有处分的遗产，仍然是无人受遗赠的遗产。我国《民法典》第一千一百六十条规定："无人继承又无人受遗赠的遗产，归国家所有，用于公益事业；死者生前是集体所有制组织成员的，归所在集体所有制组织所有。"

在本案中，王老太既无配偶、父母、子女，也无兄弟姐妹、祖父母、外祖父母，还无孙子女、外孙子女。因此，她没有第一顺序和第二顺序的法定继承人，也无代位继承人。并且，由于她生前没有立遗嘱，其遗产也不能发生遗嘱继承和遗赠。因此，人民法院应依法确认，王老太留下的遗产，属于无人继承，且无人受遗赠的遗产，依法应归国家所有。虽然王老太有几位旁系血亲的堂姐妹，但由于这些人在老太太生前没有对其尽扶养义务，不符合我国《民法典》第一千一百三十一条规定的请求酌情分配遗产的条件，因此她们都无权请求酌情分得遗产。

讨论案例

1. 如何认定遗产纠纷的诉讼时效？

2011 年 1 月，张某的父亲病故，张某由于工作忙未能回去料理丧事，只寄回了 1000 元。直到 2021 年 4 月张某回家后，他才知道两个哥哥已背着他把父亲遗留下的房屋、家具和存款平分了。张某要求分割父亲的遗产，但其两个哥哥说，当时分割父亲的遗产时你自己没回来，超过两年就不能再分遗产了。

请问：张某还能继承父亲的遗产吗？

2. 被继承人的债务大于遗产实际价值，继承人是否应负全部清偿责任？

不久前，王某继承了已病故的父亲的遗产，总价值 4 万元。但继承后他才知道，他的父亲生前在开办个体工商户时曾向陈某借款 5 万元未返还。而他的父亲全部遗产仅有 4 万元，尚不够还借款。陈某要求王某清偿全部欠款，被王某拒绝。于是陈某来到律师事务所咨询。

请问：王某是否有义务负责清偿父亲遗留的全部债务？

3. 继承人是否有义务承担被继承人遗留的财产损害赔偿债务，被继承人的遗产应当如何继承？

杜刚的父亲早亡，由母亲抚养长大。姐姐早已出嫁，生有一子一女。1991 年，姐姐因病去世。1993 年杜刚与王灵结婚，1994 年生下女儿杜燕。2005 年杜刚、王灵离婚，杜燕随母亲共同生活。2006 年 1 月杜刚与沈利结婚，沈利带来与前夫所生儿子沈卫国（2 岁）共同生活，杜、沈婚后生下儿子杜青。

2008 年 1 月，杜刚开始经营运输业，购买黄海牌卡车一辆，并办理了车身保险（保险金额 3.5 万元）和第三者责任保险。2021 年 1 月 5 日，杜刚出车到某地送货，其母及子沈卫国同时前往。途中汽车不慎翻下悬崖坠毁，祖孙三人死于非命，承运的货物也被毁损，损失 1.1 万元。

事故发生后，保险公司按合同赔偿汽车损失 3.5 万元。杜刚生前经营运输业，有存款 5 万元，家中另有杜刚与沈利结婚后新盖的房屋 2 间，共同购置的电冰箱、彩电等价值 1.5 万元。其母有个人积蓄 3 万元。

丧事毕，亲属之间为继承问题发生纠纷，起诉到人民法院。托运人也向人民法院提起诉讼，要求杜刚的继承人赔偿货物损失 1.1 万元。

请问：本案有哪些继承法律关系？承运货物的财产损失应由谁来承担？被继承人的遗产应当如何继承？

4. 股东的法定继承人表示放弃继承遗产，是否还需承担债务清偿责任？

被告某纺织有限责任公司成立于 2019 年 1 月 4 日，公司注册资本为人民币 50 万元，系由王某和季某夫妻两人共同出资，其中王某出资 30 万元，季某出资 20 万元，王某为该公司法定代表人。公司成立后，向原告蒋某等三人借款 60 万元，用于公司经营周转，被告某纺织有限责任公司向原告蒋某等三人分别出具了借据，并约定于 2020 年 9 月底前一次性还清。

2021 年 4 月，王某和季某夫妻及儿子因同一起交通事故全部身亡，两人开办的纺织有限责任公司处于停业亏损状态。原告蒋某等三人为索要借款，以纺织有限责任公司和王某、季某的法定继承人王父、王母、季父、季母为被告，诉至某区人民法院，要求被告承担还款责任。

法院审理过程中，被告某纺织有限责任公司及王父、王母、季父、季母均未出庭参加诉讼。王父、王母、季父、季母均表示放弃继承财产。

请问：某纺织有限责任公司两股东的法定继承人放弃继承后，他们对某纺织有限责任公司的债务有无清偿义务？

5. 受继子扶养的继父死亡后，继子有无权利继承继父的遗产？

吴某 20 岁时父亲死亡，其生母万某 1992 年年初经人介绍与甲村七组村民 57 岁的单身汉张某认识，两人交往一段时间后于同年 3 月公开举行了婚礼，然后就在张某婚前个人建造的 2 间房屋内以夫妻名义同居生活，但一直未办理结婚登记。在万某与张某共同生活期间，吴某帮助张某耕种责任田，并对两位老人生活上给予照料和帮助，尽了赡养、扶助义务。2002 年 12 月万某去世后，吴某仍然继续对张某尽赡养、照料义务。2005 年 1 月，甲村村委会为无儿无女的70岁的张某办理了“五保”手续。在“五保”期间，张某共领取了3000元的“五保费”和优先发放给“五保户”的150元救济款。此外，甲村村委会还以其他形式给予张某一定的帮助和照料。2021年1月，张某去世，甲村村委会用张某的存款办理了张的丧事，然后，以2.8万元的价格将张某遗留的2间房屋出售给了他人。

吴某以其与张某事实上已形成了继父子间的扶养关系，且该2间房屋为其父母的遗产为由，向甲村村委会索要售房款未果，遂向人民法院起诉，要求甲村村委会返还应由其继承的2.8万元售房款。

请问：本案应如何处理？

6. 对“五保户”尽了扶助义务的邻居，是否有权请求酌情分得遗产？

某村村民孟某父母双亡，丈夫早逝，未生育子女，也无兄弟姐妹等其他近亲属，属于村里的“五保户”。2015年春节后，孟某突患重病，生活不能自理。邻居王英平素与孟某关系较好。当她得知孟某患病后，便主动把孟某接到她的家中，服侍照料。2021年3月，孟某去世，留有1间房屋和一些衣物、家具等遗产。孟某的侄子前来主张继承。村委会干部认为“五保户”孟某的全部遗产应归村集体所有。孟某的邻居王英则认为，她在孟某生前对其照料较多，应当有权请求酌情分得部分遗产。但孟某的侄子却认为，只有他才是孟某的亲属，应由其一个人继承死者的全部遗产。

请问：孟某的遗产应如何处理？

相关裁判实例摘录[①]

黄某与某东公司等民间借贷纠纷

原告黄某向法院提出诉讼请求：1. 请求判决被告某东公司偿还原告借款本金1700万元及资金利息（该利息从2019年3月5日起，以1700万元为基数，按照月息2%计算至偿还完本息时止）；2. 请求判决被告成都某宇公司、四川某轩公司、谢某林在其所持有股权范围内对诉讼请求第一项承担连带清偿责任；3. 请求判决被告王某对诉讼请求第一项承担连带清偿责任；4. 请求判决被告熊某遥、廖某、廖某碧、熊明某在其继承财产范围内对诉讼请求第一项承担连带清偿责任；5. 本案诉讼费、保全费、律师费由被告承担。审理过程中，原告黄某自愿将第一项诉讼请求被告某东公司偿还原告借款本金1700万元及资金利息变更为请求被告某东公司偿还原告借款本金1300万元及资金利息（撤回原告主张的案外人庞某向其转让的400万元债权部分诉讼请求）。事实与理由：2016年被告某东公司向原告借款，同年2月4日，被告某东公司向原告出具借条，共计在原告处借到借款本金1300万元，2016年2月5日，原告按照约定，将该笔借款分两次转至被告某东公司，后原、被告经协商一致对该次借款的本金及利息归还方式等进行重新约定，并达成一致意见，被告王某及原保证人熊某对其上述1300万元款项及其资金利息等提供连带担保，因原保证人熊某现已死亡，被告熊某遥、廖某、廖某碧及熊明某作为继承人应在其继承财产范围内对上述债权承担连带清偿责任。被告成都某宇公司、四川某轩公司、谢某林作为被告某东公司股东有抽逃出资的嫌疑，也应在其所持有股权范围内承担连带清偿责任。

---

① 摘自北大法宝网，（2020）川1702民初3438号。

被告某东公司、成都某宇公司、四川某轩公司、谢某林、熊某遥、廖某、王某、廖某碧、熊明某经法院传票传唤均未到庭参加诉讼。

法院经审理认定事实如下：2020 年 1 月 3 日，原告黄某（作为甲方出借人）、被告某东公司（作为乙方借款人）与熊某（作为丙方 1 担保人）、王某（作为丙方 3 担保人）签订《借款合同》，合同主要约定：1. 乙方因经营需要于 2016 年 2 月 4 日向甲方分别出具借条借款 1000 万元、300 万元，共计 1300 万元，甲方于 2016 年 2 月 5 日分别向乙方转款 700 万元、600 万元，共计向乙方支付借款 1300 万元；2. 甲方多次催收乙方一直未能按期偿还，三方认可甲方出借给乙方的本金为 1300 万元，乙方已于 2016 年 2 月 5 日收到；3. 乙方收到借款本金 1300 万元后，先后向甲方支付利息至 2019 年 3 月 4 日，2019 年 3 月 5 日之后的资金利息一直未能支付，截至本协议签订之日乙方未能向甲方归还借款本金；4. 乙方从 2019 年 3 月 5 日起按月利率 2.5%向甲方计算资金利息，并于 2019 年 12 月 31 日前支付从 2019 年 3 月 5 日至 2019 年 12 月 31 日的资金利息（借款本金 1300 万元，月利率 2.5%），2020 年 1 月 1 日之后的资金利息乙方在偿还本金前按季度向甲方支付资金利息；5. 乙方应当在 2020 年 9 月前一次性归还甲方全部借款及最后一个季度的资金利息；6. 丙方 1、丙方 2、丙方 3、丙方 4 自愿就本合同所涉及的乙方对甲方的债务承担连带责任保证；7. 丙方 1、丙方 2、丙方 3、丙方 4 保证担保的范围包括主债权（1300 万元）、利息（2019 年 3 月 5 日之后的资金利息）以及实现债权的费用，包括但不限于案件受理费、公告费、保全费、交通费以及律师代理费等。该《借款合同》上虽载明丙方 2 担保人为案外人冉某、丙方 2 担保人为张某平，但二人均未在该合同上签字。

2016 年 2 月 5 日，原告黄某通过中国建设银行×××7××××0111 账号向被告某东公司在中国农业银行四川省某市分行的 7001××××6578 账号转账 700 万元，同日原告黄某通过中国工商银行×××2××××0456 向被告某东公司在中国农业银行四川省某市分行的 7001××××6578 账号转账 600 万元。

法院认为，借条是双方债权债务的凭证，原告黄某向被告某东公司出借资金，有双方签订的借款原件及银行转账明细为证，双方借贷关系成立，原告黄某要求被告某东公司偿还借款本金及利息的诉讼请求法院予以支持。

关于借款的金额及利息。案涉借款合同上载明黄某于 2016 年 2 月 5 日分别向某东公司转账 700 万元、600 万元，与原告举证的银行转账凭证载明的 700 万元、600 万元相对应，借款金额应为 1300 万元。《借款合同》中第三条约定乙方从 2019 年 3 月 5 日起按月利率 2.5%支付资金利息，根据《最高人民法院关于适用〈中华人民共和国民法典〉时间效力的若干规定》第一条“民法典施行前的法律事实引起的民事纠纷案件，适用当时的法律、司法解释的规定，但是法律、司法解释另有规定的除外”、《最高人民法院关于审理民间借贷案件适用法律若干问题的规定》（2020 年 12 月 23 日修正）第二十五条“出借人请求借款人按照合同约定利率支付利息的，人民法院应予支持，但是双方约定的利率超过合同成立时一年期贷款市场报价利率四倍的除外”、第三十一条第二款“2020 年 8 月 20 日之后新受理的一审民间借贷案件，借贷合同成立于 2020 年 8 月 20 日之前，当事人请求适用当时的司法解释计算自合同成立到 2020 年 8 月 19 日的利息部分的，人民法院应予支持；对于自 2020 年 8 月 20 日到借款返还之日的利息部分，适用起诉时本规定的利率保护标准计算”之规定，借款利息从 2019 年 3 月 5 日起，按照年利率 24%标准计算至 2020

年8月19日，自2020年8月20日起按照年利率15.4%标准计算至清偿本息时止。

关于其他被告是否应当承担连带清偿责任。原告庭审中陈述因被告成都某宇公司、四川某轩公司、谢继林系被告某东公司的股东，其有抽逃出资行为，应承担责任，但未举证相关证据，对该主张法院不予支持。被告熊某、王某在借款合同上作为丙方担保人签字，合同内容载明自愿就本合同所涉债务承担连带责任保证，原告主张被告王某对前述合同债务承担连带责任的请求，法院予以支持。现熊某已于2020年8月18日去世，熊某的法定继承人有其母亲廖某碧、妻子廖某、大女儿熊某遥、二女儿熊明某，廖某碧向法院提交声明书表示自愿放弃对熊某遗产的继承，根据《最高人民法院关于适用〈中华人民共和国民法典〉时间效力的若干规定》第一条“……民法典施行前的法律事实持续至民法典施行后，该法律事实引起的民事纠纷案件，适用民法典的规定，但是法律、司法解释另有规定的除外”及《最高人民法院关于适用〈中华人民共和国民法典〉继承编的解释（一）》第三十六条“遗产处理前或者在诉讼进行中，继承人对放弃继承反悔的，由人民法院根据其提出的具体理由，决定是否承认”的规定，继承人在“遗产处理前”放弃继承的行为处于一种不稳定状态，不发生确定的法律后果。廖某碧作出了放弃继承的意思表示不违反法律规定，但继承人在遗产处理时仍可以反悔。故为了债权人的合法权益得以实现，被告廖某碧仍应在实际继承熊某遗产范围内承担责任，被告廖某、熊某遥、熊明某在继承熊某遗产范围内承担责任，承担连带责任后有权向被告某东公司追偿。原告黄某主张律师费用的诉讼请求未举证证明，法院不予支持。

综上所述，依照《中华人民共和国合同法》第六十条、第一百零七条，《最高人民法院关于审理民间借贷案件适用法律若干问题的规定》第二十五条、第三十一条第二款，《最高人民法院关于适用〈中华人民共和国民法典〉时间效力的若干规定》第一条，《最高人民法院关于适用〈中华人民共和国民法典〉继承编的解释（一）》第三十六条和《中华人民共和国民事诉讼法》第一百四十四条之规定，判决如下：

一、被告某东公司偿还原告借款本金1300万元及资金利息（该利息从2019年3月5日至2020年8月19日按照年利率24%标准计算，自2020年8月20日起按照年利率15.4%标准计算至本息清偿时止）；

二、被告王某对前述判项内容承担连带清偿责任；

三、被告熊某遥、廖某、廖某碧、熊明某在其继承财产范围内承担连带清偿责任；

四、驳回原告黄某的其他诉讼请求。

案件受理费99800元，由被告某东公司负担。

第七单元

涉及少数民族、华侨、港澳台同胞的婚姻家庭继承案例

基本理论概述

民族婚姻家庭，是指少数民族在民族内、少数民族之间、少数民族与汉族之间的婚姻和家庭关系，包括结婚、离婚、复婚、扶养、监护、收养等。为尊重少数民族的风俗习惯，我国原《婚姻法》第五十条规定，“民族自治地方的人民代表大会有权结合当地民族婚姻家庭的具体情况，制定变通规定”。自《民法典》出台后，原《婚姻法》的这一条规定未予保留。但《立法法》第七十五条统一对民族自治地方对法律和行政法规的变通作出规定。因此，我国一些民族自治地方的立法机关对婚姻法中的法定婚龄所作的变通规定仍然有效。比如，新疆、内蒙古、西藏、宁夏回族自治区和一些自治州、自治县，均以男20周岁，女18周岁作为本地区的最低婚龄。但这些变通规定仅适用于少数民族，不适用生活在该地区的汉族。

涉及华侨、港澳台同胞的婚姻家庭关系主要是指侨居在外国或定居在我国香港、澳门、台湾地区的中国同胞与内地公民之间，以及华侨之间、港澳台同胞之间依照我国法律在内地缔结或解除以及依法处理的婚姻家庭关系。我国法律鼓励华侨按照居住国的法律在当地办理结婚登记或举行结婚仪式，并承认其效力。由于我国现有制度中尚没有调整区际冲突的专门法，因此，对涉及港澳台同胞的婚姻家庭继承关系将比照《涉外民事关系法律适用法》进行处理。但是，根据我国《涉外民事关系法律适用法》第五条规定：“外国法律的适用将损害中华人民共和国社会公共利益的，适用中华人民共和国法律。”根据2020年修正后的《最高人民法院关于审理涉台民商事案件法律适用问题的规定》第三条规定：“根据本规定确定适用有关法律违反国家法律的基本原则或者社会公共利益的，不予适用。”因此，适用外国法律或者中国港澳台地区的法律，不得违背中华人民共和国的社会公共利益，该项婚姻不得与我国《民法典》婚姻家庭编的基本原则相抵触。

主要相关法律、法规及司法解释链接

《立法法》

第七十五条　民族自治地方的人民代表大会有权依照当地民族的政治、经济和文化的特点，制定自治条例和单行条例。自治区的自治条例和单行条例，报全国人民代表大会常务委员会批准后生效。自治州、自治县的自治条例和单行条例，报省、自治区、直辖市的人民代表大会常务委员会批准后生效。

自治条例和单行条例可以依照当地民族的特点，对法律和行政法规的规定作出变通规定，但不得违背法律或者行政法规的基本原则，不得对宪法和民族区域自治法的规定以及其他有关法律、行政法规专门就民族自治地方所作的规定作出变通规定。

《民事诉讼法》

第二十二条　下列民事诉讼，由原告住所地人民法院管辖；原告住所地与经常居住地不一致的，由原告经常居住地人民法院管辖：

（一）对不在中华人民共和国领域内居住的人提起的有关身份关系的诉讼；

（二）对下落不明或者宣告失踪的人提起的有关身份关系的诉讼；

（三）对被采取强制性教育措施的人提起的诉讼；

（四）对被监禁的人提起的诉讼。

示范案例一

如何处理少数民族婚姻当事人的重婚问题？

1993年12月5日，居住在四川马边彝族自治县的一对彝族表兄妹，某甲，男，21岁，某乙，女，18岁，按照当地的习俗举行了婚礼，结为夫妻关系，但一直未办理结婚登记手续。1995年某乙生下一女孩，某甲对某乙生女孩甚感不满，要求某乙再为他生一男孩。但某乙因生育时难产，差点性命难保，于是不想再生孩子，并做了绝育手术。从此，某甲与某乙便为此事经常发生矛盾。1997年8月24日，某乙终于忍受不了某甲的打骂，便带着刚满2周岁的女儿离家出走。同年11月10日，某乙在本县与21岁的汉族青年某丙登记结婚。某甲得知此事后，便找到某乙，要求某乙回家，某乙不从。2002年6月10日，某甲以重婚为由向人民法院提起诉讼，要求解除某乙与某丙的婚姻关系。

请问：某乙与某丙是否构成重婚？某乙与某丙的婚姻是否有效？

分析意见：

此案涉及民族婚姻问题。民族婚姻是指少数民族之间、少数民族与汉族之间以及少数民族在本民族内的婚姻，包括结婚、离婚和复婚。由于民族婚姻具有鲜明的传统习俗性和特殊性，所以不能完全按照我国《民法典》婚姻家庭编的有关规定执行。按照我国《婚姻法》第五十条以及《立法法》第七十五条规定，新疆、西藏、宁夏、内蒙古四个自治区，先后颁布了施行我国《婚姻法》的变通条例或补充规定，一些自治州、自治县也先后颁布了变通或补充规定。四川省马边彝族自治县人大常委会于1991年11月27日通过了《马边彝族自治县施行〈中华人民共和国婚姻法〉的补充规定》（以下简称《马边彝族自治县施行婚姻法的补充规定》），并于1992年9月26日经四川省人大常委会批准生效。对民族婚姻一般有以下变通或补充规定：

其一，适当降低法定婚龄。我国《民法典》婚姻家庭编规定的法定婚龄偏高，在少数民族地区难以执行，所以各少数民族地区的变通或补充规定一般都将现行法定婚龄降低了2岁。《马边彝族自治县施行婚姻法的补充规定》第五条第一款规定：“结婚年龄，男不得早于二十周岁，女不得早于十八周岁。”

其二，提倡三代以内的旁系血亲不结婚。我国少数民族居住地区大多交通不便，人口稀少，因而长期盛行近亲通婚，表兄弟姐妹结婚是许多少数民族的习惯。对中表婚问题，少数民族地区的变通或补充规定采取了两种态度，一种是严格执行我国婚姻家庭制度中的规定，禁止中表婚。如新疆维吾尔自治区相关变通规定的第三条规定："禁止三代以内的旁系血亲结婚。"另一种是提倡三代以内的旁系血亲不结婚。如内蒙古自治区的变通规定中第四条规定："大力提倡三代以内的旁系血亲不结婚。"《马边彝族自治县施行婚姻法的补充规定》第六条规定："禁止直系血亲结婚，不许三代以内的旁系血亲结婚。"

其三，坚持结婚、离婚必须履行法律手续。在少数民族地区，由于受传统习俗的影响，一些民众在婚姻问题上仍然是"从俗不从法"。男女青年只要按当地民族习俗确立婚姻关系后，双方都不能反悔。这些习俗导致少数民族聚居地区出现了较多的事实婚姻。为了严格贯彻实施我国已经建立的婚姻家庭制度，各少数民族地区的变通或补充的规定大多规定，结婚、离婚必须履行法律手续。《马边彝族自治县施行婚姻法的补充规定》第八条第一款规定："结婚、离婚、复婚必须严格履行法律手续。"

其四，民族自治地方执行婚姻法的变通或补充规定的适用范围。对于该范围，各民族自治地方的规定不尽相同。新疆、西藏、宁夏、内蒙古四个自治区规定只适用于本自治区的少数民族；循化、化隆、孟连、沧源等自治县规定只适用于本地区少数民族中的一般群众，双方都是国家职工的，仍按《民法典》婚姻家庭编的规定执行，甘孜、阿坝、凉山等自治州规定既适用于本州的少数民族，也适用于与少数民族结婚的汉族。《马边彝族自治县施行婚姻法的补充规定》第十二条规定："本补充规定适用于自治县内的彝族、其他少数民族以及与少数民族结婚的汉族。"

其五，强调维护非婚生子女的合法权益。我国有的少数民族，对非婚生子女习惯上由生母抚养，生父不负担任何抚养义务。为了保障非婚生子女的合法权益，民族自治地方的变通或补充规定大多规定，对非婚生子女生活费和教育费的负担，应按我国《民法典》婚姻家庭编的规定执行，改变全由生母负担的习惯。《马边彝族自治县施行婚姻法的补充规定》对此未作规定。凡未作变通规定的，均应按我国《民法典》婚姻家庭编的规定执行。

就本案而言，根据《马边彝族自治县施行婚姻法的补充规定》，并结合我国现行《民法典》婚姻家庭编以及司法解释的相关规定，某乙与某丙不构成重婚，某乙与某丙的婚姻合法有效。主要理由如下：

第一，某甲与某乙之间既未成立法律婚姻，也未成立事实婚姻，所以某乙与某丙既不构成法律重婚，也不构成事实重婚。根据我国《民法典》婚姻家庭编以及《马边彝族自治县施行婚姻法的补充规定》，不许三代以内的旁系血亲结婚，结婚必须履行法律手续，即必须进行结婚登记。而本案中，某甲与某乙是表兄妹，不符合结婚条件，且未办理结婚登记手续。所以某甲与某乙之间不构成法律上的婚姻关系。在我国，按照司法解释的规定，事实婚姻是指在法定时间范围内，符合结婚实质要件的男女，未进行结婚登记，即以夫妻关系同居生活，群众也认为是夫妻关系的两性结合。根据《民法典婚姻家庭编司法解释（一）》的规定，1994年2月1日民政部《婚姻登记管理条例》公布实施以前，男女双方已经符合结婚实质要件的，按事实婚姻处理。在本案中，某甲与某乙由于是表兄妹，违反了我国现行《民法典》婚姻家庭编以及《马边彝族自治县施行婚姻法的补充规定》中的结婚实质要件，所以某甲与某乙之间不构成事实婚姻。既然某甲与某乙之间既未成立法律婚姻，也未成立事实婚姻，所以，某乙与某丙既不构成法律重婚，也不构成事实重婚。某乙与某丙的婚姻为合法婚姻。

第二，某乙与某丙的结婚符合结婚的实质要件与形式要件，其婚姻有效。本案中，虽然某丙为汉族，但是根据《马边彝族自治县施行婚姻法的补充规定》第十二条的规定，与本地区少数民族结婚的汉族同样适用该补充规定。某丙结婚时已满21周岁，达到了少数民族地区的变通规定的法定婚龄，在其他方面也没有违背我国现行婚姻家庭制度的规定，完全符合结婚的实质要件和形式要件，所以某乙与某丙的婚姻为合法婚姻。

第三，关于子女的抚养问题，某甲与某乙所生之女为非婚生子女，根据我国现行《民法典》婚姻家庭编的规定，非婚生子女享有与婚生子女同等的权利，不直接抚养非婚生子女的生父或生母，应当负担子女的生活费和教育费，直至子女能独立生活为止。因此，某甲应承担其女儿的生活费和教育费，具体数额由双方协商，协商不成，由人民法院判决。

示范案例二

双方当事人户籍均在香港，离婚案件应由何地法院受理？

原告秦强为香港居民，与被告吴丽经人介绍于1990年11月按民俗举行婚礼，于1991年8月在福建省某市补办结婚登记手续。婚后感情尚好，生育一男一女，两子女随被告在晋江某地生活。2002年8月，被告吴丽以会夫为由获准携两子女前往香港定居。原、被告在共同生活期间，未能妥善处理夫妻关系而产生纠纷，造成双方于2004年10月开始分居生活，原告秦强据此于2005年8月向某市某人民法院提起离婚诉讼。2005年12月25日，某市某人民法院以原告与被告实际分居时间较短，夫妻感情尚未破裂为理由，判决不准原告秦强与被告吴丽离婚。2014年1月4日，原告秦强再次向某市某人民法院提起离婚诉讼，诉称：与被告吴丽婚后感情一般，经常产生纠纷，并于2004年10月开始分居生活。2005年8月向某市某人民法院提起离婚诉讼，被判决不准离婚。判决之后，双方仍分居至今，夫妻已无和好可能，感情确已破裂，故再次提起诉讼，请求判决准予离婚，子女由原告抚养。

被告吴丽在答辩中提出管辖权异议，称导致夫妻感情破裂的原因是原告的重婚行为。本诉讼案并非一般普通离婚案，它涉及在港男方的重婚问题，在香港可一并审理。离婚案的双方当事人及其子女户籍、生活均在香港，应由被告所在地法院受理，以香港法例解决较为实际；双方婚姻关系存续期间拥有的共有房屋、物业等，大部分在港、澳，在香港诉讼较为方便；现已向香港法援处提交离婚申请，且被接受的法院进行排期。请求将该案交由香港法院受理。

某市某人民法院对吴丽的管辖权异议，经审查认为：原告秦强与被告吴丽的婚姻缔结地在福建省某市，本院对该案具有管辖权。依照我国现行《民事诉讼法》第三十五条之规定，“两个以上人民法院都有管辖权的诉讼，原告可以向其中一个人民法院起诉”。该院于2014年8月12日作出裁定：驳回被告吴丽对本案管辖权提出的异议。

被告吴丽不服一审裁定，向某市中级人民法院提出上诉，诉称：虽然双方婚姻缔结地在福建某地，但双方及婚生子女长期居住在香港，双方在婚姻关系存续期间的财产大部分在港、澳，同时香港法院已接受上诉人的离婚申请。请求中级人民法院撤销某市某人民法院民事裁定，由香港法院对本案行使管辖权。

某市中级人民法院经审查认为：上诉人与被上诉人的婚姻缔结地虽然在福建省某市，但双方及其子女均居住在香港，且大部分夫妻共同财产也在香港，为便利当事人诉讼和今后执行，本案应由当地法院管辖为宜，上诉人吴丽上诉的理由可以成立，原审裁定驳回吴丽对本案管辖权提出的异议不当。依照2015年《最高人民法院关于适用〈中华人民共和国民事诉讼法〉的解释》第十三条的规定："在国内结婚并定居国外的华侨，如定居国法院以离婚诉讼须由婚姻缔结地法院管辖为由不予受理，当事人向人民法院提出离婚诉讼的，由婚姻缔结地或者一方在国内的最后居住地人民法院管辖。"该院于2014年11月4日作出裁定：撤销某市人民法院民事裁定，本案由当事人直接向香港法院起诉。

请问：二审法院的裁定是否正确，为什么？

分析意见：

根据我国现行《民事诉讼法》关于地域管辖和涉外民事诉讼管辖的规定以及最高人民法院有关司法解释，涉港、澳、台同胞的离婚管辖的确定，有以下几种情况：

第一，双方原在我国内地结婚，现一方居住在港、澳特别行政区，另一方居住在内地，提起离婚诉讼，由原告住所地或者经常居住地人民法院管辖；港、澳一方向港、澳地区法院提起离婚诉讼，内地一方向人民法院起诉的，受诉人民法院有权管辖。[①]

第二，根据2017年《最高人民法院、香港特别行政区区政府关于内地与香港特别行政区法院相互认可和执行婚姻家庭民事案件判决的安排》，2006年《最高人民法院关于内地与澳门特别行政区相互认可和执行民商事判决的安排》，居住港、澳一方当事人向港、澳特别行政区法院起诉离婚的，该法院作出离婚的判决，只要不违反我国内地法律的基本精神，且双方当事人均无异议的，该判决对双方均有拘束力；如该判决要在内地执行的，可由当事人作为申请人直接向被申请人住所地、经常居住地、财产所在地的中级人民法院提出申请，涉及香港同胞的，还可以向申请人住所地、经常居住地的中级人民法院提出申请，申请内地人民法院任何和执行相关的判决。[②]

第三，根据民事诉讼法关于地域管辖以及涉外民事诉讼管辖的规定以及最高人民法院有关司法解释，涉及我国台湾地区离婚案件的管辖，一般应以原告住所地或者居所地法院作为管辖法院。下列三类案件，均由原告住所地或者居所地人民法院管辖：一是大陆一方要求与在台湾地区一方离婚的案件；二是大陆一方与在台湾地区一方分离后未办理离婚手续，一方或者双方分别在大陆和台湾地区再婚的，如果其中一方当事人（大陆一方）提出与原配偶离婚的案件；三是回大陆定居一方要求与在台湾地区一方离婚的案件。

第四，凡是内地人民法院享有管辖权的案件，港、澳特别行政区法院对该案的受理，并不影响当事人就同一案件在内地法院起诉；但是否受理，应视案件具体情况作出决定。根据2015年《最高人民法院关于认可和执行台湾地区法院民事判决的规定》，案件虽经我国台湾地区有关法院判决，但当事人未申请认可，而是就同一案件事实向内地人民法院

---

① 参见2015年《最高人民法院关于适用〈中华人民共和国民事诉讼法〉的解释》第十五条。

② 参见2017年《最高人民法院、香港特别行政区区政府关于内地与香港特别行政区法院相互认可和执行婚姻家庭民事案件判决的安排》第四条，2006年《最高人民法院关于内地与澳门特别行政区相互认可和执行民商事判决的安排》第四条。

提起诉讼的，应予受理。[①]

如果涉港、澳、台婚姻的当事人的结婚登记不是在内地办理，当事人在内地提起诉讼离婚的，对于来自香港、台湾、澳门的结婚登记注册证书，也要履行相关的公证、认证手续。以香港为例，该结婚注册证书，要经司法部委托的香港公证律师进行查证，后出具蜡封的公证文书，再加中国法律香港服务公司的转递章后，才可有效地在中国内地法院使用。

需要指出的是，我国最高人民法院2019年修正后的《关于民事诉讼证据的若干规定》第十六条第三款规定："当事人向人民法院提供的证据是在香港、澳门、台湾地区形成的，应当履行相关的证明手续。"具体方法是，在内地无住所的我国香港当事人从内地以外寄交或者托交的有关诉讼材料，需经我国司法部委托的香港律师公证；在内地无住所的澳门当事人从内地寄交或者托交的有关诉讼材料，应盖有中国法律服务（澳门）有限公司证明事务专用章。在我国内地无住所的台湾地区当事人从台湾地区寄交或者托交的有关诉讼材料，应当经我国台湾地区当地的公证机构或者其他部门、民间组织、律师出具证明，个人可以由其工作单位出具证明。此外，我国台湾地区当事人也可以通过香港、澳门当事人采用的办法办理公证事宜。

我国港、澳、台地区诉讼文书认定的事实对内地人民法院一般不具有预决的效力。但当事人对已为人民法院认可的台湾地区有关法院作出的民事判决所认定的事实无须举证。但如果对方当事人有相反证据足以推翻该判决所确认的事实的，则不能免除当事人的举证责任。对于香港、澳门地区法院的诉讼文书确认的事实，亦照此原则办理。

就本案而言，在审理过程中主要涉及以下两个问题：

第一，香港居民到内地进行离婚诉讼，内地人民法院是否可以立案受理？最高人民法院1984年4月14日（84）法民字第3号《关于原在内地登记结婚后双方均居住香港，现内地人民法院可否受理他们离婚诉讼的批复》规定："对于夫妻双方均居住在港澳的同胞，原在内地登记结婚的，现在发生离婚诉讼，如果他们向内地人民法院请求，内地原结婚登记地或原户籍地人民法院可以受理。"这是最高人民法院对港、澳同胞离婚诉讼特殊管辖所作的规定。原告秦强与被告吴丽的婚姻缔结地是在福建某地，两婚生子女均在该地出生并生活过一段时间，现原、被告及其子女均居住香港，符合最高人民法院上述司法解释所指的情形，而且原、被告双方于2005年间曾在某市某法院进行离婚诉讼，当时法院判决不准离婚。因此，此次原告再次向某市某法院提起离婚诉讼，某市某人民法院予以立案受理，是符合最高人民法院上述规定的。

第二，本案被告吴丽提出案件由香港法院受理的诉讼请求，人民法院应否予以支持？我国现行《民事诉讼法》第二十一条第一款规定："对公民提起的民事诉讼，由被告住所地人民法院管辖；被告住所地与经常居住地不一致的，由经常居住地人民法院管辖。"亦即在案件管辖上一般实行原告就被告的原则。1990年通过、1997年施行的《中华人民共和国香港特别行政区基本法》对香港的司法制度和终审权作了规定。根据法律规定的原则，对涉及香港居民案件的管辖，应遵循方便当事人诉讼，有利于民事争议解决和相互尊重，充分协商，不争管辖，便利争议解决的原则。就本案而言，被告吴丽于2014年1月

① 参见《最高人民法院关于认可和执行台湾地区法院民事判决的规定》第十二条。

在有效期限内提交的答辩状中向内地受诉法院提出管辖权异议，认为双方虽然婚姻缔结地在福建，但双方当事人及其子女户籍、生活均在香港，应由被告所在地法院受理，在香港诉讼较为方便；在该婚姻关系存续期间拥有的共同房屋、物业等，大部分在港澳之间，以香港法例解决较为实际；且其已向港方法援处申请离婚，并被接受交给当地法院排期。请求该案由香港法院受理。

本案二审法院鉴于当事人双方及其子女均在香港，夫妻大部分共同财产也在港、澳特别行政区，从有利于公正审理，保护当事人合法权益，便利当事人依法行使诉讼权利，便利法院依法进行审理和判决执行等原则出发，认为本案应由香港当地法院管辖为宜。被告吴丽的诉讼请求之理由可以成立，应予支持。而且本案诉讼一方当事人提出管辖异议，要求该案由香港法院审理，这与最高人民法院上述司法解释的“……现在发生离婚诉讼，如果他们（此应理解为双方当事人）向内地人民法院请求”的条件不符。因此，二审法院的裁定是正确的。

示范案例三

如何处理海峡两岸同胞的重婚问题?

张某（女）与祖籍为台湾地区台北市人李某（男）于1952年1月在福建省某市结婚，婚后夫妻感情甚好。1953年生有一子，取名为李建国，1954年又生一女，取名为李建英。1958年2月，李某因故去台湾，此后音讯全无。张某便独自一人承担起抚养两个小孩的重任。1965年，李某在台湾取得永久居留权后又与王某结婚，并生儿育女，1993年2月，王某因车祸死亡。2004年春，李某回大陆探亲，并与张某住在一起。然而，由于两人长期分居后现在的生活习惯很不相同，又加上张某成天骂李某是薄情郎，几十年都不回来看她，两个子女也想方设法向其索要钱财，李某忍无可忍，于2006年1月返回台湾地区。2015年2月，张某向人民法院提出与李某离婚，并要求李某补偿两个孩子的抚养费。

请问：本案是否按离婚案件处理?李某是否应补偿两个孩子的抚养费?

分析意见：

本案是一起涉台离婚案件。涉台婚姻中的台湾同胞，是指居住在我国台湾地区或者在台湾地区出生现居住在国外或港、澳地区的具有中国国籍的人。已加入外国国籍的台胞按外籍华人对待；对在国外取得永久居住权的台胞按华侨对待；已在港、澳地区取得永久居住权的台胞按港、澳同胞对待。

对于涉台离婚案件，由于涉及特殊的历史原因，在处理时应充分考虑海峡两岸人民长期分离的实际情况，从有利于稳定现有婚姻家庭关系的现状出发，根据我国现行《婚姻法》规定的一夫一妻制的基本原则，结合实际情况进行处理。根据1988年4月16日民政部、司法部《关于去台人员与其留在大陆的配偶之间婚姻关系问题处理意见的通知》的精神，处理此类婚姻纠纷应掌握如下原则：

第一，海峡两岸配偶双方分离后，未办离婚手续且均未再婚的，承认其婚姻关系存续。

第二，双方分离后，留在大陆一方提出离婚，已经人民法院判决离婚，不论对方是否接到判决书，人民法院的判决都是有效的。解除婚姻关系后，双方均未再婚，现双方自愿恢复婚姻关系的，按复婚的有关规定处理。

第三，双方分离后，去台一方依照台湾地区有关规定与留在大陆的一方解除了婚姻关系，但双方均未再婚，现双方自愿恢复婚姻关系，可承认其婚姻关系存续。

第四，双方分离后，一方或者双方已经再婚，且其再婚配偶健在的，如双方自愿恢复与原配偶的婚姻关系，应按照一夫一妻制的原则，先与再婚配偶解除婚姻关系后，才可以与原配偶重新办理结婚登记。

需要注意的是，双方分离后，大陆一方未办理离婚手续，又与他人结婚或者长期与他人以夫妻关系同居生活的，如果符合事实婚姻构成要件的，该婚姻中的当事人可以按照合法婚姻的配偶对待，获得相应的权利义务。

双方分离后，未办理离婚手续，一方或者双方分别在大陆和台湾地区再婚的，对于这种由于特殊原因形成的婚姻关系，不以重婚对待。当事人不告诉，人民法院不主动干预。如果其中一方提出与其配偶离婚，应当按照离婚案件受理。

从本案的案情看，对于李某在台湾地区重婚的行为，由于是在特殊时期形成的，当事人张某不告诉，人民法院不主动干预。现张某提出与李某离婚，人民法院应当按照离婚案件受理。

关于对子女的抚养问题，由于海峡两岸长期隔离，客观上使去台人员不能对其留在大陆的子女履行抚养的义务。去台一方回大陆后，大陆一方向其索要已成年子女过去的抚养费用的，对这种请求人民法院原则上不予支持。抚养子女是夫妻双方的义务，夫妻双方都在，由夫妻双方共同抚养；一方由于特殊原因未与子女共同生活或者无力尽抚养义务，则由另一方独立承担此义务。因此，大陆一方已经尽了全部抚养义务的，不能向对方主张追索抚养费。本案中，李某去台湾地区以后，由于客观上的原因，使李某不能对其留在大陆的子女履行抚养义务，现子女都已成年，没有实际支付的必要，所以，对张某要求李某补偿两个孩子的抚养费的主张，人民法院依法应不予支持。

讨论案例

1. 少数民族习惯不允许与汉族通婚，当事人坚决要求结婚的能否办理结婚登记？

2015 年，某林业学院毕业的赵某（男，汉族，1993 年生），被分配到云南某林区工作，当地居民都是少数民族。不过，赵某早有思想准备，而且他十分热爱森林，所以他准备在此大干一番事业。一年以后，赵某与当地一位少数民族姑娘恋爱，但女方的父母知道了此事，坚决反对他们恋爱，因为根据女方民族习惯，是不允许本民族男女与外族男女通婚的。尽管如此，赵某仍与这位姑娘继续谈恋爱，2016 年 3 月，两人到婚姻登记机关申请办理结婚登记。

请问：婚姻登记机关应否为其办理结婚登记？

2. 香港同胞在内地死亡，如何确定遗产继承案件的管辖权与准据法？

杜秋明在香港经营服装买卖，其资产达 400 万港币。2011 年，杜秋明来到深圳投资 20 万元人民币兴建了一座服装厂，并由大儿子负责经营。2015 年 1 月，杜秋明在深圳认识了一位年轻貌美的胡女士。不久，杜秋明便与胡女士经常出双入对。2015 年 12 月，杜秋明回香港与妻子离婚后，于 2016 年 2 月与胡女士在内地办了结婚登记手续，并定居在深圳。香港的服装买卖则交给他的另外两个儿子和一个女儿经营。2021 年 2 月，杜秋明因病在深圳死亡。由于香港的法律有为妻子保留特殊份额的规定，杜秋明的三个儿子和一个女儿要求按内地的法律分割父亲的遗产，而胡女士知道后坚决要求适用香港的法律。

请问：该案应由香港法院还是深圳法院管辖？如果当事人向深圳法院起诉，如何适用两地的法律？

3. 台湾同胞与大陆同胞在内地离婚，应如何处理财产纠纷？

2018 年 1 月，台胞某甲（男）从台湾地区回四川某县探亲。在探亲期间与该县某乙（女）认识，双方于 3 月 10 日在该省民政部门办理了结婚登记后，某甲出资 10 万元在该县购得单元楼一套，并赠送某乙价值 2 万元的金银首饰一套。婚后双方经常为经济问题发生争执，夫妻关系日益恶化。2021 年 5 月，某乙提出与某甲离婚，并要求对某甲出资购买的房屋按夫妻共同财产分割。经法院调解，某甲同意离婚，但认为房屋为他出资购买，应为他的个人财产，不同意按夫妻共同财产进行分割，并要求某乙返还金银首饰。某乙则认为金银首饰是某甲赠送的，应归她所有。

请问：本案应如何处理？

相关裁判实例摘录①

黄某、王某离婚纠纷案

上诉人（原审原告）：黄某，男，1973 年 8 月 22 日出生，台湾地区居民，住台湾宜兰县。

被上诉人（原审被告）：王某，女，1977 年 4 月 20 日出生，汉族，住福建省福清市。

上诉人黄某因与被上诉人王某离婚纠纷一案，不服福建省福清市人民法院（2019）闽 0181 民初 7980 号民事判决，向本院提起上诉。本院于 2020 年 1 月 9 日立案后，依法组成合议庭进行了审理。本案现已审理终结。

黄某上诉请求：撤销一审判决，改判黄某与王某离婚。事实与理由：夫妻二人已经没有感情，且王某被台湾当局管制无法来台，结婚至今夫妻双方无法长期生活，无法信任对方，婚姻无法维持下去。

王某辩称，一审判决认定事实清楚，适用法律正确，请求依法维持。双方在相识后自愿登记结婚，有一定的感情基础，只是因生活琐事产生隔阂，如果双方加强沟通，互谅互让，夫妻关系可以得到改善。希望双方能够珍惜以往的夫妻感情，共同创造和谐家庭。

黄某向一审法院提出诉讼请求：1. 判决黄某、王某离婚；2. 本案诉讼费用由王某承担。

一审法院认定事实：黄某与王某于 2014 年在台湾地区经人介绍相识。××××年××月××日，双方在福建省福州市民政局登记结婚，婚后未生育子女。

另查明，因王某在台湾地区逾期居留 2146 天，台湾地区“内政部移民署”于 2015 年 7 月 27 日对其作出处分书，处罚款新台币 10000 元，并将其遣送回大陆。

一审法院认为，黄某是台湾地区居民，本案系涉台民事案件。根据法发［2015］7 号

① 摘自中国裁判文书网，（2020）闽 01 民终 751 号。

《最高人民法院关于调整高级人民法院和中级人民法院管辖第一审民商事案件标准的通知》第四条“婚姻、继承、家庭、物业服务、人身损害赔偿、名誉权、交通事故、劳动争议等案件，以及群体性纠纷案件，一般由基层人民法院管辖”的规定以及（2015）民四他字第25号《关于指定福建省福州市仓山区人民法院、福建省福州市马尾区人民法院、福建省福清市人民法院、福建省泉州市丰泽区人民法院、福建省南安市人民法院、福建省泉州市惠安县人民法院跨区域集中管辖一审涉外、涉港澳台民商事案件的批复》，一审法院对本案具有管辖权。《最高人民法院关于审理涉台民商事案件法律适用问题的规定》第一条第一款规定：“人民法院审理涉台民商事案件，应当适用法律和司法解释的有关规定。”参照《中华人民共和国涉外民事关系法律适用法》第二十七条“诉讼离婚，适用法院地法律”的规定，本案适用大陆法律为准据法。

人民法院审理离婚案件，准予或不准离婚应以夫妻感情是否破裂作为区分的界限。判断夫妻感情是否确已破裂，应当从婚姻基础、婚后感情、离婚原因、夫妻关系的现状和有无和好的可能等方面综合分析。本案中，黄某与王某相识后自愿登记结婚，有一定的感情基础，黄某每隔数月到大陆探亲，可见双方婚后感情较好。黄某主张王某被台湾地区“内政部移民署”管制，至2024年才能解除管制，但未提供证据予以证实，故不予采信。双方现因生活琐事产生隔阂，但若能彼此尊重、互谅互让、加强沟通，理性看待并正确处理婚姻中的问题，夫妻关系或能得以改善。黄某关于夫妻感情已经破裂的主张，未得到王某的认可，所提供的证据亦不足以证实本案存在应当准予离婚的法定情形，故对黄某提出的离婚诉讼请求，一审法院不予支持。希望今后双方能够珍惜以往建立的夫妻感情，共同建设幸福和睦家庭。

依照《中华人民共和国涉外民事关系法律适用法》第二十七条、《中华人民共和国婚姻法》第三十二条以及《最高人民法院关于适用〈中华人民共和国民事诉讼法〉的解释》第九十条、第五百五十一条规定，一审法院判决：不准黄某与王某离婚。

当事人在一审诉讼中向法院提交的证据均已随一审案卷移送二审人民法院。

经审理，二审人民法院确认一审查明的事实属实。

二审人民法院认为，本案的争议焦点是双方夫妻感情是否已经破裂，应当根据《最高人民法院关于人民法院审理离婚案件如何认定夫妻感情确已破裂的若干具体意见》（以下简称《意见》）来判断双方夫妻感情是否已经破裂。本案中，黄某与王某系认识较长时间后而自愿登记结婚，可以认定双方存在一定的感情基础。在黄某没有证据证明其与王某存在符合上述《意见》规定情形以及王某明确不同意离婚的情况下，一审法院判决不准双方离婚，并无不当。

综上所述，黄某的上诉请求不能成立，应予驳回；一审判决认定事实清楚，适用法律正确，应予维持。依照《中华人民共和国民事诉讼法》第一百七十条第一款第一项规定，判决如下：

驳回上诉，维持原判。

二审诉讼费用245元，由上诉人黄某负担。

本判决为终审判决。

第八单元
涉外婚姻、涉外继承、涉外收养案例

基本理论概述

涉外婚姻是指一国公民同外国人（包括无国籍人）的婚姻，包括涉外结婚和涉外离婚。根据我国有关法律的规定，我国公民和外国人结婚适用婚姻缔结地法律，离婚适用受理案件的法院所在地的法律。凡涉外婚姻当事人在我国境内结婚或离婚的，都必须按照我国法律的规定办理。

涉外继承是指在继承关系的构成要素中有一个或几个涉及国外的继承，即有涉外因素的继承。涉外因素是指在继承法律关系的构成要素或与继承遗产有关的法律事实中，有涉及外国的因素。其主要表现在以下三个方面：1. 主体涉外；2. 客体涉外；3. 继承有关的法律事实涉外。

涉外收养有广义和狭义之分。广义的涉外收养，是指含有涉外因素的收养，即在收养人与被收养人之间至少有一方为外国人。狭义的涉外收养，是指外国人或无国籍人在中华人民共和国境内收养中国公民的子女。

主要相关法律、法规及司法解释链接

《民法典》

第一千一百零九条　外国人依法可以在中华人民共和国收养子女。

外国人在中华人民共和国收养子女，应当经其所在国主管机关依照该国法律审查同意。收养人应当提供由其所在国有权机构出具的有关其年龄、婚姻、职业、财产、健康、有无受过刑事处罚等状况的证明材料，并与送养人签订书面协议，亲自向省、自治区、直辖市人民政府民政部门登记。

前款规定的证明材料应当经收养人所在国外交机关或者外交机关授权的机构认证，并经中华人民共和国驻该国使领馆认证，但是国家另有规定的除外。

《民事诉讼法》

第十八条　中级人民法院管辖下列第一审民事案件：

（一）重大涉外案件；

（二）在本辖区有重大影响的案件；

（三）最高人民法院确定由中级人民法院管辖的案件。

第二十二条　下列民事诉讼，由原告住所地人民法院管辖；原告住所地与经常居住地不一致的，由原告经常居住地人民法院管辖：

（一）对不在中华人民共和国领域内居住的人提起的有关身份关系的诉讼；

（二）对下落不明或者宣告失踪的人提起的有关身份关系的诉讼；

（三）对被采取强制性教育措施的人提起的诉讼；

（四）对被监禁的人提起的诉讼。

第三十三条　下列案件，由本条规定的人民法院专属管辖：

（一）因不动产纠纷提起的诉讼，由不动产所在地人民法院管辖；

（二）因港口作业中发生纠纷提起的诉讼，由港口所在地人民法院管辖；

（三）因继承遗产纠纷提起的诉讼，由被继承人死亡时住所地或者主要遗产所在地人民法院管辖。

《涉外民事关系法律适用法》

第二十一条　结婚条件，适用当事人共同经常居所地法律；没有共同经常居所地的，适用共同国籍国法律；没有共同国籍，在一方当事人经常居所地或者国籍国缔结婚姻的，适用婚姻缔结地法律。

第二十二条　结婚手续，符合婚姻缔结地法律、一方当事人经常居所地法律或者国籍国法律的，均为有效。

第二十三条　夫妻人身关系，适用共同经常居所地法律；没有共同经常居所地的，适用共同国籍国法律。

第二十四条　夫妻财产关系，当事人可以协议选择适用一方当事人经常居所地法律、国籍国法律或者主要财产所在地法律。当事人没有选择的，适用共同经常居所地法律；没有共同经常居所地的，适用共同国籍国法律。

第二十五条　父母子女人身、财产关系，适用共同经常居所地法律；没有共同经常居所地的，适用一方当事人经常居所地法律或者国籍国法律中有利于保护弱者权益的法律。

第二十六条　协议离婚，当事人可以协议选择适用一方当事人经常居所地法律或者国籍国法律。当事人没有选择的，适用共同经常居所地法律；没有共同经常居所地的，适用共同国籍国法律；没有共同国籍的，适用办理离婚手续机构所在地法律。

第二十七条　诉讼离婚，适用法院地法律。

第二十八条　收养的条件和手续，适用收养人和被收养人经常居所地法律。收养的效力，适用收养时收养人经常居所地法律。收养关系的解除，适用收养时被收养人经常居所地法律或者法院地法律。

第二十九条　扶养，适用一方当事人经常居所地法律、国籍国法律或者主要财产所在地法律中有利于保护被扶养人权益的法律。

第三十条　监护，适用一方当事人经常居所地法律或者国籍国法律中有利于保护被监护人权益的法律。

第三十一条　法定继承，适用被继承人死亡时经常居所地法律，但不动产法定继承，适用不动产所在地法律。

第三十二条　遗嘱方式，符合遗嘱人立遗嘱时或者死亡时经常居所地法律、国籍国法律或者遗嘱行为地法律的，遗嘱均为成立。

第三十三条　遗嘱效力，适用遗嘱人立遗嘱时或者死亡时经常居所地法律或者国籍国法律。

第三十四条　遗产管理等事项，适用遗产所在地法律。

第三十五条　无人继承遗产的归属，适用被继承人死亡时遗产所在地法律。

《婚姻登记条例》

第四条　内地居民结婚，男女双方应当共同到一方当事人常住户口所在地的婚姻登记机关办理结婚登记。

中国公民同外国人在中国内地结婚的，内地居民同香港居民、澳门居民、台湾居民、华侨在中国内地结婚的，男女双方应当共同到内地居民常住户口所在地的婚姻登记机关办理结婚登记。

第十条　内地居民自愿离婚的，男女双方应当共同到一方当事人常住户口所在地的婚姻登记机关办理离婚登记。

中国公民同外国人在中国内地自愿离婚的，内地居民同香港居民、澳门居民、台湾居民、华侨在中国内地自愿离婚的，男女双方应当共同到内地居民常住户口所在地的婚姻登记机关办理离婚登记。

示范案例一

涉外离婚诉讼的管辖权如何确定？

2018年年初，中国公民郝爽自费到美国留学。留学期间与英国留学生克鲁克·杰尔相识相恋，2019年年初两人在美国履行了法定结婚手续。但婚后不久，郝爽发现由于观念和生活习惯不同，两人很难相处，克鲁克·杰尔还有酗酒的恶习，两人多次争吵后分居。2020年年底，郝爽返回其在中国的住所地上海，并准备诉请和克鲁克·杰尔离婚。

请问：郝爽应向中国、美国还是英国法院提起离婚诉讼？其离婚应适用哪国法律？

分析意见：

本案主要涉及涉外离婚诉讼的管辖权问题和法律适用问题。

第一，离婚诉讼属于一种民事诉讼。民事诉讼中地域管辖的一般原则是“原告就被告”，即由被告住所地人民法院管辖。但在特殊情况下，也适用“被告就原告”原则。根据我国《民事诉讼法》第二十二条规定，对不在中华人民共和国领域内居住的人提起的有关身份关系的诉讼，由原告住所地人民法院管辖；原告住所地与经常居住地不一致的，由原告经常居住地人民法院管辖。本案中，郝爽作为原告，对不在中国领域内居住的配偶提起离婚之诉，应当依法向中国法院提起离婚诉讼。

第二，我国《涉外民事关系法律适用法》第二十七条对涉外离婚适用法律问题亦有明确规定，即中华人民共和国公民和外国人离婚适用受理案件的法院所在地法律。据此，受理案件的中国法院应适用中国法律审理郝爽与克鲁克·杰尔的离婚诉讼。

示范案例二

外国人收养中国儿童应符合哪些条件和程序？

汤姆森夫妇是美国人，他们本有一个可爱的儿子，但不幸的是，儿子在刚满3岁那年，因坠机事故不幸身亡。汤姆森夫妇悲恸欲绝，为了减轻对儿子的相思之苦，在儿子死去的第二年，汤姆森夫妇便离开美国，来到中国某大学从事外教工作。现在，十多年过去了，汤姆森夫妇丝毫未减轻对儿子的思念之情，于是便萌发了收养孩子的念头。在2021年3月的一个清晨，在汤姆森夫妇居住的外教楼的花园里，人们发现了一个被丢弃的女婴以及一张写着女婴出生年月的纸条。汤姆森夫妇闻讯赶来，将小孩抱回家中喂养。但没过几天，派出所知道了此事，便来到了汤姆森家中，告诉汤姆森说："现在你们还暂时不能收养该弃婴，必须在查找不到弃婴生父母的情况下，你们才能收养，而且还要按法律规定的条件和程序办理收养手续。"汤姆森夫妇不知道外国人收养中国儿童应符合哪些条件和程序，便来到律师事务所咨询。

请问：外国人收养中国儿童应符合哪些条件和程序？

分析意见：

本案主要涉及涉外收养的条件和程序问题。我国《民法典》第一千一百零九条第一款规定："外国人依法可以在中华人民共和国收养子女。"我国《涉外民事关系法律适用法》对外国人在中国境内收养子女的条件和程序作了规定。

对于在中国境内办理涉外收养的条件，《涉外民事关系法律适用法》第二十八条规定："收养的条件和手续，适用收养人和被收养人经常居所地法律。收养的效力，适用收养时收养人经常居所地法律。收养关系的解除，适用收养时被收养人经常居所地法律或者法院地法律。"就本案而言，汤姆森夫妇在中国收养子女，既要符合我国《民法典》规定的实质要件，包括被收养人的条件、收养人的条件以及送养人的条件，又要符合收养人和被收养人经常居所地法律。因此，如果汤姆森夫妇将继续一直在中国居住，那么，符合中国的收养条件即可。如果汤姆森夫妇准备收养后回到美国生活，那么，就要符合美国有关收养的法律规定。

对于中国境内办理涉外收养的程序，《涉外民事关系法律适用法》第二十八条规定，外国人在中国收养子女的程序既要适用收养人经常居住地法律，又要适用我国《民法典》的规定。主要包括：

第一，外国人须向中国政府委托的收养组织提出收养申请。外国人在华收养子女，应当通过所在国政府或者政府委托的收养组织向中国政府委托的收养组织转交收养申请书并提交收养人的家庭情况报告和证明。这些报告和证明须经收养人经常居住地国公证机构或者公证人公证，并经其经常居住地国外交部或者外交部授权的机构及我国驻该国使馆或领馆认证，主要包括以下文件：（1）跨国收养申请书；（2）出生证明；（3）婚姻状况证明；（4）职业、经济收入和财产状况证明；（5）身体健康检查证明；（6）有无受过刑事处罚的证明；（7）收养人所在国主管机关同意其跨国收养子女证明；（8）家庭情况报告，包括收养申请人身份、收养的合格性和适当性、家庭状况和病史、收养动机以及适合于照顾儿童的特点。

在华工作或者学习连续居住一年以上的外国人在华收养子女，应当提交在华所在单位或者有关部门出具的婚姻状况证明，职业经济收入或者财产状况证明，有无受过刑事处罚的证明以及县级以上医疗机构出具的身体健康检查证明。

第二，送养人应当向省、自治区、直辖市人民政府民政部门提交有关证明材料。送养人应当向省、自治区、直辖市人民政府民政部门提交本人的居民户口簿和居民身份证（社会福利机构做送养人的，应当提交负责人的身份证件）、被收养人的户籍证明等情况证明，并根据不同情况提交下列有关证明：（1）被收养人的生父母为送养人的，应当提交生父母有特殊困难无力抚养的证明和生父母双方同意送养的书面意见。（2）被收养人的监护人做送养人的，应当提交被收养人的父母不具备完全民事行为能力且对被收养人有严重危害的证明或者生父母死亡证明和监护人有监护权的证明，以及其他有抚养义务的人同意送养的书面意见。（3）由社会福利机构做送养人的，应当提交弃婴、儿童被遗弃和发现的情况证明以及查找其父母或其他监护人的情况证明；被收养人是孤儿的，应当提交孤儿父母的死亡证明，以及有抚养孤儿义务的其他人同意送养的书面意见。

第三，中国收养组织向外国人发出来华接收养子女通知书。省、自治区、直辖市人民政府民政部门应当对送养人提交的证件和证明材料进行审查，对查找不到生父母的弃婴和儿童公告查找其生父母。认为被收养人、送养人符合收养法规定条件的，将符合收养法规定的被收养人、送养人名单通知中国收养组织。中国收养组织对外国收养申请和有关证明进行审查后，应当在省、自治区、直辖市人民政府民政部门报送的符合收养法规定条件的被收养人中，参照外国收养人的意愿，选择适当的被收养人，并将该被收养人及其送养人的有关情况通过外国政府或者外国收养组织送交外国收养人。外国收养人同意收养的，中国收养组织向其发出来华收养子女通知书，同时通知有关的省、自治区、直辖市人民政府民政部门向送养人发出被收养人已被同意收养的通知。

第四，办理收养登记手续。外国人来华收养子女，应当与送养人订立书面收养协议。书面协议订立后，收养关系当事人应当到被收养人常住户口所在地的省、自治区、直辖市人民政府民政部门办理收养登记，办理收养登记时，应当填写外国人来华收养子女登记申请书并提交收养协议，同时分别提供以下材料：（1）收养人应当提供中国收养组织发出的来华收养子女通知书以及收养人的身份证件和照片；（2）送养人应提供省、自治区、直辖市人民政府民政部门发出的被收养人已被同意收养的通知以及送养人的居民户口簿和居民身份证（社会福利机构做送养人的，为其负责人的身份证件）、被收养人的照片。收养登记机关收到外国人来华收养子女登记申请书和收养人、被收养人及其送养人的有关材料后，应当自次日起7日内进行审查，对符合规定的，为当事人办理收养登记，发给收养登记证书。收养关系自登记之日起成立。

就本案而言，汤姆森夫妇首先应将该弃婴交给社会福利机构抚养，然后，通过美国政府或美国政府委托的收养组织向中国政府委托的收养组织转交收养申请并提交上述家庭情况报告的证明。抚养该弃婴的社会福利机构作为送养人应当向省、自治区、直辖市人民政府民政部门提交上述相关证明材料，审查符合法律规定的，中国收养组织可以向汤姆森夫妇发出来华收养子女通知书，同时通知有关的省、自治区、直辖市人民政府民政部门向抚养该弃婴的社会福利机构发出被收养人已被同意收养的通知。最后，汤姆森夫妇才可与抚养该弃婴的社会福利机构共同办理涉外收养登记手续。

示范案例三

外国人在中国死亡，其遗产继承案件应由哪国法院受理？

2015 年 1 月，日本人小泽一郎来上海经商，与上海女青年杨敏结识后，于 2016 年 10 月结婚并定居在上海。2019 年 3 月，两人生有一子，中文名叫杨锐。2021 年 3 月 20 日，小泽一郎不幸去世，其父母从日本赶到上海为小泽一郎办理丧事后，因继承问题发生纠纷。杨敏认为，按日本法律规定，第一顺序继承人只包括被继承人的子女及其直系卑血亲，不包括被继承人的父母。所以，小泽一郎的全部遗产应由杨锐、杨敏两人继承，其父母无权继承。小泽一郎的父母却认为，小泽一郎死亡时住所地在中国，理应按中国法律处理遗产继承。按照我国《继承法》的规定，被继承人的配偶、子女、父母同为第一顺序继承人，应当共同继承小泽一郎的遗产。双方各执己见，无法达成一致意见。2021 年 5 月，小泽一郎的父母遂向上海市某区人民法院提起诉讼。杨敏得知此事后，认为由中国法院审理此事会对她不利，于是便向日本法院提起诉讼。据查，小泽一郎死亡时主要遗产在上海，但是除在上海有房屋和存款外，在日本还有少量存款。

请问：本案应当如何处理？

分析意见：

这是一起涉外继承案件，主要涉及两个方面的法律问题：一是民事诉讼管辖权问题，二是处理涉外继承的准据法问题。

第一，关于本案的管辖权，由于涉外继承案件的管辖直接关系到处理涉外继承案件的结果，因此，许多国家从保护本国公民或者在本国境内的财产利益出发，对涉外继承案件规定了专属管辖。我国《民事诉讼法》第三十三条规定：“下列案件，由本条规定的人民法院专属管辖……（三）因继承遗产纠纷提起的诉讼，由被继承人死亡时住所地或者主要遗产所在地人民法院管辖。”根据此规定，本案属于我国人民法院专属管辖，因为被继承人死亡时住所地和主要遗产所在地都在中国。

在本案中，虽然小泽一郎的父母和杨敏都分别向中国法院和日本法院提起了诉讼，但是由于该案属于我国人民法院专属管辖，所以我国人民法院有权受理此案。另外，小泽一郎的父母在中国起诉的法院也不违反级别管辖的规定。因为，小泽一郎死亡时的经常居住地在上海，根据我国《民法典》第二十五条规定：“自然人以户籍登记或者其他有效身份登记记载的居所为住所，经常居所与住所不一致的，经常居所视为住所。”上海应视为被继承人的住所地。所以，小泽一郎的父母向上海市某区人民法院起诉符合我国关于专属管辖的规定。

第二，关于本案适用的准据法，我国《涉外民事关系法律适用法》第三十一条对涉外继承的准据法的适用作了如下规定：“法定继承，适用被继承人死亡时经常居所地法律，但不动产法定继承，适用不动产所在地法律。”本案被继承人的遗产既有动产又有不动产，对于动产，由于本案属于法定继承，所以应按照中国的法律来处理遗产继承，即小泽一郎的父母、杨敏、杨锐四人同为第一顺序继承人，原则上应均等分割其动产。对于不动产，根据不动产适用不动产所在地法律，由于不动产位于上海，所以也应适用中国法律并按上述原则分割。

讨论案例

1. 动产遗产在国外的继承案件能否由中国法院受理？

中国公民某甲，2009 年 1 月去美国谋求职业，2017 年 2 月与一名美国女士某乙结婚，并定居在美国某州某市。2020 年 2 月，某甲在美国不幸去世。据查，某甲在美国有遗产 10 万美元存款。某甲在中国的母亲某丙与某乙就遗产继承问题发生纠纷。某丙认为在美国打官司肯定对己不利，于是她想在中国法院提起诉讼。

请问：某丙是否可以在中国法院提起诉讼？

2. 中国公民在国外结婚后，可否在中国法院起诉与外国人离婚？

某外国语学院有一女生苏梦，喜欢上网聊天，由于她是法语系的学生，所以上网多半是进入法国网站的一些聊天室，用不太流利的法语跟外国友人聊天，通过网上聊天，她不但锻炼了法语口语，还结交了不少的法国网友。后来，她与一名叫保罗的法国人开始了网恋。2016 年 6 月，她大学毕业后便去了法国。同年 9 月，她与保罗在法国结婚并定居。2019 年 2 月苏梦生育一女后，保罗开始对她冷淡。2020 年 5 月，苏梦发现保罗与一法国女子有通奸的行为，感到忍无可忍，一气之下带着女儿返回了中国。2021 年 2 月，她向国内某地人民法院提起诉讼，要求与保罗离婚，并要求分割婚后保罗在法国的财产，同时还要求保罗负担女儿抚养费的一部分。

请问：国内某地人民法院是否应受理保罗与苏梦的离婚案件？

3. 中国法院是否受理没有离婚制度的外国夫妻离婚案件？

一对菲律宾夫妇某甲（男）与某乙（女），结婚数十年，但两人感情一直不和。两人曾多次想离婚，但菲律宾法律实行禁止离婚主义，无法离婚。2015 年年初，夫妇俩来中国广州经商，偶听中国商人说，中国法院可以受理外国人与外国人之间的离婚案件，遂向广州市某区人民法院提起离婚诉讼。

请问：广州市某区人民法院能否受理此案？

4. 外国公民与中国公民在中国结婚，应适用哪国法律？

瑞士公民某甲（女），是中国某大学的一名外教。某甲由于长期在中国任教与其丈夫（居住在瑞士）感情日渐疏远。同时，某甲在某大学任教期间，得到了同事某乙（男）的许多帮助和关心，于是某甲与某乙逐渐成了一对情侣。2015 年 7 月，某甲向中国某市某区人民法院提起离婚诉讼。同年 12 月，法院判决某甲与其丈夫离婚。2016 年 3 月，某甲与某乙准备向中国某民政部门申请结婚登记。但某甲不知她是否可以在中国登记结婚，因为根据《瑞士民法典》第一百零三条规定，离婚妇女在离婚后的三百日内禁止再婚。

请问：外国公民与中国公民在中国申请结婚登记，是否既要符合中国法律又要符合本国法律的规定？

5. 外籍华人回国收养子女应当具备哪些条件及履行哪些法定手续？

马某（男）与冯某（女）青梅竹马，在读高中时两人开始谈恋爱，2014 年两人同时考入某大学，他们之间的感情更为深厚。2017 年两人又以优秀的成绩毕业，并同时考入美国某大学研究生院继续深造。研究生毕业以后，马某与冯某便结婚定居在美国，并获得永久居住权，加入美国国籍。结婚数年，两人事业有成，夫妻感情甚好，但遗憾的是，冯某因生理原因不能生育子女。于是，马某与冯某想回国收养一名中国孩子，但他们不知道怎样办理收养手续。

请问：马某与冯某回国内收养子女，应当具备哪些条件？应当在哪个机关办理收养登记？

相关裁判实例摘录①

李某1诉李某2遗赠纠纷案

上诉人（一审被告）：李某1，男，1982年1月10日出生，大韩民国公民，住大韩民国京畿道富川市，现暂住中华人民共和国吉林省延吉市。

委托诉讼代理人：王某巍，吉林诚途律师事务所律师。

被上诉人（一审原告）：李某2，女，1968年3月15日出生，朝鲜族，住中华人民共和国吉林省延吉市。

委托诉讼代理人：金某贤，吉林敖联律师事务所律师。

委托诉讼代理人：李某浩，吉林敖联律师事务所律师。

上诉人李某1因与被上诉人李某2遗赠纠纷一案，不服中华人民共和国吉林省延边朝鲜族自治州中级人民法院（2018）吉24民初264号民事判决，向本院提起上诉。本院立案后，依法组成合议庭，公开开庭进行了审理。上诉人李某1的委托诉讼代理人王某巍，被上诉人李某2的委托诉讼代理人金某贤、李某浩到庭参加诉讼。本案现已审理终结。

李某1上诉请求：撤销一审判决，改判驳回李某2的诉讼请求。事实和理由：一审法院认定事实不清，判决结论错误。

李某2辩称，上诉人的主张没有证据，遗嘱记载的财产是否存在与本案无关，是执行问题。请求维持原判。

李某2向一审法院起诉请求：1. 请求依法确认李某3于2017年3月19日立下的遗嘱合法有效；2. 请求判令被告李某1向原告李某2支付人民币1007600元；3. 诉讼费由李某1承担。

一审法院认定事实：李某2系李某3的前妻，李某1系李某3的儿子。李某3于2017年3月19日立遗嘱一份，记载："给李某2。1. 工商银行1007600元（2018. 9. 23）；2. 单位20个月；3. 延边一中的房子；4. 太平洋保险5万元。2017年3月19日，李某3（签名）。"2018年3月17日，李某3在韩国就医过程中去世。李某1系李某3的唯一法定继承人。2018年5月21日，李某2在家整理李某3的遗物时发现了涉案遗嘱。现李某2诉至法院，请求确认遗嘱合法有效，要求李某1在其继承范围内向原告李某2支付人民币1007600元，并表示放弃对遗嘱中其他财产的主张。另，李某2与李某3于2000年11月10日登记结婚，并于2003年11月24日登记离婚，双方无婚生子女。离婚后，双方以夫妻名义同居生活。

一审法院认为，本案属涉外民事纠纷案件。根据《中华人民共和国涉外民事关系法律适用法》第三十三条的规定，遗嘱效力，适用遗嘱人立遗嘱时或者死亡时经常居所地法律或者国籍国法律。本案双方当事人在庭审过程中均同意选择适用国籍国法律即中华人

---

① 摘自中国裁判文书网，（2019）吉民终264号。

民共和国法律解决争议，故一审法院确认中华人民共和国法律为审理本案的准据法。遗赠是公民以遗嘱方式将个人财产赠给国家、集体或者法定继承人以外的人，而于其死亡时发生法律效力的民事行为。自书遗嘱需由遗嘱人亲笔书写，签字，注明年、月、日。本案中，李某3于2017年3月19日书写的遗嘱符合自书遗嘱的法律形式，且是李某3的真实意思表示，不违反法律规定，具有遗嘱的效力，合法有效。根据《中华人民共和国继承法》第五条的规定："继承开始后，按照法定继承办理；有遗嘱的，按照遗嘱继承或者遗赠办理；有遗赠扶养协议的，按照协议办理。"鉴于李某3留有遗嘱，本案应当按照遗嘱办理。据案件的事实，李某1作为李某3的唯一法定继承人并未放弃对李某3遗产的继承，故李某2作为受遗赠人在知道受遗赠后两个月内向李某1主张权利符合法律规定，予以支持。关于李某1提出的涉案遗嘱不成立且无法律效力及李某2已放弃继承的抗辩主张，缺乏事实和法律依据，不予支持。综上所述，依照《中华人民共和国涉外民事关系法律适用法》第三十三条，《中华人民共和国继承法》第五条、第十六条第三款、第十七条第二款，《中华人民共和国民事诉讼法》第一百四十二条之规定，判决：一、李某3于2017年3月19日立下的遗嘱有效；二、李某1于本判决发生法律效力后，在继承被继承人李某3在中国工商银行的存款范围内向李某2清偿人民币1007600元。案件受理费13868元，由李某2负担。

二审另查明，李某3的中国工商银行××××账户在2018年9月23日并无款项存入。截至2019年9月9日，该账户余额为472569.22元，没有转入过单笔数额为1007600元的资金。二审庭审中，李某2主张案涉1007600元系李某3理财产品到期后的本金收益，遗书中"2018.9.23"系上述款项打入李某3中国工商银行××××账户的时间。

二审审理查明的其他事实与一审审理查明的事实相同。

二审法院认为，李某3所立遗嘱中注明了金钱的具体数额、日期及所处的银行，故应认定李某3对李某2的该笔遗赠所指向的标的是特定的金钱，而非对李某3所有的金钱。李某2对此予以认可，并主张案涉1007600元系李某3理财产品到期后的本金收益，遗书中"2018.9.23"系上述款项打入李某3中国工商银行××××账户的时间。经本院查明李某3的中国工商银行××××账户在2018年9月23日并无款项存入，故对李某2要求李某1向其支付人民币1007600元的诉请不予支持。

因李某2仅要求李某1在其继承范围内向其支付人民币1007600元，放弃了遗嘱中其他财产，故案涉遗嘱关于其他财产部分的效力与其没有利害关系，二审法院对案涉遗嘱除给予李某2人民币1007600元以外部分的效力不予审理。关于李某3于2017年3月19日书写的给予李某2"工商银行1007600元（2018.9.23）"部分的遗嘱效力问题，二审法院认为符合自书遗嘱的法律形式，意思表示真实，且不违反法律规定，具有遗嘱效力；虽李某2未能提供证据证明该笔金钱的存在，但该笔金钱的存在仅为该部分遗嘱履行的条件，不影响该部分遗嘱效力。

综上所述，李某1的上诉请求部分成立。二审人民法院依照《中华人民共和国民事诉讼法》第一百七十条第一款第二项规定，判决如下：

一、撤销中华人民共和国吉林省延边朝鲜族自治州中级人民法院（2018）吉24民初264号民事判决；

二、李某3于2017年3月19日立下的遗嘱中关于给予李某2人民币1007600元部分有效；

三、驳回李某 1 的其他上诉请求；

四、驳回李某 2 的其他诉讼请求。

案件受理费 27736 元，由李某 1 负担 100 元，由李某 2 负担 27636 元。

本判决为终审判决。

第九单元
婚姻家庭继承法综合案例

示范案例一

收养关系成立后养父母离婚，收养关系该如何处理？

刘强和张月是夫妻，于2019年5月收养一名2岁的弃婴，依法办理收养登记后为其取名刘莹。由于刘强长期在外工作，刘莹一直同张月的母亲王梅生活，张月也时常到母亲处照顾刘莹并按月支付生活费。2020年7月，刘强、张月协议离婚，两人商定刘莹随张月生活。同年9月，张月与吴鹏结婚，刘莹仍与王梅一起生活，张月每月仍支付生活费500元。2021年1月，张月因病死亡，刘强与吴鹏均不愿抚养刘莹，刘强遂与王梅协商，提出以一次性支付5000元为条件解除与刘莹的收养关系。王梅则认为费用太少要求增加，双方发生争议诉讼至法院请求解决。

请问：

1. 刘强与刘莹的养父女关系是否受刘强与张月离婚的影响，为什么？
2. 吴鹏对刘莹有无法定抚养义务？为什么？
3. 如果刘强与王梅在诉讼中就一次性支付的生活费达成协议，可否解除与刘莹的收养关系，为什么？

分析意见：

本案主要涉及收养的效力、收养的解除等问题。

收养，是指通过法律拟制的方法而在本无父母子女关系的人之间创设该关系的法律行为。收养的法律效力则指法律赋予收养行为的强制性约束力。收养行为一经成立，即产生两个方面的法律效力。一为收养的拟制效力，即收养一经合法成立，收养人与被收养人之间即确立养父母子女关系的身份关系，相互间产生父母子女间的权利和义务关系，且该拟制效力还及于养父母的近亲属和养子女的后代；二为收养的解消效力，指收养关系成立后，养子女与生父母及其近亲属间的权利义务关系，因收养关系的成立而消除。

因为收养关系是一种拟制血亲，可以依一定的条件和程序而解除。我国《民法典》规定收养关系的解除有协议解除和诉讼解除两种方式。协议解除的条件有三：第一，双方当事人须有解除收养关系的合意；第二，当事人必须具有完全民事行为能力；第三，夫妻共同收养者，其终止收养亦须夫妻共同解除收养关系。

从本案情况看，刘强与刘莹是依法办理收养登记而成立的合法养父女关系，不受养父母离婚的影响。我国《民法典》第一千一百一十一条规定：“自收养关系成立之日起，养父母与养子女间的权利义务关系，适用本法关于父母子女关系的规定；养子女与养父母的近亲属间的权利义务关系，适用本法关于子女与父母的近亲属关系的规定……”第一千零八十四条第一款、第二款规定：“父母与子女间的关系，不因父母离婚而消除。离婚后，子女无论由父或者母直接抚养，仍是父母双方的子女。离婚后，父母对于子女仍有抚养、教育、保护的权利和义务。”刘强与刘莹的养父女关系不受刘强与张月离婚的影响。

吴鹏对刘莹无法定抚养义务。我国《民法典》第一千零七十二条第二款规定：“继父或者继母和受其抚养教育的继子女间的权利和义务，适用本法关于父母子女关系的规定。”从本案实际情况看，刘莹一直随养外祖母王梅生活，并未受吴鹏的抚养教育，两人属于直系姻亲关系，故吴鹏对刘莹无法定抚养义务。

刘强不能用协议解除与刘莹的收养关系。即便刘强与王梅在诉讼中就一次性支付的生活费达成协议，也不可以解除与刘莹的收养关系。我国《民法典》第一千一百一十四条第一款规定：“收养人在被收养人成年以前，不得解除收养关系，但是收养人、送养人双方协议解除的除外。养子女八周岁以上的，应征得本人同意。”由于王梅是刘莹的养外祖母，刘强是刘莹的养父，两人中任何一方均不是送养人，故双方均不符合协议解除的条件，即使双方达成解除收养关系的协议，民政部门也不能为其办理解除收养登记。

示范案例二

未办理结婚登记以夫妻名义同居，一方要求离婚时，财产问题如何处理？

1990 年 5 月，刚满 19 岁的孟丽与 25 岁的男青年谢涛未办结婚登记即举办了婚礼并以夫妻名义在谢涛处共同生活。同年 8 月，孟丽的父亲孟祥因病死亡，留下存款 1 万元及 50 平方米私房一套，由于母亲早亡又没有其他兄弟姐妹，孟丽就与谢涛搬入该私房居住。谢涛从其舅舅处借款 2 万元对该房进行了装修并在给舅舅的借条中写明了该款的用途。自 1999 年起，谢涛长期在外地工作，夫妻感情日趋冷淡。2019 年 3 月，孟丽用父亲留下的 1 万元购买了股票若干且获利 3 万元，但孟丽却隐瞒了这一情况。2021 年 1 月，谢涛从朋友处知悉此事十分气愤，遂要求孟丽交出该款，孟丽却提出离婚要求，谢涛同意离婚但双方就财产分割无法达成一致意见，孟丽便向法院提出离婚，并提出房屋应为她的个人财产，股票是用父亲遗产购买，其本金及收益也都应归她所有，谢涛则提出不仅要分割房屋和股票收益且他所欠舅舅的债务应属夫妻共同债务。

请问：

1. 孟丽与谢涛的婚姻关系是否有效，为什么？
2. 孟祥死亡时留下的 50 平方米私房及 1 万元存款是否属于夫妻共同财产，为什么？
3. 孟丽取得的 3 万元股票收益是否属于夫妻共同财产，为什么？
4. 谢涛为装修房屋而向舅舅借款 2 万元是否属于夫妻共同债务，为什么？

分析意见：

本案涉及事实婚姻、夫妻共同财产、夫妻个人财产以及夫妻债务的认定等问题。第一，事实婚姻的认定条件。事实婚姻是相对于法律婚姻而言的，是指符合法定结婚条件和符合法定时间条件的男女双方，未办理结婚登记，便以夫妻名义同居生活，群众也认为是夫妻关系的两性结合。《民法典婚姻家庭编司法解释（一）》第七条规定：“未依据民法典第一千零四十九条规定办理结婚登记而以夫妻名义共同生活的男女，提起诉讼要求离婚的，应当区别对待：（一）1994 年 2 月 1 日民政部《婚姻登记管理条例》公布实施以前，男女双方已经符合结婚实质要件的，按事实婚姻处理。（二）1994 年 2 月 1 日民政部《婚姻登记管理条例》公布实施以后，男女双方符合结婚实质要件的，人民法院应当告知其补办结婚登记。未补办结婚登记的，依据本解释第三条规定处理。”因此，本案双方当事人的关系属于事实婚姻关系。当事人双方是在 1994 年 2 月 1 日前以夫妻名义同居的，在 1991 年 5 月，当事人双方均已达到结婚的法定年龄，符合结婚的实质要件和时间要件，所以应认定为事实婚姻，其婚姻关系有效。

第二，夫妻共同财产与夫妻个人财产的认定。根据我国《民法典》的规定，以婚后所得共同制为法定财产制。我国《民法典》第一千零六十二条规定：“夫妻在婚姻关系存续期间所得的下列财产，为夫妻的共同财产，归夫妻共同所有：（一）工资、奖金、劳务报酬；（二）生产、经营、投资的收益；（三）知识产权的收益；（四）继承或者受赠的财产，但是本法第一千零六十三条第三项规定的除外；（五）其他应当归共同所有的财产。夫妻对共同财产，有平等的处理权。”此外，根据《民法典婚姻家庭编司法解释（一）》的规定，“其他应当归共同所有的财产”包括：一方以个人财产投资取得的收益；男女双方实际取得或应当取得的住房补贴、住房公积金；男女双方实际取得或应当取得的养老保险金、破产安置补偿费。在本案中，由于当事人双方对财产关系无约定，故实行法定婚后所得共同所有制。然而，孟丽取得的遗产不属于夫妻共同财产。因为孟丽取得遗产时尚未达到法定婚龄，其事实婚姻关系不能成立，所以其父遗留的存款 1 万元及其私房一套应属婚前财产，根据我国《民法典》第一千零六十二条的规定，这两项财产应属孟丽的个人财产。

孟丽用其父遗产购买股票获得的收益应属于夫妻共同财产。因为该收益财产的取得是在其事实婚姻关系存续期间，且属于法定夫妻共同财产的范围。

第三，夫妻共同债务的认定。夫妻债务，区分为夫妻共同债务和夫妻个人债务两种情况。所谓夫妻共同债务，是指夫妻一方或双方在婚姻关系存续期间为维持婚姻家庭共同生活，或者为共同生产、经营活动所负的债务，在性质上属于连带债务。谢涛向其舅舅的借款应当属于共同债务，因为该借款确实用于两人家庭共同生活之房屋装修。

示范案例三

被继承人遗留的房屋是否属于遗产？对该房屋哪些人有权继承？

陈水旺、魏春兰夫妻共育有两个儿子，即原告陈炳金与被告陈炳全。陈水旺拥有位于福建省某市西安中路 14 号房产一幢。该房屋分两部分，南半部分二层于 1976 年建造，共 9 间房屋，另有天井 1 个；北半部分三层于 20 世纪 80 年代初建造，共 6 间房间，在靠房屋西面另建有猪舍 1 间、厕所 1 间。1990 年 9 月，该市房地产管理局对该房屋进行产权登记，并颁发房屋产权证字第 06792 号房屋所有权证，确定该房屋所有权人为陈水旺（共有人栏内为空白）。2014 年 7 月，该市国土资源局颁发第 2001400 号土地使用权证，确定讼争整栋房屋土地使用权人为陈水旺。2014 年 11 月，被告陈炳全曾提出要求该市房地产管理局将讼争房屋的北半部分登记在其名下。2014 年 10 月 28 日，该市房地产管理局（未将原第 06792 号房屋所有权证撤销或注销）作出第 20145033 号房屋所有权证，将讼争房屋的北半部分产权登记在被告陈炳全名下。但由于原告陈炳金提出异议，故此证未予发放。母亲魏春兰生前与原告陈炳金共同生活。2020 年 9 月 18 日，陈水旺立下自书遗嘱，表示将位于西安中路房产属于其本人的部分由原告陈美凤、被告陈炳全继承。2021 年 1 月 3 日魏春兰去世。2021 年 2 月 20 日陈水旺去世。现原告陈炳金诉至法院，请求法院判决将坐落于西安中路房产的一半归原告陈炳金继承。诉讼中，法院依法追加陈美凤为共同原告参加诉讼。

另查明，陈水旺与前妻章月英生育一子陈炳河，陈炳河于 1975 年去世。陈炳河有一子二女，即儿子陈中元，女儿陈雪元、陈雪冰。诉讼中，陈中元、陈雪元、陈雪冰均表示放弃陈炳河对该房屋的代位继承权。

又查明，1956 年，陈水旺、魏春兰夫妻抱养赖美凤（即本案原告陈美凤，并将赖姓改为陈姓）为养女。之后，原告陈美凤一直与养父母共同生活。1972 年，原告陈美凤与被告陈炳全结婚。

再查明，诉争房产从 1996 年、1997 年起的管理情况如下：南半部分靠西面楼上楼下共计 4 间，北半部分靠南面二楼、三楼各 1 间由原告陈炳金管理；其余 9 间房屋由被告陈炳全夫妻管理；楼梯、天井、客厅公用；目前，猪舍、厕所双方均未使用。

请问：本案应如何处理？

分析意见：

本案系继承而引发的诉讼。在审理过程中，主要涉及以下几个问题：

第一，诉争房屋后建北半部分的产权人是谁，是否属于被继承人陈水旺、魏春兰夫妻的遗产范围？我国有关房地产管理的法律规定，县级以上地方人民政府房产管理部门是房屋所有权登记的法定职能部门。诉争西安中路房产一幢，包括南北两部分，已经由某市房管局 1990 年做出的第 06792 号房屋所有权证确权登记，陈水旺是该房屋的所有权人。该证在未被撤销之前仍然具有法律效力，故应认定诉争整栋房屋均属于陈水旺、魏春兰夫妻的遗产。

第二，在关于房屋确认登记后，在民事诉讼中，法院是否应对行政确权进行审查？房屋确权后，当事人有异议，在民事诉讼中向法院提供大量的证据，证明行政确权有误，且要求撤销或变更已经颁发的房屋所有权证。在房屋确认后，当事人有异议的，可提起行政复议或直接向人民法院提起行政诉讼，以便得到救济。若当事人未通过上述途径解决，而直接向法院提起民事诉讼，要求重新确权，法院将对此不予审查，而直接予以确认。

第三，原告陈美凤是否享有陈水旺、魏春兰夫妻的财产继承权？我国《民法典》第一千一百二十七条规定，遗产按照下列顺序继承：第一顺序：配偶、子女、父母。第二顺序：兄弟姐妹、祖父母、外祖父母。继承开始后，应当首先由第一顺序继承人继承。该条第二款规定，本法所说的子女，包括婚生子女、非婚生子女、养子女和有抚养关系的继子女。原告陈美凤从小即被陈水旺、魏春兰夫妻收养，一直与陈水旺、魏春兰夫妻共同生活，形成了收养事实，而该收养事实发生在我国 1991 年《收养法》公布实施之前，根据当时的政策和法律，应认定陈美凤与陈水旺、魏春兰夫妻之间形成了事实收养关系，虽然陈美凤后来与被告陈炳全结婚，但并不能改变其作为陈水旺、魏春兰夫妻之养女的身份。故原告陈美凤有权继承陈水旺、魏春兰夫妻的遗产。原告陈炳金主张陈美凤不是陈水旺、魏春兰的养女，不能参与分配遗产，但未能举证，不予支持。

第四，陈水旺立下的遗嘱是否合法有效？我国《民法典》第一千一百二十三条规定，继承开始后，按照法定继承办理；有遗嘱的，按照遗嘱继承或者遗赠办理；有遗赠扶养协议的，按照协议办理。陈水旺立下的自书遗嘱，是其真实意思表示，遗嘱的形式符合法律规定，内容未违反法律法规强制性规定，应认定有效。原告陈炳金主张陈水旺的遗嘱不是其真实意思表示，没有事实和法律依据，不予支持。

第五，对于被继承人陈水旺、魏春兰夫妻的遗产，依法应当如何继承？对于被继承人陈水旺、魏春兰的遗产，应按下列方式继承：先将该房屋按夫妻共同财产析出，陈水旺、魏春兰各得一半，因魏春兰先陈水旺去世，故属魏春兰的遗产部分由陈水旺、陈炳全、陈炳金、陈美凤四人继承，因魏春兰生前与原告陈炳金共同生活，根据我国《民法典》第一千一百三十条第二款的规定，与被继承人共同生活的继承人，分配遗产时，可以多分。故在分配魏春兰遗产时，原告陈炳金可以适当多分。由于陈水旺生前立下遗嘱，对属陈水旺的部分遗产决定由陈炳全、陈美凤夫妻继承。在具体分配遗产时应按我国《民法典》第一千一百五十六条规定进行。该条规定，遗产分割应当有利于生产和生活需要，不损害遗产的效用。不宜分割的遗产，可以采取折价、适当补偿或共有等方法处理。南半部分楼梯、天井、客厅因使用需要不宜分割，应由双方共同所有、共同使用为宜。

讨论案例

1. 本案中各种财产的性质应如何认定？本案应如何处理？

2019 年 1 月，原告苏明从我国台湾地区回广西探亲，3 月中旬在 A 市经人介绍认识被告刘霞，双方于 3 月 31 日登记结婚（双方均系再婚）。原告于登记结婚当天，给了被告 1 万美元用于购置房屋，4 月 4 日又给了被告 1000 美元，补足购房款。被告于 4 月 8 日以其名义办理购房手续，购得“梦达花园”内房屋一套（尚未交付使用），价值人民币 28.8 万元。另外，原告于 3 月 31 日送给被告金项链 1 条、金耳环 1 副、金戒指 3 枚。婚后双方还共同购置了长虹牌 35 寸彩色电视机 1 台、组合家具一套。婚后夫妻感情尚好，没有生育子女。在原告生病期间，被告陪原告上医院看病，照料原告。原告于同年 5 月底返回台湾地区。次年 8 月中旬，原告从台湾地区来 A 市后，发现被告由于做生意，经常早出晚归，对其冷淡，关心不够，遂于 2021 年 3 月向 A 市人民法院起诉，认为双方婚前缺乏了解，仓促结婚，婚后因年龄、性格、观念等因素，相互之间无法适应，没有夫妻感情，非但不能安度晚年，反添烦恼、痛苦，要求与被告离婚，并依法分割夫妻共同财产。

被告辩称，双方结婚是经过考虑的，婚后夫妻感情是好的，原告生病期间，她尽了妻子的责任，且结婚后，原告就劝她辞掉工作，她现在没有住房，没有生活来源，原告提出离婚没有理由，不同意离婚。

A 市人民法院经审理，调解和好无效，认定为夫妻感情确已破裂，遂依照我国《民法典》之规定，判决如下：

一、准予原告苏明与被告刘霞离婚；

二、共同财产分割：“梦达花园”住宅（建筑面积 62.31 平方米）、金项链 1 条、金戒指 1 枚归原告苏明所有；长虹牌 35 寸彩色电视机 1 台、金耳环 1 副、金戒指 2 枚、组合家具 1 套归被告刘霞所有。

请问：一审法院的判决是否正确，为什么？

2. 离婚时，周某依法可以提出哪些请求？

王某与周某在结婚时协商签订了书面协议，双方约定婚后所得财产归各自所有。婚后，周某即辞去工作在家奉养公婆，照顾小孩。王某长期在外地工作，后与本单位同事李某公开同居生活。周某得知此情况后，遂向法院起诉请求离婚。

请问：周某可以向法院提出哪些请求，并说明理由。

3. 丈夫死亡后，妻子对子女的监护权应如何处理？丈夫所购彩票奖金应如何处理？

某县的甲和乙系婆媳关系。2021 年 1 月 13 日，甲的儿子丙（即乙之夫）在某工地施工中受重伤，后经抢救无效死亡。丙死后，人们在整理其遗物时发现其于 2020 年 12 月 29 日购买的彩票一张。2021 年 1 月 18 日，彩票开奖，丙所购买的彩票中了头奖 300 万元，由乙保管。当时乙已怀有近 9 个月身孕。同年 2 月 15 日早晨，乙在娘家厕所里生下男孩丁。当接到通知的妇科医生赶到时，该婴儿还在厕所内，未断脐，胸部、鼻尖有伤，断脐后孩子皮肤转黑，即被送往当地镇卫生院抢救。后来，为支付该婴儿的医疗费用和彩票奖金的分割等问题，婆媳双方发生过争执。同年 2 月 26 日，乙借洗澡为名离开医院后，未再哺养该婴儿。此后，甲坚持在医院护理该婴儿，并为该婴儿请了奶母，支付了哺乳费和医疗费用。婴儿丁于 3 月 19 日出院后，一直由甲抚养。4 月 2 日，乙突然来到甲家，向甲提出要求由她直接抚养儿子丁，但遭到甲的拒绝。

2021 年 4 月 12 日，甲向某县法院起诉，请求撤销乙对儿子丁的监护资格，并确认其享有对孙子丁的监护权，还要求分得彩票奖金。

请问：本案依法应当如何处理？

相关裁判实例摘录一（婚姻家庭编）

张某 1 与张某 2、郭某同居关系析产纠纷案①

原告张某 1 向法院提出诉讼请求：1. 依法判令被告支付原告 8 万元彩礼，3 万元购房款，2000 元借款，共计 11.2 万元；2. 本案诉讼费用由被告承担。事实和理由：原、被告于 2019 年 1 月通过网络认识，2019 年 4 月 1 日原、被告按照农村风俗举行了结婚典礼，至今未办理结婚证。2019 年 4 月 15 日双方因婚后买房产生矛盾，2019 年 4 月 28 日开始分居至 2020 年 1 月 21 日，2020 年 1 月 22 日原告拿着购房现金 10 万元去女方娘家劝被告回原告家共同生活，被告接受 10 万元后与原告回家共同生活，但并未愿意与原告真心生活。在 2020 年 1 月 22 日，被告将接受的 10 万元房屋款中的 7 万元还给原告，剩下 3 万元至今未付。被告于 2020 年 2 月 2 日与原告提出分手，并承认婚前收到原告彩礼 10 多万元，经双方协商一致同意，女方自愿偿还原告彩礼 10 万元，并书写欠条一份，并承诺 2021 年 2 月 2 日还清。被告于 2020 年 6 月通过银行转账给付原告彩礼 2 万元，剩余 8 万彩礼至今未付，2020 年 7 月被告向原告借款 2000 元，以上借款合计 112000 元至今未付。

被告张某 2 辩称，对于原告与被告张某 3 之间的事实均不知情。

被告郭某辩称，不同意偿还原告主张的 11.2 万元，不知道这个钱。起诉他们两口都不属实。

---

① 摘自北大法宝网，（2021）豫 0923 民初 959 号。

被告张某3辩称，不同意原告的主张，没有收到任何款项。没有收到彩礼，收到10万元购房款，已经偿还了7万元，一共支付了136000元，没有2000元借款。

法院认为，原、被告未办理结婚登记手续，即以夫妻名义同居生活，其婚姻关系不受法律保护。1. 关于彩礼。原告主张8万元。法院认为，原、被告同居时间不达一年，且被告同意偿还原告彩礼10万元，现已偿还2万元，剩余8万元应予返还。2. 关于购房款。原告主张3万元，法院认为，有转账凭证相佐证，对此请求依法予以支持。3. 关于借款。原告主张2000元。因转账行为发生在被告张某3返还彩礼后，被告张某3已无与原告共同生活的意思表示，故2000元应予返还。关于被告张某3辩称的已偿还136000元，法院认为，因被告张某3于2019年2~3月向原告转款的25600元系双方举办婚礼前的经济往来，原告应予返还。综上所述，被告张某3共欠原告张某1款项为86400元（彩礼款8万元+购房款3万元+借款2000元−同居前被告张某3转款25600元）。关于原告主张的被告张某2、郭某承担赔偿责任，因本案系同居关系析产纠纷，经济往来均发生在原告与被告张某3之间，与被告张某2、郭某无关，故对此请求，法院不予支持。依照《最高人民法院关于适用〈中华人民共和国民法典〉婚姻家庭编的解释（一）》第三条、第五条的规定，判决如下：

一、被告张某3于本判决生效后十日内返还原告张某1 86400元；

二、驳回原告张某1的其他诉讼请求。

如果未按本判决指定的期间履行给付金钱义务，应当依照《中华人民共和国民事诉讼法》第二百五十三条规定，加倍支付迟延履行期间的债务利息。

案件受理费1270元，由被告张某3负担980元，由原告张某1负担290元。

相关裁判实例摘录二（继承编）

刘某与李某1继承纠纷案①

原告刘某诉称，其系立遗嘱人刘云华的侄子，被告李某1系立遗嘱人的丈夫。立遗嘱人刘云华于2020年5月15日因病去世。立遗嘱人刘云华与被告李某1于××××年××月××日结婚，婚后育有一子李某2，李某2于2009年4月24日去世。立遗嘱人刘云华生前与被告李某1共有一套房产，位于沈河区。立遗嘱人刘云华与被告之子李某2，生前有一套房屋位于于洪区，该处房产的继承人为立遗嘱人刘云华和被告李某1。2020年2月15日刘云华亲笔书写立下遗嘱，将位于沈阳市沈河区和于洪区的两处房产中归她所有的50%的产权赠给她的侄子刘某。根据我国《继承法》的规定，公民可以将其个人财产赠送给法定继承人以外的人，继承开始后，受遗赠人接受遗赠的，应当按照遗赠的内容处理。立遗嘱人刘云华去世后，被告不同意将立遗嘱人刘云华的遗产交给原告，导致原告无法继承遗产。故起诉至法院，请求法院依法支持原告的诉讼请求：一、判决位于沈阳市沈河区和于洪区两处房产中属于被继承人刘云华的遗产部分全部由原告继承；并依法对上述两处房产予以分割。二、请求法院判决本案诉讼费用由被告承担。

被告李某1未到庭亦未提交书面答辩意见。

---

① 摘自北大法宝网，（2020）辽0103民初14470号。

经审理查明，被告李某1与刘云华为夫妻关系，二人于××××年××月××日登记结婚，二人生育一子李某2。李某2于2009年9月29日去世，刘云华于2020年5月15日去世。原告刘某为刘云华的侄子。沈阳市沈河区房屋（建筑面积42.6平方米）登记所有权人为被告李某1，房产证填发日期为2001年8月15日，目前该房屋由被告李某1出租给他人经营使用，由李某1收取房屋租金。沈阳市于洪区房屋（建筑面积58.38平方米）未办理所有权登记，该房屋的契证记载的权属承受者为李某2，目前该房屋由被告李某1实际居住。经辽宁天地房地产土地资产评估有限公司评估，沈河区先农坛路17巷4-1号113房屋现价值为37.38万元，于洪区房屋现价值为13.14万元。原告支出鉴定费2274元。2020年2月15日，刘云华自书遗嘱，内容为："我和李某1婚后共有二处房产：一、沈阳市沈河区先农坛路17巷4-1某-113，二、沈阳市于洪区大兴乡瑞金社区金城小区7某-3-1。我应有50%的产权财产，我自愿将我的50%的部分在我离世后留给我的侄子刘某继承，特留下遗嘱以做证明。"

法院认为，根据我国《民事诉讼法》的有关规定，当事人有出庭应诉和质证的权利，本案被告李某1经法院合法传唤，无正当理由未到庭参加诉讼，视为其放弃了质证的权利，法院根据原告提供的证据对本案的事实予以认定。沈河区先农坛路17巷4-1号113房屋为被告李某1与刘云华婚姻关系存续期间取得，属于二人的夫妻共有财产，刘云华对该房产享有50%的份额。于洪区房屋契证记载的权利人为被告李某1与刘云华的儿子李某2，李某2先于刘云华去世，该房产由被告李某1与刘云华继承，刘云华对该房产享有50%的份额。《中华人民共和国民法典》第一千一百二十三条规定，继承开始后，按照法定继承办理；有遗嘱的，按照遗嘱继承或者遗赠办理；有遗赠扶养协议的，按照协议办理。第一千一百三十三条规定，自然人可以依照本法规定立遗嘱处分个人财产，可以立遗嘱将个人财产赠与国家、集体或者法定继承人以外的组织、个人。第一千一百三十四条规定，自书遗嘱由遗嘱人亲笔书写，签名，注明年、月、日。刘云华自书遗嘱将其对诉争房屋的份额遗赠给原告刘某，该遗嘱内容是其真实意思表示，遗嘱形式符合法律规定，故该遗嘱合法有效，原告依据该遗嘱取得对诉争房屋50%份额的受遗赠权。《最高人民法院关于适用〈中华人民共和国民法典〉继承编的解释（一）》第四十二条规定，人民法院在分割遗产中的房屋、生产资料和特定职业所需要的财产时，应当依据有利于发挥其使用效益和继承人的实际需要，兼顾各继承人的利益进行处理。法院确认位于沈阳市沈河区房屋由原告刘某继承，位于于洪区房屋由被告李某1继承，原告刘某给付被告李某1折价款12.12万元。

综上，依照《中华人民共和国民法典》第一千一百二十三条、第一千一百三十三条、第一千一百三十四条，《最高人民法院关于适用〈中华人民共和国民法典〉继承编的解释（一）》第四十二条，《中华人民共和国民事诉讼法》第一百四十四条之规定，判决如下：

一、沈阳市沈河区房屋（建筑面积42.6平方米）由原告刘某继承，被告李某1有义务协助原告刘某办理房屋更名过户手续，更名过户过程中产生的税费由原告刘某负担；

二、沈阳市于洪区房屋（建筑面积58.38平方米）由被告李某1继承，原告刘某有义务协助被告李某1办理房屋更名过户手续，更名过户过程中产生的税费由被告李某1负担；

三、原告刘某给付被告李某1房屋折价款12.12万元。

案件受理费9543元，由原告刘某负担4771.5元，由被告李某1负担4771.5元；鉴定费2274元，由原告刘某负担1137元，由被告李某1负担1137元。

相关裁判实例摘录三（继承编）

刘某1、刘某2等与刘某3等继承纠纷案①

原告刘某1、刘某2与被告刘某3、刘某4继承纠纷一案，法院于2020年11月3日立案后，依法适用简易程序，于2020年12月15日公开开庭进行了审理。原告刘某1及其委托诉讼代理人薛富国，被告刘某3委托诉讼代理人郭兰荣、被告刘某4及其委托诉讼代理人鲁志中到庭参加诉讼。在审理过程中，作为继承人之一的刘某2未明确向法院表示放弃继承涉案遗产，法院依职权追加其为原告。原告刘某2法院传票传唤无正当理由未到庭参加诉讼。本案现已审理终结。

原告刘某1向法院提出诉讼请求：判令原告刘某1依法继承其父母（刘维连、吴端阳）位于桃花江镇杨家坳村（原向荣村）七星桥组房屋及宅基地四分之一的份额。事实和理由：原告父亲刘维连于2014年去世，母亲吴端阳于2004年去世。父母共生育四子女，大儿子刘某3、二儿子刘某4、三女儿刘某2、四女儿刘某1。父母在世时于1978年在桃花江镇杨家坳村（原向荣村）七星桥组建有平房三间，其中正屋一间，杂屋中间夹断，建筑面积79.35平方米，宅基地含地坪在内共有85.35平方米。该房屋及宅基地于1991年12月进行了不动产确权登记。父母亡故后，遗留的房屋及宅基地被刘某3、刘某4占有。原告刘某1认为，刘某3、刘某4的行为侵犯了刘某1对父母遗产的继承权。

被告刘某3辩称：1. 父母于1995年已将房子进行了分割，且当时分得的旧房子已经拆了，现在建了新房子；2. 原告刘某1没有尽到赡养义务，不应分得地基。

被告刘某4辩称：1. 本案诉争房屋不属于遗产，1995年父母已将房屋进行了分割；2. 原告刘某1诉求已过诉讼时效；3. 原告刘某1没有尽到赡养义务不应分得遗产，对涉案房屋的宅基地也不享有使用权。

法院认为，本案的诉争焦点为：（一）案涉争议房屋是否系遗产。《中华人民共和国民法典》第一千一百二十二条规定：遗产是自然人死亡时遗留的个人合法财产。经查，刘维连生前虽表示死后其房屋由刘某4继承，但其房屋至今尚未进行不动产确权登记，该房屋登记的宅基地使用权人仍为刘维连，表明刘维连在死亡前未将房屋进行法律意义上的处分，即该房屋属于刘维连亡故后遗留的个人合法财产，依法应被认定为遗产。（二）原告诉求是否超过诉讼时效。《最高人民法院关于印发〈第八次全国法院民事商事审判工作会议（民事部分）纪要〉的通知》第二十五条规定：当事人诉请享有继承权、主张分割遗产的纠纷案件，应参照共有财产分割的原则，不适用有关诉讼时效的规定。本案当属此种情形，故原告诉求不适用诉讼时效规定。（三）原告对涉案争议房屋及宅基地是否有继承权。《中华人民共和国民法典》第一千一百二十四条规定：继承开始后，继承人没有表示的，视为接受继承。2014年刘维连去世后继承开始，被告未提供证据证明原告表示过拒绝，故原告具有继承资格。《中华人民共和国民法典》第一千一百三十八条规定：遗嘱

① 摘自北大法宝网，（2020）湘0922民初3178号。

人在危急情况下，可以立口头遗嘱，口头遗嘱应当有两个以上见证人在场见证。本案中，刘维连虽在去世前向案外人毛国新、刘国才表示过涉案争议房屋由被告刘某4继承，但其并非紧急情况，两证人亦非同时在场见证，故刘维连的该行为不具有遗嘱效力。《中华人民共和国民法典》第一千一百二十三条规定：继承开始后，按照法定继承办理，有遗嘱的，按照遗嘱或者遗赠办理，有遗赠扶养协议的，按照协议办理。因刘维连生前未订立符合法定形式的遗嘱以及遗赠或遗赠扶养协议，故其遗产应按法定继承办理。

法院认为，《中华人民共和国民法典》第一千一百二十六条、第一千一百二十七条规定：继承权男女平等；遗产第一顺序继承人为配偶、父母、子女。因刘维连配偶吴端阳先于刘维连去世，故刘维连遗产依法由原告刘某1、刘某2，被告刘某3、刘某4继承。继承开始后遗产分割前，由各继承人对遗产共同共有。涉案争议房屋尚未被分割且尚有使用价值，故房屋由四人共同共有，四人均依法对其享有占有、使用、收益、处分的权利。《中华人民共和国民法典》第一千一百三十条规定：同一顺序继承人继承遗产的份额，一般应当均等；对被继承人尽了主要扶养义务或者与被继承人共同生活的继承人，分配遗产时，可以多分；有扶养能力和有扶养条件的继承人，不尽扶养义务的，分配遗产时，应当不分或者少分。本案中，两被告虽提出原告刘某1未对刘维连尽赡养义务应少分遗产，但未提供证据证明，故应承担举证不能的不利后果。因此，若日后对房屋进行分割或因拆迁分配拆迁款，应按每人四分之一确定刘某1、刘某2、刘某3、刘某4的可得份额。至于房屋对应的宅基地，依据“地随房走”原则，四人在房屋未毁损灭失前均享有相应的宅基地使用权；若房屋毁损，四人应根据户籍以及各自拥有宅基地情况，按照相关法律规定对宅基地使用权进行继承。综上，原告有事实和法律依据的诉讼请求，法院予以支持。依据《中华人民共和国民法典》第二百九十九条、第三百六十三条、第一千一百二十二条、第一千一百二十三条、第一千一百二十四条、第一千一百二十六条、第一千一百二十七条、第一千一百三十条、第一千一百三十八条，《最高人民法院关于印发〈第八次全国法院民事商事审判工作会议（民事部分）纪要〉的通知》第二十五条，《最高人民法院关于适用〈中华人民共和国民事诉讼法〉的解释》第九十条，《最高人民法院关于适用〈中华人民共和国民法典〉继承编的解释（一）》第一条、第四十四条之规定，判决如下：

确认原告刘某1对刘维连于1978年修建的，位于桃花江镇杨家坳村（原向荣村）七星桥组的房屋及宅基地享有四分之一的份额；

案件受理费200元，减半收取100元，由被告刘某3、刘某4负担。